"十三五"国家重点出版物出版规划项目
现代机械工程系列精品教材
普通高等教育汽车类系列教材

汽车运行材料

第3版

主　编　戴汝泉
副主编　郝晨声
参　编　臧发业　赵长利　郁大同
　　　　刁立福　骆　勇

机械工业出版社

本书为"十三五"国家重点出版物出版规划项目。

本书主要针对汽车运行材料的主要使用性能、评价指标或方法、特点、规格、质量标准、选用技术、新的质量和性能发展趋势，以及其合理使用对车辆性能的影响等进行论述，共 11 章，主要内容包括车用汽油、车用轻柴油、车用替代燃料、发动机润滑油、车辆齿轮油、汽车液力传动油、车用润滑脂、汽车制动液、液压系统用油、车用其他工作液、汽车轮胎等。

本书可作为高等学校相关专业教材，也可供从事汽车行业的管理人员、工程技术人员和汽车使用者参考。

本书配有 PPT 课件，免费赠送给采用本书作为教材的教师，可登录 www.cmpedu.com 注册下载，或联系编辑索取（tian.lee9913@163.com）。

图书在版编目（CIP）数据

汽车运行材料/戴汝泉主编. —3 版. —北京：机械工业出版社，2018.5
（2023.12 重印）

"十三五"国家重点出版物出版规划项目 现代机械工程系列精品教材
普通高等教育汽车类系列教材

ISBN 978-7-111-59613-4

Ⅰ. ①汽… Ⅱ. ①戴… Ⅲ. ①汽车–运行材料–高等学校–教材
Ⅳ. ①U473

中国版本图书馆 CIP 数据核字（2018）第 067164 号

机械工业出版社（北京市百万庄大街 22 号　邮政编码 100037）
策划编辑：宋学敏　责任编辑：宋学敏　段晓雅
责任校对：刘　岚　封面设计：张　静
责任印制：邸　敏
中煤（北京）印务有限公司印刷
2023 年 12 月第 3 版第 8 次印刷
184mm×260mm・18.25 印张・443 千字
标准书号：ISBN 978-7-111-59613-4
定价：48.00 元

电话服务　　　　　　　　　网络服务
客服电话：010-88361066　　机 工 官 网：www.cmpbook.com
　　　　　010-88379833　　机 工 官 博：weibo.com/cmp1952
　　　　　010-68326294　　金 书 网：www.golden-book.com
封底无防伪标均为盗版　机工教育服务网：www.cmpedu.com

第3版前言

本书自 2005 年 8 月第 1 版出版以来，受到不少院校师生及校外读者的欢迎，累计印刷多次，并于 2008 年被评为山东省高等学校优秀教材。近年来，汽车技术快速发展，有关材料不断更新，相关标准变化较大，因此按照热心读者对本书提出的改进意见和建议，以及编者在使用本书过程中的亲身感受，对本书进行了再次修订。

由于第 2 版的章节安排清晰、合理，得到了读者的肯定和认可，所以第 3 版仍然按照第 2 版的章节顺序，主要变化在于内容修改、调整和补充方面。修订后的教材对比第 2 版主要做了以下变化：

1）所有涉及运行材料的标准，都按新标准进行讲述，并且删除了部分新旧标准对比的内容。

2）参考汽车新结构出现以及技术改进提高对运行材料提出的新要求，对内容进行了部分修改和适当增补。

本书由山东交通学院戴汝泉主编并统稿。编写工作最终完成情况为：戴汝泉编写绪论和第一章，黑龙江工程学院郝晨声编写第四章，山东交通学院臧发业编写第九章，山东交通学院赵长利编写第二章、第三章和第十一章，淮阴工学院郁大同编写第五章、第八章和第十章；山东交通学院刁立福和西华大学骆勇编写第六章和第七章。

本书的出版得到了机械工业出版社的大力支持，在此表示最衷心的感谢，并对本书编写过程中参阅资料的作者表示最诚挚的谢意。

由于编者水平所限，书中若有错误或不当之处，望读者予以指正，以便及时补充修正，不胜感谢。

编　者

第 2 版前言

本书自 2005 年 8 月第 1 版出版以来,受到不少院校师生及校外读者的欢迎,到目前已累计印刷多次,并于 2008 年被评为山东省高等学校优秀教材。按照热心读者对本书提出的改进意见和建议,以及编者在使用本教材过程中的亲身感受,对第 1 版教材进行了修订。

由于第 1 版的章节安排清晰、合理,得到了读者的肯定和认可,所以第 2 版仍然按照第 1 版的章节顺序,主要变化在于内容和讲述方式方面。修订后的教材对比第 1 版教材主要有以下变化:

1) 每章增加了学习提示,明确应该学习和掌握的主要内容,更有利于读者理清思路,掌握要点。

2) 所有涉及运行材料的标准,都按新标准进行了讲述。

3) 参考汽车新结构出现以及技术改进提高对运行材料提出的新要求,对内容进行了部分增删。

本书由山东交通学院戴汝泉主编并统稿。编写工作最终完成情况为:戴汝泉编写绪论和第一章,黑龙江工程学院郝晨声编写第四章,山东交通学院臧发业编写第九章,山东交通学院赵长利编写第二章、第三章和第十一章,淮阴工学院郁大同编写第五章、第八章和第十章,山东交通学院宿林林和西华大学骆勇编写第六章和第七章。

本书的出版得到了机械工业出版社的大力支持,在此表示最衷心的感谢,并对本书编写过程中参阅资料的作者表示最诚挚的谢意。

由于编者水平所限,书中若有错误或不当之处,望读者予以指正,以便及时补充修整,不胜感谢。

编　者

第1版前言

随着汽车结构的改进、使用技术的发展，对汽车运行材料的性能和适应性的要求也越来越高。如何开发、选用适合相应车辆需用的运行材料，以及合理使用这些运行材料，在过去、现在乃至将来，都是汽车合理使用的重要组成部分。这不仅关系到资源的合理利用和用车的经济效益，还关系到汽车运行性能的发挥，以及对环境的影响。正因为如此，鉴于汽车运行材料具有标准化强的特点，而且随着新技术、新工艺的利用，不断出现新的材料，促使其标准在不断地更新变化。

本书的内容主要包括车用汽油、车用轻柴油、车用替代燃料、发动机润滑油、车辆齿轮油、汽车液力传动油、车用润滑脂、汽车制动液、液压系统用油、车用其他工作液、汽车轮胎等，着重就汽车运行材料的主要使用性能、评价指标或方法、特点、规格、质量标准、选用技术、质量和性能发展趋势，以及合理使用对车辆性能的影响等进行论述。

本书由山东交通学院戴汝泉教授主编并统稿。编写工作最终完成情况为：戴汝泉编写绪论和第一章；黑龙江工程学院郝晨声教授编写第四章；山东交通学院臧发业教授编写第九章；山东交通学院赵长利副教授编写第二章、第三章和第十一章；淮阴工学院郁大同副教授编写第五章、第八章和第十章；臧发业和西华大学骆勇副教授编写第六章；赵长利和骆勇编写第七章。

本书由吉林大学刘玉梅副教授审阅，并得到机械工业出版社的大力支持，在此表示最衷心的感谢，并对本书在编写过程中参阅过的资料的作者表示最诚挚的谢意。

由于编者水平所限，书中若有错误或不当之处，望读者不吝赐教，以便再版时补充修整，不胜感谢。

编　者

目　　录

第 3 版前言
第 2 版前言
第 1 版前言
绪论 …………………………………………… 1
第一章　车用汽油 …………………………… 29
　　第一节　汽油的蒸发性 ………………… 30
　　第二节　汽油的抗爆性 ………………… 36
　　第三节　汽油的氧化安定性 …………… 42
　　第四节　汽油的腐蚀性 ………………… 46
　　第五节　汽油的其他性能 ……………… 51
　　第六节　汽油的质量标准 ……………… 52
　　第七节　汽油的选用 …………………… 57
　　第八节　汽油的改良 …………………… 60
　　第九节　汽油清净剂 …………………… 63
第二章　车用轻柴油 ………………………… 68
　　第一节　轻柴油的低温流动性 ………… 69
　　第二节　轻柴油的雾化和蒸发性 ……… 72
　　第三节　轻柴油的燃烧性 ……………… 76
　　第四节　轻柴油的安定性及其他特性 … 79
　　第五节　轻柴油的质量标准及其选用 … 81
　　第六节　柴油添加剂 …………………… 87
第三章　车用替代燃料 ……………………… 90
　　第一节　醇类燃料 ……………………… 91
　　第二节　乳化燃料 ……………………… 98
　　第三节　天然气 ………………………… 99
　　第四节　液化石油气 …………………… 102
　　第五节　氢气 …………………………… 105
第四章　发动机润滑油 ……………………… 109
　　第一节　发动机润滑油的使用性能 …… 109
　　第二节　发动机润滑油使用性能的评定
　　　　　　试验 …………………………… 113
　　第三节　发动机润滑油的分类与规格 … 117
　　第四节　发动机润滑油的选择 ………… 143
　　第五节　发动机润滑油的质量与更换 … 147
第五章　车辆齿轮油 ………………………… 151
　　第一节　车辆齿轮油的使用性能 ……… 151
　　第二节　车辆齿轮油使用性能的评定
　　　　　　试验 …………………………… 153
　　第三节　车辆齿轮油的分类与规格 …… 156
　　第四节　车辆齿轮油的选择 …………… 160
　　第五节　在用车辆齿轮油的质量与
　　　　　　更换 …………………………… 162
第六章　汽车液力传动油 …………………… 164
　　第一节　液力传动油的特性与性能
　　　　　　指标 …………………………… 164
　　第二节　液力传动油的分类与规格 …… 167
　　第三节　液力传动油的选择与使用 …… 169
第七章　车用润滑脂 ………………………… 173
　　第一节　润滑脂的组成、分类和使用
　　　　　　特点 …………………………… 173
　　第二节　润滑脂的使用性能指标 ……… 177
　　第三节　常用润滑脂的使用性能和
　　　　　　特点 …………………………… 181
　　第四节　润滑脂的选择与使用 ………… 190
第八章　汽车制动液 ………………………… 192
　　第一节　制动液的使用性能要求 ……… 192
　　第二节　制动液的使用性能评定 ……… 194
　　第三节　制动液的质量标准 …………… 197
　　第四节　制动液的选择与使用 ………… 200

第九章　液压系统用油 …………… 202
- 第一节　液压油的使用性能要求 ……… 202
- 第二节　液压油的使用性能评定 ……… 203
- 第三节　液压油的质量标准 …………… 207
- 第四节　液压油的选择与使用 ………… 220

第十章　车用其他工作液 …………… 223
- 第一节　车用发动机冷却液 …………… 223
- 第二节　尿素水溶液 …………………… 234
- 第三节　车用空调制冷剂 ……………… 237
- 第四节　汽车风窗玻璃清洗液 ………… 244

第十一章　汽车轮胎 ………………… 246
- 第一节　车用轮胎的作用与构造 ……… 246
- 第二节　轮胎的分类 …………………… 249
- 第三节　轮胎规格与表示方法 ………… 255
- 第四节　轮胎系列 ……………………… 263
- 第五节　轮胎的选择与使用 …………… 269

参考文献 ……………………………… 284

绪 论

 学习提示：

通过绪论学习，应该明确
- 运行材料的概念和特点、车用主要运行材料
- 石油的性质、组成，各成分的物理、化学性质
- 石油的分类、炼制及其产品的精制方法
- 石油产品添加剂的分类、命名和代号
- 润滑油添加剂和燃料添加剂的作用
- 运行材料对汽车性能的影响
- 运行材料的发展趋势
- 运行材料的回收与再利用

世界范围内有13亿多辆的汽车保有量，在给经济带来繁荣、交通带来便利的同时，也消耗着大量的资源，并对环境造成极大的影响。目前，我国的汽车保有量也已达到2.2亿辆，每年仅消耗的燃油已超过2.6亿t，消耗的润滑油、传动液、润滑脂、制动液、液压油、橡胶轮胎等材料也多得惊人。汽车在运行过程中消耗着这些材料，并对环境产生着不利的影响。如何合理使用这些运行材料，便成了汽车使用的重要一环。另外，汽车本身的性能也受这些材料的影响。研究和认识这些运行材料及其使用性能，对充分发挥汽车性能也有至关重要的意义。

汽车运行材料，是指在车辆运行过程中，使用周期较短，消耗费用较大，对车辆使用性能有较大影响的一些非金属材料。按其对汽车运行的作用和消耗方式的不同可分为四大类：

（1）车用燃料 车用燃料主要包括车用汽油、车用柴油、车用替代燃料（如甲醇、乙醇、乳化燃料、天然气、石油气、氢气）等。

车用燃料的使用性能对汽车的动力性、排放性有直接影响。车用燃料的消耗费用占汽车运行成本的1/3左右，直接影响汽车使用的经济性。

（2）车用润滑油料 车用润滑油料主要包括发动机润滑油（也称发动机机油）、车辆齿轮油、车用润滑脂等。

车用润滑油料的润滑性能、低温流动性能直接影响汽车运动件的有效润滑,其运动黏度直接影响汽车的效率传递,如选用不当,会使汽车起步困难,并缩短汽车的使用寿命。

(3) **车用工作液** 车用工作液主要包括液力传动油、汽车制动液、液压系统用油、车用发动机冷却液、尿素水溶液、车用空调制冷剂、汽车风窗玻璃清洗液等。

车用工作液的消耗费用和其他运行材料相比,虽然不是太多,但其对汽车性能,如行驶安全性、行驶舒适性等,有显著的影响。其选用的合理与否,对节约车用燃料和车用润滑油料,发挥车辆动力性,延长汽车使用寿命等有直接关系。

(4) **汽车轮胎** 轮胎是汽车行驶系统的主要组成部分之一。其使用的合理与否,直接关系到汽车的行驶安全性和使用经济性。

以上所述的这些运行材料与石油有着密切的关系,有的直接来源于石油,有的是以石油为原材料加工而成的,所以认识和了解石油对研究运行材料有着重要的作用。

一、石油的基本知识

石油是从地层深处开采出来的一种黏稠液体。未经任何炼制的石油称为原油,它是古代动物、植物和水中生物的遗体由于地壳的运动被压在地层深处,在缺氧、高温和高压的条件下,经过复杂的化学变化逐渐演变而形成的一种物质。

石油是重要的能源之一,也是工业、农业、交通运输业和国防事业等使用的各种设备所必不可少的润滑剂和有机化学工业所必需的原料来源,在国民经济中占有极其重要的地位。

1. 石油的物理性质

在常温下,石油大都呈液体或半液体状态,颜色多为黑色或深棕色,有特殊气味,密度多在 0.80~0.98g/cm³ 之间,一般不大于 1g/cm³,凝点的差异较大,有的高达 30℃ 以上,有的却低于 -50℃。表 0-1 为我国部分石油产地的原油的物理性质。

表 0-1 我国部分石油产地的原油的物理性质

原油性质	大庆混合原油	胜利混合原油	大港混合原油	玉门原油	克拉玛依原油	孤岛混合原油
相对密度 ρ_4^{20}①	0.8552	0.9070	0.8696	0.8698	0.8678	0.9492
运动黏度(50℃)/mm²·s⁻¹	22.15	121.38	20.64	15.9	19.23	243.5
凝点/℃	24	20	20	8	-50	-4
含盐量(NaCl)/mg·L⁻¹	—	140	74	1480	9	19.92
酸值/mgKOH·g⁻¹		0.56		0.40	0.78	1.70

① 指地面标准条件(20℃、0.1MPa)下原油密度与4℃纯水密度的比值。

2. 石油的元素组成

石油主要由碳、氢、硫、氧、氮五种元素组成,它们在石油中的含量因产地不同而略有差别,其质量分数的范围大体如下:

$w_C = 83.0\% \sim 87.0\%$,$w_H = 10.0\% \sim 14.0\%$,$w_S = 0.05\% \sim 8.00\%$,$w_O = 0.05\% \sim 2.00\%$,$w_N = 0.02\% \sim 2.00\%$。

从上面的数字可以看出,碳、氢两种元素含量占石油元素组成的绝大部分,二者合计占 96%～99%，且二者含量的比值（C/H）在 6～7.5 之间。国内部分油田的原油中碳、氢元素的质量分数及二者的比值见表 0-2。

表 0-2　国内部分油田的原油中碳、氢元素的质量分数及二者的比值

石油产地	w_C（%）	w_H（%）	w_C/w_H
大庆	85.87	13.73	6.25
胜利	86.26	12.20	7.07
孤岛	85.12	11.61	7.33
辽河	85.86	12.65	6.79
新疆	86.13	13.30	6.48
大港	85.67	13.40	6.39

注：w_C 是指 C 的质量分数，w_H 是指 H 的质量分数。

此外，石油中还含有多种金属元素和非金属元素。金属元素有镍、钒、铁、钾、钠、钙、镁、铜、铝、钛、钴、锌等，非金属元素有氯、碘、磷、砷、硅等。它们在石油中的质量分数极小，一般都在 0.003% 以下。

3. 石油的烃类组成

烃即由碳和氢两种元素组成的碳氢化合物。石油的烃类组成主要包括烷烃、环烷烃和芳香烃三类，少数石油中还含有烯烃。

（1）烷烃　烷烃是开链饱和烃，分子式通式为 C_nH_{2n+2}，分子结构特点是碳原子间以单键相连成链状，其余价键为氢原子所饱和。

烷烃的命名是按分子中含碳原子的数目为序的，1～10 的分别用甲、乙、丙、丁、戊、己、庚、辛、壬、癸表示；10 以上的则直接以数字表示。例如：分子中含有 1 个碳原子的称为甲烷，含有 7 个碳原子的称为庚烷，含有 16 个碳原子的称为十六烷等。

烷烃分子中少一个氢原子的原子团称为烷基，如甲烷（CH_4）分子中少一个氢原子（—CH_3）称为甲基。

在烷烃同系物中，由于碳原子数的不同，它们的性质也有所差别。常温常压下，烷烃中碳原子数从 1～4 的是气体；碳原子数从 5～16 的是液体，是汽油和煤油的主要组分；碳原子数为 17 及以上的是固体，大都存在于柴油和润滑油馏分中。固态烷烃在柴油中呈溶解状态存在。

烷烃有正构烷烃和异构烷烃之分。碳链呈直链的为正构烷烃，带侧链或支链的为异构烷烃。

正构烷烃和异构烷烃虽然分子式相同，但由于分子的结构不同，所以它们的物理性质除有相似之处外，也存在一定差别。表 0-3 所列为几种烷烃的物理性质。表中数据表明，烷烃密度均小于 1g/cm³，正构烷烃的密度、相对分子质量、沸点和熔点随碳原子数增多而升高；异构烷烃受分子中侧链影响，沸点和熔点比相同碳原子数的正构烷烃低。同时，由于异构烷烃存在同分异构现象，其同分异构体之间的性质也稍有不同。

烷烃在常温常压下，化学性质稳定，不易被空气氧化而变质。但随着温度的升高，烷烃的化学活性增强。正构烷烃由于碳链直线排列，因此不安定，易被空气氧化生成过氧化物，发火性能好，是压燃式发动机燃料的良好成分；异构烷烃和正构烷烃相比，则结

构紧凑，性质相对安定，不易被空气氧化生成过氧化物，发火性能差，不易发生爆燃，是点燃式发动机燃料的良好成分。

表 0-3 几种烷烃的物理性质

	名 称	分 子 式	密度 (20℃)/g·cm^{-3}	相对分子质量	沸点/℃	熔点/℃
正构烷烃	丁烷	C_4H_{10}	0.5788	58.124	-0.50	-138.25
	戊烷	C_5H_{12}	0.6262	72.151	36.06	-129.73
	己烷	C_6H_{14}	0.6594	86.178	68.73	-95.32
	庚烷	C_7H_{16}	0.6837	100.205	98.43	-90.58
	辛烷	C_8H_{18}	0.7025	114.232	125.68	-56.76
异构烷烃	异丁烷	C_4H_{10}	0.5572	58.120	-11.27	-159.60
	2-甲基丁烷	C_5H_{12}	0.6197	72.151	27.84	-159.91
	2，2-二甲基丙烷	C_5H_{12}	0.5910	72.151	9.50	-16.57
	2-甲基己烷	C_7H_{16}	0.6786	100.205	90.05	-118.27
	2-甲基庚烷	C_8H_{18}	0.6779	114.232	117.65	-108.99
	2，2，4-三甲基戊烷	C_8H_{18}	0.6919	114.232	99.24	-107.37

(2) **环烷烃** 环烷烃是闭链饱和烃，分子式通式为 C_nH_{2n}，其分子结构特点是碳原子以单键连接成环状，其他键为氢原子所饱和。

环烷烃的物理性质，如密度、沸点和熔点等，比相同碳原子数的烷烃高，但密度仍小于 1g/cm^3，且其密度随环烷烃分子量的增大或多环环烷烃环数的增多而增大，其沸点随环烷烃分子量的增大或多环环烷烃环数的增多而升高。在常温常压下，相对分子质量小的环烷烃，如环戊烷，呈液体状态，而相对分子质量大的环烷烃则呈固体状态。由于燃油中的环烷烃大都是单环的五碳环化合物和六碳环化合物，所以它们均以液体状态存在于燃油中。

环烷烃与烷烃相比，同为饱和烃，化学性质相似。在常温常压下性质安定，不易被氧化变质，一般在 400℃ 以上时才能自燃。环烷烃在高温下的发火性介于正构烷烃和异构烷烃之间，热值略小，凝点低，润滑性好，是汽油和润滑油的良好成分。

(3) **芳香烃** 芳香烃是指分子中具有苯环结构的烃。其分子式具有多种不同的通式，如 C_nH_{2n-6}、C_nH_{2n-12}、C_nH_{2n-18} 等。

根据苯环的多少和结合形式的差别，芳香烃分为单环、多环和稠环芳香烃三类。分子中含有一个苯环的芳香烃称为单环芳香烃；分子中含有两个或两个以上独立苯环的芳香烃称为多环芳香烃；分子中含有两个或两个以上苯环，且苯环彼此间通过共用两个相邻碳原子稠合而成的芳香烃称为稠环芳香烃。

芳香烃在常温下呈液态或固态，具有强烈的芳香气味，密度一般为 0.86~0.9g/cm^3，比相同碳原子数的其他烃类密度大。

由于苯环的存在，芳香烃的化学性质很稳定，是所述几类烃中性质比较稳定的一种，尤其是没有侧链的芳香烃，其性质最稳定。但在一定条件下，带侧链的芳香烃的侧链易被氧化成有机酸，带侧链的多环芳香烃和稠环芳香烃较易被氧化成胶状物。

由于芳香烃化学性质稳定，自燃点高，不易被氧化，使得其抗爆性较好，而发火性较差，因此，芳香烃是压燃式内燃机燃料的不良成分，是点燃式内燃机燃料的良好成分。但经研究表明，芳香烃作为点燃式内燃机燃料的组分时，会增大排放废气中多环芳香烃、酚类、芳香醛等有害物质的含量。且由于其燃烧温度较高，使得燃烧产物中的氮氧化物（NO_x）的排放浓度也有所增加，这对环境保护十分不利。所以，为了满足汽车排放要求，在点燃式内燃机的燃料中也要控制芳香烃的含量不要过大。

（4）烯烃　烯烃是分子结构中含有碳碳双键的烃。烯烃为不饱和烃，其分子式具有多种不同的通式，如 C_nH_{2n}、C_nH_{2n-2} 等。

根据双键的位置、数量等结构特点，烯烃分为单烯烃（一般简称为烯烃）、二烯烃和环烯烃等。

在常温常压下，含有少于 5 个碳原子的烯烃呈气体状态，含有 5 个碳原子及以上的烯烃呈液体状态，含碳原子个数多的烯烃呈固体状态。与烷烃相似，烯烃的密度和沸点随分子中碳原子个数的增多而增大，但密度都小于 $1g/cm^3$。

不是所有的石油中都含有烯烃，只是个别石油中才含有。但石油在加工过程中，大分子烷烃和环烷烃因受热分解，易生成烯烃，因此，在石油产品中一般都含有一定数量的烯烃。

烯烃的双键不稳定，很容易进行加成、氧化和聚合等反应。分子中具有两个双键的二烯烃更不稳定，更易发生上述反应。所以，油品中如含有烯烃或二烯烃等不饱和烃，在储存或使用过程中易发生变质。

另外，由于烯烃的辛烷值高、凝点低，使得它在汽油和柴油中都有一定含量，利用它可改善汽油的抗爆性和柴油的低温流动性。但烯烃对汽车排放有不利影响，烯烃等有机挥发物是生成臭氧和毒性物质的重要来源。所以，在汽车燃料中应严格控制烯烃的含量。

综上所述，石油中各烃类对石油产品性质的影响见表 0-4。

表 0-4　石油中各烃类对石油产品性质的影响

烃　类		密度	自燃点	辛烷值	十六烷值	化学安定性	黏　度	黏温性	低温性
烷烃	正构	小	低	低	高	好	小	最好	差（高分子）
	异构		高	高	低	差（分支多）			好
环烷烃	少环	中	中	中	中	好	大	好	好
	多环					差（多侧链）		差	
芳香烃	少环	大	高	高	低	好	大	好	中
	多环					差（长链）		差	
烯烃		稍大于烷烃	高	高	低	差	—	—	好

4. 石油的非烃类组成

石油中除烃类化合物外，还有一些非烃类化合物。石油中的非烃类化合物主要包括含硫化合物、含氧化合物、含氮化合物、胶质和沥青质、矿物质等。它们在石油中的含量因产地不同而不同，最高可达百分之十几。它们在石油馏分中的分布也是不均匀的，大部分集中在重质组分特别是渣油中。它们对石油的加工、石油产品的使用性能影响很大，是石油加工中多数精制过程的去除对象。

(1) 含硫化合物 不同的石油，硫含量差别很大，从万分之几到百分之几，甚至是百分之十几。如我国克拉玛依石油中，硫的质量分数为 0.04%，委内瑞拉石油中，硫的质量分数为 5.48%，而我国华北有些石油中，硫的质量分数竟高达 9.5% ~ 11.3%。

硫在石油中的含量随馏分沸点升高而增加，大部分集中在渣油（重油）中。从表 0-5 中可明显地看出这一规律。

表 0-5　硫在石油馏分中的质量分数分布　（%）

原油来源	原油中	<200℃馏分中	200~350℃馏分中	350~500℃馏分中	>500℃馏分中
胜利混合原油	0.80	0.15	0.32	0.47	1.26
大庆混合原油	0.10	0.02	0.045	0.055	0.17

硫在石油中除少量以元素硫（S）形式存在外，大多数以硫化物的形式存在，石油中的硫化物包括硫化氢（H_2S）、硫醇（RSH）、硫醚（RSR′）、环硫醚、二硫化物（RSSR′）、噻吩及其同系物等。

石油中的元素硫和硫化氢大多是其他含硫化合物的分解产物，同时两者又可相互转变。硫化氢被空气氧化可以生成元素硫，而元素硫与石油烃类在 200~250℃ 以上作用时又可生成硫化氢等硫化物。

硫醇在石油中的含量不多，其沸点较相应的醇类要低得多，多存在于低沸点馏分（如汽油馏分）中。硫醇分子式中的 R 基可以是烷基、环烷基或芳香基。硫醇不溶于水，低分子硫醇如甲硫醇（CH_3SH）、乙硫醇（C_2H_5SH）具有强烈的特殊臭味，其浓度达到 $2.2 \times 10^{-12} mg/m^3$ 时，人就可以通过嗅觉感觉到，因而可用它作臭味剂，加在民用天然气中，当天然气有泄漏时，人们就会及时闻到，避免发生事故。

硫醚是中性液体，热稳定性较高，与金属不发生作用，是石油中含量较多的硫化物之一。硫醚中的 R 基可以是烷基或环烷基。当 R 基为环烷基时，也称为环硫醚。

二硫化物（RSSR′）在石油中含量较少，且多集中于高沸点馏分中，它也呈中性，不与金属作用，但热稳定性不好，受热易分解，生成硫醚、硫醇或硫化氢等。

噻吩及其同系物是一种芳香烃的杂环化合物，物理化学性质与苯系芳香烃很接近，是石油中的一种主要含硫化合物。

石油中的硫化物对石油产品的使用性能都有影响，且会对金属等造成腐蚀。按它们对金属的腐蚀能力，石油中的硫化物可分为活性硫化物和非活性硫化物。

活性硫化物是指能直接和金属起反应，对金属造成腐蚀的硫化物，如元素硫、硫化氢和低分子硫醇等。

非活性硫化物是指不能直接和金属起反应，但在燃烧后生成的二氧化硫和三氧化硫等

酸性氧化物能和金属起反应，对金属造成间接腐蚀的硫化物，如硫醚（RSR′）、环硫醚、二硫化物（RSSR′）以及噻吩及其同系物等。

无论是活性硫化物还是非活性硫化物，都是石油加工应清除的对象。

（2）含氧化合物 石油中的氧含量一般都很低，约为千分之几，个别地区石油中的氧的质量分数较高，可达2%~3%。它们在石油中均以含氧化合物的状态存在。

石油中的含氧化合物分酸性氧化物和中性氧化物两类。酸性氧化物有环烷酸、脂肪酸和酚类，统称为石油酸。中性氧化物有醛、酮等，它们在石油中含量极少。

石油酸中最主要的是环烷酸，约占石油酸的90%。所有的石油中均含有环烷酸，质量分数一般在1%以下。

环烷酸的物理性质随相对分子质量的不同而不同。相对分子质量较小的环烷酸呈液体状，黏度不太高，有特殊气味，颜色较浅。相对分子质量较大的环烷酸呈黏稠状，一般为暗褐色。

环烷酸的化学性质和脂肪酸相似，它易溶于油，不溶于水。环烷酸能与铁、铜、锡等金属作用生成相应的盐类，造成对金属的腐蚀，所以，在石油炼制时应将其除去。

（3）含氮化合物 石油中的氮的质量分数较小，一般为万分之几到千分之几。

石油中的含氮化合物分为碱性氮化物和非碱性氮化物两类。碱性氮化物有吡啶、喹啉、异喹啉和吡啶的同系物等，非碱性氮化物有吡咯、吲哚咔唑及它们的同系物等。

含氮化合物的性质很不安定，易氧化生成有色胶质，使油品质量下降。另外，当燃烧氮化物含量高的燃油时，会有臭味产生。所以，含氮化合物也是石油产品精制的清除对象。

（4）胶质和沥青质 胶质和沥青质是石油中结构最复杂、相对分子质量最大的物质，由碳、氢、硫、氧、氮等元素组成。

胶质和沥青质占石油中非烃类化合物的绝大部分。胶质是淡黄色到黑褐色的黏稠液体或半固体物质，可随石油烃类一起挥发，密度为$1.0 \sim 1.1 g/cm^3$，平均相对分子质量为500~1000。随着石油馏分沸点升高，胶质含量增大，胶质的相对分子质量也会增加。其中，15%的胶质含在石油馏分中，85%的胶质含在渣油中。

沥青质是暗褐色到黑色的非晶形固体粉末，不随烃类挥发，密度稍大于胶质，平均相对分子质量为3000~5000，是石油中相对分子质量最大、结构最复杂的组分。沥青质全部集中在渣油中。

石油中的胶质和沥青质，可使石油产品的颜色加深，抗氧化能力降低，黏温性变差，燃烧后在燃烧室、活塞等处易形成积炭，增大发动机的磨损。所以，胶质和沥青质也是石油产品精制的清除对象。

（5）矿物质 矿物质在石油中的含量极微，一般是万分之几，甚至十万分之几。

石油中的矿物质主要由微量元素组成，燃烧后会形成灰分。若石油中的矿物质含量多，则会影响石油产品的质量，所以，在石油产品精制过程中也应尽量将其清除干净。

5. 石油的馏分组成

馏分就是石油在分馏过程中所得到的蒸馏物。

石油是种多组分的复杂混合物，在研究石油的组成时，通常没有必要把石油分馏成单个组分，而是把它按沸点高低切割成几个馏分。把这些馏分作为研究对象，了解馏分中的各类化合物的含量和分布规律，以便了解各馏分所对应的石油产品的性能，为石油产品在生产实际中的使用提供指导。

按分馏过程，石油的馏分组成通常分为汽油馏分、煤油馏分、柴油馏分和润滑油馏分等。但这里的汽油馏分、煤油馏分、柴油馏分和润滑油馏分不等同于汽油、煤油、柴油和润滑油等石油产品，要想得到各馏分所对应的石油产品，必须对相应的馏分进行再加工。

（1）汽油馏分 汽油馏分为在分馏塔上部得到的轻质馏分，蒸发温度一般为35~200℃。汽油馏分中含的正构烷烃碳原子数多为5~11，异构烷烃碳原子数稍多，环烷烃和芳香烃多为单环。其中烷烃的质量分数最大，约占50%。

（2）煤油馏分与柴油馏分 煤油馏分与柴油馏分为在分馏塔中部得到的中质馏分，蒸发温度一般为200~350℃。馏分中含的正构烷烃碳原子数多为11~20，异构烷烃碳原子数稍多，环烷烃和芳香烃环数增多，除单环外，还有双环和三环的。其中烷烃的质量分数也比较大，约占40%。

（3）润滑油馏分 润滑油馏分为在分馏塔下部得到的重质馏分，蒸发温度一般为350~500℃。馏分中含的正构烷烃碳原子数多为20~36，异构烷烃碳原子数稍多，环烷烃和芳香烃环数多为三环以上。其中环烷烃的质量分数较大，约占40%。

6. 石油的分类

石油的组成极为复杂，对石油进行确切分类也十分困难。一般按下列依据对石油进行分类。

（1）按原油的密度分类 按原油的密度分为轻质原油、中质原油和重质原油。轻质原油的密度小于0.878g/cm³；中质原油的密度介于0.878~0.884g/cm³之间；重质原油的密度大于0.884g/cm³。

（2）按硫含量分类 按硫含量分为低硫原油、含硫原油和高硫原油。低硫原油中硫的质量分数低于0.5%；含硫原油中硫的质量分数介于0.5%~2.0%之间；高硫原油中硫的质量分数大于2.0%。

我国原油多为低硫原油。

（3）按蜡含量分类 按蜡含量分为低蜡原油、含蜡原油和多蜡原油。低蜡原油的凝点低于-16℃；含蜡原油的凝点介于-15~20℃之间；多蜡原油的凝点高于21℃。

凝点的测定是从石油中取出某一馏分，其黏度（50℃）为53mm²/s，然后测其凝点。

（4）按胶含量分类 按胶含量分为低胶原油、含胶原油和多胶原油。低胶原油的胶的质量分数小于17%；含胶原油的胶的质量分数介于18%~35%之间；多胶原油的胶的质量分数大于35%。

（5）按特性因数分类 特性因数为

$$K = \frac{1.26\sqrt[3]{T}}{\rho_{15.6}^{15.6}}$$

式中，K为特性因数；T为原油馏分的平均沸点，单位为K；$\rho_{15.6}^{15.6}$为原油馏分的相对密度。

原油按特性因数大小分为石蜡基原油、中间基原油和环烷基原油。

石蜡基原油的特性因数 $K=12.1\sim12.9$，其特点是含蜡量较高，凝点较高，密度较小，直馏汽油的辛烷值较低，直馏柴油的十六烷值较高，制得的润滑油黏温性能较好。

中间基原油的特性因数 $K=11.5\sim12.1$，其特点是含有一定数量的烷烃、环烷烃和芳香烃，性质介于石蜡基原油和环烷基原油之间。

环烷基原油的特性因数 $K=10.5\sim11.5$，其特点是含有较多的环烷烃，凝点较低，密度较大，直馏汽油的辛烷值较高，直馏柴油的十六烷值较低，制得的润滑油黏温性能较差。

（6）**按关键馏分特性分类** 按关键馏分特性可把原油分为七类：即石蜡基原油、石蜡-中间基原油、中间-石蜡基原油、中间基原油、中间-环烷基原油、环烷-中间基原油和环烷基原油。

分类方法是：用特定仪器，把石油在常压和减压下蒸馏出两个馏分。在常压下馏程为 $250\sim275$℃ 的馏分为第一关键馏分；再将所剩残油在 5.33kPa 的压力下，进行减压蒸馏取得 $275\sim300$℃ 的馏分为第二关键馏分。测定两个关键馏分的密度，然后对照表0-6所列馏分的密度或特性因数 K 值来确定两个关键馏分是属于哪一个基，再按表0-7确定该原油的类别。

表0-6 关键馏分的分类指标

关键馏分	指　　标	石　蜡　基	中　间　基	环　烷　基
第一关键馏分	密度（20℃）/g·cm^{-3}	<0.8207	0.8207~0.8560	>0.8560
	特性因数 K	>11.94	11.45~11.94	<11.45
第二关键馏分	密度（20℃）/g·cm^{-3}	<0.8721	0.8721~0.9302	>0.9302
	特性因数 K	>12.2	11.45~12.2	<11.45

表0-7 关键馏分的特性分类

编　号	第一馏分类别	第二馏分类别	原油的类别
1	石蜡基	石蜡基	石蜡基
2	石蜡基	中间基	石蜡-中间基
3	中间基	石蜡基	中间-石蜡基
4	中间基	中间基	中间基
5	中间基	环烷基	中间-环烷基
6	环烷基	中间基	环烷-中间基
7	环烷基	环烷基	环烷基

7. 石油的炼制方法

石油是十分复杂的混合物，不能直接使用，需送到炼油厂进行炼制，生产出符合质量要求的石油产品，才能满足各方面的使用需要。

常用的石油炼制方法有：常压蒸馏、减压蒸馏、热裂化、催化裂化、加氢裂化、催化重整、烷基化和延迟焦化等。

（1）**常压蒸馏** 常压蒸馏是根据组成石油的各类烃分子的沸点不同，利用加热、蒸发、冷凝等步骤对石油进行的直接分馏。

常压蒸馏一般将石油分割成沸点范围为35~200℃的汽油馏分，175~300℃的煤油馏分，200~350℃的柴油馏分，350℃以上的润滑油或裂化原料馏分等组分。

常压蒸馏流程如图0-1所示。首先将石油用油泵打入加热炉进行加热，加热到350~360℃后送入常压蒸馏塔中。石油中各馏分根据自己的沸点和蒸发能力分别到达蒸馏塔相应部位。如轻馏分，沸点低，蒸发性好，能上升到塔顶部位；重馏分，沸点高，蒸发性差，只能留于塔的下部。于是，在蒸馏塔中，由上至下，馏分逐渐变重，依次是：塔顶部位的石油气体；塔上部的汽油馏分；塔中部的煤油馏分；塔下部的轻柴油馏分；再下部的重柴油馏分；塔底部的重油馏分。重油馏分由塔底部流出后再进入减压蒸馏系统。

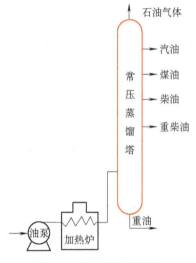

图0-1　常压蒸馏流程图

以上通过直接蒸馏得到的石油馏分，通常称为直馏产品。直馏产品主要是由烷烃和环烷烃组成，一般不含或含很少量的不饱和烃，所以它的性质比较安定，不易氧化变质，适于长期储存。有关直馏产品的烃类组成见表0-8。

表0-8　直馏产品烃类组成

原油馏分	烃类的质量分数（%）		
	烷烃和环烷烃	芳香烃	烯烃
大庆原油的直馏汽油	96.06	3.91	0.03
新疆原油的直馏汽油	94.30	5.17	0.53

（2）减压蒸馏　减压蒸馏是利用"物质的沸点随外界压力减小而降低"的原理，通过降低蒸馏的压力，来降低石油中烃分子的沸点，从而将常压蒸馏得到的重油再进行分馏的加工过程。

减压蒸馏流程如图0-2所示。首先将常压蒸馏塔底流出的重油通过油泵送入加热炉中加热至400℃以上，然后送入减压蒸馏塔中，塔内保持133Pa的压力，使重油蒸发成气体，并在减压蒸馏塔中蒸发到相应部位后进行冷却，则在减压塔的不同高度即可获得不同的馏分，从上至下，依次是轻质润滑油馏分、中质润滑油馏分和重质润滑油馏分，最后，从减压蒸馏塔底部流出的是减压渣油。

通过减压蒸馏得到的各种润滑油馏分中还含有一些非理想组分，还需要进行精制。

（3）热裂化　热裂化是利用500℃左右的高温

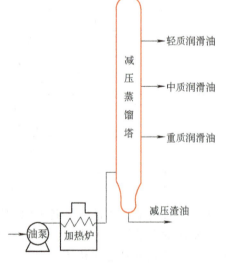

图0-2　减压蒸馏流程图

使重油一类的大分子烃受热分解裂化成小分子烃的加工过程。

热裂化产品有裂化气、汽油、柴油和渣油等。裂化气的产率约为10%，汽油的产率约为30%~50%，柴油的产率约为30%，渣油的产率约为30%。这些热裂化产品，由于含有较多不饱和烃，使得其性质不稳定，易发生变质，所以热裂化方法已逐渐被淘汰。

(4) **催化裂化** 催化裂化是目前普遍采用的炼制方法。它是在催化剂硅酸铝或分子筛的作用和450~510℃的高温条件下，通过对原料油进行裂化、异构化、芳构化、氢转移等反应，使沸点较高的大分子烃裂化为小分子烃的加工工艺。在这个过程中，由于催化剂的存在，除了大分子烃转变成小分子烃外，还发生分子结构的改变，从而使裂化产品中的不饱和烃大为减少，而异构烷烃和芳香烃的含量大大增加。表0-9为热裂化产品和催化裂化产品的烃类质量分数的比较。

表 0-9 热裂化产品和催化裂化产品的烃类质量分数的比较 (%)

炼制方法	烷烃	环烷烃	芳香烃	不饱和烃
热裂化	53	14	3	30
催化裂化	56	19	16	9

由表0-9中的数据可知，催化裂化由于不饱和烃含量大大减少，所以催化裂化产品比热裂化产品安定性好，不易发生变质。

催化裂化产品主要有石油气、汽油和轻柴油。

(5) **加氢裂化** 加氢裂化是使重质油轻质化的方法之一。它是在370~430℃的高温和10~15MPa的高压，并有钨、钼、镍等催化剂的作用下，加入氢气，对原料油进行加氢、裂化和异构化等反应，从而使重质油转变成饱和的轻质油的一种炼制方法。

加氢裂化同催化裂化相似，除了大分子烃转变成小分子烃外，也发生分子结构的改变，从而使裂化产品中的不饱和烃大为减少，而异构烷烃和环烷烃的含量大大增加。另外，加氢裂化还可以将原料油中的硫、氧、氮等非烃类化合物转化为易于脱除的水、氨、硫化氢等，所以加氢裂化产品含异构烷烃和环烷烃较多，含硫、氧、氮等非烃类化合物和烯烃很少，因而产品性质比较安定。

加氢裂化的产品有汽油、柴油、润滑油等。加氢裂化的汽油抗爆性好，腐蚀性低；加氢裂化的柴油发火性能好，凝点也低；加氢裂化的润滑油黏温性能好。

但这种炼制方法存在炼制设备昂贵、耗氢量大、高压操作条件苛刻、需要合金钢材较多等缺点，所以，它还不如催化裂化方法应用普遍。一般是当裂化原料不适合采用催化裂化方法时，才选用加氢裂化方法。

(6) **催化重整** 催化重整是生产高辛烷值汽油的一种加工方法。它是对直馏汽油馏分中的正构烷烃和环烷烃，在催化剂作用下，通过进行异构化、芳构化、脱氢等反应，使其烃分子结构进行重新排列而转化为异构烷烃和芳香烃，从而获得高辛烷值汽油。

催化重整按所用催化剂种类的不同，分为铂重整、铂铼重整、铂锡重整以及多金属重整等。

(7) **烷基化** 烷基化是指在催化剂作用下，烷烃与烯烃之间发生的化学加成反应。常用催化剂是浓硫酸或氢氟酸。烷基化的主要原料是异丁烷和各种丁烯组分（异丁烯、1-丁烯、2-丁烯），主要产物是异辛烷。

异辛烷是车用汽油的理想调和组分。可使调和汽油的研究法辛烷值高达92~95，并且具有良好的挥发性和燃烧性，还不含有烯烃。所以，烷基化对生产高辛烷值汽油具有重要意义。

（8）延迟焦化 延迟焦化是为了充分利用能源，以获得更多的轻质油，对减压渣油进行深度加工的一种炼制方法。

它通过设法缩短减压渣油在高温（500℃左右）炉管内的停留时间，使减压渣油在炉管内还来不及结焦的情况下就进入焦炭塔。在焦炭塔中减压渣油在高温下进行充分反应，一方面由大分子烃裂化分解成小分子烃，直至成为气体，另一方面缩合成为石油焦。这样就避免了减压渣油在加热炉管内大量结焦，从而使装置的运转周期得到延长。

延迟焦化的产物主要是汽油、柴油、裂化原料油和石油焦等。产率（质量占比）分别为：汽油10%~20%，柴油25%~35%，裂化原料油25%~35%，石油焦15%~20%。

焦化汽油和柴油含有大量不饱和烃，特别是二烯烃以及非烃类化合物，其安定性极差，容易变质，必须进行精制。

裂化原料油可作为催化裂化和加氢裂化等二次加工的原料。

石油焦是焦化装置的独有产品，可用来做炼钢工业电极及冶金工业燃料等。

8. 石油产品的精制方法

通过石油炼制方法得到的石油产品大多数为半成品，其中还含有硫化物、氧化物、氮化物、胶质以及不饱和烃等杂质，因此，还需对这些半成品进行精制加工，以除去其中的非理想组分。常用的精制方法有：电化学精制、加氢精制、溶剂精制、白土补充精制、加氢补充精制、脱硫醇精制、溶剂脱蜡、尿素脱蜡、分子筛脱蜡和微生物脱蜡等。

（1）电化学精制 电化学精制是在电场作用下，对油品进行酸洗和碱洗，以除去油中不良成分的精制方法。酸洗，就是指在浓硫酸作用下除去油中的烯烃、二烯烃以及非烃类化合物等组分；碱洗，就是指在氢氧化钠溶液作用下除去油中的硫化氢、部分硫醇、酚以及环烷酸等组分。

（2）加氢精制 加氢精制是指在一定温度、压力和催化剂作用下，利用加氢的方法除去油中的硫、氮、氧、多环芳香烃和重金属等有害组分，并使不饱和烃变为饱和烃的精制工艺。加氢精制所用催化剂一般为以活性氧化铝为载体的钨-钼-钴-镍催化剂。加氢精制得到的产品质量好，产率高，是近年来发展较快的一种精制方法。

（3）溶剂精制 溶剂精制是用选择性好、溶解能力强的溶剂将原料油中的胶质、环烷酸和多环短侧链芳香烃等不良成分溶解并抽取出来的精制方法。

溶剂精制是润滑油精制过程中最常用的方法之一。常用溶剂有：糠醛、苯酚、硝基苯和N-甲基吡咯酮等，其中，糠醛用得最广泛。

（4）白土补充精制 白土是一种含氧化硅和氧化铝的天然陶土 $[Al(OH)_3 \cdot mSiO_2 \cdot nH_2O]$。

白土补充精制是利用白土吸附能力强且选择性好的特点，让白土与油品充分混合，将油中胶质、沥青质、酸渣、残余溶剂等吸附在微孔表面，并经过滤得到精制油品的一种加工方法。

此法多作为电化学精制和溶剂精制的补充精制。但由于该法生产效率低，约有5%的油品存于废白土中且不易提出，所以有被加氢补充精制取代的趋势。

(5) 加氢补充精制 加氢补充精制是在一定温度和压力等条件下,使原料油与氢气混合后,进入载有催化剂的反应器中进行加氢反应,除去油料中的含氧化合物、含氮化合物、含硫化合物及残余溶剂,并使不饱和烃加氢饱和的一种加工方法。

所用的催化剂有:钨-镍催化剂、铁-钼催化剂和钴-钼催化剂等。此法也是多作为电化学精制和溶剂精制的补充精制,并且由于污染少,生产成本低等优点,得到了广泛发展。

(6) 脱硫醇精制 脱硫醇精制是将焦化汽油、催化裂化汽油、轻柴油等轻质燃料中带有恶臭味的硫醇除掉的一种精制方法。

我国一般采用固定床催化氧化脱硫醇法。基本过程是:将轻质燃料首先进行预碱洗,中和燃料中的硫化氢,然后与空气混合进入脱硫醇反应器进行氧化反应,硫醇氧化成二氧化硫后进入沉降罐进行分离,从沉降罐底部出来的即为脱硫醇燃料。

(7) 溶剂脱蜡 溶剂脱蜡是利用溶剂和冷冻使润滑油原料中的蜡结晶并予以分离的加工方法。

常用溶剂是丙酮、苯和甲苯的混合液。这种溶剂能溶解油,但对蜡溶解能力却很低,往油中加入溶剂后,经低温冷冻,蜡便从油中结晶分离。该法是广为采用的润滑油脱蜡的方法。

(8) 尿素脱蜡 尿素脱蜡是利用尿素能和正构烷烃(蜡)生成固体络合物的特点,采用过滤方式把生成的固体络合物从油品中分离出来,以达到脱蜡目的的一种加工方法。尿素脱蜡生成的固体络合物,在70℃左右即可分解成正构烷和尿素,所以该方法中的尿素可以循环使用。

(9) 分子筛脱蜡 分子筛是合成泡沸石,它是结晶型的碱金属硅酸盐,具有一定的直径且有均一的孔隙,是一种选择性极好的吸附剂。

分子筛脱蜡的原理就是利用分子筛的选择性吸附和均一孔隙的特点,找一孔隙刚好比蜡分子直径大而又比异构烷烃和芳香烃的分子直径小的分子筛,让它选择性地吸附蜡却不能吸附异构烷烃和芳香烃等组分,以达到脱蜡的目的。据测定,蜡的分子直径为 4.9×10^{-10} m ($4.9Å$),而异构烷烃和芳香烃的分子直径都大于 5×10^{-10} m ($5Å$),所以,用一 5×10^{-10} m ($5Å$) 的分子筛即可完成脱蜡任务。

(10) 微生物脱蜡 微生物脱蜡是利用某种微生物正好能有选择性地以石油中的正构烷烃为营养,并把正构烷烃转化为蛋白质以达到脱蜡目的的一种方法。

利用这种方法脱蜡,既可得到低凝点的润滑油,还可得到蛋白质。所以,该方法一举两得,是石油工业的发展方向。

9. 石油产品的调和

(1) 燃油的调和 各种炼制方法得到的燃油馏分,成本不同,质量档次也不同,为保证出厂燃油既符合质量标准,又能降低生产成本,一般是将各种方法得到的燃油馏分进行调和。同时,为满足现代内燃机的工作需求和排放标准的要求,一般还得向燃油中加入多种添加剂或其他提高燃油性能的组分。这一工艺过程就是燃油的调和过程。

(2) 润滑油的调和 经多种精制方法得到的润滑油馏分往往满足不了现代发动机等机械的要求,还不能直接使用,通常需要根据润滑油产品规定的性质要求,将不同加工方法得到的润滑油或不同黏度的润滑油相互混合,并加入一定量的提高润滑油使用性能

的添加剂后才能使用。这一工艺过程就是润滑油的调和过程。

二、辅助添加剂

为进一步提高石油产品的性能，满足现代机械产品对燃料和润滑油的使用要求，一般需要向石油产品中添入各种辅助添加剂。

1. 石油产品添加剂分类

石油产品辅助添加剂在标准 SH/T 0389—1992 中按应用场合分为润滑添加剂、燃料添加剂、复合添加剂和其他添加剂四部分。对润滑添加剂又按照作用分为 9 组；对燃料添加剂也按作用分为 15 组；对复合添加剂按油品分为 12 组。同一组内根据其组成或特性不同又分为若干品种。有关石油添加剂的分类和分组见表 0-10。有关石油添加剂各组的若干品种见表 0-11。

表 0-10 石油添加剂的分类和分组

类 别	组 别	组 号
润滑剂添加剂	清净剂和分散剂	1
	抗氧抗腐剂	2
	极压抗磨剂	3
	油性剂和摩擦改进剂	4
	抗氧剂和金属减活剂	5
	黏度指数改进剂	6
	缓蚀剂	7
	降凝剂	8
	抗泡沫剂	9
燃料添加剂	抗爆剂	11
	金属钝化剂	12
	防冰剂	13
	抗氧防胶剂	14
	抗静电剂	15
	抗磨剂	16
	抗烧蚀剂	17
	流动改进剂	18
	防腐剂	19
	消烟剂	20
	助燃剂	21
	十六烷值改进剂	22
	清净分散剂	23
	热安定剂	24
	染色剂	25

绪 论

（续）

类 别	组 别	组 号
复合添加剂	汽油机油复合剂	30
	柴油机油复合剂	31
	通用汽车发动机油复合剂	32
	二冲程汽油机油复合剂	33
	铁路机车油复合剂	34
	船用发动机油复合剂	35
	工业齿轮油复合剂	40
	车辆齿轮油复合剂	41
	通用齿轮油复合剂	42
	液压油复合剂	50
	工业润滑油复合剂	60
	防锈油复合剂	70
其他添加剂		80

表0-11 石油添加剂各组品种

组号	组别	化学名称	统一命名	统一代号
1	清净剂和分散剂	低赋值石油磺酸钙（TBN20~30）	101 清净剂	T101
		中赋值石油磺酸钙（TBN130~140）	102 清净剂	T102
		高碱值石油磺酸钙（TBN270~290）	103 清净剂	T103
		低碱值合成磺酸钙（TBN20~30）	104 清净剂	T104
		中碱值合成磺酸钙（TBN155~165）	105 清净剂	T105
		高碱值合成磺酸钙（TBN300）	106 清净剂	T106
		高碱值合成磺酸钙（TBN300）	106A 清净剂	T106A
		高碱值合成磺酸钙（TBN295）	106B 清净剂	T106B
		超碱值合成磺酸镁（TBN400）	107 清净剂	T107
		超碱值石油磺酸镁（TBN390）	107A 清净剂	T107A
		超碱值石油磺酸镁（TBN390）	107B 清净剂	T107B
		硫磷化聚异丁烯钡盐（TBN≥70）	108 清净剂	T108
		硫磷化聚异丁烯钡盐（TBN≥120）	108A 清净剂	T108A
		中碱值烷基水杨酸钙（TBN150~160）	109 清净剂	T109
		低碱值烷基水杨酸钙（TBN60~80）	109A 清净剂	T109A
		改性中碱值烷基水杨酸钙（TBN170）	109B 清净剂	T109B
		高碱值烷基水杨酸钙（TBN275）	109C 清净剂	T109C
		环烷酸镁	111 清净剂	T111
		高碱值环烷酸钙（TBN200）	112 清净剂	T112
		高碱值环烷酸钙（TBN250）	113 清净剂	T113
		高碱值环烷酸钙（TBN300）	114 清净剂	T114
		中碱值硫化烷基酚钙（TBN130）	121 清净剂	T121

（续）

组号	组 别	化 学 名 称	统 一 命 名	统 一 代 号
1	清净剂和分散剂	高碱值硫化烷基酚钙（TBN240）	122 清净剂	T122
		高碱值硫化烷基酚钙（TBN245）	122 清净剂	T122
		单烯基丁二酰亚胺	151 分散剂	T151
		单烯基丁二酰亚胺	151A 分散剂	T151A
		单烯基丁二酰亚胺	151B 分散剂	T151B
		双烯基丁二酰亚胺	152 分散剂	T152
		双烯基丁二酰亚胺（T152 浓缩物）	152A 分散剂	T152A
		多烯基丁二酰亚胺	153 分散剂	T153
		双烯基丁二酰亚胺	154 分散剂	T154
		多烯基丁二酰亚胺	155 分散剂	T155
		高分子量丁二酰亚胺	161 分散剂	T161
		高分子量丁二酰亚胺（高氮）	161A 分散剂	T161A
		高分子量丁二酰亚胺（低氮）	161B 分散剂	T161B
		高分子量丁二酰亚胺（多挂）	161C 分散剂	T161C
		丁二酸季戊四醇酯	171 分散剂	T171
2	抗氧抗腐剂	硫酸烷基酚锌盐	201 抗氧抗腐剂	T201
		硫磷丁辛基锌盐	202 抗氧抗腐剂	T202
		硫磷双辛基碱性锌盐	203 抗氧抗腐剂	T203
		硫磷伯仲醇基锌盐	204 抗氧抗腐剂	T204
		硫磷伯仲醇基锌盐	204A 抗氧抗腐剂	T204A
		硫磷仲醇基锌盐	205 抗氧抗腐剂	T205A
		硫磷仲醇基锌盐	205A 抗氧抗腐剂	T205A
3	极压抗磨剂	氯化石蜡（含氯42%）	301 极压抗磨剂	T301
		氯化石蜡（含氯52%）	302 极压抗磨剂	T302
		酸性亚磷酸二丁酯	304 极压抗磨剂	T304
		硫磷酸含氮衍生物	305 极压抗磨剂	T305
		磷酸三甲酚酯	306 极压抗磨剂	T306
		硫代磷酸胺盐	307 极压抗磨剂	T307
		酸性磷酸酯胺盐	303 极压抗磨剂	T308
		硫代磷酸苯酯	309 极压抗磨剂	T309
		硼化硫代磷酸酯胺盐	310 极压抗磨剂	T310
		硫化异丁烯	321 极压抗磨剂	T321
		二苄基二硫	322 极压抗磨剂	T322
		氨基硫代酯	323 极压抗磨剂	T323
		多烷基苄基硫化物	324 极压抗磨剂	T324
		多烷基苄基硫化物	324A 极压抗磨剂	T324A

（续）

组号	组　别	化学名称	统一命名	统一代号
3	极压抗磨剂	多烷基苄基硫化物	324B 极压抗磨剂	T324B
		多硫化物	325 极压抗磨剂	T325
		多硫化物	325A 极压抗磨剂	T325A
		环烷酸铅	341 极压抗磨剂	T341
		二丁基二硫代氨基甲酸氧硫化钼（用于润滑脂）	351 极压抗磨剂	T351
		二丁基二硫代氨基甲酸氧硫化钼（用于润滑脂）	352 极压抗磨剂	T352
		二丁基二硫代氨基甲酸氧硫化钼（用于润滑脂）	353 极压抗磨剂	T353
		硼酸盐	361 极压抗磨剂	T361
4	油性剂和摩擦改进剂	硫化鲸鱼油	401 油性剂	T401
		二聚酸	402 油性剂	T402
		油酸乙二醇酯（酸值<50mg KOH/g）	403 油性剂	T403
		油酸乙二醇酯（酸值<25mg KOH/g）	403A 油性剂	T403A
		油酸乙二醇酯（酸值<8mg KOH/g）	403B 油性剂	T403B
		油酸乙二醇酯（酸值<5mg KOH/g）	403C 油性剂	T403C
		硫化棉籽油	404 油性剂	T404
		硫化烯烃棉籽油-1（$w_S=8\%$，用于润滑油）	405 油性剂	T405
		硫化烯烃棉籽油-2（$w_S=10\%$，用于润滑油）	405A 油性剂	T405A
		苯三唑脂肪酸胺盐	406 油性剂	T406
		磷酸酯	451 摩擦改进剂	T451
		磷氮化合物	452 摩擦改进剂	T452
		硫磷酸钼	461 摩擦改进剂	T461
		二烷基二硫代磷酸氧钼（固体）	462 摩擦改进剂	T462
		二烷基二硫代磷酸氧钼（液体）	462A 摩擦改进剂	T462A
		二烷基二硫代磷酸氧钼（液体）	462B 摩擦改进剂	T462B
		烷基硫代磷酸钼（固体）	463 摩擦改进剂	T463
		烷基硫代磷酸钼（液体）	463A 摩擦改进剂	T463A
		烷基硫代磷酸钼（液体）	464 摩擦改进剂	T464
		硫磷酸钼锌复合物	471 摩擦改进剂	T471
		硫磷酸钼钨	472 摩擦改进剂	T472
		非硫磷型钨钼化合物	473 摩擦改进剂	T473
		硼氮的化合物	B-N-Ⅰ型摩擦改进剂	
		硼氮的化合物	B-N-Ⅲ型摩擦改进剂	

17

（续）

组号	组　别	化学名称	统 一 命 名	统一代号
5	抗氧剂和金属减活剂	2,6-二叔丁基对甲酚	501 抗氧剂	T501
		2,6-二叔丁基混合酚	502 抗氧剂	T502
		4,4-亚甲基双（2,6-二叔丁基酚）	511 抗氧剂	T511
		3,5-二叔丁基-4 羟基苯基丙烯酸酯	512 抗氧剂	T512
		2,6-二叔丁基-α-二甲氨基对甲酚	521 抗氧剂	T512
		N-苯基-α-萘胺	531 抗氧剂	
		二壬基二苯胺	抗氧剂	
		含苯三唑衍生物复合剂	532 抗氧剂	T532
		含噻二唑衍生物复合剂	533 抗氧剂	T533
		烷基二苯胺	534 抗氧剂	T534
		铜盐化合物	541 抗氧剂	T541
		含铜盐化合物复合剂	542 抗氧剂	T542
		中碱含铜磺酸钙复合物	543 抗氧剂	T543
		高碱含铜磺酸钙复合物	543A 抗氧剂	T543A
		苯三唑衍生物	551 金属减活剂	T551
		噻二唑衍生物	561 金属减活剂	T561
6	黏度指数改进剂	聚乙烯基正丁基醚	601 黏度指数改进剂	T601
		聚甲基丙烯酸酯	602 黏度指数改进剂	T602
		聚异丁烯（用于内燃料机油）	603 黏度指数改进剂	T603
		聚异丁烯（用于液压油）	603A 黏度指数改进剂	T603A
		聚异丁烯（用作密封剂）	603B 黏度指数改进剂	T603B
		聚异丁烯（用于齿轮油）	603C 黏度指数改进剂	T603C
		聚异丁烯（用于拉拔油）	603D 黏度指数改进剂	T603D
		乙丙共聚物	611 黏度指数改进剂	T611
		乙丙共聚物（浓度≥6.5%）	612 黏度指数改进剂	T612
		乙丙共聚物（浓度≥8.5%）	612A 黏度指数改进剂	T612A
		乙丙共聚物（浓度≥11.5%）	613 黏度指数改进剂	T613
		乙丙共聚物（浓度≥9.5%）	613A 黏度指数改进剂	T613A
		乙丙共聚物（浓度≥13.5%）	614 黏度指数改进剂	T614
		分散型乙丙共聚物（高氮）	621 黏度指数改进剂	T621
		分散型乙丙共聚物（低氮）	622 黏度指数改进剂	T622
		聚丙烯酸酯	631 黏度指数改进剂	T631
		分散型聚甲基丙烯酸酯（用于ATF）	632 黏度指数改进剂	T632
		聚甲基丙烯酸酯（用于ATF）	633 黏度指数改进剂	T633
		聚甲基丙烯酸酯（用于齿轮油）	634 黏度指数改进剂	T634

绪　论

（续）

组号	组别	化学名称	统一命名	统一代号
7	缓蚀剂	石油磺酸钡	701 缓蚀剂	T701
		合成磺酸钡	701B 缓蚀剂	T701B
		石油磺酸钠	702 缓蚀剂	T702
		合成磺酸钠	702A 缓蚀剂	T702A
		十七烯基咪唑啉烯基丁二酸盐	703 缓蚀剂	T703
		环烷酸锌	704 缓蚀剂	T704
		碱性二壬基萘磺酸钡（碱值35~55）	705 缓蚀剂	T705
		中性二壬基萘磺酸钡	705A 缓蚀剂	T705A
		苯骈三氮唑	706 缓蚀剂	T706
		合成磺酸镁	707 缓蚀剂	T707
		烷基磷酸咪唑啉盐	708 缓蚀剂	T708
		N-油酰肌胺酸十八胺盐	711 缓蚀剂	T711
		含氮化合物	AN 缓蚀剂	
		氧化石油脂钡皂	743 缓蚀剂	T743
		烯基丁二酸	746 缓蚀剂	T746
		烯基丁二酸酯	747 缓蚀剂	T747
		十本烯基丁二酸半酯	747A 缓蚀剂	T747A
8	降凝剂	烷基萘	801 降凝剂	T801
		聚α-烯烃-1（用于浅度脱蜡油）	803 降凝剂	T803
		聚α-烯烃-1（用于深度脱蜡油）	803A 降凝剂	T803A
		聚α-烯烃（氢调）	803B 降凝剂	T803B
		聚α-烯烃-3（用于高黏度油）	805 降凝剂	T805
		聚α-烯烃-4（适用于中间基油）	806 降凝剂	T806
		聚苯乙烯-富马酸酯共聚物-1（用于深度脱蜡油）	808 降凝剂	T808A
		聚苯乙烯-富马酸酯共聚物-2（用于浅度脱蜡油）	808 降凝剂	T808B
		α-烯烃共聚物	811 降凝剂	T811
		聚丙烯酸酯	814 降凝剂	T814
9	抗泡沫剂	甲基硅油	901 抗泡沫剂	T901
		丙烯酸酯与醚共聚物	911 抗泡沫剂	T911
		丙烯酸酯与醚共聚物	912 抗泡沫剂	T912
		1号复合抗泡剂	921 抗泡沫剂	T921
		2号复合抗泡剂	922 抗泡沫剂	T922
		3号复合抗泡剂	923 抗泡沫剂	T923
10	其他润滑剂添加剂	胺与环氧化物缩合物	1001 抗乳化剂	T1001
		环氧乙、丙烷嵌段聚醚	1002 抗乳化剂	T1002

（续）

组号	组 别	化学名称	统一命名	统一代号
11	抗爆剂	四乙基铅	1101 抗爆剂	T1101
12	金属钝化剂	N，N-二亚水杨丙二胺	1201 金属钝化剂	T1201
13	防冰剂	乙二醇甲醚	1301 防冰剂	T1301
		乙二醇乙醚	1302 防冰剂	T1302
14	抗氧防胶剂	含氮的复合物	1401 抗氧防胶剂	T1401
15	抗静电剂	脂肪酸铬钙盐混合物	1501 抗静电剂	T1501
16	抗磨剂	二聚酸和磷酸酯	1601 抗磨剂	T1601
		环烷酸	1602 抗磨剂	T1602
17	抗烧蚀剂	33 号抗烧蚀剂	1733 抗烧蚀剂	T1733
18	流动改进剂	聚乙烯醋酸乙烯酯-1	1804 流动改进剂	T1804
		聚乙烯醋酸乙烯酯-2	1805 流动改进剂	T1805
		聚乙烯醋酸乙烯酯-3	1805A 流动改进剂	T1805A
19	防腐剂			
20	消烟剂			
21	助燃剂			
22	十六烷值改进剂	硝酸酯	2201 十六烷值改进剂	T2201
23	清净分散剂			
24	热安定剂			
25	染色剂			
30	汽油机油复合剂	SB 级复合剂	已废除	
		SC 级复合剂	3011SC 级复合剂（加量 4.5%）	T3011
			3012SC 级复合剂（加量 5.0%～5.5%）	T3012
			3013SC 级复合剂（加量 4.7%～5.0%）	T3013
		SD 级复合剂	3021SD 级复合剂（加量 6.0%）	T3021
			3022SD 级复合剂（加量 7.5%）	T3022
			3023SD 级复合剂（加量 5%）	T3023
		SE 级复合剂	3031SE 级复合剂（加量 8.0%～8.5%）	T3031
		SF 级复合剂	3051SF 级复合剂（加量 9.7%）	T3051
			3052SF 级复合剂（SE 加量 7.0，SF 加量 7.7%）	T3052
			3053SF 级复合剂（加量 8.5%）	T3053
			3054SF 级复合剂（SE 加量 8.0%，SF 加量 9.0%）	T3054
			3055SF 级复合剂（SF 加量 9.2%）	T3055
			3056SF 级复合剂（SF 加量 6.7%）	T3056

（续）

组号	组别	化学名称	统一命名	统一代号
31	柴油机油复合剂	CA 级复合剂	已废除	
		CC 级复合剂	3110CC 级复合剂（加量4.0%）	T3110
			3111CC 级复合剂（加量5.5%）	T3111
			3112CC 级复合剂（加量5.5%~5.7%）	T3112
			3121CC 级复合剂（加量5.82%）	T3121
			3122CC 级复合剂（加量5.8%~5.9%）	T3122
		CD 级复合剂	3131CD 级复合剂（加量8.5%）	T3131
			3132CD 级复合剂（加量11.0%）	T3132
			3133CD 级复合剂（加量8.0%~8.5%）	T3133
			3134CD 级复合剂（加量8.5%~10.0%）	T3134
			3135CD 级复合剂（加量8.0%~8.2%）	T3135
			3136CD 级复合剂（加量8.5%~8.7%）	T3136
			3137CD 级复合剂（加量6.5%）	T3137
			3143CD 级复合剂（加量8.5%）	T3143
32	通用汽车发动机油复合剂	SC/CC 级复合剂	3206SC/CC 级复合剂（加量5.5%）	T3206
		SD/CC 级复合剂	3211SD/CC 级复合剂（加量6.0%）	T3211
			3212SD/CC 级复合剂（加量7.0%）	T3212
			3213SD/CC 级复合剂（加量6.0%）	T3213
			3214SD/CC 级复合剂（加量4.2%）	T3214
		SE/CC 级复合剂	3221SE/CC 级复合剂（加量8.5%）	T3221
			3222SE/CC 级复合剂（加量7.8%）	T3222
		SF/CC 级复合剂	3231SF/CC 级复合剂（加量5.9%）	T3231
		SF/CD 级复合剂	3251SF/CD 级复合剂（加量8.7%）	T3251
			3252SF/CD 级复合剂（加量9.2%）	T3252
			3253SF/CD 级复合剂（加量8.5%）	T3253

(续)

组号	组别	化学名称	统一命名	统一代号
33	二冲程汽油机油复合剂	L-ERA（Ⅰ档）复合剂		
		L-ERC（Ⅱ档）复合剂	3301L-ERC（Ⅱ档）复合剂（加量4.4%）	T3301
			3302L-ERC（Ⅱ档）复合剂（加量5.5%）	T3302
			3303L-ERC（Ⅱ档）复合剂（加量5.5%）	T3303
			3311L-ERC（Ⅱ档）复合剂（加量4.4%）	T3311
		L-ERC（Ⅲ档）复合剂	3321L-ERC（Ⅲ档）复合剂（加量5.7%）	T3321
34	铁路机车油复合剂	二代铁路机车油复合剂		
		三代铁路机车油复合剂	3411 三代铁路机车油复合剂（加量11.0%）	T3411
		四代铁路机车油复合剂	3421 四代铁路机车油复合剂（加量12.7%~13.0%）	T3421
		五代铁路机车油复合剂		
35	船用发动机油复合剂	船用气缸油复合剂	3501 船用气缸油复合剂	T3501
		船用系统油复合剂	3521 船用系统油复合剂	T3521
		中速筒状活塞发动机油复合剂	3541 中速筒状活塞发动机油复合剂	T3541
40	工业齿轮油复合剂	普通工业齿轮油复合剂	4001 普通工业齿轮油复合剂	
		中负荷工业齿轮油复合剂	4021 中负荷工业齿轮油复合剂（加量1.5%）	T4021
			4022 中负荷工业齿轮油复合剂（加量2.38%）	T4022
			4023 中负荷工业齿轮油复合剂（加量1.83%）	T4023
		重负荷工业齿轮油复合剂	4041 重负荷工业齿轮油复合剂（加量2.0%）	T4041
			4042 重负荷工业齿轮油复合剂（加量3.79%）	T4042
			4043 重负荷工业齿轮油复合剂（加量2.53%）	T4043

（续）

组号	组 别	化学名称	统一命名	统一代号
41	车辆齿轮油复合剂	普通车辆齿轮油复合剂	4101 普通工业齿轮油复合剂	
		中负荷车辆齿轮油复合剂	4121 中负荷车辆齿轮油复合剂（GL-4 加量2.75%）	T4121
		重负荷车辆齿轮油复合剂	4141 重负荷车辆齿轮油复合剂（GL-5 加量5.5%）	T4141
			4142 重负荷车辆齿轮油复合剂（GL-5 加量6.05%，GL-4 加量3.2%）	T4142
			4142A 中负荷车辆齿轮油复合剂（GL-3 加量1.65%）	T4142A
			4142B 中负荷车辆齿轮油复合剂（GL-4 加量2.65%）	T4142B
			4143 重负荷车辆齿轮油复合剂	T4143
42	通用齿轮油复合剂		4201 通用齿轮油复合剂（GL-5 加量4.8%，工业齿轮油加量1.2%~1.5%）	T4201
50	液压油复合剂	抗氧防锈液压油复合剂	5001 抗氧防锈液压油复合剂（加量0.35%~0.70%）	T5001
		抗燃液压油复合剂	5001 抗燃液压油复合剂	
		抗磨液压油复合剂	5021 含锌抗磨液压油复合剂（加量2.2%~2.9%）	T5021
			5022 低锌抗磨液压油复合剂（加量2.0%）	T5022
		无灰抗磨液压油复合剂	5032 无灰抗磨液压油复合剂（加量1.5%）	T5032
		低温液压油复合剂	5051 低温液压油复合剂	
60	工业润滑油复合剂	汽轮机油复合剂	6001 抗氧防锈汽轮机油复合剂（加量0.4%~0.7%）	T6001
		压缩机油复合剂	6021 压缩机油复合剂	
		导轨油复合剂	6041 导轨油复合剂（加量5.5%~8.5%）	T6041
		HL通用机床油复合剂	6051 HL通用机床油复合剂（加量0.35%~0.70%）	T6051
70	防锈油复合剂			

2. 石油添加剂品种命名及代号

石油添加剂品种命名由三部分组成：组号 + 品种名称 + 组别名称。

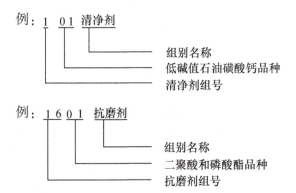

石油添加剂统一代号也由三部分组成：T + 组号 + 品种名称。

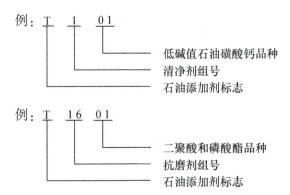

3. 润滑添加剂

(1) 清净剂和分散剂 润滑油在发动机中的工作条件比较苛刻，受多种因素影响，如工作温度、工作压力、接触金属、接触水分、未燃燃料稀释、燃烧产物污染等，所以，使得润滑油氧化变质比较严重，氧化产物不断聚合，以致在发动机不同工作部位易产生积炭、漆膜和油泥等沉积物。

积炭导热性很差，覆盖在零部件表面会降低传热系数，阻碍热量散失，引起燃烧室温度升高，活塞、火花塞、喷油器、气缸盖及排气门等过热。积炭增多，会导致燃烧室容积减小，压缩比变大，使汽油发动机发生爆燃燃烧的倾向变大。沉积在燃烧室内的积炭的炽热突起点，还有可能引发表面点火。爆燃燃烧和表面点火等不正常燃烧，都会导致发动机零部件急剧磨损或损伤。气门座积炭会破坏气门的密封性，导致发动机动力性下降，还有可能使气门烧坏。柴油机喷油器喷嘴上的积炭还会妨碍燃料的正常喷射，使雾化质量变差，形成的可燃混合气不均匀，导致柴油机功率下降，排烟增多。

漆膜的导热性也很差，且黏附性强。覆盖在活塞表面的漆膜，会阻碍热量的散失，易使活塞过热，甚至烧坏。沉积在活塞环槽内的漆膜，会阻碍活塞环的自由活动，甚至产生黏环，使活塞环的密封性下降，导致发动机功率降低、油耗增大等。

油泥的存在，易导致润滑系统液压泵、滤清器等部位堵塞，使润滑油供给量减少，从

而增大发动机运动部件的摩擦和磨损，缩短发动机的寿命。另外，油泥会加速润滑油的变质速度。

因此，积炭、漆膜、油泥等沉积物是相当有害的。润滑油中添加清净剂和分散剂的目的就是使润滑油氧化生成的油泥、胶质、积炭、漆膜等不溶物增溶、悬浮在油中，阻止它们沉积在发动机部件上，或把已沉积在发动机部件上的积炭、漆膜等洗涤下来，从而保证发动机部件清洁干净。

（2）抗氧抗腐剂 润滑油在使用中，随着工作温度升高、负荷增大，不可避免地要发生氧化，生成酮、醛、有机酸等产物。这些产物使油的黏度增大，生成油泥、漆膜的能力增强。同时，有机酸对金属还有腐蚀作用，尤其是低分子有机酸，在有水存在条件下，对金属的腐蚀作用十分强烈；对高分子有机酸，如有氧化剂存在，也能与金属作用，生成有机盐，造成对金属的腐蚀。

在润滑油中加入抗氧抗腐剂的目的就是抑制油品的氧化过程，钝化金属的催化作用，从而改善油品的抗氧化性能，减少油品的氧化变质，保护零件不受酸的腐蚀。

（3）极压抗磨剂 润滑剂的主要作用是润滑机件，减少机件间的摩擦和磨损，防止金属烧结，从而提高发动机的工作效率，延长机件的使用寿命。润滑剂的这种润滑性能分为油性和极压性。

油性是润滑剂中的极性分子在摩擦金属表面上定向排列形成吸附膜的吸附性能。润滑剂的这种吸附性能一般比较弱，只适合于温度、负荷、速度处于中低状态时工作部位的润滑。随着温度、负荷和速度的提高，油性吸附膜就会因脱附而失去润滑作用，形成摩擦面间金属的直接接触。在这种极压条件下，为防止金属零部件间的磨损、擦伤或胶合，必须依靠润滑剂的极压性能。

极压性是润滑油在摩擦金属表面的化学反应性。润滑油的极压性一般靠加入极压抗磨添加剂来保证。极压抗磨添加剂的特点是，在较低负荷和温度条件下，不与金属反应，但在极压条件下，在摩擦面的高温部分与金属发生反应，生成熔点低、抗剪强度低的金属膜，从而达到降低摩擦和磨损的目的。所以，润滑剂的极压性适于高温、高压、高速条件的工作部位的润滑。

（4）油性剂和摩擦改进剂 为改善润滑油的润滑性能，降低摩擦面的摩擦因数，一般要向油品中加入油性剂和摩擦改进剂。油性剂和摩擦改进剂的特点是都含有对金属表面有很强亲和力的极性基，极性基能比较牢固地吸附在金属表面，防止金属间的直接接触，达到减少运转部件摩擦和磨损的目的。

（5）黏度指数改进剂 润滑油的黏度随温度的变化而变化的现象，称为润滑油的黏温性。润滑油用于发动机的工作温度范围很宽，低温可达 $-50 \sim -40$℃，高温可达 $200 \sim 300$℃。在如此宽的温度范围内，要保证发动机低温条件下能顺利起动，高温条件下能可靠润滑，必须要求润滑油有良好的黏温性能，即：低温条件下，黏度不大，使发动机起动阻力不会太大；高温条件下，黏度不小，能给发动机需要润滑的部位提供一定厚度的润滑油膜。为此，需向润滑油中添加黏度指数改进剂，利用黏度指数改进剂使不同温度工作的润滑油具有不同形态，进而影响润滑油内摩擦的特点，改善油的黏温性能。低温条件下，黏度指数改进剂的分子呈缠绕的蜷曲状，对润滑油的内摩擦影响不大，所以润滑油黏度变化较小；而在高温条件下，黏度指数改进剂的分子呈近似的棒状，使润滑油的内摩擦明显增大，所以润滑油黏度明显变大，从而保证润滑油在宽温度范围内，黏度变化不大，即有良好的黏温性。

（6）**缓蚀剂** 发动机在使用过程中，其金属零部件不可避免地要与空气、水分、酸等物质接触，产生锈蚀，造成零部件的损坏，为此可向润滑油中加入缓蚀剂，利用缓蚀剂的分子结构特点，起到缓蚀作用。缓蚀剂的分子具有极性基，极性基对金属具有较强的吸附力，能在金属表面形成紧密的单分子或多分子保护层，阻止使金属产生锈蚀的介质与金属接触，达到缓蚀的目的。

（7）**降凝剂** 为改善润滑油在低温条件下的流动性能，一般是向润滑油中加入降凝剂，降低其凝点。降凝剂能吸附在润滑油于低温条件下析出的细小石蜡晶体上，或与其形成共晶，阻碍石蜡晶体的进一步长大，使石蜡晶体不能形成网络，从而达到改善润滑油低温流动性的目的。

（8）**抗泡沫剂** 润滑油在使用中，常因受到剧烈的振荡搅拌作用，而产生大量泡沫。泡沫的存在会引发许多问题：使润滑油的流动性变坏，润滑能力下降，洗涤作用和冷却效果变差；增大油与空气的接触面积，加速油的氧化；增大油的压缩性，使液压泵抽空，降低供油压力；增大油的体积使油箱溢油等。所以，应要求润滑油具有尽量不产生泡沫或产生泡沫但能很快消泡的能力。为此，向润滑油中加入抗泡沫剂，利用抗泡沫剂的表面张力比润滑油小的特点，达到抑制起泡或迅速消泡的目的。

4. 燃料添加剂

（1）**抗爆剂** 抗爆剂是提高车用汽油辛烷值的添加剂。车用汽油辛烷值是评价汽油抗爆性能的指标。如果使用的汽油辛烷值低，则发动机易产生爆燃现象，造成发动机功率降低，机件变形或损坏。因此，为了避免爆燃现象的出现，要使用辛烷值高的汽油，向汽油中加入抗爆剂是提高汽油辛烷值的最有效、最经济的方法。

过去，使用的比较广泛的抗爆剂是四乙基铅。但随着各国含铅汽油的禁用，四乙基铅已不允许再向汽油中添加。目前，采用的比较多的抗爆剂是甲基环戊二烯三羰基锰（MMT）、甲基叔丁基醚（MTBE）等。

汽油中加入抗爆剂之所以能提高汽油的辛烷值，是因为抗爆剂能阻止汽油在燃烧前的化学准备过程中产生的过氧化物达到自燃的浓度，或因为抗爆剂本身是高辛烷值的组分，所以，抗爆剂的加入可使汽油抵抗爆燃燃烧的能力大大增强。

（2）**十六烷值改进剂** 十六烷值改进剂是提高柴油十六烷值的添加剂。柴油十六烷值是评价柴油燃烧性能的指标。如果使用的柴油十六烷值过低，则柴油机易出现工作粗暴现象，造成发动机功率降低，机件变形或损坏。因此，为了避免工作粗暴现象的出现，要使用十六烷值较高的柴油。其中，向柴油中加入十六烷值改进剂是改善柴油燃烧性能的有效方法。

十六烷值改进剂容易分解成氧的化合物，氧的化合物为柴油燃烧前化学准备过程的引发剂，可降低反应开始的温度和着火的温度，从而可改善柴油的燃烧性能。

（3）**低温流动性改进剂** 柴油在低温条件下工作时，易析出石蜡晶体，随着温度的降低，石蜡晶体还会形成结晶网络，使柴油的流动性变差，阻碍柴油在燃油供给系统的流动，出现供油不足或中断的现象，严重影响柴油的正常工作。为改善柴油的低温流动性，一般需向柴油中添加流动性改进剂。流动性改进剂可与柴油中析出的石蜡发生共晶、吸附，有抑制石蜡结晶生长成结晶网络的作用，所以，可提高柴油的低温流动能力。

(4) **清净分散剂**　燃油氧化生成的胶质等物质有堵塞燃油供给系统的可能，同时，还会增大发动机燃烧室、喷嘴等部位产生沉积物的概率，沉积物会影响喷油的质量和油的燃烧状况。因此，为避免上述情况发生，一般要向油中加入清净分散剂，以使氧化胶质能溶于油中，保持燃油供给系统和喷嘴的清洁。

(5) **抗氧防胶剂**　燃油在储存和使用过程中，因受温度、氧气、水分等因素影响，易发生氧化变质生成酸性物质或胶质。酸性物质和胶质对发动机有较大危害，应予以控制。为提高燃油的抗氧化能力，一般要加入抗氧防胶剂。

抗氧防胶剂是一种有机化合物，它能钝化传播氧化链反应的自由基，使氧化反应中断，从而延缓燃料的氧化。

(6) **金属钝化剂**　燃油在储存、运输和使用过程中，不可避免地要与各种金属接触，金属对燃油的氧化有催化作用。为了抑制金属的催化作用，需要向燃油中加入金属钝化剂。金属钝化剂能与具有氧化催化效应的金属化合物反应，生成加合物，从而使金属化合物失去氧化催化效应，达到提高汽油氧化安定性的目的。

三、研究汽车运行材料的意义

运行材料使用的合理与否，不仅关系到运行材料的数量消耗和资源的充分利用，汽车运行性能的发挥，以及汽车的耐久性、运输效率和使用维修成本，而且还关系到行车安全以及对环境污染的程度。

由于石油资源的有限和使用量增大的无限，全球已探明的石油资源仅能维持四五十年的开采。所以，在为汽车寻求石油替代燃料和其他能源的同时，节约石油资源的消耗也是非常重要的。汽车燃料的主要作用是保证正常燃烧；汽车润滑剂的主要作用是减摩降损，汽车轮胎关系到汽车滚动阻力的大小。因此，提高燃料和润滑剂的品质，发展新型汽车轮胎，发挥汽车运行材料的节能作用，已成为汽车节能的途径之一。使用较高辛烷值无铅汽油和适当十六烷值的轻柴油，实现汽车润滑油的低黏度化、多级化，推广使用效果好的汽车燃料节能添加剂和汽车发动机润滑油节能添加剂，使用子午线轮胎等，都会取得显著的节能效果。

汽车使用性能的提高，对运行材料提出了更高的要求，现代车用发动机要求使用严格控制有害物质的高抗爆性无铅汽油或十六烷值较高的低含硫量的轻柴油；运动副要求使用抗磨损、耐极压的润滑油；制动系统要求使用高温抗气阻性好、低温流动好的制动液；行驶系统要求使用寿命长、节省燃料的轮胎等。每种运行材料只有具备良好的使用性能才能使汽车技术状况得到充分的发挥，减少不必要的损坏，减少维修成本，并提高运输效率。

汽车运行材料的不当选用，不仅会影响汽车运行性能的发挥，往往也会引起一些机械故障的出现，甚至可能引发交通事故。另外，在我国大城市的空气污染物中，87%的碳氢化合物、61%的一氧化碳和55%的氮氧化合物来自汽车。这些有害气体严重危害大气环境，影响人体健康和生态环境。解决汽车排放对环境的污染，也主要取决于汽车技术的进步和汽车油品质量的提高。

四、汽车运行材料的发展趋势

汽车运行材料的技术质量，与制取工艺有关，也受汽车技术水平的影响。回顾我国20世纪50年代到20世纪80年代，从生产第一辆汽车并延续30年一贯制，对运行材料的要求不高，汽油的辛烷值低，柴油的着火性差，发动机润滑油只区别汽油机润滑油和柴油机润滑油，齿轮油以渣油型普通齿轮油为主，汽车润滑脂多为钙基润滑脂，轮胎为普通斜交式，这一阶段的运行材料品种少、质量低。20世纪80年代后期至今，随着进口车的增多，以及我国汽车工业的发展和汽车技术水平的提高，汽车运行材料得到了迅猛发展。运行材料的标准化建设逐步加强，标准的模式与国际接轨。运行材料朝着节能、环保、安全的高档化方向发展。

燃料质量规格主要将按照减少汽车排放污染物含量的思路来设计。车用无铅汽油的发展趋势是：低硫含量、低苯含量、低芳烃含量、低蒸气压、低90%蒸气温度和高清洁性；车用轻柴油的发展趋势是：高十六烷值、低硫含量、低多环芳烃含量、低终馏点和低密度。替代燃料方兴未艾，并朝着多元化的趋势发展。

润滑油的发展趋势是：高档化、通用化、节能化和环保化，提高基础油和添加剂的质量，发展加氢基础油和复合添加剂。制动液朝着高温抗气阻性好、低温流动性好、质量稳定的方向发展。破坏臭氧层的空调制冷剂已由破坏性小的制冷剂替代，并有望过渡到使用制冷效率高、无污染制冷剂的新阶段。轮胎向着子午化、无内胎、扁平化的方向发展。

汽车运行材料的品种和规格越来越多，科技含量也越来越高，而且会随着汽车技术的发展和工艺水平的提高继续发展。

五、汽车运行材料的回收与再利用

不同的汽车运行材料由于在汽车使用中的作用不同，其消耗方式也有着本质的差别。车用燃料的燃烧热能是汽车运行的能量源泉，所以燃烧得越彻底，汽车所得到的能量越多，因而在汽车运行中车用燃料燃烧得越彻底越好。而车用润滑油料是用于运动副之间降低摩擦与磨损、冷却和清洁表面、密封配合和表面防蚀的。在使用过程中会因为氧化、污染、劣化变质和少量消耗等导致其性能降低，应及时予以更换，更换时就涉及对原润滑油料的回收。车用工作液中的液力传动油、汽车制动液、液压系统用油、车用发动机冷却液、车用空调制冷剂等与车用润滑油料相同，在使用过程中除因少量消耗需要适当补充外，因长期使用性能降低，也需要更换，并对变质工作液进行回收。轮胎在使用过程中由于磨损、老化等，行驶一定里程或使用一定时间后，磨损或老化到一定程度，就需要更换新胎，并对旧轮胎进行回收。无论是回收的润滑油、工作液，还是废旧轮胎，都涉及合理处理与再利用的问题，如何充分利用并减少对环境的污染，这也是当前亟待解决的一个重要课题。

第一章 车用汽油

 学习提示：

通过本章学习，应该明确
- 车用汽油的使用性能及其评价指标
- 汽油馏程和饱和蒸气压的测定
- 爆燃的危害和汽油辛烷值的测定
- 车用汽油的质量标准及新旧标准指标的变化比较
- 车用汽油的合理选用方法及常见使用误区
- 我国车用汽油发展方向
- 汽油清净剂的作用和机理

车用汽油作为汽车的主要能源，在国民经济中占有重要的地位。随着汽车保有量的快速增长，其消耗量还会越来越大。车用汽油是从石油中提炼出来的，由碳、氢元素组成的烃类化合物。它是一种密度小、易于挥发的液体燃料，自燃点为415～530℃。车用汽油的炼制方法有直馏法、热裂化法、催化裂化法等。利用催化裂化法可以从石油中获得更多的优质车用汽油。

车用汽油作为汽油机的主要燃料，应满足汽油机的工作需求，即在短时间内由液体状态蒸发成气体状态，并与空气均匀混合，形成良好的可燃混合气，平稳、快速地燃烧，完成对外做功。同时，不能发生气阻、爆燃、腐蚀机件等现象。车用汽油的这种满足汽油机工作需求并保证汽油机正常发挥其性能的能力，称为车用汽油的使用性能。汽油发动机对车用汽油的使用性能要求非常严格，尤其是新型轿车等采用电控多点喷射燃料供给系统、三元催化转化器及闭环控制的汽车，它们对汽油的使用性能的要求更为严格。

为满足汽油发动机的工作特点，保证汽油机的顺利起动、平稳运转，充分发挥汽油机的动力性能，对车用汽油使用性能的主要要求有：
1）适宜的蒸发性。
2）良好的抗爆性。
3）良好的氧化安定性。

4）对机件等无腐蚀性。

5）对环境等的无害性。

6）油本身的清洁性。

了解车用汽油使用性能，还必须了解使用性能的评价指标，这是正确合理选用车用汽油的基础。如果选用不当，不仅会造成浪费，而且会缩短发动机的使用寿命。

第一节 汽油的蒸发性

汽油由液态转化为气态的性质，叫作汽油的蒸发性。汽油在平时呈液态，而在发动机燃烧室内燃烧时，是在气态下进行，也就是说，汽油在燃烧前必须有个蒸发过程。汽油的蒸发过程发生在发动机的进气行程和压缩行程。在进气行程，随着活塞下行，汽油被空气流带入气缸，再经过压缩行程的压缩，形成可燃混合气，所以汽油的蒸发过程约占360°的曲轴转角。而现代汽油发动机的转速很高，曲轴转一周的时间为0.02~0.04s，因而汽油在发动机内蒸发的时间十分短促。要在如此短的时间内形成均匀的混合气，就要求汽油本身必须具有良好的蒸发性能。

汽油的蒸发性好，容易汽化，与空气混合就均匀，可燃混合气的燃烧速度就快，燃烧得越完全，所以发动机容易起动，加速及时，各工况间转换灵敏柔和，机械磨损减少，汽油消耗降低。反之，若汽油的蒸发性不好，则难以在低温条件下形成足够浓度的混合气，使发动机低温起动困难。同时，由于汽油汽化不完全，混合气形成不良，导致燃烧不完全，燃油消耗增加。此外，未燃烧的油滴还会冲洗掉气缸和缸壁间的润滑油膜，使气缸的密封性下降，导致气缸最大压力下降，发动机输出功率降低。如这些未燃烧的油滴进入油底壳，还会污染发动机润滑油，增大发动机各摩擦副的磨损和润滑油的消耗。

但是，如果汽油的蒸发性过强也会引发许多问题。如储存过程中汽油的蒸发损失增加，燃油供给系统易产生气阻，电喷发动机中的炭罐易过载等。所以汽油应具有适宜的蒸发性，不可过强或过低。

一、汽油蒸发性的评价指标

汽油蒸发性的评价指标是馏程和饱和蒸气压。

1. 馏程

馏程是指油品在规定条件下蒸馏时，从初馏点到终馏点的温度范围。

在评价汽油蒸发性时，一般采用初馏点、10%蒸发温度、50%蒸发温度、90%蒸发温度、终馏点和残留量等指标。

初馏点是对100mL汽油在规定条件下进行蒸馏时，流出第一滴汽油的气相温度。它是汽油的最低馏出温度，表示汽油中最轻组分的沸点。

10%蒸发温度是对100mL汽油在规定条件下进行蒸馏时，流出10mL汽油的气相温度。它表示汽油中轻质馏分的含量。它对汽油发动机起动的难易有决定性影响，同时，也与发动机供给系统产生气阻的倾向有密切关系。

10%蒸发温度低,表示汽油中的轻质馏分多、蒸发性强,即使在低温条件下,也能达到发动机起动工况对可燃混合气浓度的要求,使发动机顺利起动,10%蒸发温度与汽油机最低起动气温的关系见表1-1。

表1-1　10%蒸发温度与汽油机最低起动气温的关系

汽油10%蒸发温度/℃	36	53	71	88	98	107	115	122
汽油机最低起动气温/℃	−29	−18	−7	−5	0	5	10	15

但是,10%蒸发温度也不可过低,太低说明汽油中的轻质馏分过多,蒸发性过强,随着油温的升高,汽油会很容易在燃油泵或输油管等曲折处或较热部位先行汽化形成蒸气泡,由于蒸气泡具有可压缩性,这将阻碍燃油供给系统的正常供油,出现所谓的"气阻"现象。"气阻"现象在炎热的夏季或大气压力较低的高原或高山地区更易出现,其结果是发动机功率降低甚至熄火。

50%蒸发温度是对100mL汽油在规定条件下进行蒸馏时,流出50mL汽油的气相温度。它表示汽油中中质馏分的含量,代表的是汽油的平均蒸发能力。它对汽油机起动后到正常工作温度的预热时间、加速性能和工作稳定性有很大影响。

50%蒸发温度低,说明汽油的平均蒸发能力较强,在常温下就会有较大的蒸发量,所以形成的混合气浓度大,燃烧产生的热量多,因而可使发动机预热时间缩短,加速灵敏,运转柔和平稳。汽油50%蒸发温度与汽油机预热时间的关系见表1-2。

表1-2　50%蒸发温度与汽油机预热时间的关系

汽油50%蒸发温度/℃	104	127	148
汽油机预热时间/min	10	15	>28

若50%蒸发温度高,说明汽油的平均蒸发能力较弱,形成的混合气浓度较稀,要完成暖机过程,就需要较长时间。并且当快速增大供油量以提高发动机转速时,汽油就会来不及完全蒸发,形成的混合气浓度较低,甚至燃烧不起来,因而发动机也不能及时加速,运转工况也不平稳。有关汽油50%蒸发温度对汽油机加速性的影响如图1-1所示。

90%蒸发温度是对100mL汽油在规定条件下进行蒸馏时,流出90mL汽油的气相温度。它表示汽油中重质馏分的含量。

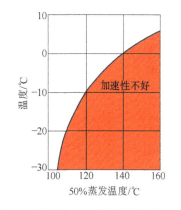

图1-1　汽油的50%蒸发温度对汽油机加速性的影响

90%蒸发温度高,说明汽油中重质馏分含量较多,形成的混合气中汽油不能完全蒸发,也不能完全燃烧,使发动机排气冒黑烟、耗油量增大。同时,未完全燃烧的汽油还会冲刷掉气缸壁上的润滑油膜,增大磨损。若未燃汽油进入油底壳还会稀释发动机润滑油,影响正常润滑。汽油90%蒸发温度对发动机润滑油稀释程度的影响如图1-2所示。

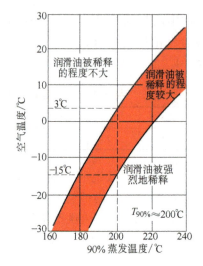

图 1-2　汽油的 90% 蒸发温度对发动机润滑油稀释程度的影响

终馏点是对 100mL 汽油在规定条件下进行蒸馏时,蒸馏出最后一滴汽油时的气相温度。它表示汽油中重质馏分的含量。

终馏点高的汽油,重质馏分多,蒸发性差,造成燃烧不完全,导致汽油消耗增多。如果未燃汽油附在气缸壁上,还会冲刷润滑油膜,使活塞磨损增加。终馏点与汽油消耗、活塞磨损的关系见表 1-3。

表 1-3　汽油终馏点与汽油消耗、活塞磨损的关系

汽油终馏点/℃	175	200	225	250
汽油消耗率（%）	98	100	107	140
活塞磨损率（%）	97	100	200	500

90% 蒸发温度和终馏点都是用来控制汽油中重质馏分的指标,不同的是前者用以控制量的多少,后者用以控制上限。

残留量是对 100mL 汽油在规定条件下进行蒸馏时,不能被蒸发的残留物质与 100mL 汽油的体积百分比。它表示汽油中不易蒸发的重质馏分和储存过程中氧化生成的胶质物质的含量。

汽油残留量过大,会使燃烧室积炭增加,进气门、喷油器喷嘴等部位结胶严重,从而影响发动机的正常工作,故使用中应严格限制。

汽油馏程的测定应按照 GB/T 6536—2010《石油产品常压蒸馏特性测定法》中的规定进行。试验仪器为馏程测定仪,如图 1-3 所示。测定方法大体可分为四个步骤:

1)装油。即向带有支管的蒸馏烧瓶中装入 100mL 被试汽油。

2)连接。即试验装置的连接。连接包括三处:一是烧瓶与温度计的连接,再是烧瓶支管与冷凝管的连接,最后是冷凝管另一端与量筒的连接。烧瓶与温度计的连接借助软木塞完成,注意温度计水银球的上切面应与烧瓶支管的下边缘处于同一平面。为保证装置的密封性,连接处还要涂上火棉胶。烧瓶支管与冷凝器的连接也是借助软木塞完成。为保证密封,连接处也要涂火棉胶。冷凝管末端与量筒的连接比较简单,要求冷凝管的

末端与量筒内壁紧靠在一块,以使蒸馏出的汽油能沿量筒壁下流。同时,为防止蒸馏出的汽油蒸发,在量筒口处塞一棉絮。

3)加热。即对所蒸馏的汽油试样进行加热。随着对汽油的加热,开始不断有汽油蒸气冒出,再经冷凝器冷凝,从冷凝管的末端就会有汽油液体流出。加热过程中,可对加热设备喷灯进行调节,以使加热强度控制在从开始加热至冷凝管流入量筒内第一滴汽油的时间在5~10min内,然后以4~5mL/min的速度进行蒸馏。

4)记录和计量。即记录温度点和计量残留物。记录的温度点有初馏点、10%蒸发温度、50%蒸发温度、90%蒸发温度和终馏点。对初馏点、10%蒸发温度、50%蒸发温度、90%蒸发温度的观察比较容易,分别为冷凝管末端流出第一滴、10mL、50mL、90mL汽油时温度计对应的温度。而对终馏点靠观察最后一滴汽油被蒸发时对应温度计的温度比较困难,因最后一滴汽油被蒸发的时刻不容易确定。试验中对终馏点的确定规定如下:当温度计的温度停止升高后开始下降时,记录下的最高温度即为终馏点。计量残留物就是量出其体积,进而计算出残留量的体积分数。

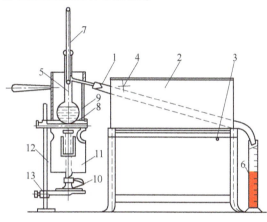

图1-3 汽油馏程测定仪

1—冷凝管 2—冷凝器 3—进水支管 4—排水支管 5—蒸馏烧瓶 6—量筒
7—温度计 8—石棉垫 9—上罩 10—喷灯 11—下罩 12—支架 13—托架

2. 饱和蒸气压

饱和蒸气压是指在规定的条件下,汽油在适当的试验仪器中蒸发,达到平衡状态时,汽油蒸气所显示的最大压力。饱和蒸气压表示汽油的平均蒸发性能;对燃油供给系统产生气阻的倾向有直接影响;同时还与汽油在储存、运输和使用过程中的蒸发损耗的倾向有密切关系。

饱和蒸气压表示的是汽油的蒸发性,其蒸发量与饱和蒸气压的关系为

$$Q = KS\frac{p_1 - \varphi p_1}{p}$$

式中,Q 为汽油的蒸发量;p 为空气压力;p_1 为汽油饱和蒸气压力;φ 为已知汽油蒸气压力与饱和蒸气压力之比;K 为扩散系数;S 为蒸发面积。

由此可知,饱和蒸气压越高,汽油蒸发量越大,蒸发性越好。需要说明的是,用上述公式所求得的汽油蒸发量只是近似值,因为汽油是各种烃类的混合物。

但若汽油饱和蒸气压过高，蒸发性过强，就容易产生气阻，特别是在炎热的夏季或大气压力较低的高原或高山地区，这种现象更易出现。气阻会使供油中断，发生停车故障。因此，在使用中应严格限制汽油饱和蒸气压的最大值。然而，限制饱和蒸气压的最大值，又会影响汽油的蒸发性，进而影响汽油机的起动性能和加速能力。所以，为综合考虑汽油的蒸发性能，在汽油标准中既规定汽油馏程的各馏出温度不能大于规定限值，同时又规定汽油的饱和蒸气压不得高于规定限值，以使汽油有适宜的蒸发能力。

饱和蒸气压除了影响发生"气阻"外，对汽油在储存、运输和使用过程中的损失也有影响。饱和蒸气压越高，蒸发损失越大。图1-4所示为汽油饱和蒸气压与汽车燃油箱汽油损失的关系。由图可知，汽油饱和蒸气压与损失呈线性关系。特别是燃油箱的容积与存油体积之比越大时，损失越严重。因此，有经验的驾驶人，总是习惯将燃油箱加满油过夜。

汽油的饱和蒸气压测定按照GB/T 8017—2012《石油产品蒸气压测定法　雷德法》的规定进行。测试仪器为饱和蒸气压测定仪，如图1-5所示。测定方法为：

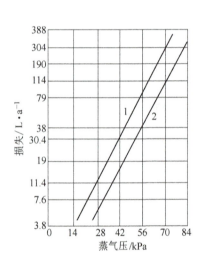

图1-4　汽油饱和蒸气压与燃油箱
汽油损失的关系

1—燃油箱盛油1/4　2—燃油箱盛油1/2

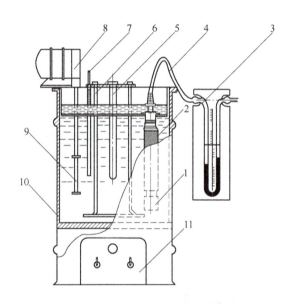

图1-5　汽油饱和蒸气压测定仪

1—金属弹下室　2—金属弹上室　3—水银压力计　4—橡胶管
5—温度计　6—电热器　7—温度计　8—电动机
9—搅拌器　10—水浴箱　11—继电器

将经冷却的试样充入蒸气压测定仪的金属弹下室，并将金属弹下室与上室连接，将金属弹浸入恒温（38±0.3℃）水浴箱，并定期振荡，直至与金属弹相连的压力计的压力恒定。压力计的读数经修正后即为雷德饱和蒸气压。修正公式为

$$p = p' + \Delta p$$

式中，p为试样的饱和蒸气压；p'为汽油未校正的饱和蒸气压；Δp为修正值。

$$\Delta p = \frac{(p_a - p_t)(t - 38)}{273 + t} - (p_{38} - p_t)$$

式中，p_a 为测定时的实际大气压，单位为 kPa；p_t 为水温在 t（℃）时的饱和蒸气压，单位为 kPa；p_{38} 为水温在 38℃ 时的饱和蒸气压，单位为 kPa；t 为金属弹上室的开始温度，即上下室连接前上室的温度，单位为℃。

二、使用条件对车用汽油蒸发性的影响

车用汽油的蒸发性虽然是由自身的化学组成和馏分组成所决定，但使用条件对其蒸发速度和蒸发量也有一定影响。

1. 进气温度

汽油在气缸中的燃烧是在气态下进行的，所以，汽油必须先由液态转变为气态。在汽油的这个相变过程中，需要吸收空气中的热量。汽油蒸发量越大，需要吸收的热量越多。而空气温度的高低，决定了可以提供给汽油汽化所需热量的多少。因此，提高汽油机的进气温度，能增加汽油的蒸发量。

2. 进气流动速度

进气流动速度影响汽油被气流带入气缸后形成的油粒的大小。如果气流速度快，汽油就会被气流产生的动能击碎得更加细小，增大汽油的蒸发和扩散的面积，从而得到较高的蒸发速度和蒸发量。图 1-6 为汽油汽化率与空气流速的关系。由图可见，空气流速越大，汽油汽化率越大。

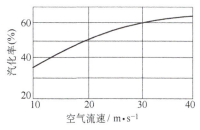

图 1-6 汽油汽化率与空气流速的关系

3. 气缸壁温度

气缸壁温度影响可燃混合气中未蒸发油滴的进一步蒸发。未蒸发油滴的蒸发需要吸收气缸壁的热量。气缸壁的温度高，则汽油在气缸内的蒸发量就大。有关气缸壁温度对汽油蒸发性的影响见表 1-4。

表 1-4　汽油发动机气缸壁温度对汽油蒸发性的影响

汽油机气缸壁温度/℃	进气温度为 20℃ 时汽油在气缸内的蒸发量（%）	
	$\alpha = 0.7$	$\alpha = 1.0$
20	43	46
50	60	66

以上三个影响汽油蒸发性的因素说明，要使汽油机易于起动、暖机时间短、燃油消耗低、机械磨损小，除了要求汽油本身应具有良好的蒸发性外，还与发动机使用人员密切相关。如果使用人员技术熟练，懂得使用条件对蒸发性的影响，根据季节气温变化和汽油发动机的工作情况，采用起动前用热水温缸，保持循环冷却液的正常温度，及时提高发动机的转速等方法，就可以使汽油在发动机内的蒸发速度加快，蒸发量增多，相对提高车用汽油的蒸发性。

第二节　汽油的抗爆性

汽油的抗爆性是指汽油在汽油发动机气缸内燃烧时不产生爆燃的性能。汽油在汽油机内的燃烧分正常燃烧和不正常燃烧。正常燃烧的特征为：可燃混合气被电火花点燃后，在火花塞附近形成火焰中心，火焰逐渐向未燃混合气扩散（传播速度为20～50m/s），气缸内压力和温度上升均匀。不正常燃烧的特征为：形成多个火焰中心，火焰传播速度快，气缸内压力和温度上升急剧。其中爆燃是常见的不正常燃烧之一。影响爆燃的因素很多，但汽油本身的抗爆性能是最根本的。

一、爆燃产生的原因及危害

当可燃混合气在气缸内被电火花点燃后，一部分未燃混合气因受到正常火焰焰面的压缩和热辐射作用，温度和压力急剧升高，化学反应加剧，生成许多不稳定的过氧化物。过氧化物的特点是，当其浓度较大时容易发生自燃。抗爆性好的汽油，在燃烧过程中其氧化分解产生的过氧化物，就不会达到自燃的浓度。如汽油的抗爆性不好，就容易使过氧化物聚集，尤其是在已燃混合气的热辐射和压力作用下，过氧化物会迅速达到自燃的浓度而自燃，进而在未燃的混合气中形成多个火焰中心，向四面八方传播。由于这种燃烧速度极为迅速，气缸容积来不及膨胀，使气缸内的压力和温度急剧上升，在局部区域的瞬间压力和温度高达9800kPa和2500℃左右。这种压力和温度的不平衡产生强烈的冲击波，以超声速向前推进，猛烈撞击气缸盖、活塞顶和气缸壁，使发动机产生振动，并发出清脆的敲缸声，这种现象就是爆燃。

爆燃对发动机的危害很大，表现在以下几个方面：

1）由于强烈冲击波的作用，会使气缸盖、活塞顶、气缸壁、连杆、曲轴等机件的负荷增加，产生变形甚至损坏。

2）爆燃的高压和高温，会破坏气缸壁的润滑油膜的润滑性，使发动机磨损加快、气缸的密封性下降、发动机功率降低。

3）爆燃产生的高温，会增加冷却系统的负担，易使发动机出现过热，而造成损坏。

4）爆燃燃烧的局部高温，引起热分解现象严重，使燃烧产物分解为HC、CO和游离碳的现象增多，排气冒黑烟严重，易形成积炭，破坏活塞环、火花塞、气门等零件的正常工作，使发动机的可靠性下降。

对既定的发动机，当压缩比一定时，爆燃产生的主要影响因素就是汽油自身的抗爆性。所以，为避免爆燃现象的出现，应尽量使用抗爆性好的汽油。

二、汽油抗爆性的评价指标

汽油抗爆性的评价指标是辛烷值和抗爆指数。

1. 辛烷值

（1）辛烷值定义　辛烷值是表示点燃式发动机燃料抗爆性的一个约定数。在规定条件下的标准发动机试验中，通过和标准燃料进行比较来测定，采用和被测定燃料具有相同抗爆性的标准燃料的辛烷值表示。辛烷值通常用英文缩写为 ON（Octane Number）。

在标准发动机试验中，由于规定条件不同，测得的辛烷值也不同。按照试验条件，辛烷值分为马达法辛烷值和研究法辛烷值两种。马达法辛烷值英文缩写为 MON（Motor Octane Number）；研究法辛烷值英文缩写为 RON（Research Octane Number）。马达法辛烷值的试验条件要比研究法辛烷值的试验条件苛刻。例如，测定马达法辛烷值时发动机转速一般为 900r/min，混合气一般加热至 149℃；而测定研究法辛烷值时发动机转速一般为 600r/min，混合气一般不加热。正因为马达法辛烷值的试验条件苛刻，所以马达法辛烷值一般低于研究法辛烷值。

测定辛烷值的标准燃料，是用两种抗爆性相差悬殊的烷烃作基准物配制而成的：一种是异辛烷（C_8H_{18}），它的抗爆性能良好，规定其辛烷值为 100；另一种是正庚烷（C_7H_{16}），它的抗爆性能差，规定其辛烷值为 0。按不同体积比例混合这两种基准物便得到多种标准燃料。标准燃料中异辛烷的体积百分数规定为标准燃料的辛烷值，该值范围为 0~100。

（2）辛烷值测定 辛烷值的测定按照 GB/T 503—2016《汽油辛烷值测定法 马达法》和 GB/T 5487—2015《汽油辛烷值的测定法 研究法》的规定进行。

试验装置为美国制造的 ASTM-CFR 试验机，它包括一台连续压缩比可在 4~10 范围内变化的单缸发动机，附带相应的负载设备、辅助设备和仪表，它们都装在一个固定的底座上。

测定某汽油辛烷值时，将被测汽油在试验机上按规定试验条件运转，逐渐调大压缩比，使试验机发生爆燃，直至达到规定的爆燃强度，爆燃强度可用电子爆燃表测量。然后，在相同条件下选择已知辛烷值的标准燃料进行对比试验。当某标准燃料的爆燃强度恰好与试验汽油的爆燃强度相同时，测定过程结束。该号标准燃料的辛烷值即为所测汽油的辛烷值，有关调试范围如表 1-5 所示。

表 1-5 单缸可变压缩比汽油机调试规范

主要指标	马 达 法	研 究 法
压缩比	4~16	4~18
发动机转速/r·min^{-1}	900±9	600±6
冷却液温度/℃	100±1.5	100±1.5
进气温度/℃	38±2.8	52±1
混合气温度/℃	149±1.1	—
曲轴箱发动机油温度/℃	57±8.5	57±8
点火提前角/(°)	14~26	13

2. 抗爆指数

从上面辛烷值的测定条件看，马达法辛烷值表示的是汽油在发动机重负荷条件下高速运转时的抗爆能力，研究法辛烷值表示的是汽油在发动机常有加速条件下低速运转时的抗爆能力，两者都不能全面反映车辆运行中汽油燃烧的抗爆性能，为能较全面地反映汽油在车辆运行中的抗爆能力，引入了抗爆指数这一指标。

抗爆指数是汽油研究法辛烷值与马达法辛烷值的平均值。即

$$抗爆指数 = \frac{RON + MON}{2}$$

三、汽油各烃类组分的抗爆性

汽油的抗爆性，主要由其烃类组成和各类烃分子的化学结构决定。组成汽油的烃主要是含 5~11 个碳原子的烷烃、环烷烃、芳香烃和烯烃。由于各类烃的热氧化安定性不同，开始氧化的温度和自燃点有差别，所以辛烷值也不相同。总的来说，芳香烃和异构烷烃的抗爆性最好，环烷烃和烯烃居中，正构烷烃最低。表 1-6 所示为碳原子个数相同的几类烃的抗爆性比较。

表 1-6 碳原子个数相同的几类烃的抗爆性比较

烃类名称	化合物名称	分子式	结构式	MON	结论
芳香烃	苯	C_6H_6	(苯环)	108	最高
	甲苯	C_7H_8	(甲苯)	104	
异构烷烃	2,3-二甲基丁烷	C_6H_{14}	C-C-C-C 带甲基	95	较高
	2,3-二甲基戊烷	C_7H_{16}	C-C-C-C-C 带甲基	84	
环烷烃	环己烷烃	C_6H_{12}	(环己烷)	77	居中
	甲基环己烷	C_7H_{14}	(甲基环己烷)	71	
烯烃	1-己烯	C_6H_{12}	C=C—C—C—C—C	80	较低
	1-庚烯	C_7H_{14}	C=C—C—C—C—C—C	54	
正构烷烃	正己烷	C_6H_{14}	C—C—C—C—C—C	26	最低
	正庚烷	C_7H_{16}	C—C—C—C—C—C—C	0	

芳香烃由于其分子结构中含有苯环，结构紧凑，热氧化安定性好，开始氧化和自燃的温度最高，所以其抗爆性最好，辛烷值多数都在 100 左右，且变化范围不大。汽油中几种芳香烃的抗爆性见表 1-7。

表1-7 汽油中几种芳香烃的抗爆性

芳香烃名称	分子式	结构式	沸点/℃	MON
苯	C_6H_6		80.1	108
甲苯	C_7H_8	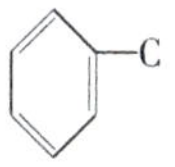	110.6	104
乙苯	C_8H_{10}	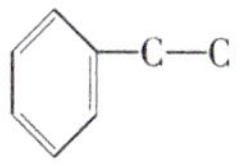	136.5	98
正丙苯	C_9H_{12}	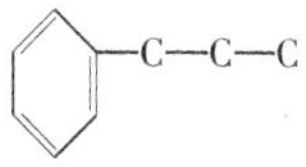	158.6	99
邻二甲苯	C_8H_{10}	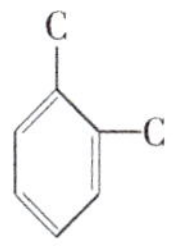	14.4	100
间二甲苯	C_8H_{10}	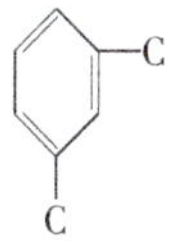	139.1	103
1,2,4-三甲苯	C_9H_{12}	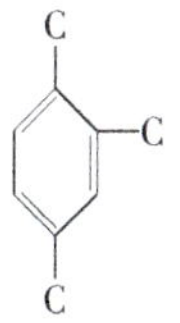	170	98

异构烷烃的热氧化安定性较好，开始氧化和自燃的温度较高，所以，其抗爆性也比较好。异构烷烃的抗爆性主要与自身的支化程度及支链长短有关。一般支化程度越高，抗爆性越好；支化程度相同的，支链越短，抗爆性越好。汽油中几种异构烷烃的抗爆性见表1-8。

表1-8 汽油中几种异构烷烃的抗爆性

化合物名称	分子式	结构式	沸点/℃	MON
正辛烷	C_8H_{18}	C—C—C—C—C—C—C—C	125.6	−17
2-甲基庚烷	C_8H_{18}	C—C—C—C—C—C—C 　　｜ 　　C	117.2	24
4-甲基庚烷	C_8H_{18}	C—C—C—C—C—C—C 　　　　　｜ 　　　　　C	118	39

（续）

化合物名称	分子式	结构式	沸点/℃	MON
2,5-二甲基己烷	C_8H_{18}	C—C—C—C—C—C 　　│　　　　│ 　　C　　　　C	109	52
2,4-二甲基己烷	C_8H_{18}	C—C—C—C—C—C 　　│　　│ 　　C　　C	109	72
2,3-二甲基己烷	C_8H_{18}	C—C—C—C—C—C 　　│　│ 　　C　C	116	76
3,4-二甲基己烷	C_8H_{18}	C—C—C—C—C—C 　　　　│　│ 　　　　C　C	118	85
2,3,4-三甲基戊烷	C_8H_{18}	C—C—C—C—C 　　│　│　│ 　　C　C　C	113	97
2,2,4-三甲基戊烷	C_8H_{18}	C 　　│ C—C—C—C—C 　　│　　　│ 　　C　　　C	99.2	100
2,2,3-三甲基戊烷	C_8H_{18}	C 　　│ C—C—C—C—C 　　│　│ 　　C　C	110	102
2,2,3,3-四甲基丁烷	C_8H_{18}	C　C 　　│　│ C—C—C—C 　　│　│ 　　C　C	106.5	103

环烷烃的抗爆性变化范围较大，化学结构对其抗爆性有很大影响。如碳环中碳原子的个数、支化程度、支链长短、支链位置等都有影响。一般是五碳环的环烷烃抗爆性好于六碳环的环烷烃；无支链的环烷烃抗爆性好于有一个支链的环烷烃，且支链越长，抗爆性越差；具有两个支链的环烷烃抗爆性特别好，两个支链连接在一个碳原子上的环己烷，其抗爆性最好；有多个支链的环烷烃，支链最不对称的抗爆性最好，汽油中几种环烷烃的抗爆性见表1-9。

表1-9　汽油中几种环烷烃的抗爆性

环烷烃名称	分子式	结构式	沸点/℃	MON
环戊烷	C_5H_{10}	⬠	49.2	83
乙基环戊烷	C_7H_{14}	⬠—C—C	103.2	61
丙基环戊烷	C_8H_{16}	⬠—C—C—C	157	0
环己烷	C_6H_{12}	⬡	80.8	77

(续)

环烷烃名称	分 子 式	结 构 式	沸点/℃	MON
乙基环己烷	C_8H_{14}	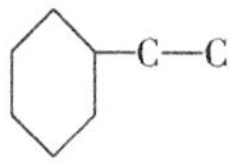	131.8	41
异丙基环己烷	C_9H_{18}	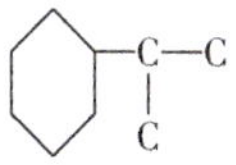	154.6	61
1,1,3-三甲基环己烷	C_9H_{18}	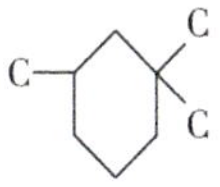	139	83

烯烃的抗爆性与碳链长短、支化程度、双键位置等有关。一般地，碳链越短，抗爆性越好；支化程度越高，抗爆性越好；双键位置越是靠近分子中心，抗爆性越好。另外，一般链烯烃抗爆性比环烯烃好，汽油中几种烯烃的抗爆性见表1-10。

表1-10 汽油中几种烯烃的抗爆性

烯烃名称	分 子 式	结 构 式	沸点/℃	MON
1-戊烯	C_5H_{10}	C=C—C—C—C	30.1	92
1-己烯	C_6H_{12}	C=C—C—C—C—C	63.5	80
2-己烯	C_6H_{12}	C—C=C—C—C—C	68.2	89
3,3-二甲基-1-丁烯	C_6H_{12}		41.2	94
1-庚烯	C_7H_{14}	C=C—C—C—C—C—C	93.6	54
2,3-二甲基-1-己烯	C_8H_{16}		110	84
环己烯	C_6H_{10}		83	63
1,3-环戊二烯	C_5H_6		41	8

正构烷烃的热氧化安定性低，结构松长，其抗爆性最差，并且随着碳链的增长，其抗爆性能也变得越来越差。汽油中几种正构烷烃的抗爆性见表1-11。

表1-11 汽油中几种正构烷烃的抗爆性

名称	分子式	结构式	沸点/℃	MON
正戊烷	C_5H_{12}	C—C—C—C—C	36.7	61
正己烷	C_6H_{14}	C—C—C—C—C—C	68.7	26
正庚烷	C_7H_{16}	C—C—C—C—C—C—C	98.4	0
正辛烷	C_8H_{18}	C—C—C—C—C—C—C—C	125.6	-17
正壬烷	C_9H_{20}	C—C—C—C—C—C—C—C—C	150.7	-53
正癸烷	$C_{10}H_{22}$	C—C—C—C—C—C—C—C—C—C	174	-63

四、汽油机的压缩比与汽油辛烷值的关系

汽油发动机的压缩比与其热效率的关系为

$$\eta_t = 1 - \frac{1}{\varepsilon^{\kappa-1}}$$

式中，η_t为汽油发动机的热效率；ε为汽油发动机的压缩比；κ为等熵指数。

从上式可以看出，压缩比越大，发动机的热效率就越高，进而可提高发动机的功率，所以人们总是希望将压缩比提高。但是，随着发动机压缩比的提高，气缸内压缩终了的温度和压力也被提高。气缸内的这种高温、高压环境，将加剧汽油燃烧前化学准备过程中的化学反应，生成更多的过氧化物。随着过氧化物的增多，很容易积聚到自燃的浓度。所以，随着发动机压缩比的增大，发动机发生爆燃的倾向变大。在这种情况下，为防止爆燃的出现，就要使用抗爆性好的汽油，即辛烷值高的汽油。

五、提高汽油辛烷值的措施

目前，提高汽油辛烷值的方法主要有以下三种：

一是选择良好的原料和改进加工工艺，例如采用催化裂化、加氢裂化和催化重整等工艺，生产出高辛烷值的汽油。

二是向产品中调入抗爆性优良的高辛烷值成分，例如异辛烷、异丙苯、烷基苯、醇类等。

三是加入抗爆剂，如甲基叔丁基醚（MTBE）、羰基锰（MMT）等。

第三节 汽油的氧化安定性

汽油的氧化安定性是指汽油在储存和使用过程中，抵抗氧化生胶而保持自身性质不发生永久性变化的能力。氧化安定性良好的汽油，长期储存也不会发生显著的质量变化。氧化安定性差的汽油，在储存和使用过程中，容易发生氧化、缩合和聚合反应，生成酸性物质和胶状物质，且使汽油辛烷值下降。由于生成的胶状物质分子量很大，颜色为深褐色，所以，氧化安定性差的汽油在储存和使用一定时间后，最明显的外观变化是汽油颜色变深，并产生黏稠沉淀。

汽油发动机如果使用氧化安定性不好的汽油，会产生许多不良后果。例如，汽油氧化

生成的胶状物质容易沉积在燃油滤清器、油管、喷油器的喷嘴等部位，影响燃料的供给和混合气的形成；胶状物质还容易沉积在进气门上，使气门产生黏着现象，导致气门关闭不严，造成发动机的动力性和经济性下降；胶状物质进入发动机气缸后还极易在高温下分解，生成大量积炭积聚在燃烧室、气门、活塞顶以及活塞环横槽等部位，造成气缸散热不良，使零件局部过热；同时，积炭还会增大气缸压缩比，增大早燃和爆燃的倾向；如积炭沉积在火花塞上，还会导致点火不良等。所以，从发动机的使用角度考虑，应要求汽油具有良好的氧化安定性。

一、汽油氧化安定性的评价指标

汽油氧化安定性的评价指标为实际胶质和诱导期。

1. 实际胶质

实际胶质是指在规定的条件下，测得的汽油蒸发残留物中正庚烷的不溶部分，以 mg/100mL 为单位。

汽油实际胶质的测定按照 GB/T 8019—2008《燃料胶质含量的测定 喷射蒸发法》的规定进行。测定仪器为实际胶质测定仪，如图 1-7 所示。测定方法是：

先使已知量的汽油在控制温度和空气流动的条件下蒸发，再在蒸发残留物中加入一定量的正庚烷，并在轻轻地转动后静置，小心地倒掉正庚烷溶液，并重复上述步骤进行抽取提馏，最后按规定的方法称重和计算，便可测得汽油的实际胶质。

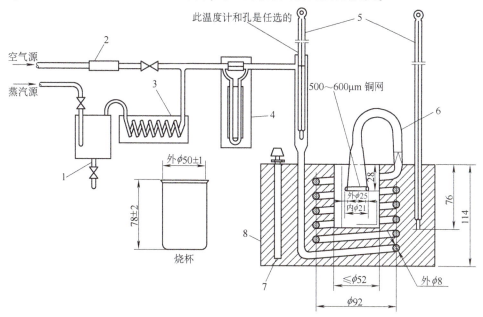

图 1-7 喷射蒸发法实际胶质测定仪

1—汽阱 2—棉花或玻璃棉滤清器 3—过热器 4—流量计 5—温度计
6—可拆卸接收器 7—温度调节器 8—金属块浴

2. 诱导期

诱导期是指在规定的加速氧化条件下，油品处于稳定状态所经历的时间周期，以 min

表示。

汽油诱导期的测定按照 GB/T 8018—2015《汽油氧化安定性测定法 诱导期法》的规定进行。测定仪器为汽油诱导期测定仪，如图 1-8 所示。测定方法是：

将 50mL±1mL 被测汽油注入玻璃油杯内，再将玻璃油杯置于金属氧弹中。向金属氧弹中充入氧气，使压力达到 690~705kPa，再把金属氧弹置入 98~102℃ 水浴中。观察金属氧弹内的压力变化。金属氧弹受热后弹内压力开始升高，至一定数值后，就在一段时间内保持不变。弹内的汽油与氧气接触并受热，开始发生氧化反应。但在氧化初期，汽油氧化速度很慢。随着氧化产物的积累，氧化反应的速度加快，因而在氧气压力与时间的曲线上出现转折点，这时试验结束。诱导期就是从把金属氧弹放入沸水中的时刻开始到金属氧弹内压力明显下降的时刻结束的时间周期。

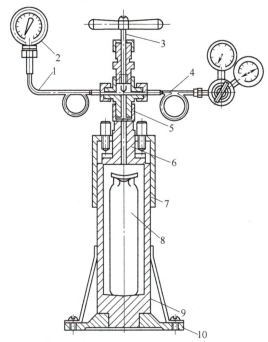

图 1-8 汽油诱导期测定仪

1、4—氧气表管 2—压力表 3—针阀 5—十字接头 6—菌形瓶
7—弹盖 8—玻璃油杯 9—金属氧弹 10—底座

二、影响汽油氧化安定性的因素

影响汽油氧化安定性的因素主要是化学组成和储存条件。

1. 化学组成

汽油的化学组成包括烃类组成和非烃类组成。

汽油的烃类组成包括烷烃、环烷烃、芳香烃、烯烃。它们在汽油中抵抗氧化的能力是有差异的，发生缩合和聚合反应的程度也不同。其中，烷烃、环烷烃、芳香烃在常温液态条件下，都不易与空气中的氧气发生氧化反应，并且彼此也不易发生缩合和聚合反应，所以它们的安定性比较好，使得以这些烃为主要成分的汽油的安定性也就比较好。烯烃等不饱和烃在常温液态条件下,不仅容易与空气中的氧气发生氧化反应,而且彼此之间还会发生缩合和聚合反应,因此,烯烃等不饱和烃含量多的汽油的安定性就较差。

汽油的非烃类组成包括含硫化合物、含氧化合物、含氮化合物等成分,它们对汽油的安定性都有一定的影响。一般来说,这些非烃类化合物都使汽油的安定性变差。

2. 储存条件

汽油的储存条件包括环境温度、油与空气的接触、油与金属的接触、油与水分的接触等。

环境温度对汽油的安定性有很大影响,因为汽油氧化生胶的进程,是随着温度的升高而加快的。表1-12所示为某种汽油在不同环境温度下储存4个月的质量变化情况,从表中数据可以看出,环境温度升高,汽油氧化速度加快,实际胶质增多,诱导期缩短。

表1-12 储存环境温度对汽油氧化安定性的影响

储存期	15～30℃		35～38℃	
	实际胶质/mg·(100mL)$^{-1}$	诱导期/min	实际胶质/mg·(100mL)$^{-1}$	诱导期/min
新油	4	340	4	340
2个月	7	305	27	135
4个月	9	305	45	90

汽油在储存过程中,与空气的接触量以及油面上空空气变换的强度,都对汽油的氧化安定性有一定影响。储油容器中汽油装满的程度,决定着汽油与空气的接触量。储油容器装油越少,容器上部空间填充的空气就越多,所以汽油氧化生胶的进程越快。表1-13所示为储油容器装满程度对汽油安定性的影响。而储油容器是否密封,决定着汽油油面空气的变换强度。储油容器中空气变换的强度越大,汽油氧化生胶的进程也越快,表1-14所示为储油容器密封程度对汽油安定性的影响。

表1-13 储油容器装满程度对汽油氧化安定性的影响

装满程度(%)	储存时间				
	新油	1个月	4个月	5个月	6个月
	汽油实际胶质/mg·(100mL)$^{-1}$				
95	5	12	24	34	63
50	5	19	98	139	164

表1-14 储油容器密封程度对汽油氧化安定性的影响

密封状态	储存时间		
	新油	16周	32周
	汽油实际胶质/mg·(100mL)$^{-1}$		
密封	5	9	9
不密封	5	17	106

汽油与金属的接触对汽油的安定性也有一定的影响，因金属对汽油的氧化进程起催化作用。不同的金属所起的催化作用大小不同。催化作用最强的是铜，其次是铅。

汽油中混入水分，对汽油的安定性也有一定影响。因为水不仅对汽油的氧化起催化作用，而且能溶解汽油中的抗氧化防胶剂，从而加快了汽油的氧化生胶进程，使汽油的安定性显著降低。表1-15所示为水对汽油氧化生胶进程的影响。

表 1-15 水对汽油氧化生胶进程的影响

储存条件	汽油的实际胶质/mg·(100mL)$^{-1}$			
	试验开始	储存1个月	储存3个月	储存6个月
有水	4	6	11	22
无水	4	4	6	8

三、提高汽油氧化安定性的措施

常用的提高汽油氧化安定性的方法有三种：

一是采用先进炼制工艺。如催化重整和加氢精制等，主要作用是减少汽油中不饱和烃的含量和去除汽油中的非烃类组分。

二是向汽油产品中加入抗氧化防胶剂。如2，6-二叔丁基对甲酚、N-苯基-N'-仲丁基对苯二胺等。这些抗氧化防胶剂能释放氢原子与过氧化基结合，使过氧化基变成过氧化物而失去活性，从而中断烃类氧化生胶的反应链，达到提高汽油氧化安定性的目的。

三是向汽油产品中加入金属钝化剂。如N，N'-双亚水杨基-1，2-丙二胺等。这些金属钝化剂能与具有氧化催化效应的可溶性金属化合物反应，生成加合物，从而使可溶性金属化合物失去氧化催化效应，达到提高汽油氧化安定性的目的。

第四节 汽油的腐蚀性

汽油在运输、储存和使用过程中，常与多种金属容器和零件接触，为不造成腐蚀，要求汽油无腐蚀性。组成汽油的各种烃类，都是没有腐蚀性的化合物。汽油的腐蚀性，完全是由非烃类物质引起的。常见的能引起腐蚀性的非烃类物质有硫及硫的化合物、有机酸、水溶性酸或碱等。对这些物质，在汽油中必须严格加以控制。

一、汽油中的主要腐蚀成分

1. 硫及硫的化合物

硫元素对金属腐蚀作用很强，它能与多种金属发生化学反应，易造成发动机金属零件和金属储油容器的过早报废。硫还能与汽油中的烷烃和环烷烃在高温（高于150℃）下发生反应，生成具有强烈腐蚀性的硫化氢。

硫的化合物分为活性硫化物和非活性硫化物。活性硫化物是指能直接对金属起腐蚀作用的硫化物；非活性硫化物是指不能直接对金属起腐蚀作用的硫化物。汽油中常见的活性硫化物有硫化氢、硫醇、二氧化硫和三氧化硫等；常见的非活性硫化物有硫醚、二硫化物、环硫醚和噻吩等。

硫化氢不存在于原油中，而是在原油炼制过程中由于化学反应生成的。它能严重腐蚀铜、铜合金、铁和铝等金属。

硫醇（RSH）是原油的有害组成成分，其味很臭。在1L汽油中含有亿分之一克的硫醇时，就会使汽油带有恶臭味。它除了对铜、银、镉、锌和铁等金属有强烈腐蚀作用外，还会促进胶质生成，因而硫醇是十分有害的。

二氧化硫和三氧化硫是油品在硫酸精制和再蒸馏过程中，由中性和酸性硫酸酯分解产生的。它们作为酸性氧化物，对金属有强烈的腐蚀作用。如和水接触，它们会生成亚硫酸和硫酸，腐蚀作用更加强烈。二氧化硫和三氧化硫还可能顺气缸壁窜入曲轴箱，进入润滑油，遇水时化合，既腐蚀润滑系统，又会加剧发动机润滑油的变质。二氧化硫和三氧化硫如果随汽车尾气被排出车外，还会污染大气，造成酸雨等。

对于汽油中的非活性硫化物，虽然它们化学性质不活泼，不能直接腐蚀金属，但它们在汽油机中燃烧后，都会生成二氧化硫和三氧化硫，进而对机件造成腐蚀。

因此，汽油中的硫及硫化物，都对金属具有直接或间接的腐蚀作用。并且这种腐蚀作用随着汽油中硫含量（包括硫和硫化物中的硫）的增多还会越来越强，进而使发动机的机械磨损也越来越加剧。汽油中硫含量对汽油机腐蚀-机械磨损的影响如图1-9所示。

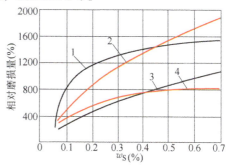

图1-9 汽油中硫含量对汽油机腐蚀-机械磨损的影响

1—挺杆 2—活塞环 3—气门座 4—气缸

汽油中的硫及硫化物除了对金属具有腐蚀作用外，还对汽油机气缸内积炭的增多变硬有直接影响。有关汽油中硫含量对气缸内积炭的影响见表1-16。

表1-16 汽油中硫含量对气缸内积炭的影响

硫含量（%）	积炭层的厚度/mm				
	活塞顶	活塞环槽	气缸盖	气缸	气门
0.033	0.08	很少	很少	很少	很少
0.15	0.25～0.3	0.1～0.15	0.3～0.5	0.3～0.5	0.1～0.15
0.47	0.5～0.9	0.1～0.2	0.6～0.8	0.5～0.7	0.3～0.5
0.72	0.75～1.2	0.25～0.50	0.75～1.20	0.75～1.20	0.3～0.5

2. 有机酸

汽油中的有机酸主要是指汽油在储存和使用过程中，由于汽油中的不安定组分氧化变质而生成的一些酸性物质。汽油中有机酸的数量随汽油储存时间的增长而增加。有机酸中有一部分能溶于水，对金属可产生强烈的腐蚀。

3. 水溶性酸或碱

水溶性酸是指存在于汽油中能够溶于水的无机酸和低分子有机酸，如硫酸、盐酸、磺酸、酸性硫酸酯以及甲酸、乙酸和丙酸等。水溶性碱是指存在于汽油中能够溶于水的矿物碱等，如氢氧化钠、氢氧化钾和碳酸钠等。

原油中是不含有水溶性酸或碱的，但原油在炼制过程中或成品汽油在运输、储存过程中，由于用酸碱精制和用化学方法清洗盛油容器后未将残留的酸碱清除干净，就可能使成品汽油中残留水溶性酸或水溶性碱。或者由于成品汽油储存时间比较长或保管不善，汽油中性质不稳定的烃类就会被氧化生成低分子有机酸。

水溶性酸的化学性质活泼，几乎能与各种金属直接发生反应生成盐类，产生化学腐蚀。汽油中如果含有水溶性酸，就会腐蚀汽油发动机的金属零部件和储油容器。水溶性碱的化学活性不如水溶性酸强，但它对铝有强烈的腐蚀作用。汽油中如果混入水溶性碱，则汽油机中的铝制零件就会与之反应生成氢氧化铝而遭到腐蚀。

水溶性酸或水溶性碱除了对金属有腐蚀作用外，还能促使汽油中的各种烃氧化、分解和胶化。

因此，汽油中绝对不允许存在水溶性酸或碱。

二、汽油腐蚀性的评价指标

汽油腐蚀性的评价指标为硫含量、铜片腐蚀试验、硫醇硫含量、博士试验和水溶性酸或碱。

1. 硫含量

硫含量是指存在于汽油中的硫和一切硫化物中的硫的总含量，以质量百分比表示。

汽油中硫含量的测定按照 GB/T 380—1977《石油产品硫含量测定法（燃灯法）》的规定进行。测定仪器为硫含量测定仪，如图 1-10 所示。测定方法为：

1）将一定数量的汽油试样注入带有灯芯的燃烧灯中，并让汽油浸透灯芯，剪掉灯芯在灯管外的露出部分。再将燃烧灯调整合适，称其质量。在吸收器内注入 10mL 碳酸钠溶液（浓度为 0.3%）和 10mL 蒸馏水，随即装好液滴收集器和烟道。

2）同法准备好另一套仪器，但其灯油改用正庚烷或乙醇（或无硫汽油），做空白滴定用，燃烧灯不必称量。然后把两套仪器均连接在抽气泵上，开动泵使空气均匀而缓和地通过吸收器。

3）将两灯同时点燃（不允许用火柴点燃），并置入各自烟道下进行燃烧。汽油中的硫及硫化物燃烧后生成二氧化硫。通过烟道，将二氧化硫导入吸收器，被吸收器内过量的碳酸钠水溶液吸收后，发生化学反应生成亚硫酸钠。当被测汽油烧尽后，用灯罩盖住灯芯管，经 3～5min 后，关闭抽气机。

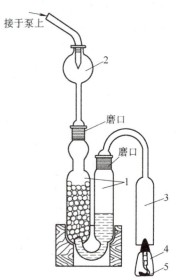

图 1-10 硫含量测定仪

1—吸收器 2—液滴收集器 3—烟道
4—带有灯芯的燃烧灯 5—灯芯

4）拆开仪器，称量装被测汽油的灯，同时，用洗瓶喷射蒸馏水洗涤收集器、烟道和吸收器上部，把洗涤液集中到吸收器中。

5）向每个吸收器中滴入溴甲酚绿和甲基橙的混合指示剂1～2滴。再用0.05mol/L盐酸溶液滴定，此时，辅以吹气的办法搅拌溶液。

6）将用正庚烷或乙醇（或无硫汽油）做灯油的空白溶液滴定至呈红色，并将被测汽油做灯油的吸收液滴定至同样红色，最后按下式计算被测汽油的硫含量

$$X = \frac{(V-V_1)K \times 0.0008}{G} \times 100\%$$

式中，X 为被测汽油的硫含量（%）（质量分数）；V 为滴定空白液所消耗的盐酸溶液，单位为mL；V_1 为滴定被测汽油吸收器中的吸收液所消耗的盐酸溶液，单位为mL；K 为换算修正系数（盐酸的实际当量浓度与0.05mol/L的比值）；0.0008 为单位体积0.05mol/L盐酸溶液所相当的硫含量，单位为g/mL；G 为被测汽油的燃烧量，通过燃烧灯前后两次称量差确定，单位为g。

2. 铜片腐蚀试验

铜片腐蚀试验是直接用铜片检查汽油有无腐蚀作用的试验。如铜片发生颜色变化则说明汽油中有腐蚀性物质。铜片腐蚀试验主要检查汽油中是否含有单质硫和活性硫化物。

铜片腐蚀试验按照GB/T 5096—2017《石油产品铜片腐蚀试验法》的规定进行。试验方法为：

将一磨光的铜片浸没在50℃被试油中保持3h取出，经充分洗涤后，与腐蚀标准色板比较颜色，确定腐蚀级别。腐蚀标准色板分为4级，如铜片只有轻度变色为1级；中度变色为2级；深度变色为3级；4级为腐蚀。国家标准中规定不大于1级。有关腐蚀标准色板分级和级别说明见表1-17。

表1-17 腐蚀标准色板分级和级别说明

分 级	名 称	级 别 说 明
新磨光的铜片	—	此系列中包括的新磨光铜片，仅作为试验前磨光铜片的外观标志。即使一个完全不腐蚀的试样经试验后也不可能重现这种外观
1级	轻度变色	● 淡橙色，几乎与新磨光的铜片一样 ● 深橙色
2级	中度变色	● 紫红色 ● 淡黄色 ● 带有淡紫蓝色，或银色，或两种都有，并分别覆盖在紫红色上的多彩色 ● 银色 ● 黄铜色或金黄色
3级	深度变色	● 洋红色覆盖黄铜色的多彩色 ● 有红或绿显示的多彩色（孔雀绿），但不带灰色
4级	腐蚀	● 透明的黑色、深灰色或仅带有孔雀绿的棕色 ● 石墨黑色或无光泽的黑色 ● 有光泽的黑色或乌黑发亮的黑色

3. 硫醇硫含量

硫醇性硫属活性硫化物，它不仅会对金属产生腐蚀，还会使燃料产生恶臭，故燃料中要限制其含量。国家标准中以汽油中的硫醇硫在汽油中所占的质量分数表示，规定其不大于限值。

硫醇硫含量的测定按照 GB/T 1792—2015《汽油、煤油、喷气燃料和馏分燃料中硫醇硫的测定　电位滴定法》的规定进行。测定方法是：

让硫醇官能团巯基与硝酸银发生反应，生成难溶的硫醇银沉淀，用玻璃参比电极和银—硫化银指示电极之间的电位突跃（电位法）来确定滴定终点。最后，根据硫醇银的沉淀量，通过计算得出硫醇硫含量。硫醇官能团巯基与硝酸银的反应式如下

$$RSH + AgNO_3 \rightarrow RSAg \downarrow + HNO_3$$

4. 博士试验

博士试验是指向汽油中加入一定量的亚铅酸钠溶液后，看有无黑色沉淀生成，以判定汽油中是否含有硫化氢或硫醇的试验。

博士试验按照 NB/SH/T 0174—2015《石油产品和烃类溶剂中硫醇和其他硫化物的检测　博士试验法》的规定进行。试验方法是：

把 10mL 汽油试样放入带磨口塞的量筒内，再向汽油中加入 5mL 亚铅酸钠溶液，用力摇动量筒，让它们充分混合反应后，观察量筒中的变化。如果试样中有黑色沉淀生成，则说明油中含硫化氢。生成黑色沉淀为硫化铅，反应式如下

$$Na_2PbO_2 + H_2S \rightarrow PbS \downarrow + 2NaOH$$

如试样中无黑色沉淀生成，再向量筒中加入少许升华硫，并再次摇动。如果此时试样中有黑色沉淀生成，则说明汽油中含有硫醇。生成的黑色沉淀也是硫化铅，反应式如下

$$Na_2PbO_2 + 2RSH \rightarrow (RS)_2Pb + 2NaOH$$

$$(RS)_2Pb + S \rightarrow RSSR + PbS \downarrow$$

加升华硫的目的是加速生成硫化铅，以利于对结果进行正确判断。

博士试验和硫醇硫含量试验虽然都是测量汽油中的硫醇成分，但硫醇硫含量试验是定量测量汽油中的硫醇，而博士试验是定性分析汽油中硫醇的有无，二者有所不同。在车用汽油国家标准中，允许硫醇指标通过这两个试验中的一个即可。

5. 水溶性酸或碱

水溶性酸或碱试验主要用来判定汽油中是否存在可溶于水的酸性或碱性物质。水溶性酸或碱对金属有强烈的腐蚀作用，汽油中不允许其存在。

水溶性酸或碱的测定按照 GB/T 259—1988《石油产品水溶性酸及碱测定方法》的规定进行。测定方法为：

先将 50mL 汽油和 50mL 蒸馏水按 1∶1 的比例倒入分液漏斗中，充分摇荡 5min，使汽油与蒸馏水充分混合。待油和水分层后，再将分液漏斗下部的蒸馏水放入两支试管中，每支试管各放 10mL，然后用两种不同的指示剂分别检查水的反应。如果滴入甲基橙指示剂后，水的颜色稍变红或呈玫瑰红，表明汽油中有水溶性酸存在；如果另一支试管中滴入酚酞指示剂后，水的颜色稍变红或呈玫瑰红，表明汽油中有水溶性碱存在；如果滴入指示剂后两支试管内均无变色，则表明汽油中既不含有水溶性酸，也不含有水溶性碱。

第五节　汽油的其他性能

汽油的其他性能主要包括：对环境等的无害性和汽油本身的清洁性等。

一、无害性

汽油的无害性是指汽油在发动机内燃烧后的产物不对机动车排放、人体健康和生态环境产生不利影响的性能。汽油的无害性与汽油的组分有关。

引起燃烧产物对机动车排放产生不利影响的汽油组分有铅、锰、铁、铜、磷、硫等。它们除了会增大排放废气中的有害物质外，还会引起三元催化转化器中的催化剂中毒，使三元催化转化器这一排放控制装置丧失长期有效地控制排放污染物的能力，进而使排入环境的排放污染物增多。所以，对汽油中的这些组分要严格控制含量。

引起燃烧产物对人体健康和生态环境产生不利影响的汽油组分有苯、烯烃、芳香烃等有机物。

汽油中的苯组分，会增大排放废气中的苯含量。苯对人类危害极大，是已知的致癌物质之一。

汽油中的烯烃组分，会增大排放废气中丁二烯等毒性有机物的含量。另外，烯烃如与 NO_x 一起排入大气，还会在紫外线作用下发生化学反应，生成臭氧、甲醛、丙烯醛、过氧乙酰硝酸酯等产物，形成光化学烟雾，对人体和环境有害。

汽油中的芳香烃组分，会增大排放废气中多环芳香烃、酚类、芳香醛等有害物质的含量。

所以，对以上三类有机物要控制它们在汽油中的含量。但是，芳香烃和烯烃作为汽油中的高辛烷值组分，它们在汽油中的含量也不能限制得太低，以防削弱汽油的抗爆能力。

为不至于对机动车排放、人体健康和生态环境产生大的影响，2011年2月14日，国家环境保护部⊖发布了 GWKB 1.1—2011《车用汽油有害物质控制标准（第四、第五阶段）》，对汽油中的以上各种有害组分进行了明确限制，并且规定了各种有害组分含量的检验方法，具体规定见表1-18。随着环保要求的不断提高，在之后的车用汽油技术要求中对有害组分的含量要求进一步降低。

表1-18　车用汽油有害物质含量要求及检验方法（第四、五阶段）

序号	项目	限值		检验方法	其他要求
		第四阶段	第五阶段		
1	铅/$g \cdot L^{-1}$	≤0.005		GB/T 8020	不得人为加入
2	铁/$g \cdot L^{-1}$	≤0.01		SH/T 0712	不得人为加入
3	锰/$g \cdot L^{-1}$	≤0.008	≤0.002	SH/T 0711	指汽油中以甲基环戊二烯三羰基锰形式存在的总锰含量，不得加入其他类型的含锰添加剂

⊖　2008年变更为中华人民共和国环境保护部。

(续)

序号	项　目	限值 第四阶段	限值 第五阶段	检验方法	其他要求
4	铜/g·L^{-1}	≤0.001		SH/T 0102	不得人为加入。限值为方法检出限
5	磷/g·L^{-1}	≤0.0002		SH/T 0020	不得人为加入。限值为方法检出限
6	硫/mg·kg^{-1}	≤50	≤10	SH/T 0689 GB/T 11140 SH/T 0253	可用 GB/T 11140、SH/T 0253 方法测定，有异议时，以 SH/T 0689 方法测定结果为准
7	苯 (体积分数)（%）	≤1.0		SH/T 0713 SH/T 0693	可用 SH/T 0693 方法测定，有异议时，以 SH/T 0713 方法测定结果为准
8	烯烃 (体积分数)（%）	≤28	≤25	GB/T 11132 SH/T 0741	可用 SH/T 0741 方法测定，有异议时，以 GB/T 11132 方法测定结果为准
9	芳烃 (体积分数)（%）	≤40	≤35	GB/T 11132 SH/T 0741	可用 SH/T 0741 方法测定，有异议时，以 GB/T 11132 方法测定结果为准
10	甲醇 (质量分数)（%）	≤0.3		SH/T 0663	不得人为加入

二、清洁性

汽油的清洁性是指汽油中不应含有机械杂质和水分。

由炼油厂炼制的成品汽油是不含有机械杂质和水分的。汽油中存在的机械杂质和水分一般是在运输、储存和使用过程中受外界污染而混入的。

机械杂质能增大发动机的磨损，水分能加速汽油的氧化生胶，所以，应严格限制它们在汽油中的含量，国家标准中规定汽油中不允许有机械杂质和水分。

汽油中机械杂质的测定按 GB/T 511—2010《石油和石油产品及添加剂机械杂质测定法》的规定进行；汽油中水分的测定按 GB/T 260—2016《石油产品水含量的测定》的规定进行。

如不需对汽油中的机械杂质和水分做精确测定，可采用下面的方法做简单判断：将汽油注入清洁干燥的量筒中，静置一定时间后观察，如果油色透明并且没有悬浮物和沉淀物以及水分，则认为汽油中不含机械杂质和水分，该汽油质量合格。

第六节　汽油的质量标准

由车用汽油的性能知道，汽油的优劣不仅影响车辆的性能，还影响车辆使用时对环

第一章 车用汽油

境污染的大小，而且随着我国汽车保有量的大幅度增加，汽车排放产生的大气污染物越来越多，对人体健康的危害也日益严重。为防治机动车排气污染，保护生态环境和人体健康，国家质量监督检验检疫总局和国家标准化管理委员会不断修改，以提高车用汽油质量标准。

最新制定的 GB 17930—2016《车用汽油》中车用汽油（Ⅳ）按研究法辛烷值分为 90 号、93 号和 97 号 3 个牌号，车用汽油（Ⅴ）与车用汽油（Ⅵ）按研究法辛烷值分为 89 号、92 号、95 号和 98 号 4 个牌号，车用汽油（Ⅵ）又依据烯烃含量不同分为ⅥA 和ⅥB 两个阶段。牌号的含义为研究法辛烷值（RON），例如，90 号汽油表示该汽油 RON 值不小于 90。车用汽油（Ⅳ）、车用汽油（Ⅴ）、车用汽油（ⅥA）、车用汽油（ⅥB）的技术要求与试验方法，分别见表 1-19、表 1-20、表 1-21、表 1-22。

表 1-19 车用汽油（Ⅳ）的技术要求和试验方法

项 目		质量指标			试 验 方 法
		90	93	97	
抗爆性：					
研究法辛烷值（RON）	不小于	90	93	97	GB/T 5487
抗爆指数（RON + MON）/2	不小于	85	88	报告	GB/T 503、GB/T 5487
铅含量①/(g·L^{-1})	不高于	0.005			GB/T 8020
馏程：					
10% 蒸发温度/℃	不高于	70			GB/T 6536
50% 蒸发温度/℃	不高于	120			
90% 蒸发温度/℃	不高于	190			
终馏点/℃	不高于	205			
残留量(体积分数)（%）	不大于	2			
蒸气压②/kPa：					
11 月 1 日至 4 月 30 日		42 ~ 85			GB/T 8017
5 月 1 日至 10 月 30 日		40 ~ 68			
胶质含量/mg·(100mL)$^{-1}$：					
未洗胶质含量（加入清净剂前）	不大于	30			GB/T 8019
溶剂洗胶质含量（加入清净剂前）	不大于	5			
诱导期/min	不小于	480			GB/T 8018
硫含量③/mg·kg^{-1}	不大于	50			SH/T 0689
硫醇（满足下列指标之一，即判断为合格）：					
博士试验		通过			NB/SH/T 0174
硫醇硫含量(质量分数)（%）	不大于	0.001			GB/T 1792
铜片腐蚀（50℃，3h）/级	不大于	1			GB/T 5096
水溶性酸或碱		无			GB/T 259
机械杂质及水分		无			目测④
苯含量⑤(体积分数)（%）	不大于	1.0			SH/T 0713
芳烃含量⑥(体积分数)（%）	不大于	40			GB/T 11132
烯烃含量⑥(体积分数)（%）	不大于	28			GB/T 11132

(续)

项 目		质量指标			试 验 方 法
		90	93	97	
氧含量⑦（质量分数）（%）	不大于	2.7			NB/SH/T 0663
甲醇含量①（质量分数）（%）	不大于	0.3			NB/SH/T 0663
锰含量⑧/g·L⁻¹	不大于	0.008			SH/T 0711
铁含量①/g·L⁻¹	不大于	0.01			SH/T 0712

① 车用汽油中，不得人为加入甲醇及含铅或含铁的添加剂。
② 也可采用 SH/T 0794 进行测定，在有异议时，以 GB/T 8017 方法为准。换季时，加油站允许有 15 天的置换期。
③ 也可采用 GB/T 11140、SH/T 0253、ASTM D 7039 进行测定，在有异议时，以 SH/T 0689 方法为准。
④ 将试样注入 100mL 玻璃量筒中观察，应当透明，没有悬浮和沉降的机械杂质和水分。在有异议时，以 GB/T 511 和 GB/T 260 方法为准。
⑤ 也可采用 SH/T 0693 进行测定，在有异议时，以 SH/T 0713 方法为准。
⑥ 对于 97 号车用汽油，在烯烃、芳烃总含量控制不变的前提下，可允许芳烃的最大值为 42%（体积分数）。也可采用 NB/SH/T 0741 进行测定，在有异议时，以 GB/T 11132 方法为准。
⑦ 也可采用 SH/T 0720 进行测定，在有异议时，以 NB/SH/T 0663 方法为准。
⑧ 锰含量是指汽油中以甲基环戊二烯三羰基锰形式存在的总锰含量，不得加入其他类型的含锰添加剂。

表 1-20 车用汽油（V）的技术要求和试验方法

项 目		质量指标				试 验 方 法
		89	92	95	98	
抗爆性：						
研究法辛烷值（RON）	不小于	89	92	95	98	GB/T 5487
抗爆指数（RON + MON）/2	不小于	84	87	90	93	GB/T 503、GB/T 5487
铅含量①/g·L⁻¹	不大于	0.005				GB/T 8020
馏程：						
10% 蒸发温度/℃	不高于	70				
50% 蒸发温度/℃	不高于	120				GB/T 6536
90% 蒸发温度/℃	不高于	190				
终馏点/℃	不高于	205				
残留量(体积分数)（%）	不大于	2				
蒸气压②/kPa：						
11月1日至4月30日		45 ~ 85				GB/T 8017
5月1日至10月30日		40 ~ 65③				
胶质含量/mg·(100mL)⁻¹：						
未洗胶质含量（加入清净剂前）	不大于	30				GB/T 8019
溶剂洗胶质含量（加入清净剂前）	不大于	5				
诱导期/min	不小于	480				GB/T 8018
硫含量④/mg·kg⁻¹	不大于	10				SH/T 0689
硫醇（博士试验）		通过				NB/SH/T 0174
铜片腐蚀（50℃，3h）/级	不大于	1				GB/T 5096
水溶性酸或碱		无				GB/T 259
机械杂质及水分		无				目测⑤
苯含量⑥（体积分数）（%）	不大于	1.0				SH/T 0713
芳烃含量⑦（体积分数）（%）	不大于	40				GB/T 11132

(续)

项 目		质量指标				试验方法
		89	92	95	98	
烯烃含量⑦（体积分数）（%）	不大于	24				GB/T 11132
氧含量⑧（质量分数）（%）	不大于	2.7				NB/SH/T 0663
甲醇含量①（质量分数）（%）	不大于	0.3				NB/SH/T 0663
锰含量①/g·L^{-1}	不大于	0.002				SH/T 0711
铁含量①/g·L^{-1}	不大于	0.01				SH/T 0712
密度⑨（20℃）/kg·m^{-3}		720~775				GB/T 1884、GB/T 1885

① 车用汽油中，不得人为加入甲醇以及含铅或含铁的添加剂。
② 也可采用 SH/T 0794 进行测定，在有异议时，以 GB/T 8017 方法为准。换季时，加油站允许有 15 天的置换期。
③ 广东、海南全年执行此项要求。
④ 也可采用 GB/T 11140、SH/T 0253、ASTM D 7039 进行测定，在有异议时，以 SH/T 0689 方法为准。
⑤ 将试样注入 100mL 玻璃量筒中观察，应当透明，没有悬浮和沉降的机械杂质和水分。在有异议时，以 GB/T 511 和 GB/T 260 方法为准。
⑥ 也可采用 GB/T 28768、GB/T 30519、SH/T 0693 进行测定，在有异议时，以 SH/T 0713 方法为准。
⑦ 对于 95 号、98 号车用汽油，在烯烃、芳烃总含量控制不变的前提下，可允许芳烃的最大值为 42%（体积分数）。也可采用 GB/T 28768、GB/T 30519、NB/SH/T 0741 进行测定，在有异议时，以 GB/T 11132 方法为准。
⑧ 也可采用 SH/T 0720 进行测定，在有异议时，以 NB/SH/T 0663 方法为准。
⑨ 也可采用 SH/T 0604 进行测定，在有异议时，以 GB/T 1884、GB/T 1885 方法为准。

表 1-21 车用汽油（ⅥA）的技术要求和试验方法

项 目		质量指标				试验方法
		89	92	95	98	
抗爆性：						
研究法辛烷值（RON）	不小于	89	92	95	98	GB/T 5487
抗爆指数（RON+MON）/2	不小于	84	87	90	93	GB/T 503、GB/T 5487
铅含量①/g·L^{-1}	不大于	0.005				GB/T 8020
馏程：						
10% 蒸发温度/℃	不高于	70				
50% 蒸发温度/℃	不高于	110				
90% 蒸发温度/℃	不高于	190				GB/T 6536
终馏点/℃	不高于	205				
残留量（体积分数）（%）	不大于	2				
蒸气压②/kPa：						
11 月 1 日至 4 月 30 日		45~85				GB/T 8017
5 月 1 日至 10 月 30 日		40~65③				
胶质含量/mg·(100mL)$^{-1}$：						
未洗胶质含量（加入清净剂前）	不大于	30				GB/T 8019
溶剂洗胶质含量（加入清净剂前）	不大于	5				
诱导期/min	不小于	480				GB/T 8018
硫含量④/mg·kg^{-1}	不大于	10				SH/T 0689
硫醇（博士试验）		通过				NB/SH/T 0174
铜片腐蚀（50℃，3h）/级	不大于	1				GB/T 5096
水溶性酸或碱		无				GB/T 259

(续)

项　　目		质量指标				试验方法
		89	92	95	98	
机械杂质及水分		无				目测⑤
苯含量⑥(体积分数)(%)	不大于	0.8				SH/T 0713
芳烃含量⑦(体积分数)(%)	不大于	35				GB/T 30519
烯烃含量⑦(体积分数)(%)	不大于	18			15	GB/T 30519
氧含量⑧(质量分数)(%)	不大于	2.7				NB/SH/T 0663
甲醇含量①(质量分数)(%)	不大于	0.3				NB/SH/T 0663
锰含量①/g·L^{-1}	不大于	0.002				SH/T 0711
铁含量①/g·L^{-1}	不大于	0.01				SH/T 0712
密度⑨(20℃)/kg·m^{-3}		720~775				GB/T 1884、GB/T 1885

① 车用汽油中,不得人为加入甲醇以及含铅、含铁和含锰的添加剂。
② 也可采用 SH/T 0794 进行测定,在有异议时,以 GB/T 8017 方法为准。换季时,加油站允许有 15 天的置换期。
③ 广东、海南全年执行此项要求。
④ 也可采用 GB/T 11140、SH/T 0253、ASTM D 7039 进行测定,在有异议时,以 SH/T 0689 方法为准。
⑤ 将试样注入 100mL 玻璃量筒中观察,应当透明,没有悬浮和沉降的机械杂质和水分。在有异议时,以 GB/T 511 和 GB/T 260 方法为准。
⑥ 也可采用 GB/T 28768、GB/T 30519、SH/T 0693 进行测定,在有异议时,以 SH/T 0713 方法为准。
⑦ 也可采用 GB/T 11132、GB/T 28768 进行测定,在有异议时,以 GB/T 30519 方法为准。
⑧ 也可采用 SH/T 0720 进行测定,在有异议时,以 NB/SH/T 0663 方法为准。
⑨ 也可采用 SH/T 0604 进行测定,在有异议时,以 GB/T 1884、GB/T 1885 方法为准。

表 1-22　车用汽油 (ⅦB) 的技术要求和试验方法

项　　目		质量指标				试验方法
		89	92	95	98	
抗爆性:						
研究法辛烷值 (RON)	不小于	89	92	95	98	GB/T 5487
抗爆指数 (RON+MON)/2	不小于	84	87	90	93	GB/T 503、GB/T 5487
铅含量①/g·L^{-1}	不大于	0.005				GB/T 8020
馏程:						
10% 蒸发温度/℃	不高于	70				
50% 蒸发温度/℃	不高于	110				
90% 蒸发温度/℃	不高于	190				GB/T 6536
终馏点/℃	不高于	205				
残留量(体积分数)(%)	不大于	2				
蒸气压②/kPa:						
11 月 1 日至 4 月 30 日		45~85				GB/T 8017
5 月 1 日至 10 月 30 日		40~65③				
胶质含量/mg·(100mL)$^{-1}$:						
未洗胶质含量 (加入清净剂前)	不大于	30				GB/T 8019
溶剂洗胶质含量 (加入清净剂前)	不大于	5				
诱导期/min	不小于	480				GB/T 8018
硫含量④/mg·kg^{-1}	不大于	10				SH/T 0689
硫醇 (博士试验)		通过				NB/SH/T 0174

第一章 车用汽油

(续)

项 目		质 量 指 标				试 验 方 法
		89	92	95	98	
铜片腐蚀（50℃，3h）/级	不大于	1				GB/T 5096
水溶性酸或碱		无				GB/T 259
机械杂质及水分		无				目测⑤
苯含量⑥（体积分数）（%）	不大于	0.8				SH/T 0713
芳烃含量⑦（体积分数）（%）	不大于	35				GB/T 30519
烯烃含量⑦（体积分数）（%）	不大于	15				GB/T 30519
氧含量⑧（质量分数）（%）	不大于	2.7				NB/SH/T 0663
甲醇含量①（质量分数）（%）	不大于	0.3				NB/SH/T 0663
锰含量①/g·L^{-1}	不大于	0.002				SH/T 0711
铁含量①/g·L^{-1}	不大于	0.01				SH/T 0712
密度⑨（20℃）/kg·m^{-3}		720～775				GB/T 1884、GB/T 1885

① 车用汽油中，不得人为加入甲醇以及含铅、含铁和含锰的添加剂。
② 也可采用 SH/T 0794 进行测定，在有异议时，以 GB/T 8017 方法为准。换季时，加油站允许有 15 天的置换期。
③ 广东、海南全年执行此项要求。
④ 也可采用 GB/T 11140、SH/T 0253、ASTM D 7039 进行测定，在有异议时，以 SH/T 0689 方法为准。
⑤ 将试样注入 100mL 玻璃量筒中观察，应当透明，没有悬浮和沉降的机械杂质和水分。在有异议时，以 GB/T 511 和 GB/T 260 方法为准。
⑥ 也可采用 GB/T 28768、GB/T 30519、SH/T 0693 进行测定，在有异议时，以 SH/T 0713 方法为准。
⑦ 也可采用 GB/T 11132、GB/T 28768 进行测定，在有异议时，以 GB/T 30519 方法为准。
⑧ 也可采用 SH/T 0720 进行测定，在有异议时，以 NB/SH/T 0663 方法为准。
⑨ 也可采用 SH/T 0604 进行测定，在有异议时，以 GB/T 1884、GB/T 1885 方法为准。

第七节 汽油的选用

为了充分利用车用汽油的能量，延长汽油发动机零件的使用寿命，降低生产成本，节约能源，应正确、合理地选择汽油。

一、汽油的选择

车用汽油的选择一般应遵循以下原则：

1) 按汽车的使用说明书规定或国家相关权威部门的推荐选用汽油牌号。压缩比越大，使用的汽油牌号一般就越高。2003 年由中国汽车工程学会和中国环境保护产业协会共同向全国消费者推荐的《国内外汽油轿车用油标号推荐表》（2003 版）便可作为广大汽车使用者选油依据之一。具体汽油轿车推荐用油标号见表 1-23。

2) 在汽油的供应上，若一时不能满足需要，可以用牌号相近的汽油暂时代用，但必须对汽油机进行适当的调整。用辛烷值较低的汽油代替辛烷值较高的汽油时，应适当推迟点火提前角；用辛烷值较高的汽油代替辛烷值较低的汽油时，应适当提前点火提前角。

3) 装有三元催化转化器和氧传感器的汽车尽量选择含铅量低的汽油。

4) 注意季节变化、车辆使用地区变化等外界条件改变对汽油选择的影响。如冬季应选择蒸气压较大的汽油，夏季应选择蒸气压较小的汽油；高原地区应选择蒸气压较小的

汽油,平原地区应选择蒸气压稍大的汽油。

表1-23 国内外汽油轿车用油标号推荐表

车　　型	推荐用油标号	车　　型	推荐用油标号
一汽红旗 明仕1.8	93	长安福特嘉年华1.3/1.6	93~97
一汽红旗 世纪星2.0/2.4	不低于93	菲亚特西耶那1.3 16V/1.5	不低于93
一汽马自达2.3	93~97	菲亚特派力奥1.3 16V/1.5	不低于93
一汽夏利7101/7131/200	不低于93	菲亚特周末风1.3 16V/1.5	不低于93
一汽威姿1.0/1.3	不低于93	广州本田98款雅阁2.0/2.3/3.0	93
一汽-大众 捷达 普通/CI/CT/AT	93	广州本田03款雅阁2.0/2.4/3.0	不低于93
一汽-大众 宝来1.6/1.8/1.8T	93~97	广州本田奥德赛2.3	不低于93
一汽-大众 高尔夫1.6/2.0	93~97	吉利美日1.3/优利欧1.3	93
一汽-大众 奥迪A4/A6	93~97	长安铃木奥拓0.8/羚羊1.0/1.3	93
上海大众 桑塔纳 普通/2000	不低于93	昌河铃木北斗星CH6350B	93
上海大众 帕萨特1.8/1.8T	93~97	华晨中华2.0/2.4	不低于93
上海大众 帕萨特2.0	93~97	哈飞赛马1.3	不低于93
上海大众 POLO 1.4/1.6	93~97	海南马自达普利马/323/福美来	不低于93
大众高尔1.6	不低于93	宝马3、5、7系列	97
上海别克赛欧1.6	不低于93	大宇王子2.0/蓝龙1.5	93~97
上海别克君威2.0/2.5/3.0	不低于93	本田思域1.6/里程3.5	93~97
东风蓝鸟2.0/阳光2.0	不低于93	日产风度2.0/3.0	93~97
东风毕加索1.6/2.0	93~97	丰田雷克萨斯IS200/GS300/LS430	97
东风爱丽舍1.6/爱丽舍VTS 1.6	93~97	丰田世纪/皇冠	93~97
东风塞纳2.0	93~97	丰田花冠1.6/佳美2.2GL/2.4	93~97
东风千里马1.6	不低于93	奔驰E280/E320	97
神龙富康1.4/1.6	93	沃尔沃S40	不低于93
奇瑞1.6	不低于93	福特WINDSTAR V6/TAURUS V6	93~97
天津丰田威驰1.3/1.5	不低于93	林肯大陆V8/马克V8	93~97
北京吉普2500	93	欧宝1.8	97
北京现代索纳塔2.0/2.7	93~97		

二、汽油选用常见误区

在汽油选用中,应该避免"汽油牌号越高,对汽车越有利;汽油牌号越高,汽车排放越能达标"这样的误区。

这种误解往往产生在汽车使用者身上,尤其是那些车辆档次稍高的新车用户,认为自己多花点钱用高牌号油放心,且排放也能满足规定标准,提前达到像汽车销售商宣传的欧Ⅳ、欧Ⅴ排放水平。其实,这是一种不完全正确的想法。存在这些想法的使用者主要是由于不了解汽油质量好坏的评价,不了解汽油牌号与发动机压缩比不匹配的一些不利影响,不了解汽车排放的影响因素。

实际上，汽油质量是多种性能的综合评价，除蒸发性、抗爆性、清洁性、无害性外，还有氧化安定性、腐蚀性等，而汽油牌号高低只反映了抗爆性的好坏，并不能全面反映油品质量高低。同时，如果低压缩比发动机的汽车加用高标号燃油，油的燃烧速度慢，反而会造成燃烧不完全、加速无力、排污增多等现象，使其高抗爆性的优势无法发挥出来，并造成金钱的浪费，既不经济也不实用；反之，高压缩比汽车长期燃用低标号汽油则更不可取，发动机的高压缩比设计是从节能角度考虑的，用低标号油不但容易产生爆燃，还容易造成发动机气门及气缸上的积炭过早、过快地形成，使工况下降，油耗增加，排放逐步恶化。虽然现代一些汽车发动机上安装有爆燃传感器，会将信息传递给控制ECU，自动延迟点火时间，但这种调整的范围和程度十分有限。

那些汽车技术状况变差后认为只要使用高牌号汽油即可使车辆排放满足规定的使用者尤其要注意，车辆尾气排放不仅与汽油质量有关，还与车况有关，如果因不及时维护或使用不当使汽车技术状况不符合排放设计要求，即使加牌号再高的汽油，也不会达标。

三、汽油在存放、使用过程中的质量变化

汽油在存放、使用过程中，质量可能会发生变化，主要表现为蒸发损失、氧化变质和外界污染等。

1. 汽油的蒸发损失

汽油发生蒸发损失会减少油中低沸点馏分的含量，使汽油的蒸发性变差，不利于汽油机的低温起动。如轻质成分蒸发量较多，还会明显影响形成可燃混合气的质量，进而增大发动机的磨损，增加汽车排放中有害成分的含量。

影响蒸发损失的因素有很多，主要由油本身的物理安定性决定，另外还与储存温度、充满程度等使用因素有关。汽油的物理安定性是指汽油在储存、运输、使用和加注过程中，保持自身不被蒸发损失的性能，它主要由汽油中所含的低沸点馏分所决定。汽油中低沸点馏分含量多，其物理安定性就差；反之，其物理安定性就好。汽油物理安定性的好坏直接决定着汽油在存放、使用过程中的蒸发损失的多少。但为了改善汽油的低温起动性，汽油中含有一定量的低沸点馏分也是非常必要的。因此，汽油物理安定性要适宜，通常用饱和蒸气压作为其评价指标。

另外，储存温度、油面面积、油面上空的空气流速和储油容器的充满程度等因素也影响蒸发损失。储存温度越高，汽油蒸发损失越大；油面面积越大，汽油蒸发损失越大；油面上空的空气流速越快，汽油蒸发损失越大；储油容器充不满，气体空间与液体容积比例越大，汽油蒸发损失也越大。

2. 汽油的氧化变质

氧化安定性不好的汽油，在存放、使用过程中容易氧化，使汽油颜色变深，酸性物质增多，诱导期缩短，实际胶质增加等。影响汽油氧化安定性的因素主要是化学组成和储存条件。

汽油的化学组成中，饱和烃的安定性较好，不饱和烃的安定性较差，非烃类化合物都是有害成分，一般都使汽油的氧化安定性变差。

储存条件中主要是避免高温储存，减少其与空气、金属以及水分的接触。

3. 汽油的外界污染

汽油的外界污染是指汽油中混入机械杂质或其他油品。机械杂质对发动机零部件的磨损以及正常运转都有严重影响。其他油品混入汽油中会增加汽油的重质馏分，改变汽油的使用性能。发生混油情况，多半是由于责任心不强而造成的。

4. 预防质量变化的措施

针对影响汽油质量变化的因素，主要预防措施有：

1）采用合理的储存方式，考虑环境温度、湿度以及空气的流动等因素。

2）正确选择储油容器，包括容器材质、密封程度、装满程度（要预留一定膨胀空间）以及清洁程度等因素。

四、汽油蒸发性变差后的使用

汽油的蒸发性在运输、储存和使用过程中由于自身因素或外界条件等因素的影响会逐渐变差。作为影响混合气形成质量、影响混合气燃烧完全的重要方面，对其变化后的使用要格外注意。

汽油蒸发性的变差主要表现在10%蒸发温度、50%蒸发温度、90%蒸发温度和终馏点等温度点的升高。

10%蒸发温度比标准高5℃以下时，一般可在夏秋季节使用。如果要在冬春季节使用，应先预热气缸。如果10%蒸发温度比标准高5℃以上，则只能用于盛夏季节，且20%蒸发温度不能高于100℃。

50%蒸发温度比标准高时，一般不会严重影响使用效果，但要求驾驶人员必须细心操作，如暖机时间适当延长、加速时不能太急等。

90%蒸发温度和终馏点比标准高5℃以下时，只要发动机气缸的密封性好，就不会显著增加磨损，油耗也不会明显上升。但如果终馏点高于225℃，则不宜再使用。

第八节 汽油的改良

随着我国汽车工业的不断发展和环保要求的提高，对车用汽油的性质和使用性能不断提出新的要求，这就需要不断对汽油进行改良。

一、汽油改良历程

汽油的改良可分为三个阶段：高标号化、无铅化和清洁化。

1. 高标号化

汽油的标号是以辛烷值为基础的，高标号化即提高汽油的辛烷值。辛烷值是车用汽油的重要质量指标之一，它是一个国家炼油工业水平的体现。如果汽油的辛烷值过低，发动机在运转时就容易发生爆燃，产生强烈的冲击波，损坏气缸盖、活塞顶、气缸壁、连杆、曲轴等机件，并增大发动机的磨损和燃油消耗。高辛烷值的汽油对提高汽车动力性、降低油耗、减少尾气排放具有十分明显的效果。

1986年，中国石油化工总公司开始酝酿提高汽油辛烷值。之前，我国使用的汽油标号主要有56号、66号、70号等。进入20世纪90年代，我国汽油完成了高标号化进程。如在GB 484—1993《车用汽油》中将车用汽油分为90、93、97三个牌号，在SH 0041—1993《无铅车用汽油》中将汽油分为90、93、95三个牌号，在GB 17930—1999《车用无铅汽油》中规定我国车用无铅汽油分90、93、95三个牌号，在GB 17930—2006《车用汽油》中规定我国车用汽油分90、93、97三个牌号。GB 17930—2013《车用汽油》中车用汽油（Ⅲ）和车用汽油（Ⅳ）按研究法辛烷值分为90号、93号和97号三个牌号，车用汽油（Ⅴ）按研究法辛烷值分为89号、92号、95号和98号四个牌号。GB 17930—2016《车用汽油》中车用汽油（Ⅴ）与车用汽油（Ⅵ）按研究法辛烷值分为89号、92号、95号和98号四个牌号，车用汽油（Ⅵ）又依据烯烃含量不同分为ⅥA和ⅥB两个阶段。

2. 无铅化

向汽油中添加抗爆剂是提高汽油辛烷值最有效和最经济的办法，使用的最广泛的抗爆剂是四乙基铅。所谓的含铅汽油也就是指添加了四乙基铅的汽油。含铅汽油燃烧后生成的铅化合物随尾气排入大气，可导致人类神经中毒，特别对儿童影响更大。儿童如经常吸入汽车尾气，血液中的铅离子浓度会增加。研究表明，血铅水平每升高 $10\mu g/100mL$，儿童智力就会下降7个百分点。此外，铅还会导致尾气转化催化剂中毒。因此，世界上大部分地区开始禁止使用含铅汽油。

我国的车用无铅汽油是在SH 0041—1993标准中被提出，在全国范围内推广使用是在GB 17930—1999中强制规定的。GB 17930—1999《车用无铅汽油》是我国车用无铅汽油的第一个强制性国家标准，标准中规定自2000年1月1日起，全国所有汽油生产企业一律停止含铅汽油的生产，2000年7月1日起全国停止销售和使用含铅汽油。自此，我国车用汽油实现了无铅化。GB 17930—1999规定的铅含量为不大于0.005g/L。GB 17930—2006、GB 17930—2013、GB 17930—2016的名称就直接改为车用汽油，规定的铅含量为不大于0.005g/L。

3. 清洁化

汽油的清洁化是指调整汽油组分，减少引起大气污染的组分（如烯烃、芳香烃、苯、硫化物等）的含量。

烯烃是汽油中的高辛烷值组分。人们一度追求提高汽油中的烯烃含量以获得高的辛烷值，但是，汽油中的烯烃组分，会增大排放废气中丁二烯等毒性有机物的含量。另外，烯烃如与NO_x一起排入大气，还会在紫外线作用下发生化学反应，生成臭氧、甲醛、丙烯醛、过氧乙酰硝酸酯等产物，形成光化学烟雾，对人体和环境产生危害。

芳香烃也是汽油理想的高辛烷值组分。但汽油中的芳香烃组分，会增大排放废气中多环芳香烃、酚类、芳香醛等有害物质的含量。

汽油中的苯组分，会增大排放废气中的苯含量。苯对人类危害极大，是已知的致癌物质之一。

硫化物除腐蚀金属外，其产物还会使三元催化转化器失效，污染空气，造成酸雨等。

所以，国家环保部于1999年发布《车用汽油有害物质控制标准》（GWKB 1—1999），对汽油中的上述组分含量给以严格控制。

2011年2月14日，国家环境保护部发布了 GWKB 1.1—2011《车用汽油有害物质控制标准（第四、五阶段）》，对汽油中的各种有害组分进行了明确限制，并且规定了各种有害组分含量的检验方法。随着环保要求的不断提高，在之后的车用汽油技术要求中对有害组分的含量要求进一步降低。

总之，我国车用汽油的改良是在无铅化过程中实现了高标号化，并且积极推进了汽油组分优化，即对汽油的硫含量、烯烃含量、芳香烃含量、苯含量等提出了限值。我国车用汽油改良历程见表1-24。

表1-24　我国车用汽油改良历程

年　份	主要事件及内容
1986之前	主要使用低牌号汽油，如56号、66号、70号等
1986年9月	中国石油化工总公司开始酝酿提高汽油辛烷值
1992年5月	中国石油化工总公司发布《汽油》石油化工行业标准 SH 0112—1992，包括66号和70号汽油2个牌号，四乙基铅含量不大于1.0g/kg（相当于铅含量0.46g/L）
1993年2月	中国石油化工总公司发布《无铅车用汽油》石油化工行业标准 SH 0041—1993，包括90号、93号和95号汽油3个牌号
1993年4月	国家技术监督局发布《车用汽油》国家标准 GB 484—1993，包括90号、93号和97号汽油3个牌号，其中，90号汽油铅含量不大于0.35g/L；93号和97号汽油铅含量不大于0.45g/L
1998年9月	国务院办公厅发布国办发［1998］129号文，规定自2000年1月1日起，全国汽油生产企业一律停止生产车用含铅汽油；自2000年7月1日起，全国所有加油站一律停止销售含铅汽油
1999年3月	国家质量技术监督局发布《汽车排放污染物限值及测试方法》GB 14761—1999，规定 CO、HC、NO_x、PM（颗粒物）的排放限值与欧洲Ⅰ号标准相同
1999年6月	国家环境保护部发布《车用汽油有害物质控制标准》GWKB 1—1999
1999年12月	国家质量技术监督局发布《车用无铅汽油》国家标准 GB 17930—1999
2000年7月	全国停止销售和使用含铅汽油
2002年9月	发布 GB 17930—1999《车用无铅汽油》国家标准第1号修改单
2003年1月	全国范围内实施《车用无铅汽油》国家标准 GB 17930—1999 中关于烯烃等含量的限值
2004年7月	国家环境保护部规定轻型车全面实施欧洲Ⅱ号排放标准
2004年8月	发布 GB 17930—1999《车用无铅汽油》国家标准第2号修改单
2004年10月	发布 GB 19592—2004《车用汽油清净剂》
2004年12月	发布 GB 17930—1999《车用无铅汽油》国家标准第3号修改单
2005年4月	发布 GB 18352.3—2005 轻型汽车污染物排放限值及测量方法（中国Ⅲ、Ⅳ阶段）
2006年12月	发布 GB 17930—2006《车用汽油》
2011年2月	国家环境保护部发布《车用汽油有害物质控制标准》GWKB 1.1—2011
2013年12月	发布 GB 17930—2013《车用汽油》
2016年12月	发布 GB 17930—2016《车用汽油》

二、我国车用汽油发展方向

随着社会的发展和人们环保意识的增强,生产满足环保要求的清洁汽油是必然趋势。根据我国车用汽油的发展现状,今后应积极主动地追踪世界石油产品标准,不断升级我国车用汽油质量标准,以更清洁的汽油满足车用需求。

1. 不断升级我国车用汽油质量标准

目前,我国车用汽油执行 GB 17930—2016,与世界燃油规范相比,其控制指标还有一定差距。有关车用汽油质量标准的对比情况见表 1-25。

表 1-25 车用汽油质量标准主要指标对比

质量指标	车用汽油(GB 17930—2016)			世界燃油规范(第5版)		
	国Ⅳ车用汽油	国Ⅴ车用汽油	国Ⅵ车用汽油	第Ⅲ类汽油	第Ⅳ类汽油	第Ⅴ类汽油
烯烃(体积分数)(%)	≤28	≤24	≤18/15	≤10	≤10	≤10
芳香烃(体积分数)(%)	≤40	≤40	≤35	≤35	≤35	≤35
苯(体积分数)(%)	≤1.0	≤1.0	≤0.8	≤1.0	≤1.0	≤1.0
硫/(mg·kg^{-1})	≤50	≤10	≤10	≤30	≤10	≤10
氧含量(质量分数)(%)	≤2.7	≤2.7	≤2.7	≤2.7	≤2.7	≤2.7
燃油喷嘴清洁度(流量损失)(%)	—	—	—	5	5	5
进气门清洁度(CEC F-05-A-93)/mg	—	—	—	≤30	≤30	≤30
燃烧室沉积物(CEC F-20-A-98)/mg	—	—	—	≤2500	≤2500	≤2500

由表 1-25 可以看出,我国车用汽油质量标准中烯烃含量过高,且缺少燃油喷嘴清洁度、进气门清洁度和燃烧室沉积物等质量指标控制要求。

车用汽油质量标准是汽油生产企业生产汽油产品的准绳,因此,为提高今后我国汽油的质量,升级车用汽油质量标准是首要任务。

2. 进一步提高车用汽油的质量

尽管我国汽油质量已有较大提高,汽油高标号化和无铅化工作进展顺利,但与世界燃油规范相比,我国汽油质量还存在明显差距。提高车用汽油质量的方向是进一步降低汽油中的烯烃和芳香烃含量,以求把汽车尾气排放到大气中的有害物质降到最低程度,实现真正的清洁化。

第九节 汽油清净剂

汽油发动机运转时,喷油器喷嘴温度在 100℃左右,进气门温度在 200~300℃之间。在这样的温度下,汽油中的不稳定成分极易产生氧化缩合反应,生成胶质和积炭,沉淀在进气门和喷油器喷嘴上,先进的高增压发动机和燃油直喷技术的发动机更容易产生积炭。堆积在进气门上的沉积物,会造成进气通道截面积减少,进气效率降低,功率下降,严重时会使气门动作迟缓,关闭不严。喷油器喷嘴积炭,会使喷油不畅,汽油雾化质量下降,导致汽油进入燃烧室后,难以完全燃烧,造成发动机起动困难、急速不稳、油耗加大以及排放恶化。

传统的解决方法是将发动机拆解后进行清洗，不但费时，更重要的是先进的增压技术和 GDI 技术使发动机更加精密，拆解清洗可能会带来许多后续的问题，因此用免拆清洗的汽车清净剂是全球公认的发展新趋势，在欧洲和美国已经成为主流。

一、汽油清净剂的功用

汽油清净剂，是一种可以抑制并能清洗沉积在汽车发动机燃油系统、进气系统中的聚集物，从而达到保持发动机燃油系统、进气系统清洁的化学品，主要由含氨基和酰胺基的高分子表面活性物质并复合有少量的抗氧、防锈、金属减活、防腐、破乳等添加剂构成。使用含有这种多效复合清净剂的车用汽油，可自动清洗油路、喷油器喷嘴、进气门和进气系统的沉积物，从而使电控燃油喷油器和进气门长期处于清洁、良好的工作状态，保证了车用汽油蒸发良好、燃烧充分，可使汽车起动加速快、高速时噪声小、怠速平稳、行驶强劲。汽油清净剂的具体功用如下：

1. 清除积炭，清洁燃油系统

汽油添加剂中的清净活化因子能促燃油中的胶质物以及发动机积炭等有害物质，连续多次添加汽油添加剂后，排气管上的积炭明显减少，燃油滤清器、排气门、燃油系统等均非常清洁。

2. 改善雾化、增强动力、节省燃油

汽油添加剂中的纳米成分，能吸附、包裹胶质物，在高温作用下在燃烧室产生气体性"微爆"，使燃油二次雾化，引发完全燃烧，提升发动机动力、提高热效率、降低油耗。

3. 防腐、防锈、润滑，保护发动机

汽油添加剂由有机纳米分子及清净活化因子、抗氧、防腐、破乳等 10 多种物质组成。针对油品中硫、胶质物以及发动机积炭等有害成分研制，汽油添加剂还具有抗氧、清洗、分散、破乳、防腐、润滑等功效。

4. 降低噪声，减少磨损，延长发动机寿命

发动机噪声过大，除了由于汽车密封性不好，还因为发动机内部积炭、油泥之类的杂质加速了发动机的磨损。积炭、胶质的清除能明显减少发动机磨损，从而降低发动机的噪声，延长发动机使用寿命。

5. 消除黑烟，降低排放

汽油因雾化不良，燃烧不完全，形成大量黑烟。汽油添加剂能有效降低燃烧活化能、改善雾化，使油品中不可燃的胶质也能充分燃烧，达到消除黑烟、降低排放的功效。

二、汽油清净剂的分类

汽油清净剂是添加到汽油中用来防止发动机进气系统、燃油系统产生沉积物或者可以带走沉积物的添加剂。根据添加剂的组成及其在发动机中功能不同，汽油清净剂可分为保洁型汽油添加剂和清洗型汽油添加剂两类。

1. 保洁型汽油添加剂

保洁型汽油添加剂是汽油中必须含有的汽油添加剂。自从创新发明发动机电喷技术之后，人们发现电喷技术虽然较化油器有了很大的进步，但同时存在易在进气门和喷油器喷嘴生成积炭结焦的缺陷，继而又创新发明了该类型汽油添加剂，有效抑制进气门和喷油器喷嘴生成积炭。它最主要的抑制积炭产生的成分是聚异丁烯胺（PIBA）、聚醚胺（PEA）和聚胺（PBA），制作时用量会比较少，需要经常使用才能很好地发挥它的作用。

2. 清洗型汽油添加剂

清洗型汽油添加剂，也称为保养维修专用型汽油添加剂，专供发生供油不畅、进气门和喷油器喷嘴积炭严重时使用。清洁积炭的主要成分是聚醚胺、聚异丁烯胺和聚胺，制作时用量会比保洁型汽油添加剂大。

保洁型与清洗型汽油添加剂对比，见表1-26。

表1-26　保洁型与清洗型汽油添加剂对比

项目 类型	保洁型汽油添加剂	清洗型汽油添加剂
主要成分	聚异丁烯胺（PIBA）	聚醚胺（PEA）
主要作用	抑制汽车发动机燃油进气系统沉积物的产生	快速清洗汽车发动机燃油进气系统中聚集的沉积物
使用方式	长期连续使用	阶段性使用
功能	类似于营养剂（营养品）	类似于治疗剂（药品）

三、汽油清净剂的作用原理

1. 保洁型汽油添加剂作用原理

汽油中的不稳定成分，在高温下产生氧化缩合反应，形成积炭微粒。加入汽油中的保洁型添加剂，把这些积炭微粒从四面八方进行包围，形成一个个油溶性胶束，利用胶束间的静电相斥和立体障碍，阻止它们聚集变大，无法沉积在金属表面，积炭微粒与汽油一起高温燃烧或通过尾气排出，从而提高汽油品质，如图1-11所示。

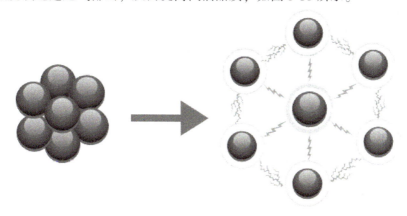

图1-11　保洁型汽油添加剂清除发动机积炭原理

2. 清洗型汽油添加剂作用原理

当积炭已经聚集在喷油器喷嘴和进气门表面时，清洗型汽油添加剂借助很强的表面活性，钻入积炭的孔隙，破坏其结构，并对这些积炭微粒进行分割包围，逐渐把这些积炭微粒从金属表面溶解下来，与汽油一起高温燃烧后通过排气管排出。

四、汽油清净剂的选用

1. 汽油清净剂的选择

1）在购买和使用汽油添加剂前，一定要清楚它的功能和使用方法，千万不要以为所有的添加剂都是一个功能可以随意添加，造成不必要的浪费，更严重的可能还会影响发动机的正常工作。

2）保洁型汽油添加剂加入剂量小，在汽油中的浓度低，需长期连续使用。它能较好地抑制汽车发动机产生的沉积物，其保洁作用显著而清洗效果弱。

3）清洗型汽油添加剂加入剂量大，在汽油中的浓度高，清洗作用强，见效快，只需阶段性使用，清洗型汽油添加剂能在较短的时间内把汽车发动机聚集的沉积物清洗干净。

4）保洁型汽油添加剂与清洗型汽油添加剂要配合使用才能达到优势互补，相得益彰。为了使发动机燃油系统长期保持清洁状态，建议长期使用保洁型汽油添加剂，并且每行驶 5000km 使用一次清洗型汽油添加剂，让发动机保持最佳状态。

5）使用加入有效的汽油清净剂的汽油。有关汽油清净剂的要求应符合 GB 19592—2004《车用汽油清净剂》（2005 年 5 月 1 日实施）的规定。

2. 汽油清净剂的正确使用

1）当燃油箱中的汽油用完或所剩无几时（注意燃油箱内不能剩太多汽油），在加油前把清净剂加入燃油箱，然后再加入汽油。注意：一定要在加油前添加汽油清净剂，因为如果加满油再添加汽油清净剂，清净剂与汽油混合的不均匀，有可能导致起不到清净剂应有的效果。用完该箱油前不要另加入额外的汽油和汽油清净剂。

2）汽油清净剂加少了起不到清净剂应有的作用，加多了很可能影响汽油的性能，甚至对发动机造成损坏。不同品牌的汽油清净剂包装规格各异，每次规定的使用量也不一样，所以在使用汽油清净剂前，一定要先仔细阅读使用说明书。

3）清洗型汽油添加剂使用周期与频次：一般情况下汽车行驶 10000km 一次，在市区拥堵路况下汽车行驶 5000~8000km 一次。使用期间，汽车的排放可能会有异味，属正常现象，不必担心损坏汽车。

4）对于车龄较长的汽车或汽油品质较差的地区，使用清洗型汽油添加剂后会溶解油路中沉积的杂质，这部分杂质会被燃油滤清器过滤，从而导致燃油滤清器较正常状况下易于失效。因此建议使用两次清洗型汽油添加剂后，更换燃油滤清器。

五、汽油清净剂的发展

汽油清净剂的发展经历了五代，见表 1-27。

表 1-27　汽油清净剂的发展

针对的问题	化油器结冰	化油器沉积物	喷油器喷嘴沉积物	进气门沉积物	燃烧室沉积物	活塞顶、排气门沉积物
主要成分	脂肪胺		丁二酰亚胺		聚醚胺 聚异丁烯胺	
出现年份	1950	1960	1970	1980	1990	2000
发展经历	第一代		第二代	第三代	第四代	第五代

　　第一代主要针对化油器沉积物起清净作用；第二代主要针对喷油器喷嘴沉积物起清净作用；第三代除了对喷油器喷嘴起作用外，还对进气门结胶、积炭起一定清净作用；第四代除对喷油器喷嘴沉积物及进气门沉积物有清洁作用外，还对燃烧室沉积物有清洁作用；第五代在第四代基础上其清净和保洁功能已延伸至活塞顶、排气门，达到发动机整体清洁。

第二章　车用轻柴油

 学习提示：

通过本章学习，应该明确
- 车用轻柴油的使用性能及其评价指标
- 运动黏度的测定
- 闪点的分类及测定
- 十六烷值的测定
- 轻柴油的质量标准及其选用
- 车用轻柴油的合理选用方法
- 柴油添加剂的作用和选用

　　柴油和汽油一样，是从石油中提炼出来的，也是由碳、氢元素组成的烃类化合物。在石油蒸馏过程中，温度在200～350℃之间的馏分即为柴油。柴油可分为轻柴油、重柴油等品种。轻柴油用于高速柴油机，重柴油用于中、低速柴油机。汽车用柴油机属高速柴油机，所用柴油为轻柴油。

　　轻柴油是我国产量最大的石油产品之一，其中用于汽车的约占1/3。所以，轻柴油作为柴油汽车的主要燃料，其消耗量非常大。

　　轻柴油与汽油相比，具有馏分重，自燃点低（约为200～300℃），黏度大，相对密度大，蒸发性差，储存和运输过程中损耗少，使用安全等特点。而且柴油发动机与汽油发动机相比较，具有耗油量低，能量利用率高，废气排放量小，工作可靠性好，功率使用范围宽等优点。所以，随着柴油发动机技术的不断提高，柴油车的应用将会越来越广泛。目前，在中、重型汽车动力领域，柴油机保持了其领先地位；在轻型车动力领域，柴油机的应用范围也在不断扩大。根据国家发展规划，柴油汽车占汽车总产量的比重将逐步提高，中型车要全部实现柴油化，大力发展柴油车将是未来汽车工业的重点之一。因此，随着柴油汽车保有量的增多，轻柴油作为汽车燃料的需求量也将越来越大。

　　由于柴油机的可燃混合气形成方式、着火方式、燃烧过程等与汽油机不同，所以柴油机要求的柴油使用性能与汽油不同。同时，随着国家对车辆排放控制的加严，要求的柴油性能也将逐步严格。为了保证柴油发动机正常、高效地工作，满足排放要求，对柴油的主要性能要求有：

1) 良好的低温流动性。
2) 良好的雾化和蒸发性。
3) 良好的燃烧性。
4) 良好的安定性。
5) 对机件等无腐蚀性。
6) 柴油本身的清洁性。

第一节　轻柴油的低温流动性

轻柴油的低温流动性是指在低温条件下轻柴油具有一定的流动状态的性能。轻柴油的密度和黏度都比汽油大，随着温度的降低，轻柴油的黏度会变得更大。这样，在低温条件下，柴油能否在发动机燃油供给系统中顺利地泵送并通过燃油滤清器，保证柴油机的正常供油便成为问题。如果柴油的低温性不好，在低温下失去流动性，就会妨碍柴油在油管和燃油滤清器中顺利通过，使供油量减少甚至中断，导致发动机不能正常工作甚至熄火。所以，为能按发动机工况需求可靠地供给燃油，要求轻柴油应具有良好的低温流动性。

轻柴油在低温条件下流动性变差的原因是组成轻柴油的烃类中有一部分为石蜡，常温下石蜡在柴油中呈溶解状态存在；但在低温条件下，石蜡开始结晶析出，形成石蜡晶体；随着温度的进一步降低，结晶现象加剧，且各结晶体间开始聚集，形成结晶网络。结晶网络的产生，使柴油的流动阻力增加，流动性变差。如果这种网络延展到全部柴油中，柴油就会失去流动性。

轻柴油的低温流动性，除了对柴油机燃料供给系统在低温下能否正常供油有影响外，还影响其在低温下的储存、运输、倒装等作业的正常进行。

为了改善柴油的低温流动性，通常在柴油中加入流动性能改进剂（又称降凝剂）。流动性能改进剂可与柴油中析出的石蜡发生共晶、吸附，有抑制石蜡结晶生长的作用，可改善柴油的低温流动性能。

轻柴油低温流动性的评价指标为凝点、浊点和冷滤点。我国采用凝点和冷滤点，日本采用凝点，美国采用浊点，欧洲国家采用冷滤点。

一、凝点

轻柴油在一定的试验条件下，冷却到液面不移动时的最高温度，称为轻柴油的凝点。我国柴油的牌号即按凝点划分。

轻柴油的凝点与其烃类组成有关。饱和烃的凝点比不饱和烃的凝点高；饱和烃中，正构烷烃的凝点比异构烷烃的凝点高；对正构烷烃，其凝点又随碳链长度的增加而升高。柴油中各类烃凝点的具体值见表 2-1。

表 2-1　柴油中各类烃的凝点

烃　类	凝点/℃	烃　类	凝点/℃
正十二烷（$C_{12}H_{26}$）	-12.0	$(C)_8-C-(C)_8$ 带一个C支链	-8.0
正十三烷（$C_{13}H_{28}$）	-6.2		
正十四烷（$C_{14}H_{30}$）	5.5	$(C)_7-C-(C)_7$ 带 $(C)_6$ 支链	-61.0
正十五烷（$C_{15}H_{32}$）	16.0		
正十六烷（$C_{16}H_{34}$）	20.0	$(C)_8-C-(C)_8$ 带 $(C)_7$ 支链	-27.0
$(C)_7-C-(C)_7$ 带一个C支链	-65.0		
$(C)_4-C-(C)_{11}-C$ 带一个C支链	8.0	$(C)_8-C-(C)_8$ $C-C-C$	-60.0
萘基带 $C-C-C$ 三C支链	-49.5	十氢萘基带 $C-C-C-C$	-68.0
萘基带 $C-C-C-C$	-53.0	十氢萘基带 $(C)_8$	-48.0
萘基带 $(C)_8$	45.5	环己基带 $(C)_{12}$ 一C支链	-19.0
正十七烷（$C_{17}H_{36}$）	22.5		
正十八烷（$C_{18}H_{38}$）	28.0	环己基带 $(C)_{12}$ 一C支链	-19.0
$C-C-C-(C)_6-C-C-C$ 带C支链	8.5	苯基带 $(C)_{12}$	-7.0
$C-C-C-C-C-C-C$ 多C支链	-80.0	苯基带 $(C)_{12}$ 带C支链	-45.0
$C-(C)_5-C-C-(C)_5-C$ 带C支链	-70.0		
十氢萘	-30.0	环己基带 $(C)_{12}$ 多C支链	-50.0

轻柴油凝点的测定按照 GB/T 510—1983《石油产品凝点测定法》的规定进行。测试仪器为凝点测定仪，如图 2-1 所示。测定方法是：

先将试样装入试管，再将试管放在冷却器中进行冷却。当试样的温度冷却到预期的温度时，将放在冷却器中的试管倾斜 45°，保持 1min，观察试样的液面是否有移动迹象。按上面的做法找出其液面停止移动的最高温度，即为所测试样的凝点。

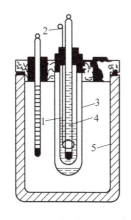

图 2-1 凝点测定仪

1—试管 2—搅拌器 3—套管 4—温度计 5—冷却器

二、浊点

轻柴油中开始出现浑浊的最高温度称为浊点。柴油出现浑浊是由于随着温度的降低油中开始析出石蜡晶体所致。含蜡越多的柴油，其浊点也越高。柴油达到浊点后，虽然有石蜡晶体析出，使柴油在燃油供给系统中的流动阻力增大，但是还能保证正常的供油，不影响柴油机的正常工作，因此浊点不是轻柴油使用的最低温度。同时，对加有流动性能改进剂的柴油的低温性能，浊点也不能准确表示。所以，用浊点作为柴油低温流动性评价指标过于苛刻。除美国等少数国家现在还采用浊点外，其他国家大都不采用浊点指标。

轻柴油浊点的测定按照 GB/T 6986—2014《石油产品浊点测定法》的规定进行。测试仪器为浊点测定仪，具体如图 2-2 所示。测定方法是：

将清澈透明的被测柴油放入仪器中，以分级降温方式冷却被测柴油。通过目测或光学系统的连续监控，来判断被测柴油是否有蜡晶体的形成。当试管底部首次出现蜡晶体而呈雾状或浑浊的最高被测柴油温度，即为被测柴油的浊点，用℃表示。

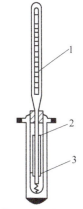

图 2-2 浊点测定仪

1—温度计 2—搅拌器
3—环形标线

三、冷滤点

轻柴油在规定的条件下冷却，以 2kPa 的真空压力进行抽吸，其不能以 20mL/min 的流量通过一定规格滤清器（363 目/in^2）的最高温度，称为轻柴油的冷滤点。

目前，国内外评价柴油低温流动性时，广泛采用冷滤点。试验证明，冷滤点是模拟发动机的实际工作情况，近似于发动机的实际使用条件，它与柴油的实际使用温度有良好的对应关系。所以冷滤点和浊点、凝点相比，更具有实用性，是选择柴油低温流动性的依据。

轻柴油冷滤点的测定按照 SH/T 0248—2006《柴油和民用取暖油冷滤点测定法》的规定进行。测试仪器为冷滤点测定仪，如图 2-3 所示。测定方法是：

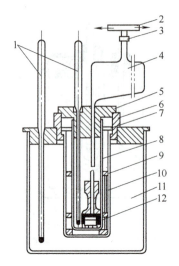

图 2-3 冷滤点测定仪

1—温度计 2—三通阀 3—橡皮管 4—吸量管 5—橡胶塞 6—支持环
7—弹簧环 8—试杯 9—固定架 10—铜套管 11—冷浴 12—滤清器

将 45mL 试样装入试杯中，在规定的条件下冷却，当冷却到比预期冷滤点高出 5~6℃ 时，在 2kPa 的压力下抽吸，使试样通过一个 363 目/in^2 的滤清器，流量达到 20mL/min 时停止，继续以 1~2℃ 间隔降温，再抽吸，如此反复操作，记录在 1min 内通过滤清器的试样不足 20mL 时的最高温度。此温度即为柴油的冷滤点。

第二节 轻柴油的雾化和蒸发性

轻柴油的雾化和蒸发性是指轻柴油在柴油机气缸内经喷油器喷出时分散成液体雾粒及液体雾粒汽化蒸发的能力。在既定燃烧室和喷油设备的前提下，柴油的雾化和蒸发性决定了可燃混合气形成的品质和速度。

柴油机可燃混合气的形成，是活塞位于压缩行程上止点附近时，在气缸内快速完成的。汽化过程只占曲轴转角的 15°~30°。所以，和汽油机相比，柴油汽化的时间更加短促。并且，柴油馏分比汽油重，蒸发性比汽油差。因此，为使可燃混合气均匀，柴油机在接近压缩行程终了时，借助喷油泵、喷油器的高压，将柴油先分散成数以百万计的细小雾粒喷散在气缸内，再使这些细小的雾粒与气缸中高温高压的空气混合，完成快速蒸发，接着在相应条件下，自燃着火。在可燃混合气燃烧的同时，喷油器继续向气缸内喷油，并迅速完成与空气的混合。也就是说，混合和燃烧是重叠进行的，即一边喷油，一边燃烧。而为了保证柴油机良好的动力性能和经济性能，可燃混合气的燃烧还必须在上止点附近完成，不得拖长。所以，在如此短的时间内，要完成喷油、蒸发、混合、燃烧等过程，必须要求柴油本身具有良好的雾化和蒸发性能。

使用雾化和蒸发性能差的柴油，在活塞位于压缩行程的上止点附近，柴油就会来不及完全蒸发和混合，燃烧将拖延到膨胀行程，其结果是提高了排气的温度，增加了柴油机的热损失；而且未及时蒸发的柴油在高温下还将发生热分解，形成难于燃烧的炭粒，使排气带黑烟，导致排放污染物增加，油耗增多；另外，未完全燃烧或未燃烧的柴油，还有可能经气缸壁窜入油底壳，污染发动机润滑油，造成发动机的磨损加剧等。

轻柴油雾化和蒸发性的评价指标有馏程、运动黏度、密度和闪点。

一、馏程

柴油馏程的测定方法与汽油馏程的测定方法基本相同。评定柴油的蒸发性采用的是50%回收温度、90%回收温度和95%回收温度三个温度点。

50%回收温度，表示柴油中轻质馏分的含量。50%回收温度低，说明油中轻质馏分多，蒸发性好，易形成均匀的混合气，柴油机易起动。50%回收温度高低对发动机起动性能的影响见表2-2。但该温度也不宜过低，过低会因轻质馏分太多而使发动机产生工作粗暴现象。国家标准规定轻柴油50%回收温度不高于300℃。

表2-2 柴油50%回收温度与发动机起动性能的关系

柴油50%回收温度/℃	200	225	250	275	285
发动机的起动时间/s	8	10	27	60	90

90%回收温度和95%回收温度，表示柴油中重质馏分的含量。90%回收温度和95%回收温度高，说明柴油中重质馏分多，蒸发性差，形成的混合气质量差，燃烧不完全，易造成发动机排气冒黑烟，功率下降，油耗增多，零件磨损增大等。所以应严格控制这两个温度不能太高，国家标准规定轻柴油90%回收温度不高于355℃，95%回收温度不高于365℃。

二、运动黏度

黏度是指液体在外力作用下发生移动时，在液体分子间所呈现的内部摩擦力。它是表示油品流动性能好坏的一项指标。黏度小的油品流动性能好，黏度大的油品流动性能差。油品的黏度也会随温度的变化而变化，这被称为油的黏温性能。一般地，温度升高黏度变小，温度降低黏度变大。所以，表示某一油品的黏度时必须标明温度，不标明温度的黏度是没有意义的。

黏度有动力黏度、运动黏度和条件黏度之分。评价轻柴油的雾化和蒸发性时，采用的是运动黏度指标。运动黏度表示液体在重力作用下流动时内摩擦力的量度，其值为相同温度下液体的动力黏度与其密度之比，在国际单位制中以 m^2/s 为单位。对汽车油品来说通常采用 mm^2/s 单位，$1mm^2/s = 10^{-6}m^2/s$。轻柴油规格中规定测定20℃时的运动黏度。

运动黏度影响着柴油的流动性和雾化质量。从流动性角度考虑，运动黏度小些流动性好。但运动黏度过小，使柴油机供油系统的柴油漏失量增加，会影响供油量。运动黏度对柴油雾化质量的影响，主要是考虑其对喷出油束特性的影响。运动黏度大，则喷出油束射程远，喷雾锥角小，油滴直径大，雾化质量差，混合气形成不良；运动黏度小，则喷出油束射程近，喷雾锥角大，油滴直径小，雾化质量好，但是喷出的油束形状与燃烧室形状又往往不适应，同样会造成混合气形成不良。所以，柴油的运动黏度不可太大，也不可太小。

此外，柴油还担负着柴油机燃料供给系统中柱塞和柱塞套筒、针阀和针阀体等精密零件的润滑任务，柴油黏度大些对精密零件的润滑有利，但过大又会影响喷雾质量。

试验证明，柴油在20℃时的运动黏度为5mm²/s左右时，既能保证柴油流动性和精密偶件的润滑要求，也能保证雾化质量和供油量。

柴油运动黏度的测定按照GB/T 265—1988《石油产品运动黏度测定法和动力黏度计算法》的规定进行。测定仪器包括毛细管黏度计、恒温器、温度计和秒表等。毛细管黏度计如图2-4所示，毛细管黏度计一组13支，每支黏度计都有自己的黏度计常数，13支黏度计内径依次为0.4mm、0.6mm、0.8mm、1.0mm、1.2mm、1.5mm、2.0mm、2.5mm、3.0mm、3.5mm、4.0mm、5.0mm、6.0mm，根据测定油品运动黏度的范围选择黏度计的内径。测定方法是：

将橡皮管套在支管7上，用手堵住管身6的管口，倒置黏度计，将管身1插入试样，用橡皮球吸油至标线5，提起黏度计，恢复到正常状态，并将管身1外围的多余试样擦去，从支管7上取下橡皮管套在管身1上后，把黏度计浸在规定温度的恒温浴内一定时间，用黏度计管身1处所套着的橡皮管把试油吸入扩张部分2，并使油面稍高于标线3，松开橡皮管，观察试样在管身的流动情况，油面正好达到标线3时，开始计时，油面正好达到标线5时，停止计时。试样从标线3到标线5的流动时间乘以黏度计常数即得试油规定温度下的运动黏度。计算公式如下

$$\nu = C\tau$$

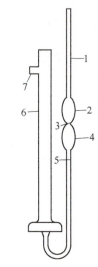

图2-4 毛细管黏度计

1、6—管身　2、4—扩张部分
3、5—标线　7—支管

式中，ν为t℃时的运动黏度，单位为mm²/s，t为规定温度，单位为℃；C为黏度计常数，单位为mm²/s²；τ为试油从标线3到标线5的流动时间，单位为s。

三、密度

柴油的密度过大，将使雾化质量差，混合气燃烧条件恶化，排气冒黑烟，发动机经济性下降。柴油密度大也是柴油中芳烃含量多的标志，将促进发动机工作粗暴现象的发生。

柴油密度的测定按照GB/T 1884—2000《原油和液体石油产品密度测定法（密度计法）》的规定进行。测试仪器为石油密度计，如图2-5所示。测定方法为：

将量筒放在试验平台上保持平稳，把调好温度的试样放入量筒内，要沿着筒壁慢流下去，不要产生气泡；将密度计小心放入试样中，待稳定后，按弯月面上缘读数，如图2-5b所示；将密度计在量筒内轻轻移动一下再测定一次，两次测量

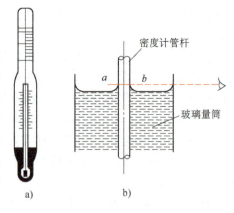

图2-5 石油密度计及其观测图
a）密度计　b）密度计读数观察示意

时量筒温度差不应超过 0.5℃，否则重做；根据测得的温度和表观黏度，在"石油计量换算表"中即可查到试样在 20℃ 的密度。

四、闪点

在规定的试验条件下，加热油品所产生的蒸气与周围空气形成的混合气接触火焰发生瞬间闪火的最低温度称为闪点，用℃表示。

根据测定仪器的不同，闪点有开口闪点和闭口闪点两种。用开口杯闪点测定器测得的闪点为开口闪点，用闭口杯闪点测定器测得的闪点为闭口闪点。开口杯闪点测定器如图 2-6 所示，闭口杯闪点测定器如图 2-7 所示。一般重质油品采用开口闪点，轻质油品采用闭口闪点。轻柴油采用闭口闪点，闪点低，轻柴油的蒸发性好；反之，则蒸发性差。但闪点过低，蒸发性过好，易使发动机产生工作粗暴现象。

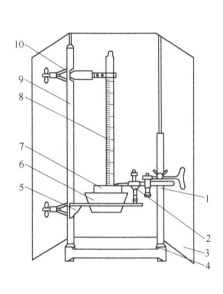

图 2-6 开口杯闪点测定器

1—点火器支柱 2—点火器 3—屏风 4—底座
5—坩埚托 6—外坩埚 7—内坩埚 8—温度计
9—支柱 10—温度计夹

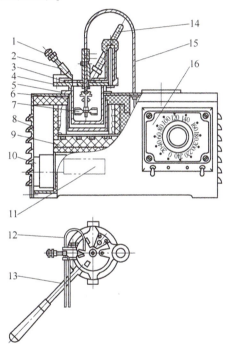

图 2-7 闭口杯闪点测定器

1—点火器调节螺钉 2—点火器 3—滑板 4—油杯盖
5—油杯 6—浴套 7—搅拌器 8—壳体 9—电炉盘
10—电动机 11—铭牌 12—点火管 13—油杯手柄
14—温度计 15—传动软轴 16—开关箱

轻柴油的闪点高低除了影响油品的蒸发性外，对柴油的储存和使用安全也有影响，闪点低的柴油不仅会使蒸发损失增大，而且其产生的大量柴油蒸气也会造成失火隐患，易引发火灾。因此，闪点不仅是柴油蒸发性的评价指标，还是柴油安全性能的评价指标。所以，在储存、运输过程中，严禁将油品加热到闪点温度，如确需加热，加热的最高温度，一般应低于闪点 20~30℃。

轻柴油闭口闪点的测定按照 GB/T 261—2008《闪点的测定 宾斯基-马丁闭口杯法》

的规定进行。测定方法为：

将脱水处理的试油注入油杯的环形标志，盖上杯盖，插入温度计，并把油杯放在空气浴中。用电炉盘加热，加热速率要很慢，转动搅拌器对试样连续搅拌。当试样温度达到预期闪点前10℃时，中断搅拌，打开杯盖，并将一小火焰引入杯内，看有无闪火现象。如无闪火现象，继续试验，之后每升高1℃进行一次点火，直到在试油液面上方闪火为止，这时立即从温度计上读出温度作为闪点的测定结果。

记录大气压力，可计算标准大气压力（101.3kPa）下试样的闭口闪点，计算公式如下：

$$t_0 = t + 0.25(101.3 - p)$$

式中，t_0 为标准大气压力下试样的闭口闪点，单位为℃；t 为实际大气压力下试样的闭口闪点，单位为℃；p 为实际大气压力，单位为 kPa。

第三节　轻柴油的燃烧性

轻柴油的燃烧性是指柴油在柴油机中是否容易着火，并防止柴油机发生工作粗暴现象的能力。轻柴油的燃烧过程可分为着火延迟阶段、速燃阶段、缓燃阶段、补燃阶段四个阶段。

着火延迟阶段，发生在压缩行程末，主要是为柴油的燃烧做一系列的物理、化学准备，物理准备包括燃料的雾化、加热、蒸发、扩散、与空气混合等过程，化学准备主要是指柴油与高温、高压的空气接触发生化学反应，生成自燃点较低的过氧化物并达到一定浓度的过程。在柴油机中，着火延迟阶段时间很短，但对整个燃烧过程影响很大。

速燃阶段发生在做功行程初、活塞靠近上止点附近，主要是把着火延迟阶段喷入气缸的燃料快速燃烧，使气缸中的压力快速升高，为活塞下行做功提供动力。在此阶段，由于气缸容积较小，燃烧速度极快，类似于定容燃烧，所以气缸内的压力升高很快。

缓燃阶段发生在做功行程中活塞继续下行、气缸容积不断增大的情况下，是速燃阶段未来得及燃烧的那部分燃料的继续燃烧。为充分利用这部分燃料的燃烧热能，这部分燃料必须能快速完成燃烧，以保持气缸压力不变或稍有升高。

补燃阶段发生在做功行程末，是柴油中未来得及汽化的一小部分重质馏分的继续汽化和最后燃烧，但此时所放出的热量已不能被有效利用。所以为提高柴油机的燃油经济性，应尽量减少补燃烧阶段。

为保证柴油机良好工作，要求柴油的着火延迟期较短，使先期喷入气缸的柴油迅速完成燃烧前准备，着火燃烧，再逐步引燃随后进入气缸的燃料，使速燃阶段的气缸压力上升平稳，柴油机工作柔和，并使缓燃阶段的柴油快速燃烧，最好不出现补燃阶段。所以柴油机对柴油的要求是具有较好的燃烧性能。若柴油燃烧性能较差，其着火延迟期会变长，则此期间内喷入气缸的柴油积存量过多，以至于造成速燃阶段有过量的柴油同时燃烧，使气缸压力急剧升高，造成发动机运转不平稳，并产生强烈的振击声，这种不正常燃烧现象，称为柴油机工作粗暴。柴油机工作粗暴的后果是会使曲柄连杆机构承受过大的冲击力作用，产生强烈的金属敲击声，加速零件的磨损和损坏，并使发动机功率下降，油耗增加。

对于燃烧性过好的柴油,其自燃点会太低,着火延迟期会过短,易使混合气来不及混合均匀就燃烧,导致燃料燃烧不完全,气缸产生的爆发压力下降,柴油机的输出功率下降。此外,由于燃料燃烧不完全,还会出现排气冒黑烟,燃料消耗增大的情况。同时,燃烧性过好的柴油,一般凝点过高,馏分较重,也不利于使用。

综上所述,轻柴油应具有较好的燃烧性能,但不可过好。柴油燃烧性的评价指标是十六烷值和十六烷指数。

一、十六烷值

1. 十六烷值的定义

十六烷值是表示压燃式发动机燃料燃烧性的一个约定数值。它是在规定条件下的标准发动机试验中,通过和标准燃料进行比较来测定的,采用和被测定燃料具有相同燃烧性能的标准燃料的十六烷值表示。十六烷值可以缩写为 CN (Ceane Number)。

测定十六烷值的标准燃料是用两种燃烧性能相差悬殊的烃作基准物配制而成的。一种是正十六烷 ($C_{16}H_{34}$),它的燃烧性能良好,规定其十六烷值为 100;另一种是 α-甲基萘 ($C_{11}H_{10}$),它的燃烧性能差,规定其十六烷值为 0。按不同体积比例将二者混合即得到多种标准燃料。标准燃料中,将正十六烷的体积分数规定为标准燃料的十六烷值,该值范围为 0~100。

要想知道某一柴油的十六烷值,可以拿它和标准燃料在标准发动机上进行试验比较。如果该柴油的燃烧性能恰好与十六烷值为 X 的标准燃料相同,则该柴油的十六烷值即为 X。

十六烷值只表明某一燃料的燃烧性与标准燃料相同,而不是说它含有那么多的正十六烷。如乙醚的十六烷值为 53,但它并不含正十六烷。

2. 十六烷值的测定

十六烷值的测定按照 GB/T 386—2010《柴油十六烷值测定法》的规定进行。

试验设备为一台压缩比可在 8~36 范围内连续变化的单缸柴油机。

测定某一柴油的十六烷值时,将试油用于单缸柴油机后,调节柴油机压缩比,确定被试验燃料的闪火时间。如果被试柴油和某一标准燃料在同样条件下同期闪火,所选用的压缩比又相同,则它们的十六烷值相同,标准燃料的十六烷值即为被测柴油的十六烷值。

二、十六烷指数

十六烷指数是表示柴油燃烧性能的一个计算值,是一种不做发动机试验的情况下估计柴油十六烷值的简单方法。

计算十六烷指数的经验公式如下

$$十六烷指数 = 431.29 - 1586.88\rho_{20} + 730.97\rho_{20}^2 + 12.392\rho_{20}^3 + 0.0515\rho_{20}^4 - 0.554B + 97.803(\lg B)^2$$

式中,ρ_{20} 为柴油在 20℃时的密度,单位为 g/cm^3;B 为柴油的沸点,单位为℃。

三、柴油各烃类组分的十六烷值

柴油中的烃类组分主要有正构烷烃、异构烷烃、环烷烃、烯烃和芳香烃。各类烃的十六烷值主要由其类烃分子的化学结构决定,总的来说,正构烷烃 > 异构烷烃 > 环烷烃 >

烯烃＞芳香烃。对正构烷烃，一般是碳链越长，十六烷值越高；对异构烷烃，一般是链分支越少，十六烷值越高；对环烷烃，一般是带有长侧链的十六烷值高，当侧链分支时，十六烷值又相应下降；对烯烃，一般是正构烯烃十六烷值高于异构烯烃，异构烯烃链分支越少，十六烷值越高；对芳香烃，一般带有长侧链的十六烷值高，当侧链分支时，十六烷值又相应下降，其中，稠环芳香烃的十六烷值最低。柴油中各烃类的十六烷值见表2-3。

表 2-3 柴油中各烃类的十六烷值

烃 类	十六烷值	烃 类	十六烷值
正十四烷 $C_{14}H_{30}$	96.1	$C_{14}H_{20}$	19
正十六烷 $C_{16}H_{34}$	100		
正十八烷 $C_{18}H_{38}$	102.6		
1-十四烯 $C_{14}H_{28}$	82.7	$C_{11}H_{10}$	0
1-十六烯 $C_{16}H_{32}$	88		
$C_{16}H_{34}$	45		
$C_{18}H_{38}$	55	$C_{12}H_{18}$	30
$C_{19}H_{35}$	80	$C_{15}H_{24}$	50
$C_{10}H_{18}$	55	$C_{20}H_{34}$	72
$C_{14}H_{26}$	27	$C_{18}H_{24}$	20

柴油中各类烃的十六烷值不同，也就决定了各类烃含量不同的柴油的十六烷值也不同。烷烃含量高的柴油，十六烷值一般比较高。柴油中各烃含量对十六烷值的影响见表2-4。因我国原油中石蜡基原油多，烷烃含量大，所以，国产柴油的十六烷值一般较高。

表 2-4 柴油化学成分对十六烷值的影响

柴油编号	柴油化学成分（质量分数）（%）			十六烷值
	烷 烃	环 烷 烃	芳 香 烃	
1	85	9	6	68
2	80	10	10	63
3	75	12	13	55
4	67	15	18	45
5	45	22	33	32

第四节　轻柴油的安定性及其他特性

一、轻柴油的安定性

柴油的安定性包括储存安定性和热安定性。储存安定性是指柴油在运输、储存和使用过程中保持外观、组成和使用性能不变的能力；热安定性是指柴油在柴油机的高温条件下以及溶解氧的作用下，发生变质的倾向。

储存安定性好的柴油在运输、储存和使用过程中外观颜色和实际胶质变化不大，基本上不生成不可溶的胶质和沉渣。安定性差的柴油颜色逐渐变深，实际胶质逐渐增多。使用储存安定性差的柴油，容易导致燃油滤清器堵塞、喷油器孔黏结或堵死、活塞组零件表面上形成漆膜或积炭。

热安定性差的柴油在高温条件下易发生氧化变质生成胶质。汽车行驶时燃油箱中的温度有时很高，尤其在炎热的夏季温度会更高，并且油箱中的燃油在汽车行驶过程中不断振荡，会卷入油中许多空气泡，增大了油与氧气接触的机会，加速了柴油的氧化过程，所以使用热安定性差的柴油，易在喷油器针阀上生成漆状沉积物，造成针阀黏滞，严重时导致供油中断；还易在燃烧室、气门、活塞环处生成积炭，加速柴油机的磨损。

影响柴油安定性的主要因素是柴油中的化学成分，其次是外部环境的影响。柴油的化学成分包括烃类组成和非烃类组成。烃类组成包括烷烃、环烷烃、烯烃、芳香烃，其中，储存安定性差的主要是烯烃、二烯烃和环烷芳香烃，热安定性差的主要是多环芳香烃。非烃类组成中对安定性影响较大的是硫化物、氮化物等。外部环境主要包括储存容器、空气中的氧气含量以及光线和温度等。金属的储存容器会对柴油的氧化有一定的催化作用，空气中氧气含量大会使柴油与氧接触的机会增多，光线强、温度高会加速柴油变质的速度，这些外部环境会使柴油的安定性变差。

柴油安定性的评价指标有色度、氧化安定性和10%蒸余物残炭。

1. 色度

色度即油品颜色的深浅，用色号表示。色度可直观反映油品安定性的好坏。

色度测定按照GB/T 6540—1986《石油产品颜色测定法》的规定进行。测定方法为：

将试油注入容器，用一光源照射，比较试油颜色与色板颜色，找出与试油颜色相当的色板，则该色板色号即为试油色号。标准色板共16个色号，从0.5~8.0，每0.5一级，颜色由浅到深。

2. 氧化安定性

氧化安定性是指100mL柴油在规定的条件下氧化后所测得的总不溶物的毫克数，以mg/100mL表示。

氧化安定性的测定按照SH/T 0175—2004《馏分燃料油氧化安定性测定法（加速法）》的规定进行。测定方法为：

将350mL试油注入氧化管，保持油温95℃，再以50mL/min的流量向试油中通氧气

16h，然后把试油冷却至室温，过滤后得到一些不溶物。再用溶剂把黏附在氧化管上的不溶物清洗下来，把溶剂蒸发后又得到一些不溶物。把两个不溶物质量相加得出总量，并换算为100mL试油的总不溶物的量，即为试油的氧化安定性。

3. 10%蒸余物残炭

10%蒸余物残炭是指把柴油馏程试验中馏出90%后的蒸余物作为试样，经强烈加热一定时间让其裂解后，所形成的残留物。残炭值为残留物质量与原试样质量之比。

10%蒸余物残炭反映柴油馏分的轻重和精制的程度。残炭值小，说明柴油馏分轻，精制程度深；反之，则说明柴油馏分重，精制程度浅。使用残炭值大的柴油，燃烧室中易生成积炭，喷油器孔易堵塞。所以国家轻柴油标准和车用柴油标准中都规定10%蒸余物残炭不大于0.3%。

柴油的10%蒸余物测定按照GB/T 268—1987《石油产品残炭测定法（康氏法）》的规定进行。测定方法是：先将试样放在坩埚内进行蒸馏，当试样剩余10%时，再强烈加热蒸余物一定时间使其裂解。规定的加热时间结束后，将坩埚冷却，称量坩埚中残留物质量。将残留物质量比上原试样质量计算出残炭值（以百分数表示）。

车用轻柴油的使用性能，除了前述介绍的低温流动性、雾化和蒸发性、燃烧性以及安定性等主要性能外，还有以下特性。

二、轻柴油的腐蚀性

轻柴油的腐蚀性主要由其中的硫化物和有机酸等成分产生。

1. 硫化物

柴油中硫化物的存在，尤其是含硫量过大时，会对柴油机产生较大危害，直接影响发动机的使用寿命，主要表现在以下几方面：

首先，使用含硫量过大的柴油会增大燃烧产物的腐蚀性。含硫柴油燃烧后其燃烧产物中含有二氧化硫和三氧化硫等酸性氧化物。它们在气缸中与水蒸气作用生成亚硫酸和硫酸，会对气缸壁、活塞等机件产生强烈的腐蚀；它们随其他燃烧废气排出时，会对排气系统造成腐蚀，且排气温度越高，腐蚀越严重。

其次，使用含硫量过大的柴油会加速发动机润滑油的变质。柴油燃烧产生的酸性氧化物窜入曲轴箱后会污染柴油机润滑油，使润滑油的某些成分变成磺酸或胶质，同时也会与柴油机润滑油中呈碱性的清净分散剂起中和反应，使润滑油失去清净分散作用而变质。

再次，使用含硫量过大的柴油会使燃烧室、活塞顶、排气门等部位的积炭增多。因为硫的燃烧产物能与气缸壁上的润滑油和尚未燃烧的柴油起反应，加速碳氢化合物的聚合，有促使生成积炭的作用，并且会使积炭变得坚硬。附在气缸壁上的积炭还会成为磨料，增大气缸壁的磨损。

最后，含硫燃料燃烧产物中的二氧化硫和三氧化硫气体排入大气还会造成空气污染，危害人类健康。随着汽车工业发展和人们对环境保护的重视，汽车排放法规也将越来越严格，对燃油中的硫含量的限值也会越来越低。如GB 252—1994《轻柴油》对合格品柴油的硫含量限值为质量分数不大于1.0%，GB 252—2000《轻柴油》为不大于0.2%，

GB/T 19147—2013《车用柴油》为不大于0.05%，GB 252—2015《普通柴油》规定2018年1月1日开始为不大于0.001%。

2. 有机酸

柴油中的有机酸，除对机件具有腐蚀作用外，还会使喷油器喷嘴和燃烧室积炭增多，喷油泵柱塞副磨损加剧，进而导致气缸活塞组件磨损加剧，柴油机喷油恶化，功率降低。

3. 柴油腐蚀性评价指标

柴油腐蚀性的评价指标是硫含量、酸度和铜片腐蚀试验。有关试验测定与汽油相同。

三、轻柴油的清洁性

轻柴油的清洁性是指轻柴油中不应含有机械杂质和水分，燃烧不产生灰分等。

轻柴油中的机械杂质和水分一般是在运输、储存和使用过程中受外界污染而混入的。机械杂质会增大柴油机燃油供给系统中精密零件的磨损，水分会加大有机酸对金属的腐蚀，所以，应严格限制它们在轻柴油中的含量，国家标准中规定轻柴油不允许有机械杂质，水分含量不大于0.03%（体积分数），即不大于痕迹。

灰分是指轻柴油中不能燃烧的机械杂质和溶于其内的无机盐类和有机盐类经煅烧后的剩余物质。灰分沉积在燃烧室中会加快气缸壁与活塞环的磨损，所以，也应严格限制它在轻柴油中的含量，国家标准中规定灰分含量不大于0.01%。

轻柴油中机械杂质的测定按GB/T 511—2010《石油和石油产品及添加剂机械杂质测定法》的规定进行；水分的测定按GB/T 260—2016《石油产品水分测定法》的规定进行；灰分的测定按GB/T 508—1985《石油产品灰分测定法》的规定进行。

第五节　轻柴油的质量标准及其选用

根据国家对治理汽车尾气排放的时间表，2000年全国实现达到欧洲Ⅰ号的排放标准，从2004年7月1日开始，国家开始对汽车尾气按照欧洲Ⅱ号排放标准进行限制。为了满足这个要求，将车用柴油从轻柴油中分离出来，制定单独的标准。该标准比一般轻柴油的质量要求更高，完全符合欧洲Ⅱ号排放标准对柴油质量的要求。

我国目前普通轻柴油质量标准执行GB 252—2015《普通柴油》，车用柴油标准已由最早的推荐执行到目前强制执行GB 19147—2016《车用柴油》。

一、GB 252—2015《普通柴油》

GB 252—2015《普通柴油》为强制性国家标准，首次发布于1964年，分别于1977年、1981年、1987年、1994年、2000年、2011年进行了六次修订，本次是在2011年的基础上进行的第七次修订。本标准于2015年5月8日起实施，自实施之日起替代GB 252—2011。

GB 252—2015《普通柴油》按照凝点将我国轻柴油分为5号、0号、-10号、-20号、-35号和-50号6种牌号，具体质量指标如表2-5所示。

表 2-5 GB 252—2015 普通柴油

项　目		质量指标						试验方法
		5号	0号	-10号	-20号	-35号	-50号	
色度/号	不大于	3.5						GB/T 6540
氧化安定性（以总不溶物计）/ [mg·(100mL)$^{-1}$]	不大于	2.5						SH/T 0175
硫含量①/[(mg·(kg)$^{-1}$]	不大于	350（2017年6月30日以前） 50（2017年7月1日开始） 10（2018年1月1日开始）						SH/T 0689
酸度(以KOH计)/[mg·(100mL)$^{-1}$]	不大于	7						GB/T 258
10%蒸余物残炭②(质量分数)(%)	不大于	0.3						GB/T 268
灰分（质量分数）(%)	不大于	0.01						GB/T 508
铜片腐蚀（50℃，3h）/级	不大于	1						GB/T 5096
水分③(体积分数)(%)	不大于	痕迹						GB/T 260
机械杂质③		无						GB/T 511
运动黏度（20℃）/mm²·s^{-1}		3.0~8.0			2.5~8.0	1.8~7.0		GB/T 265
凝点/℃	不高于	5	0	-10	-20	-35	-50	GB/T 510
冷滤点/℃	不高于	8	4	-5	-14	-29	-44	SH/T 0248
闪点（闭口）/℃	不低于	55				45		GB/T 261
着火性④（应满足下列要求之一） 十六烷值 十六烷指数	不小于 不小于	45 43						GB/T 386 SH/T 0694
馏程： 50%回收温度/℃ 90%回收温度/℃ 95%回收温度/℃	不高于 不高于 不高于	300 355 365						GB/T 6536
润滑性： 校正磨痕直径（60℃）/μm	不大于	460						SH/T 0765
密度⑤（20℃）/kg·m^{-3}		报告						GB/T 1884 GB/T 1885
脂肪酸甲酯⑥(体积分数)(%)	不大于	1.0						GB/T 23801

① 可用 GB/T 380、GB/T 11140、GB/T 17040、ASTM D 7039 方法测定。结果有争议时，以 SH/T 0689 方法为准。
② 若普通柴油中含有硝酸酯型十六烷值改进剂，10%蒸余物残炭的测定，应用不加硝酸酯的基础燃料进行。柴油中是否含有硝酸酯型十六烷值改进剂的检验方法见 GB 252—2015 附录 B。可用 GB/T 17144 方法测定。结果有争议时，以 GB/T 268 方法为准。
③ 可用目测法，即将试样注入 100mL 玻璃量筒中，在室温（20℃±5℃）下观察，应当透明，没有悬浮和沉降的水分及机械杂质。结果有争议时，按 GB/T 260 或 GB/T 511 方法测定。
④ 由中间基或环烷基原油生产的各号普通柴油的十六烷值或十六烷指数允许不小于 40（有特殊要求者由供需双方确定）；十六烷指数的计算也可用 GB/T 11139。结果有争议时，以 GB/T 386 方法为准。
⑤ 也可采用 SH/T 0604 方法，结果有争议时，以 GB/T 1884 和 GB/T 1885 方法为准。
⑥ 脂肪酸甲酯应满足 GB/T 20828 的要求。

二、GB 19147—2016《车用柴油》

车用柴油标准由原来的推荐性国家标准修改为强制性标准，首次发布于2003年，修改后于2010年1月1日起实施，之后又于2013年修改发布GB 19147—2013《车用柴油Ⅳ》、《车用柴油Ⅴ》，并明确分步执行。最新标准GB 19147—2016《车用柴油》是2016年修改发布的。该标准是在汽车工业快速发展和环保要求越来越高，且现有标准质量指标已不能满足要求的背景下提出的。

车用柴油标准的公布和实施，一方面有效降低柴油车引起的空气污染，另一方面也促进柴油机生产企业产品的更新换代。

GB 19147—2016《车用柴油》将柴油按凝点分为5号、0号、-10号、-20号、-35号、-50号共6个牌号。牌号的含义为凝点。例如，5号表示该种柴油的凝点不高于5℃。GB 19147—2016《车用柴油》包括车用柴油（Ⅳ）、车用柴油（Ⅴ）、车用柴油（Ⅵ）的技术要求与试验方法。车用柴油（Ⅳ）和车用柴油（Ⅴ）、车用柴油（Ⅵ）技术要求和试验方法，分别见表2-6、表2-7、表2-8。

表2-6 车用柴油（Ⅳ）技术要求和试验方法

项　目		5号	0号	-10号	-20号	-35号	-50号	试验方法
氧化安定性（以总不溶物计）/mg·(100mL)$^{-1}$	不大于	2.5						SH/T 0175
硫含量①/(mg·kg^{-1})	不大于	50						SH/T 0689
酸度（以KOH计）/mg·(100mL)$^{-1}$	不大于	7						GB/T 258
10%蒸余物残炭②（质量分数）（%）	不大于	0.3						GB/T 17144
灰分（质量分数）（%）	不大于	0.01						GB/T 508
铜片腐蚀（50℃，3h）/级	不大于	1						GB/T 5096
水分③（体积分数）（%）	不大于	痕迹						GB/T 260
机械杂质④		无						GB/T 511
润滑性校正磨痕直径（60℃）/μm		460						SH/T 0765
多环芳烃含量⑤（质量分数）（%）	不大于	11						SH/T 0806
运动黏度⑥（20℃）/mm^2·s^{-1}		3.0~8.0		2.5~8.0		1.8~7.0		GB/T 265
凝点/℃	不高于	5	0	-10	-20	-35	-50	GB/T 510
冷滤点/℃	不高于	8	4	-5	-14	-29	-44	SH/T 0248
闪点（闭口）/℃	不低于	55		50		45		GB/T 261
十六烷值	不小于	49		46		45		GB/T 386
十六烷指数⑦	不小于	46		46		43		SH/T 0694
馏程： 50%回收温度/℃ 90%回收温度/℃ 95%回收温度/℃	不高于 不高于	300 355 365						GB/T 6536

(续)

项　　目		5号	0号	-10号	-20号	-35号	-50号	试验方法
密度⑧（20℃）/kg·m⁻³		810~850			790~840			GB/T 1884 GB/T 1885
脂肪酸甲酯⑨（体积分数）（%）	不大于	1.0						NB/SH/T 0916

① 也可采用 GB/T 11140 和 ASTM D 7039 进行测定，结果有异议时，以 SH/T 0689 方法为准。
② 也可用 GB/T 268 测定，结果有异议时，以 GB/T 17144 方法为准。若车用柴油中含有硝酸酯型十六烷值改进剂，10% 蒸余物残炭的测定使用不加硝酸酯的基础燃料进行。车用柴油中是否含有硝酸酯型十六烷值改进剂的检验方法见 GB 19147—2016 附录 B。
③ 可用目测法，即将试样注入 100mL 玻璃量筒中，在室温（20℃±5℃）下观察，应当透明，没有悬浮和沉降的水分。也可采用 GB/T 11133 和 SH/T 0246 测定，结果有异议时，以 GB/T 260 方法为准。
④ 可用目测法，即将试样注入 100mL 玻璃量筒中，在室温（20℃±5℃）下观察，应当透明，没有悬浮和沉降的杂质。结果有异议时，以 GB/T 511 方法为准。
⑤ 也可采用 SH/T 0606 进行测定，结果有异议时，以 SH/T 0806 方法为准。
⑥ 也可采用 GB/T 30515 进行测定，结果有异议时，以 GB/T 265 方法为准。
⑦ 十六烷指数的计算也可用 GB/T 11139，结果有异议时，以 SH/T 0694 方法为准。
⑧ 也可采用 SH/T 0604 进行测定，结果有异议时，以 GB/T 1884 和 GB/T 1885 方法为准。
⑨ 脂肪酸甲酯应满足 GB/T 20828 的要求。也可采用 GB/T 23801 进行测定，结果有异议时，以 NB/SH/T 0916 方法为准。

表 2-7　车用柴油（Ⅴ）技术要求和试验方法

项　　目		5号	0号	-10号	-20号	-35号	-50号	试验方法
氧化安定性（以总不溶物计）/mg·(100mL)⁻¹	不大于	2.5						SH/T 0175
硫含量①/mg·kg⁻¹	不大于	10						SH/T 0689
酸度（以 KOH 计）/mg·(100mL)⁻¹	不大于	7						GB/T 258
10% 蒸余物残炭②（质量分数）（%）	不大于	0.3						GB/T 17144
灰分（质量分数）（%）	不大于	0.01						GB/T 508
铜片腐蚀（50℃，3h）/级	不大于	1						GB/T 5096
水分③（体积分数）（%）	不大于	痕迹						GB/T 260
机械杂质④		无						GB/T 511
润滑性： 　校正磨痕直径（60℃）/μm	不大于	460						SH/T 0765
多环芳烃含量⑤（质量分数）（%）	不大于	11						SH/T 0806
运动黏度⑥（20℃）/mm²·s⁻¹		3.0~8.0		2.5~8.0		1.8~7.0		GB/T 265
凝点/℃	不高于	5	0	-10	-20	-35	-50	GB/T 510
冷滤点/℃	不高于	8	4	-5	-14	-29	-44	SH/T 0248
闪点（闭口）/℃	不低于	60			50	45		GB/T 261
十六烷值	不小于	51			49	47		GB/T 386
十六烷指数⑦	不小于	46			46	43		SH/T 0694
馏程： 　50% 回收温度/℃ 　90% 回收温度/℃ 　95% 回收温度/℃	不高于 不高于	300 355 365						GB/T 6536

(续)

项 目	5号	0号	-10号	-20号	-35号	-50号	试验方法
密度⑧（20℃）/kg·m⁻³	810~850			790~840			GB/T 1884 GB/T 1885
脂肪酸甲酯⑨（体积分数）（%） 不大于	1.0						NB/SH/T 0916

① 也可采用 GB/T 11140 和 ASTM D 7039 进行测定，结果有异议时，以 SH/T 0689 方法为准。
② 也可用 GB/T 268 测定，结果有异议时，以 GB/T 17144 方法为准。若车用柴油中含有硝酸酯型十六烷值改进剂，10%蒸余物残炭的测定使用不加硝酸酯的基础燃料进行。车用柴油中是否含有硝酸酯型十六烷值改进剂的检验方法见 GB 19147—2016 附录 B。
③ 可用目测法，即将试样注入100mL玻璃量筒中，在室温（20℃±5℃）下观察，应当透明，没有悬浮和沉降的水分。也可采用 GB/T 11133 和 SH/T 0246 测定，结果有异议时，以 GB/T 260 方法为准。
④ 可用目测法，即将试样注入100mL玻璃量筒中，在室温（20℃±5℃）下观察，应当透明，没有悬浮和沉降的杂质。结果有异议时，以 GB/T 511 方法为准。
⑤ 也可采用 SH/T 0606 进行测定，结果有异议时，以 SH/T 0806 方法为准。
⑥ 也可采用 GB/T 30515 进行测定，结果有异议时，以 GB/T 265 方法为准。
⑦ 十六烷指数的计算也可用 GB/T 11139，结果有异议时，以 SH/T 0694 方法为准。
⑧ 也可采用 SH/T 0604 进行测定，结果有异议时，以 GB/T 1884 和 GB/T 1885 方法为准。
⑨ 脂肪酸甲酯应满足 GB/T 20828 的要求。也可采用 GB/T 23801 进行测定，结果有异议时，以 NB/SH/T 0916 方法为准。

表 2-8　车用柴油（Ⅵ）技术要求和试验方法

项 目		5号	0号	-10号	-20号	-35号	-50号	试验方法
氧化安定性（以总不溶物计）/mg·(100mL)⁻¹	不大于	2.5						SH/T 0175
硫含量①/mg·kg⁻¹	不大于	10						SH/T 0689
酸度（以 KOH 计）/mg·(100mL)⁻¹	不大于	7						GB/T 258
10%蒸余物残炭②（质量分数）（%）	不大于	0.3						GB/T 17144
灰分（质量分数）（%）	不大于	0.01						GB/T 508
铜片腐蚀（50℃，3h）/级	不大于	1						GB/T 5096
水含量③（体积分数）（%）	不大于	痕迹						GB/T 260
润滑性：校正磨痕直径（60℃）/μm		460						SH/T 0765
多环芳烃含量④（质量分数）（%）	不大于	7						SH/T 0806
总污染物含量/mg·kg⁻¹	不大于	24						GB/T 33400
运动黏度⑤（20℃）/mm²·s⁻¹		3.0~8.0		2.5~8.0		1.8~7.0		GB/T 265
凝点/℃	不高于	5	0	-10	-20	-35	-50	GB/T 510
冷滤点/℃	不高于	8	4	-5	-14	-29	-44	SH/T 0248
闪点（闭口）/℃	不低于	60			50	45		GB/T 261
十六烷值	不大于	51			49	47		GB/T 386
十六烷指数⑥	不大于	46			46	43		SH/T 0694
馏程： 50%回收温度/℃　不高于 90%回收温度/℃　不高于 95%回收温度/℃　不高于		300 355 365						GB/T 6536

(续)

项　目	5号	0号	−10号	−20号	−35号	−50号	试验方法
密度⑦（20℃）/kg·m^{-3}	810~850	810~850	810~850	790~840	790~840	790~840	GB/T 1884 GB/T 1885
脂肪酸甲酯⑧（体积分数）（%）不大于	1.0						NB/SH/T 0916

① 也可采用 GB/T 11140 和 ASTM D 7039 进行测定，结果有异议时，以 SH/T 0689 方法为准。
② 也可用 GB/T 268 测定，结果有异议时，以 GB/T 17144 方法为准。若车用柴油中含有硝酸酯型十六烷值改进剂，10%蒸余物残炭的测定使用不加硝酸酯的基础燃料进行。车用柴油中是否含有硝酸酯型十六烷值改进剂的检验方法见 GB 19147—2016 附录 B。
③ 可用目测法，即将试样注入 100mL 玻璃量筒中，在室温（20℃±5℃）下观察，应当透明，没有悬浮和沉降的水分。也可采用 GB/T 11133 和 SH/T 0246 测定，结果有异议时，以 GB/T 260 方法为准。
④ 也可采用 SH/T 0606 进行测定，结果有异议时，以 SH/T 0806 方法为准。
⑤ 也可采用 GB/T 30515 进行测定，结果有异议时，以 GB/T 265 方法为准。
⑥ 十六烷指数的计算也可用 GB/T 11139，结果有异议时，以 SH/T 0694 方法为准。
⑦ 可采用 SH/T 0604 进行测定，结果有异议时，以 GB/T 1884 和 GB/T 1885 方法为准。
⑧ 脂肪酸甲酯应满足 GB/T 20828 的要求。也可采用 GB/T 23801 进行测定，结果有异议时，以 NB/SH/T 0916 方法为准。

三、轻柴油的选用

车用轻柴油的选用主要考虑环境温度，并应遵循以下原则。

1. 根据柴油使用地区风险率10%的最低气温选用柴油牌号

风险率10%的最低气温应高于柴油的冷滤点。由于柴油的冷滤点一般高于凝点3~6℃，所以，也可以说，风险率10%的最低气温在数值上高于其牌号3~6个数即可满足选用要求。具体各牌号柴油的适用地区见表2-9。我国部分地区风险率10%的最低气温见表2-10，该表中的最低温度是由我国气象台根据多年气温记录分析得出的。风险率10%的最低气温值表示该月中最低气温低于该值的概率为0.1，或者说该月中最低气温高于该值的概率为0.9。

表2-9　各牌号柴油的适用地区

牌　号	适用温度范围
5号	适用于风险率为10%的最低气温在8℃以上地区使用
0号	适用于风险率为10%的最低气温在4℃以上地区使用
−10号	适用于风险率为10%的最低气温在−5℃以上地区使用
−20号	适用于风险率为10%的最低气温在−14℃以上地区使用
−35号	适用于风险率为10%的最低气温在−29℃以上地区使用
−50号	适用于风险率为10%的最低气温在−44℃以上地区使用

2. 在气温允许的情况下尽量选用高牌号柴油

有些汽车使用者认为选用的牌号越低越安全，对车越有利。其实不然，首先由于低牌号柴油凝点低，其炼制工艺复杂、生产成本高，价格也比高牌号柴油高；其次由于柴油中凝点低的成分燃烧性差，使用时燃烧滞后期长，容易发生工作粗暴，所以选用牌号时在气温允许的情况下尽量选用高牌号柴油，真正做到既经济又实用。

3. 注意季节气温变化对用油的影响

对于那些季节气温变化较大的地区，如黑龙江、内蒙古、新疆等省区。应特别注意季节气温变化对用油的影响，及时改变用油牌号。

表 2-10　我国部分地区风险率为 10% 的最低气温　　　　　　　　　（单位：℃）

地　　区	1月	2月	3月	4月	5月	6月	7月	8月	9月	10月	11月	12月
河北省	-14	-13	-5	1	8	14	19	17	9	1	-6	-12
山西省	-17	-16	-8	-1	5	11	15	13	6	-2	-9	-16
内蒙古自治区	-43	-42	-35	-21	-7	-1	1	1	-8	-19	-32	-41
黑龙江省	-44	-42	-35	-20	-6	1	7	1	-6	-20	-35	-43
吉林省	-29	-27	-17	-6	1	8	14	12	2	-6	-17	-26
辽宁省	-23	-21	-12	-1	6	12	18	15	6	2	-12	-20
山东省	-12	-12	-5	2	8	14	19	18	11	4	-4	-10
江苏省	-10	-9	-3	3	11	15	20	20	12	5	-2	-8
安徽省	-7	-7	-1	5	12	18	20	20	14	7	0	-6
浙江省	-4	-3	1	6	13	17	22	21	15	8	2	-3
江西省	-2	-2	3	9	15	20	23	23	18	12	4	0
福建省	-1	-2	3	8	14	18	21	20	15	8	1	-3
台湾省①	3	0	2	8	10	16	19	19	13	10	1	2
广东省	1	2	7	12	18	21	23	23	20	13	7	2
广西壮族自治区	3	3	8	12	18	21	23	23	19	15	9	4
湖南省	-2	-2	3	9	14	18	22	21	16	10	4	-1
湖北省	-6	-4	0	6	12	17	21	20	14	8	1	-4
河南省	-10	-9	-2	4	10	15	20	18	11	4	-3	-8
四川省	-21	-17	-11	-7	-2	1	2	1	0	-7	-14	-19
贵州省	-6	-6	-1	3	7	9	12	11	8	4	-1	-4
云南省	-9	-8	-6	-3	1	5	7	7	5	1	-5	-8
西藏自治区	-29	-25	-21	-15	-9	-3	-1	0	-6	-14	-22	-29
新疆维吾尔自治区	-40	-38	-28	-12	-5	-2	0	-2	-6	-14	-25	-34
青海省	-33	-30	-25	-18	-10	-6	-3	-4	-6	-16	-28	-33
甘肃省	-23	-23	-16	-9	-1	3	5	5	0	-8	-16	-22
陕西省	-17	-15	-6	-1	5	10	15	12	6	-1	-9	-15
宁夏回族自治区	-21	-20	-10	-4	2	6	9	8	3	-4	-12	-19

① 台湾省所列的温度为绝对最低气温，即风险率为 0 的最低气温。

第六节　柴油添加剂

在柴油发动机中，由于柴油热裂解在喷油器喷嘴处容易形成积炭，这些沉积物能够使喷嘴部分或完全地堵塞，影响柴油机正常工作。柴油添加剂，是一种能够清除燃油系统油路和喷油器等部位积炭，提升柴油活性的化学物质。

一、柴油添加剂的功用

1. 清洁

柴油添加剂中的清净活化因子能清除柴油中的胶质物以及柴油供油系统的积炭、胶质等有害物质。

2. 强劲

柴油添加剂中的纳米成分,能吸附、包裹胶质物,在高温作用下在燃烧室产生气体性"微爆",使燃烧更完全,提升发动机动力。

3. 节油

柴油添加剂中的纳米分子材料,直接攻击柴油分子中的长链碳键,改进十六烷值,使燃烧更完全,提高热效率、降低油耗。

4. 耐用

发动机内部积炭、油泥、胶质之类的杂质加速了发动机的磨损。柴油添加剂有效清除积炭、胶质等沉积物,能明显减少发动机磨损,有效保护发动机,降低发动机的噪声,延长发动机的使用寿命。

5. 环保

柴油因雾化不良,燃烧不完全,形成大量黑烟,柴油添加剂可有效降低燃烧活化能,使油品中不可燃的胶质也能充分燃烧,从而达到消除黑烟,降低排放的功效。

二、柴油添加剂的分类

柴油添加剂,由有机纳米分子及清净活化因子、抗氧、防腐等10多种材料组成。柴油添加剂主要包括柴油清净剂、柴油燃烧促进剂。

1. 柴油清净剂

柴油清净剂能有效清除喷油器喷嘴、燃烧室、活塞顶、进排气门等部位的沉积物,控制沉积物的生成,使整个燃油系统各部件保持清洁、畅通。

目前,柴油清净剂主要有胺、咪唑、酰胺、脂肪酸丁二酰亚胺、聚烯烃丁二酰亚胺、聚烷基胺、聚醚胺等。这些物质中一般含有一个极性基团,其极性基团对已经形成的积炭有很强的吸附能力,使积炭逐渐疏松并成为小颗粒被洗涤下来,对发动机各部位起到清净作用。同时,又可以阻止小颗粒进一步聚集形成大颗粒沉积在金属表面。

2. 柴油燃烧促进剂

燃烧促进剂能促使柴油迅速地、完全地燃烧,从而降低油耗、减少燃烧室内的积炭和顶部活塞环的结焦。

目前,燃烧促进剂主要有以下几类:一类是金属化合物如铜、钴、锰、铬等油溶性好的有机金属盐和含有羟基的非金属化合物,这类化合物可降低柴油的着火温度、促进炭粒氧化、提高燃烧速度,促使柴油完全燃烧。另一类是一些有机化合物如乳酸化合物,这种乳酸化合物在燃烧室内能产生更多的自由基,从而缩短燃油的滞燃期,促进柴油完全燃烧。第三类是含氧添加剂，这类添加剂在促进燃油燃烧时的作用较为明显。

三、柴油添加剂的选用

1）当燃油箱的柴油用完或所剩不多时（注意燃油箱内不能剩太多柴油），在加油前把柴油添加剂加入燃油箱，然后再加入柴油。注意：一定要在加油前添加柴油添加剂，因为如果加满油再添加，柴油添加剂与柴油混合得不均匀，有可能导致起不到应有的效果。用完该箱油前不要另加入额外的柴油添加剂。

2）柴油添加剂加少了起不到应有的作用，加多了很可能影响柴油的性能，甚至对发动机造成损坏。不同品牌的柴油添加剂包装规格各异，每次规定的使用量也不一样，所以在使用柴油添加剂前，一定要先仔细阅读使用说明书。

3）对于可以清理油路积炭等沉积物的柴油添加剂类产品，要注意阅读使用说明，凡是有使用周期的要慎重，此类产品多以化学方法对沉积物进行分解，有可能对发动机造成腐蚀。

4）市售柴油的十六烷值一般在40左右，但柴油的十六烷值并不是越大越好，一般在50左右效果最佳，选择增加8个左右十六烷值的柴油添加剂类产品为宜。

四、柴油添加剂的发展

柴油添加剂的发展经历了四代，第一代主要针对油路沉积物起作用；第二代主要针对十六烷值改进起作用；第三代主要对十六烷值改进、进气门结胶、胶质物起作用；第四代除对十六烷值改进、油路的胶质物清洁起作用外，还能分解柴油中的硫化物、胶质、蜡质等。

第三章　车用替代燃料

学习提示：

通过本章学习，应该明确
- 研究车用替代燃料的意义
- 车用替代燃料的选择标准
- 醇类汽车燃料在汽车上的应用情况
- 天然气燃料在汽车上的应用情况
- 氢气燃料在汽车上的应用情况
- 其他燃料在汽车上的应用情况

汽车在给人类社会不断带来财富、丰富社会生活的同时，也消耗了大量不可再生的石油资源，使之日益耗竭，同时对人类的生存环境造成严重污染。

20世纪70年代出现的石油危机，向人们敲响了警钟，人们开始认识到在不远的将来石油资源将因储量减少而大幅减产，直到最终枯竭。如果不加快发展新能源和可再生能源作为替代能源，那么届时很可能发生能源断档。于是人们纷纷开始寻求汽车新能源，用以降低汽车对石油资源的依赖程度，缓解汽车对石油资源的过度消耗。

在面临石油资源短缺问题的同时，汽车排放对环境的污染也逐渐受到人们的重视。于是人们在完善发动机燃烧系统，采用高性能的排放污染物净化装置，使用优质燃油的同时，也开始寻求清洁能源，以降低汽车排放尾气中的有害物质含量。

在石油资源日益减少、环境污染日益严重的双重作用下，开发和寻找污染较少、经济便宜的车用替代燃料已成为当务之急。车用替代燃料的选择标准主要包括：

1）资源必须丰富。汽车的保有量在逐年增加，用做汽车的替代燃料只有资源丰富，才能长期可靠地供应，才能满足汽车日益增加的需要。

2）价格应比较便宜，以便于大范围推广。

3）能量密度大，热值高，携带较少的数量时就能使汽车有足够的续驶里程。

4）毒性低，环境污染小。

5）安全性好，易于输送、储存和使用。

6）对内燃机的可靠性无不良影响。

第三章 车用替代燃料

根据以上选择标准，有广阔发展前景的替代燃料主要有醇类燃料、乳化燃料、天然气、液化石油气、氢气等。

第一节 醇 类 燃 料

醇类燃料主要是指甲醇和乙醇。目前，它们作为汽车替代能源已被使用，在技术和成本方面已经达到实用阶段。醇类燃料的资源比较丰富，可从多种原料中进行提取。如甲醇可从天然气、煤、油页岩、重质燃料、木材和垃圾等物质中制取。乙醇可从甜菜、甘蔗、草秆、薯类、玉米等农作物中制取。

在我国，煤炭作为制取甲醇燃料的物质之一，其储藏量非常丰富，比其他能源的储藏量均多，因此，这就决定了今后一段时间内我国的能源消费结构仍将以煤为主。所以，立足国内丰富的煤炭资源，以甲醇为替代燃料，弥补石油供应量不足是非常重要的措施。

我国作为农业国家，随着粮食的丰收，已出现了陈化粮长期库存积压的情况，仅玉米库存就有几千亿斤，尤以黑龙江、吉林、河南等产粮大省库存积压量大。因此，以农作物为原料生产乙醇，作为替代能源，缓解我国石油紧缺的矛盾，也是非常可行的举措。

一、醇类燃料的理化性质

甲醇燃料和乙醇燃料的主要理化性质与汽油燃料的比较见表3-1。

表3-1 醇类燃料与汽油的主要理化性质比较

项　　目	甲　醇	乙　醇	汽　油
常温下物理状态	液态	液态	液态
密度/g·cm^{-3}	0.7914	0.7843	0.72~0.75
沸点/℃	64.8	78.3	30~220
闪点/℃	12	14	-43
自燃点/℃	470	420	260
饱和蒸气压/kPa	30.997	17.332	62.0~82.7
低热值/MJ·kg^{-1}	20.26	27.20	44.52
蒸发潜热/kJ·kg^{-1}	1101	862	297
辛烷值（RON）	112	111	90、93、95
辛烷值（MON）	92	92	85、88、90
十六烷值	3	8	27
相对分子质量	32	46	100~115
着火极限(体积分数)（%）	6.7~36	4.3~19	1.3~7.6
理论空燃比（kg空气/kg燃料）	6.4	9.0	14.8

二、醇类燃料的特点

1. 辛烷值高

醇类燃料的辛烷值与汽油的辛烷值比较见表3-2。

表 3-2　醇类燃料的辛烷值与汽油的辛烷值比较

燃料种类		MON	RON	灵敏度
甲醇		92	112	20
乙醇		92	111	19
汽油	90 号	85	90	5
	93 号	88	93	5
	97 号	92	97	5

从表 3-2 可以看出，醇类燃料的辛烷值比汽油高，所以使用醇类燃料的发动机可以通过增大压缩比来提高其热效率，从而提高其动力性和经济性。因此，醇类是汽油车良好的替代燃料。另外，醇类燃料也可以作为高辛烷值组分调入汽油中，进而提高汽油的抗爆能力。

通过表 3-2 醇类燃料和汽油的比较，还可以看出，醇类燃料的灵敏度非常大。灵敏度是利用研究法测定的辛烷值与利用马达法测定的辛烷值之差值，即灵敏度 = RON − MON。灵敏度反映的是汽油机燃料的抗爆性能随汽油机运转工况（如转速提高等）激烈程度增加而降低的情况。对汽油机来说，灵敏度越小越好。醇类燃料的灵敏度大，说明它们在低速时的抗爆性能比中、高速时要好。

2. 蒸发潜热大

蒸发潜热是指在常压沸点下，单位质量的纯物质由液体状态变为气体状态需吸收的热量或由气体状态变为液体状态需放出的热量。

醇类燃料的蒸发潜热大，意味着醇类燃料在发动机内由液体状态变为气体状态形成可燃混合气时需要吸收的热量较多，所以，醇类燃料在低温条件下起动时，往往会由于汽化所需热量不足，使形成的混合气浓度较低，从而使发动机起动困难。因此，燃烧醇类燃料的发动机需加装进气预热系统，以保证其低温起动性能。

醇类燃料蒸发潜热大的优点是：形成的混合气温度低，其充气效率较高，发动机动力性增强；蒸发潜热大，形成混合气时对发动机内部机件有冷却作用，可减少冷却系统和润滑系统的冷却负担，从而可提高发动机的使用寿命。

3. 着火极限宽

着火极限是指混合气可以着火的最小浓度和最大浓度之间的范围，浓度是以空气中可燃气的体积分数表示。

醇类燃料的着火极限比汽油宽得多，可实现稀薄燃烧，能有效降低发动机在部分负荷时的能量消耗与排放污染。

4. 热值低

醇类燃料的热值比汽油低，甲醇热值约为汽油的一半，乙醇热值约为汽油的 61%。但由于醇类燃料存在自供氧效应，理论空燃比比汽油低，甲醇理论空燃比约为汽油的 43%，乙醇理论空燃比约为汽油的 60%。所以，在同样的过量空气系数下混合气的热值与汽油相当，汽车使用醇类燃料时的动力性不会降低。

5. 腐蚀性大

醇类燃料的化学活性较强，对铜、铝等金属具有较强的腐蚀能力，对橡胶和塑料等非金属材料也具有较大的溶胀作用。

6. 易产生气阻

醇类燃料的沸点低，有助于形成燃料与空气的混合气，但温度高时，容易在燃油供给系统产生气阻现象，严重时会使供油中断，发动机熄火。

7. 储存和使用方便

醇类燃料在常温下为液体状态，和传统燃料的汽油、柴油相似，储存和使用也比较方便。

8. 排放污染低

醇类燃料的蒸发潜热大，甲醇的蒸发潜热约为汽油的3.7倍，乙醇的蒸发潜热约为汽油2.9倍，所以使用醇类燃料时燃烧温度较低，对NO_x的生成有抑制作用；醇类燃料分子中没有C—C键结构，燃烧中不会有多环芳香烃通过缩合形成碳烟粒子的现象，因此排气中基本没有碳烟；醇类燃料含氧量高，且C/H值较汽油小，混合气燃烧较完全，因而排气中未燃烃类与CO含量也相应降低。但醇类燃料的排气中未燃醇类和相应醛类较多。

三、醇类燃料的应用

醇类燃料的辛烷值高，是良好的汽油机替代燃料。但由于其着火性差，十六烷值比柴油低很多，所以在柴油机上使用比较困难。汽油机中应用醇类燃料主要有两种方法：掺醇燃烧和纯醇燃烧。

1. 掺醇燃烧

掺醇燃烧是指把甲醇或乙醇以不同比例掺入汽油中。甲醇、乙醇与汽油的混合燃料分别用M（Methanol）和E（Ethanol）加一数字表示，其后的数字表示混合燃料中甲醇或乙醇的体积分数，如M15表示含甲醇体积分数为15%的混合燃料，E10表示含乙醇体积分数为10%的混合燃料。

（1）掺醇汽油的优点　掺醇汽油比较纯汽油有如下优点。

1）抗爆性好。醇类燃料的辛烷值均高于汽油，掺和后，可明显提高汽油的抗爆能力。试验表明，在汽油中添加10%的乙醇，其辛烷值可提高约3个单位，甲醇汽油也有类似的效果。因此燃用掺醇汽油时，可通过提高发动机的压缩比来提高其热效率，进而提高其动力性和燃油经济性。

2）排放尾气中NO_x、烃类及CO的含量低。醇类燃料的蒸发潜热高，使掺醇汽油形成的混合气燃烧温度低，因而排放尾气中NO_x含量低；醇类燃料含氧，且C/H值较汽油小，使掺醇汽油形成的混合气燃烧也较完全，因而尾气中烃类与CO含量也相应降低。

3）价格低。甲醇燃料价格低于汽油价格，这使得甲醇汽油也比普通汽油经济。

（2）掺醇汽油的使用　鉴于掺醇汽油的优点突出，对其使用的研究也非常多。我国对低比例掺醇汽油研究较多，掺醇比例低于15%的低比例掺醇汽油和纯汽油燃料比较，不需要改变现有汽车发动机，不增加改动成本，不存在技术上的难度。因此，低比例掺醇汽油是比较实用的醇类能源利用形式。

2001年我国制定了乙醇燃料发展计划,确定在吉林、河南和黑龙江三省设立燃料乙醇试点项目,并制定了《变性燃料乙醇》(GB 18350)和《车用乙醇汽油(E10)》(GB 18351)两项国家标准,开始推广含10%乙醇的车用乙醇汽油的混合燃料。《变性燃料乙醇》和《车用乙醇汽油(E10)》两项国家标准于2001年4月15日正式实施。其中《变性燃料乙醇》于2013年进行了修订,《车用乙醇汽油(E10)》分别于2004年、2010年、2013年、2015年、2017年进行了修订,变性燃料乙醇的理化指标见表3-3,车用乙醇汽油(E10)Ⅳ和Ⅴ的技术要求与试验方法分别见表3-4和表3-5。

表3-3 变性燃料乙醇的理化指标

项　目		指　标
外观		清澈透明,无可见悬浮物和沉淀物
乙醇(体积分数)(%)	≥	92.1
甲醇(体积分数)(%)	≤	0.5
溶剂洗胶质/[mg·(100mL)$^{-1}$]	≤	5.0
水分(体积分数)(%)	≤	0.8
无机氯(以Cl计)/(mg·L^{-1})	≤	8
酸度(以乙酸计)/(mg·L^{-1})	≤	56
铜/(mg·L^{-1})	≤	0.08
pH值		6.5~9.0
硫/(mg·kg^{-1})	≤	30[①]/10[②]

[①] 供应国Ⅳ标准车用乙醇汽油阶段执行此项要求。
[②] 供应国Ⅴ标准车用乙醇汽油阶段执行此项要求。

表3-4 车用乙醇汽油(E10)(ⅣA)/(ⅣB)技术要求与试验方法

项　目		质量指标				试验方法
		89号	92号	95号	98号	
抗爆性:						
研究法辛烷值(RON)	不小于	89	92	95	98	GB/T 5487
抗爆指数(RON+MON)/2	不小于	84	87	90	93	GB/T 503、GB/T 5487
铅含量[①]/(g·L^{-1})	不大于	0.005				GB/T 8020
馏程:						
10%蒸发温度/℃	不高于	70				
50%蒸发温度/℃	不高于	110				GB/T 6536
90%蒸发温度/℃	不高于	190				
终馏点/℃	不高于	205				
残留量(体积分数)(%)	不大于	2				
蒸气压[②]/kPa:						
11月1日至4月30日		42~85				GB/T 8017
5月1日至10月31日		40~65[③]				
胶质含量/mg·(100mL)$^{-1}$	不大于					
未洗胶质含量(加入清净剂前)		30				GB/T 8019
溶剂洗胶质含量		5				

(续)

项　目		质量指标				试验方法
		89号	92号	95号	98号	
诱导期/min	不小于	480				GB/T 8018
硫含量④/mg·(kg)⁻¹	不大于	10				SH/T 0689
硫醇（博士实验）		通过				SH/T 0174
铜片腐蚀（50℃，3h）/级	不大于	1				GB/T 5096
水溶性酸或碱		无				GB/T 259
机械杂质⑤		无				GB/T 211
水分（质量分数）（%）	不大于	0.20				SH/T 0246
乙醇含量（体积分数）（%）		10.0±2.0				SH/T 0663
其他有机含氧化合物⑥（质量分数）（%）	不大于	0.5				SH/T 0663
苯含量⑦（体积分数）（%）	不大于	0.8				SH/T 0693
芳香烃含量⑧（体积分数）（%）	不大于	35				GB/T 11132
烯烃含量⑧（体积分数）（%）	不大于	18（ⅥA）/15（ⅥB）				GB/T 11132
锰含量①/(g·L⁻¹)	不大于	0.002				SH/T 0711
铁含量①/(g·L⁻¹)	不大于	0.010				SH/T 0712
密度⑨（20℃）/kg·m⁻³		720～775				GB/T 1884、GB/T 1885

① 车用乙醇汽油（E10）中，不得人为加入含铅、含铁、含锰的添加剂。
② 允许采用SH/T 0794进行测定。在有异议时，以GB/T 8017测定结果为准。换季时，加油站允许有15天的置换期。
③ 广西全年执行此项要求。广东、海南两省使用车用乙醇汽油（E10）的地区全年执行此项要求。
④ 允许采用GB/T 11140、SH/T 0253、ASTM D 7039进行测定。在有异议时，以SH/T 0689测定结果为准。
⑤ 允许采用目测法：将试样注入100mL玻璃量筒中观察，应当透明，没有悬浮和沉降的机械杂质及分层。在有异议时，以GB/T 511测定结果为准。
⑥ 不得人为加入。允许采用SH/T 0720进行测定，在有异议时，以NB/SH/T 0663测定结果为准。
⑦ 允许采用SH/T 0713、GB/T 28768、GB/T 30519进行测定。在有异议时，以SH/T 0693测定结果为准。
⑧ 允许采用GB/T 11132、GB/T 28768进行测定。在有异议时，以GB/T 30519测定结果为准。
⑨ 允许采用SH/T 0604进行测定，在有异议时，以GB/T 1884、GB/T 1885方法为准。

表3-5　车用乙醇汽油（E10）（Ⅴ）技术要求与试验方法

项　目		质量指标				试验方法
		89号	92号	95号	98号	
抗爆性：						
研究法辛烷值（RON）	不小于	89	92	95	98	GB/T 5487
抗爆指数（RON+MON）/2	不小于	84	87	90	93	GB/T 503、GB/T 5487
铅含量①/(g·L⁻¹)	不大于	0.005				GB/T 8020
馏程：						
10%蒸发温度/℃	不高于	70				
50%蒸发温度/℃	不高于	120				GB/T 6536
90%蒸发温度/℃	不高于	190				
终馏点/℃	不高于	205				
残留量（体积分数）（%）	不大于	2				
蒸气压②/kPa：						
11月1日至4月30日		45～85				GB/T 8017
5月1日至10月31日		40～65③				

(续)

项 目		质量指标				试验方法
		89号	92号	95号	98号	
胶质含量/mg·(100mL)$^{-1}$ 　未洗胶质含量（加入清净剂前） 　溶剂洗胶质含量	不大于 不大于 不大于		30 5			GB/T 8019
诱导期[②]/min	不小于		480			GB/T 8018
硫含量[④]/mg·(kg)$^{-1}$	不大于		10			SH/T 0689
硫醇（博士实验）			通过			SH/T 0174
铜片腐蚀（50℃，3h）/级	不大于		1			GB/T 5096
水溶性酸或碱			无			GB/T 259
机械杂质[⑤]			无			GB/T 511
水分（质量分数）（%）	不大于		0.20			SH/T 0246
乙醇含量（体积分数）（%）			10.0±2.0			SH/T 0663
其他含氧化合物[⑥]（质量分数）（%）			0.5			SH/T 0663
苯含量[⑦]（体积分数）（%）	不大于		1.0			SH/T 0693
芳烃含量[⑧]（体积分数）（%）	不大于		40			GB/T 11132
烯烃含量[⑧]（体积分数）（%）	不大于		24			GB/T 11132
锰含量/(g·L^{-1})	不大于		0.002			SH/T 0711
铁含量[①]/(g·L^{-1})	不大于		0.010			SH/T 0712
密度[⑨]（20℃）/kg·m^{-3}			720~775			GB/T 1884、GB/T 1885

① 车用乙醇汽油（E10）中，不得人为加入含铅、含铁、含锰的添加剂。
② 允许采用SH/T 0794进行测定。在有异议时，以GB/T 8017测定结果为准。换季时，加油站允许有15天的置换期。
③ 广西全年执行此项要求。广东、海南两省使用车用乙醇汽油（E10）的地区全年执行此项要求。
④ 允许采用GB/T 11140、SH/T 0253、ASTM D 7039进行测定，在有异议时，以SH/T 0689测定结果为准。
⑤ 允许采用目测法：将试样注入100mL玻璃量筒中观察，应当透明，没有悬浮和沉降的机械杂质及分层。在有异议时，以GB/T 511测定结果为准。
⑥ 不得人为加入。允许采用SH/T 0720进行测定，在有异议时，以SH/T 0663测定结果为准。
⑦ 允许采用SH/T 0713、GB/T 28768、GB/T 30519进行测定，在有异议时，以SH/T 0693测定结果为准。
⑧ 对于95号、98号车用乙醇汽油（E10），在烯烃、芳烃总含量控制不变的前提下，可允许芳烃的最大值为42%（体积分数）。允许采用NB/SH/T 0741进行测定。在有异议时，以GB/T 11132测定结果为准。
⑨ 也可采用SH/T 0604进行测定，在有异议时，以GB/T 1884、GB/T 1885测定结果为准。

低比例掺醇燃料虽然使用方便，不需对传统发动机进行改动，但它对缓解我国越来越大的能源不足的压力所起作用较小。要从根本上解决能源紧缺问题，应研究高比例掺醇汽油的应用。由于醇类燃料的性质不同于汽油，所以高比例掺醇燃烧需要对现有的汽车发动机进行较大改动，以适应醇类燃料的特点。如需对燃油箱、油泵、喷油器、燃油管、滤清器、橡胶件等进行研究改进。

（3）掺醇汽油的缺点

1）醇类燃料与汽油的互溶性较差。醇类燃料具有较强的极性，与汽油的互溶性较差。其互溶性受醇与汽油的混合比例、助溶剂的品种和加入量、混合温度等因素影响。图3-1所示为甲醇与汽油的互溶曲线。由图中曲线可看出，当醇含量很低或很高时，醇与汽油可以不借助于助溶剂实现互溶，但在很大比例范围内二者不能互溶，必须借助助溶剂。常用助溶剂有甲基叔丁基醚、叔丁醇、异丁醇、正丁醇等。同时，混合温度越高，醇与汽油的互溶性越好。

2）掺醇汽油易出现分层现象。掺醇汽油中醇与汽油的互溶性受水分影响较大，水分易引起体系分层。醇类燃料的吸水性强，在储存和使用掺醇汽油时会自动从空气中吸收水分，当水分含量达到一定程度时便出现油水分层现象。为解决掺醇汽油的分层现象，必须使用水含量低的醇类燃料。同时，在储存和使用过程中要严防水分混入。

3）掺醇汽油对发动机的金属、橡胶和塑料等材料具有一定腐蚀性。

4）掺醇汽油的低温起动性差，高温时易发生气阻。这主要是由醇类燃料蒸发潜热大、沸点低造成的。

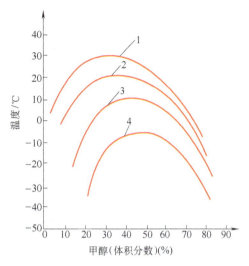

图 3-1　甲醇与汽油的互溶曲线
1—不加助溶剂　2—加1%助溶剂
3—加2%助溶剂　4—加4%助溶剂

2. 纯醇燃烧

纯醇燃烧是指单纯燃烧甲醇或乙醇燃料。从弥补石油资源短缺的角度来说，纯醇燃料用于发动机燃烧比掺醇燃料，尤其是低比例掺醇燃料更具有实际意义。因此，对纯醇燃料的使用也进行了许多研究工作。

纯醇燃烧时，可根据甲醇或乙醇燃料的特点对发动机进行改造，使其动力性、经济性和排放性比燃烧汽油时有较大提高。图 3-2 所示为点燃式内燃机分别燃用甲醇和汽油时的

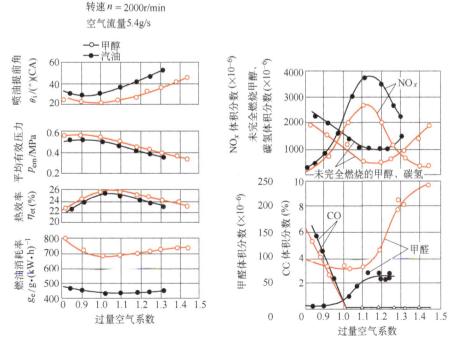

图 3-2　甲醇内燃机的特性

有关性能对比，试验时，发动机转速为2000r/min，空气流量为5.4g/s。由图可知，燃烧甲醇时，发动机的平均有效压力、热效率比燃烧汽油时高，排放气体中 NO_x、未燃 HC 和 CO 的含量比燃烧汽油时低；但燃油消耗率和排放中的甲醛含量比燃烧汽油时高。燃烧乙醇时的有关性能和燃烧甲醇时相似，只是排放气体中未燃乙醇和乙醛的含量较大。

使用纯醇燃料需对发动机进行较大改动，主要改动之处有：调整供油系统，加大油泵供油量，加装进气预热装置和改善零部件的抗腐蚀性能等。

第二节 乳化燃料

乳化燃料是指汽油和柴油等燃油和水相混合并经特殊处理后形成的一种相对稳定的乳化液。使用乳化燃料不仅能减少发动机排放中氮氧化合物（NO_x）等有害成分的含量，而且能有效地降低燃料的消耗。所以使用乳化燃料是节约能源和降低污染的良好措施之一。

一、乳化燃料节能降污的原理

乳化燃料的燃烧是个非常复杂的过程，其节能降污的原理，目前尚在研究之中，常见的有两种解释理论：微爆理论和燃烧化学反应动力学理论。

1. 微爆理论

微爆理论认为：乳化燃料中含有油包水型分子基团，在乳化燃料受热汽化形成可燃混合气的过程中，由于水的沸点低于油，所以油包水型分子基团中的水会先于油蒸发，汽化压力冲破油膜的阻力使油滴发生爆炸，爆炸的结果是使油滴变得更加细小，与空气混合的更加均匀，因此，这种情况下形成的可燃混合气品质良好，可实现较完全的快速燃烧，从而达到节约能源和降低排放污染的双重目的。总之，微爆理论的实质是由于水的存在，使燃料雾化蒸发过程中产生了二次雾化，使混合气形成的物理准备过程准备得更加充分。

2. 燃烧化学反应动力学理论

燃烧化学反应动力学理论认为：在高温条件下，水蒸气分解时可产生 OH^- 根，而 OH^- 根的化学活性很强，可和烃在燃烧过程中形成的中间产物或不完全燃烧产物发生反应，推进烃类物质的燃烧进程，使燃料能在上止点附近完成燃烧，把全部热能及时释放，使发动机热效率提高，从而达到节能降污的目的。同时，由于乳化燃料中水分的蒸发需吸收热量，也会降低气缸内燃烧时的温度，使 NO_x 的排放量降低。具体反应过程如下：

$$H_2O \rightarrow H^+ + OH^-$$
$$2C + 2OH^- \rightarrow 2CO + H_2$$
$$C + 2OH^- \rightarrow CO_2 + H_2$$
$$2CO + 2OH^- \rightarrow 2CO_2 + H_2$$
$$2H_2 + O_2 \rightarrow 2H_2O$$

二、燃料乳化的方法

燃料由烃类物质组成，烃类物质都是非极性化合物，而水是极性化合物，所以二者的互溶性很差。要使二者混合形成均匀、稳定的乳化液，配制上有一定的难度，这需借助乳化添加剂并采用适当的配制方法才能完成。

乳化添加剂是一种具有乳化作用的活化剂，其化学结构由极性基和非极性基两部分构成，极性基具有亲水性质，非极性基具有亲油性质。所以，在乳化添加剂存在的条件下，油与水的混合变得相对容易，并且可保证乳化液的稳定性。

燃料乳化的常用方法有超声波法和机械混合法两种。

1. 超声波法

超声波法是利用超声波在液体媒介中传播时会出现机械的、热的及空化等作用机制，对传声媒质可产生一系列效应的原理进行乳化燃料的配制。超声波法的优点是设备简单，处理能力大，耗能少，乳化添加剂用量少，乳化效果好，是目前最常用的方法。工艺流程如图3-3所示。

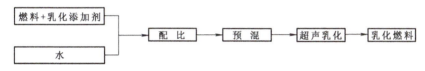

图3-3　超声波法乳化燃料工艺流程

2. 机械混合法

乳化燃料的配制也可采用机械法把按比例配好的油、水、乳化添加剂进行搅拌、剪切、混合、雾化，并使粒子直径达到要求。机械混合法设备简单，但乳化燃料的质量差，并且乳化工艺过程的耗能也比较大。

乳化燃料的稳定性直接影响其燃用效果。乳化燃料稳定性好，燃料燃烧状况稳定；稳定性差，燃料易出现油水分层等变化，这样会使发动机工作不平稳，严重时会出现熄火。乳化燃料稳定性差的主要表现为：分层（乳化燃料逐步分成明显的两层）、变型（乳化燃料发生相转变，从油包水型变成水包油型）、破乳（乳化燃料中出现大液滴，使相对稳定性不复存在）等。乳化燃料的稳定性与乳化添加剂的类型、加入量、储存温度、掺水量、搅拌程度等有密切关系。如随乳化剂用量的增多，稳定性提高；随储存温度的升高，稳定性降低；随掺水量的增加，稳定性降低；随搅拌速率的增大，稳定性提高。为此，应从多方面入手提高乳化燃料的稳定性。另外，研究和开发更好的乳化设备、乳化添加剂，以及了解乳化燃料的使用及其对发动机的影响都是有待进一步解决的问题。

第三节　天　然　气

天然气是各种替代燃料中最早被广泛使用的一种。天然气汽车自20世纪30年代起就开始在意大利使用，我国的天然气汽车工业发展始于20世纪80年代。目前，天然气汽车已受到各国政府的普遍重视，21世纪将是天然气汽车大发展的时代。

一、天然气资源

天然气的主要成分是甲烷（CH_4），其体积一般占天然气的 80%～99%。另外，天然气中还含有乙烷、丙烷、丁烷、戊烷等气体化合物和氢气、氮气、二氧化碳、硫化氢等气体元素，它们在天然气中的含量一般都比较低。天然气分气田气和油田气，由于气田和油田的地理位置和地质结构不同，所以，气田气和油田气的组分存在一定差异。表 3-6 所示为不同产地的天然气的组分构成。

表 3-6　不同产地的天然气的组分构成（%，体积分数）

名称	CH_4	C_2H_6	C_3H_8	C_4H_{10}	C_mH_n	H_2	N_2	CO_2	H_2S
气田天然气（四川）	97.20	0.70	0.20	—		0.10	0.70	1.0	0.10
油田天然气（四川）	88.59	6.06	2.02	1.54	0.06	0.07	1.46	0.2	—
大庆天然气	91.05	1.64	2.70	2.23	1.09	—	—	—	—

天然气资源非常丰富，已探明的可采储量达 $1.4×10^{14}m^3$，待探明的储量潜力仍然很大。

二、天然气的主要物化特性

天然气的主要物化特性见表 3-7。

表 3-7　天然气的主要物化特性

物化特性参数	数值	物化特性参数	数值
H/C 原子比	4	汽化热/$kJ·kg^{-1}$	510
密度（液相）/$kg·m^{-3}$	424	比热容（液体，沸点）/$kJ·kg^{-1}·K^{-1}$	3.87
密度①（气相）/$kg·m^{-3}$	0.715	比热容（气体，25℃）/$kJ·kg^{-1}·K^{-1}$	2.23
相对分子质量	16.043	气/液容积比（15℃）	624
理论空燃比（质量比）	17.25	混合气热值/$MJ·m^{-3}$	3.39
理论空燃比（体积比）	9.52	混合气热值/$MJ·kg^{-1}$	2.75
高热值/$MJ·kg^{-1}$	55.54	低热值（液态）/$MJ·L^{-1}$	21.22
低热值/$MJ·kg^{-1}$	50.05	辛烷值 RON	130
沸点/℃	-161.5	着火极限(体积分数)（%）	5～15
凝点/℃	-182.5	着火温度（常压下）/℃	537
临界温度/℃	-82.6	火焰传播速度/$cm·s^{-1}$	33.8
临界压力/MPa	4.62	火焰温度/℃	1918

① 标准状态下的密度。

三、天然气的特点

与其他燃料相比，天然气具有如下比较突出的特点。

(1) 着火界限宽　天然气与空气的混合气具有很宽的着火界限。其过量空气系数的变化范围为0.6~1.8,可在大范围内改变混合比提供不同成分的混合气。所以,使用天然气可以实现稀薄燃烧,能有效降低发动机在部分负荷时的能量消耗与排放污染。

（2）**与空气的理论混合气热值低**　虽然天然气的理论空燃比（质量比）和理论空燃比（体积比）都比汽油略高,但与空气的理论混合气热值却比汽油略低,只有3.39MJ/m³,比汽油低10%左右,这就使得天然气发动机的功率要比燃用汽油的发动机功率低一些。

（3）**火焰传播速度低**　天然气燃烧的火焰传播速度为33.8cm/s,比汽油的火焰传播速度稍慢。

（4）**点火能量高**　天然气着火温度为537℃,比汽油着火温度高得多,并且天然气的火焰传播速度比汽油低,所以,要想天然气能及时、迅速燃烧,必须有较高的点火能量。

（5）**抗爆性能好**　天然气的研究法辛烷值为130,比汽油高得多,其抗爆性能非常好。在这种情况下,为充分发挥其抗爆能力,可适当提高发动机的压缩比,进而可提高发动机的热效率,增大汽车的动力性。对燃用天然气的专用发动机,比较合理的压缩比为12。

（6）**密度小**　天然气的液相密度为424kg/m³,汽油密度为740kg/m³。天然气的密度低于汽油,使吸入发动机的新鲜空气质量减少,将导致发动机的输出功率降低。

（7）**排放污染小**　天然气的燃烧温度低,会降低NO_x的生成量;天然气常温常压下呈气态,与空气同相,所以形成的混合气均匀,燃烧完全,会减少CO、HC等的排放量;排放物中的HC成分多为甲烷,性质稳定,所以在大气中也不会形成光化学烟雾,避免造成进一步污染。

（8）**携带性较差**　天然气常温常压下为气体,携带不方便。为此对其进行液化,但需要较低的温度和较高的压力,其技术要求很高。

（9）**使用天然气可使发动机的磨损减小**　天然气燃料使燃烧室积炭少,且燃烧产物中不含液体燃料成分,对润滑油破坏小。

四、天然气燃料在汽车上的使用

1. 天然气的存在形式

作为车用燃料的替代品,天然气根据其存在形式分为压缩天然气（CNG）和液化天然气（LNG）两种。

（1）**压缩天然气**（CNG）　压缩天然气是将天然气经过脱水、脱硫净化处理后,经多级压缩至20MPa左右存储在气瓶中,使用时经减压器减压后供给发动机燃烧即可。

（2）**液化天然气**（LNG）　液化天然气是将天然气经过一定工艺,将其在-162℃左右变为液态,存储在高压气瓶中。

与压缩天然气相比,液化天然气工作压力降低,储气瓶体积减小,续驶里程延长。但它对低温储存技术要求较高。

2. 天然气汽车类型

根据天然气的储存形式,天然气汽车分为压缩天然气汽车和液化天然气汽车。

（1）**压缩天然气汽车**　目前国内外发展较快的是压缩天然气汽车。为保证压缩天然气的质量能满足汽车的使用需求,我国车用压缩天然气的技术指标见表3-8。

表 3-8 车用压缩天然气技术指标

项 目	技 术 指 标
高位发热量/MJ·m^{-3}	>31.4
总硫（以硫计）/mg·m^{-3}	≤200
硫化氢/mg·m^{-3}	≤15
二氧化碳(体积分数)（%）	≤3.0
氧气(体积分数)（%）	≤0.5
水露点/℃	在汽车驾驶的特定地理区域内，在高操作压力下，水露点不应高于-13℃；当最低气温低于-8℃，水露点应比最低气温低5℃

注：气体体积为在101.325kPa、20℃状态下的体积。

压缩天然气汽车按燃料供给系统不同又可分为专用压缩天然气汽车、压缩天然气与汽油两用燃料汽车、压缩天然气与柴油双燃料汽车等。

专用压缩天然气汽车以CNG作为唯一燃料，其发动机的燃料供给系统专为CNG燃料设计，能充分发挥CNG燃料的特点。

压缩天然气与汽油两用燃料汽车是根据现成汽油车改装而成。有两套燃料供给系统，一套为保留的原车供油系统，另一套为增加的CNG供给装置。发动机可以分别使用CNG和汽油作为燃料，两种燃料的转换利用选择开关实现。由于发动机结构未做改动，当使用天然气燃料时，往往不能充分发挥其优点，导致汽车功率下降。

压缩天然气与柴油双燃料汽车是根据现成柴油车改装而成。其燃料供给系统可根据发动机的运行工况按一定比例同时供给CNG和柴油两种燃料。其中，柴油只做引燃燃料，CNG是主要燃料。

（2）**液化天然气汽车** 由于液化天然气对储存技术要求较高，使得储存容器的成本高，这从一定程度上限制了液化天然气汽车的发展。但由于液化天然气在储存能量密度、汽车续驶里程、储存容器压力等方面均优于压缩天然气，能解决压缩天然气汽车所存在的一些问题。所以，液化天然气作为天然气的使用方式之一，是今后的重点发展方向。

3. 天然气汽车技术

天然气汽车技术是汽车用天然气储存、加注，以及合理运用等方面的技术，主要包括以下几方面。

（1）**加气站技术** 无论是压缩天然气还是液化天然气，它们向汽车上加注时，所需加气设备都比汽油、柴油等传统燃料的加注设备复杂一些，必须保证压缩天然气的压力和液化天然气的低温，这需要较高的技术水平。

（2）**发动机技术** 天然气燃料的性质不同于汽油、柴油，因此天然气发动机的结构也不同于汽油机和柴油机，应对其燃料混合、发动机燃烧室结构、点火系统等方面的独特之处进行研究与开发。

（3）**气瓶技术** 由于汽车具有的流动性，燃料必须时刻携带，携带天然气的气瓶如何保证储存压力和绝热能力，并尽量降低其制造成本，这需要较高技术水平。

第四节 液化石油气

液化石油气价格便宜，液化容易，储存和使用方便，其配套设施如加气站等的建设

第三章 车用替代燃料

费用也比较低,所以,液化石油气作为车用替代燃料,近年来发展较快。

一、液化石油气资源

我国液化石油气资源包括油田和石油炼厂两个方面。油田的液化石油气是在伴生气的处理过程中的轻烃产品,如大庆、胜利、中原等油田都有该产品。油田的液化石油气主要成分是丙烷和丁烷,其内不含烯烃,所以适于直接作车用燃料。石油炼厂的液化石油气是在石油的催化裂化和延迟焦化炼油过程产生的,其主要成分是丙烷、丙烯、丁烷和丁烯等。表3-9所示为我国几个石油炼厂液化石油气主要成分的体积分数。

表3-9 石油炼厂液化石油气主要成分的体积分数(%)

石油炼厂	C_3H_8	C_3H_6	C_4H_{10}	C_4H_8	$C_2H_6+C_2H_4$	其他
南京石油化工厂	18.17	23.06	29.04	26.45	1.28	2.0
大庆炼油厂	13.60	50.90	—	31.80	0.20	3.5
锦州石油六厂	8.50	24.50	23.90	33.40	1.30	8.4

由表中数据可知,石油炼厂的液化石油气内含有大量的烯烃,烯烃为不饱和烃,燃烧后结胶、积炭严重,所以这种产品不适于直接作车用燃料。

虽然液化石油气可从油田和石油炼厂等处获得,资源比较丰富,但由于它是石油开采和石油精制过程中的伴生物,所以它的来源受石油资源的限制,不能成为汽油、柴油的稳定替代能源。

二、液化石油气的主要物化特性

汽车用液化石油气的主要成分是丙烷和丁烷,它们的主要物化特性见表3-10。

表3-10 液化石油气的主要物化特性

物化特性参数	丙烷	丁烷	物化特性参数	丙烷	丁烷
H/C原子比	2.67	2.5	理论空燃比(质量比)	15.65	15.43
密度(液相)/$kg·m^{-3}$	528	602	理论空燃比(体积比)	23.81	30.95
密度①(气相)/$kg·m^{-3}$	2.02	2.598	高热值/$MJ·kg^{-1}$	50.38	49.56
相对分子质量	44.097	58.124	低热值/$MJ·kg^{-1}$	45.77	46.39
沸点/℃	−42.1	−0.5	混合气热值/$MJ·m^{-3}$	3.49	3.52
凝点/℃	−187.7	−138.4	混合气热值/$MJ·kg^{-1}$	2.79	2.79
临界温度/℃	96.7	152.0	低热值(液态)/$MJ·L^{-1}$	27.00	27.55
临界压力/MPa	4.25	3.8	辛烷值RON	111.5	95
汽化热/$kJ·kg^{-1}$	426	385	着火极限(体积分数)(%)	2.2~9.5	1.9~8.5
比热容(液体,沸点)/$kJ·kg^{-1}·K^{-1}$	2.48	2.36	着火温度(常压下)/℃	466	430
比热容(气体,25℃)/$kJ·kg^{-1}·K^{-1}$	1.67	1.68	火焰传播速度/$cm·s^{-1}$	38	37
气/液容积比(15℃)	273	236	火焰温度/℃	1970	1975

① 标准状态下的密度。

三、液化石油气的特点

液化石油气作为车用替代燃料，比较突出的特点有如下几方面：

(1) **抗爆性能高** 液化石油气的研究法辛烷值在100左右，比汽油的辛烷值高，所以液化石油气的抗爆能力强，用于发动机后，可适当提高发动机压缩比，增大发动机热效率。

(2) **排放污染小** 液化石油气常温常压下呈气态，与空气同相，混合均匀，燃烧得较完全且燃烧温度低，所以，排放物中CO、HC、NO_x等的排出量会大幅度减少。

(3) **火焰传播速度低** 液化石油气燃烧的火焰传播速度比汽油稍慢。

(4) **点火能量高** 液化石油气着火温度比汽油高，并且其火焰传播速度比汽油低，所以需要较高的点火能量。

(5) **与空气的理论混合气热值低** 虽然液化石油气的质量热值和体积热值都比汽油略高，但其与空气的理论混合气热值却比汽油略低，所以液化石油气发动机的功率要比汽油发动机功率低些。

(6) **便于携带** 液化石油气在690kPa左右就可以完全液化，压力比较低，因此，它几乎同汽油和柴油一样便于携带。

四、液化石油气在汽车上的使用

1. 对车用液化石油气的技术要求

为保证液化石油气的质量能满足汽车的使用需求，我国对车用液化石油气的技术要求见表3-11。

表3-11 车用液化石油气技术要求

项 目		质量指标		试验方法
		车用丙烷	车用丙丁烷混合物	
37.8℃蒸气压（表压）/kPa		≤1430	≤1430	按 GB/T 6602[①]
组分(体积分数) (%)	丙烷	—	≥60	按 SH/T 0230
	丁烷及以上组分	≤2.5	—	
	戊烷及以上组分	—	≤2	
	丙烯	≤5	≤5	
残留物	100ml 蒸发残留物/ml	≤0.05	≤0.05	按 SY/T 7509
	油渍观察	通过	通过	
密度（20℃或15℃）/kg·m^{-1}		实测	实测	按 SH/T 0231[②]
铜片腐蚀		不大于1级	不大于1级	按 SH/T 0232
总硫含量(体积分数) (×10^{-6})		≤123	≤123	按 SY/T 7508
游离水		无	无	目测

注：上述引用标准均应为现行有效标准。
① 蒸气压允许用 GB/T 12576 方法计算，但在仲裁时必须用 GB/T 6602 测定。
② 密度允许用 GB/T 12576 方法计算，但在仲裁时必须用 SH/T 0221 测定。

表 3-11 中的车用丙烷包括丙烷和少量丁烷,可作为低温条件下的车用燃料。车用丙丁烷混合物包括丙烷、丁烷和少量戊烷,可作为一般温度条件下的车用燃料。

2. 液化石油气汽车类型

液化石油气汽车按燃料供给系统不同可分为专用液化石油气汽车、液化石油气与汽油两用燃料汽车、液化石油气与柴油双燃料汽车等。

专用液化石油气汽车以 LPG 作为唯一燃料,其发动机的燃料供给系统专为 LPG 燃料设计,能充分发挥 LPG 燃料的特点,使用性能最佳。

液化石油气与汽油两用燃料汽车是根据现成汽油车改装而成。它有两套燃料供给系统,一套为保留的原车供油系统,另一套为增加的 LPG 供给装置。发动机可以分别使用 LPG 和汽油作为燃料,两种燃料的转换通过电磁阀实现。由于发动机结构改动较小,因此当使用液化石油气燃料时,往往不能充分发挥其优点,导致汽车性能不如专用液化石油气汽车。

液化石油气与柴油双燃料汽车是根据现成柴油车改装而成。同液化石油气与汽油两用燃料汽车一样,它也有两套燃料供给系统,一套为原柴油供给系统,另一套为增加的 LPG 供给装置。两套燃料供给系统可根据发动机的运行工况按一定比例同时供给 LPG 和柴油两种燃料。其中,柴油只作引燃燃料,LPG 是主要燃料。

第五节 氢 气

氢气作为内燃机的替代燃料,具有两个非常突出的特点:首先,氢气可用水来制取,并且氢气燃烧后又生成水,这种快速的资源循环,使得氢能源取之不尽、用之不竭,这决定了氢气将在未来可耗尽资源消耗殆尽时起主导作用;其次,氢气是非常理想的清洁燃料,燃烧生成水,无 CO_2、CO、HC、碳烟等污染物质。所以,目前世界上各国都纷纷投入大量人力、物力和财力从事这方面研究。

一、氢气资源

在自然状态下,大气中只含有极微量的氢气,因此,要想利用氢气必须依靠制取。制取氢气的资源很多,如煤、石油、天然气、水等,都可用来制取氢气。尤其是水,在地球上的储量极其丰富,约为 1.3×10^{12} t,并且可快速循环使用。所以,尽管氢气不像煤、石油、天然气等有较大的自然储量,但作为氢气来源的资源还是非常丰富的。这为氢气的广泛研究和使用提供了有力保障。

二、氢气的主要物化特性

氢气的主要物化特性见表 3-12。

表 3-12 氢气的主要物化特性

物化特性参数		数 值	物化特性参数	数 值
质量热值/MJ·kg^{-1}	高	141.8	理论燃空比（质量比）	0.02915
	低	120.1	理论空燃比（质量比）	34.38
摩尔热值/MJ·kmol^{-1}	高	285.8	空气中燃烧界限(体积分数)（%）	4.1~75
	低	242.1	极限过量空气系数	0.15~7.0
标态体积热值/MJ·m^{-3}	高	12.74	着火温度/℃	571
	低	10.80		
与空气理论混合气热值/MJ·m^{-3}		3.186	与空气燃烧理论比（体积分数）（%）[F/(A+F)]	29.5
理论混合气点火能量/J		3.18×10^{-5}	气态密度/kg·m^{-3}	0.08987
最小点火能量/J		1.34×10^{-5}	液态密度/kg·L^{-1}	0.071
空气中最大火焰速度/cm·s^{-1}		291	气态黏度/mPa·s	0.0202
最大火焰速度时温度/K		2380	汽化热/kJ·kmol^{-1}	90.4
最大火焰速度时当量比		1.7	沸点/℃	-253

三、氢气的特点

氢气作为燃料，有以下比较突出的特点：

(1) 着火界限宽 氢气在空气中燃烧的界限非常宽，为4.1%~75%，比汽油和柴油的着火界限大很多。所以，氢气可以实现稀薄燃烧，可以降低发动机在部分负荷时的能量消耗与排放污染。

(2) 点火能量低 氢气最小点火能量为1.34×10^{-5}J，比一般烃类低一个数量级以上。所以，氢气点火能量低，比汽油小得多，当掺入到汽油后，可降低汽油的点火能量，并改善汽油机的性能。

(3) 火焰传播速度高 氢气燃烧的火焰传播速度高达291cm/s，是汽油的7倍。说明氢气在汽油机中燃烧时的抗爆性能很好。

(4) 与空气的理论混合气热值低 虽然氢气的质量热值在所有的化学燃料里面是最大的，低热值为120.1MJ/kg，约为汽油的3倍。但由于氢气的相对分子质量小，质量轻，使得其标态体积低热值只有10.80MJ/m³，其与空气的理论混合气热值也只有3.186MJ/m³，比汽油低15%，发热量仅相当于汽油的85%，所以使得燃氢发动机的功率要比燃用汽油的发动机功率低15%。

(5) 自燃温度高 氢气的自燃温度比较高，为580℃，而柴油为350℃，这就决定了燃氢发动机难以压燃，比较适合于点燃。故而汽油机易于改为氢发动机，这就为将来氢气发动机的开发运用提供了一个有利的条件。

(6) 燃烧排污低 氢气是一种无色、无臭、无毒的干净燃料，同时也是一种无碳燃料，完全不产生汽油等烃类燃料燃烧时所排放的CO、CO_2、HC等化合物，燃烧只生成水和NO_x，并且NO_x的排放量也比目前的汽油机低得多，即使有一定的排放量，作为比较单一的排放物也非常容易控制。先进的氢燃料电池和催化氢技术，排放物中只有水，如果使用这些氢能开动车辆，则可以真正实现零排放。故而，氢气作为发动机动力有利于环境保护。

（7）提高发动机的热效率　氢气的自燃温度比较高，其辛烷值比异辛烷（辛烷值为100）高，其抗爆性高于汽油，因此，用氢气做燃料时，可以通过提高发动机压缩比来提高其热效率。并且氢气在空气中的火焰传播速度非常快，这也使得发动机的热效率有较大的提高。

（8）发动机的磨损量减小　氢气燃烧的产物比较单纯，使得它对发动机润滑油的污染比较小。同时，由于氢气的沸点比较低，仅为-253℃，在发动机上使用液氢发生汽化时，可较好地降低发动机的机体温度，使得发动机润滑油的高温氧化程度低，这些都有利于保证发动机的正常润滑，减小机械磨损。

四、氢气在发动机上的使用

氢气既可以单独作为内燃机燃料用于发动机，也可与汽油作为混合燃料用于发动机。

1. 氢气单独作为内燃机燃料

氢气单独作为内燃机燃料在发动机上使用时，其供氢方式有缸内直接供氢法、预燃室喷氢法、进气道间歇喷射-电磁控制法、进气道间歇喷射-进气门座工作面吸入法、进气管连续喷射-空气导流法和进气管连续喷射-混合器法等几种。

为提高发动机的功率，一般采用内部混合气形成的氢发动机，即缸内直接供氢法。这种缸内喷射的氢混合气的热值比汽油混合气高20%，比外部混合气形成的氢发动机的功率约高41%。在进气门关闭后，将氢直接喷入缸内形成混合气的喷射由于喷射压力的不同有低压喷射型和高压喷射型两种喷射形式。

（1）低压喷射型　低压喷射型的喷射压力比较低，约为1MPa。它是在发动机压缩行程的前半行程将氢喷入缸内。其优点是可提高发动机的功率，不发生回火现象。

（2）高压喷射型　高压喷射型的喷射压力比较高，须大于8MPa。它是在发动机压缩行程末上止点附近将氢喷入缸内。其优点是可增大发动机的压缩比，提高其热效率，且也不会发生回火、爆燃及早燃等现象。

但随着氢喷射压力的提高，对发动机的技术要求更高，如为保证喷射系统的密封性，必须采用非常精密的零件；为保证混合气燃烧充分，应使发动机燃烧室形状与氢喷束相适应等。

2. 氢与汽油混合作为燃料

目前，氢燃料在汽车上的使用多为氢与汽油混合作为燃料用于发动机。由于氢气具有点火能量低、火焰传播速度快、燃烧界限宽等特点，所以向汽油中掺入一部分氢气后，可使汽油发动机着火延迟期大大缩短，火焰传播速度加快，燃烧持续期缩短。再加上氢在燃烧时释放出OH、H、O等活性中心，可大大地加快燃烧速度，抑制爆燃。这样一来便可提高发动机的压缩比，从而提高热效率和改善汽油机的性能。

汽油掺氢后燃烧，也可以改善排放污染，如CO和NO_x等的排放率都会明显降低。

五、氢气的储存

氢气的储存常用金属氢化物、高压容器、液氢三种方式。

金属及合金的氢化物吸附氢就像海绵吸水一样，效率很高，但金属氢化物储氢方式的装置重量大，且氢压太低，使得氢很难直接喷入气缸。

高压容器是将氢压缩后存储其中，这种储氢方式能提供较高的压力，但高压容器储氢方式的装置重量也比较大，与金属氢化物储氢方式相当。

液氢是把氢气液化后存储在绝热容器中，这种储氢方式的装置重量轻，并且借助小型液氢泵还可获得 $8\sim10$ MPa 的高压，以满足高压喷射方式的需要。但这种储氢方式需使用绝热容器，价格昂贵，并且还容易发生蒸发泄漏等。

六、氢气的安全性

由于氢气的自燃温度高，若无明火，一般不会着火，使用比较安全；另外，氢气的密度比较小，质量轻，如在储存过程发生泄漏，也会很快扩散到空气中，不会发生爆炸或着火。因此氢气的使用安全性比较好。

但是，氢气在储存、使用过程中，也存有一定的危险，如泄漏能力强、易被高温炽热点点燃等。

七、氢气使用存在的问题

氢气作为内燃机替代燃料，在使用和推广应用过程中还存在一系列技术问题。

(1) 在汽车上安全方便的储运方法 因为液氢采用低温储运，其液化保温是技术难题，另外，还要避免氢气在储存过程中的蒸发损失等。

(2) 大量生产廉价氢气的方法 目前，如采用电解水制氢，其耗电费用甚至高于汽油价格。

(3) 氢气燃料的供给系统 由于氢气本身的物理和化学特性，以及燃烧特性，氢气燃料的供给系统需要专门的结构，以保证燃料的供应量。

但是，从长远和发展的观点来看，氢气是较有前途的替代燃料之一。

第四章 发动机润滑油

 学习提示:

通过本章学习,应该明确
- 发动机润滑油的作用和使用性能
- 发动机润滑油各使用性能的评价指标和评定试验方法
- 发动机润滑油的分类方法和种类
- 发动机润滑油的规格和理化性能
- 发动机润滑油的选用方法
- 发动机润滑油的质量和更换原则

发动机润滑油是润滑系统的液态工作介质。其主要作用是润滑、冷却、清洁、密封和防蚀。发动机润滑油是在温度变化大、压力高、活塞运动速度快等苛刻条件下工作的,极易变质,会导致发动机零件摩擦表面难以形成理想的润滑状态,最终产生异常的摩擦损伤。尤其在发动机压缩比、转速、功率等不断提高,以及发动机润滑油净化装置的采用,使发动机润滑油工作条件进一步恶化。为保证发动机润滑油发挥正常的功效,必须对发动机润滑油的使用性能提出必要的要求。而为使发动机润滑油能满足这些使用性能要求,必须再在其中添加各种添加剂,以提高其高温清净性、低温分散性、抗磨性、抗氧抗腐性和抗泡沫性等。

第一节 发动机润滑油的使用性能

对于发动机润滑油提出的具体要求主要包括以下几个方面:在工作期间必须能及时可靠地输送到各摩擦零件的表面;在各种不同的发动机润滑油工况下都能在摩擦面上形成足够牢固的油膜或其他形式的抗磨保护膜,从而减少摩擦和磨损;及时导出摩擦生成的热,使机件维持正常温度;可靠地密封发动机润滑油所有的间隙;从摩擦面带走磨屑和其他外来的机械杂质;本身不具有腐蚀性,并且能保护发动机润滑油零件不受外界腐蚀性介质的作用,以免发生腐蚀或腐蚀性磨损;在发动机润滑油零件表面形成的沉积物要少;理化性质稳定,在发动机润滑油工作过程中油的性质变化缓慢。发动机润滑油能否实现以上功能要求，主要取决于自身所具有的润滑性、低温操作性、黏温性、清净分散性、抗氧化性、抗腐性和抗泡性等。

一、润滑性

在各种润滑条件下，发动机润滑油降低摩擦、减缓磨损和防止其金属零部件在正常工作过程中烧结损坏的能力，称为发动机润滑油的润滑性。发动机润滑油的润滑性，取决于润滑油的黏度和化学性质，因为其黏度和化学性质对零件在不同润滑状态下的润滑作用有着本质的影响。

通过图 4-1 所示的斯萃贝克（Stribeck）曲线，可清楚地分析在不同润滑状态下，黏度、零件转速、运动副间隙和零件工作压力等因素，对摩擦因数 f 的综合影响。

一般情况下，摩擦因数 f 可表示为

$$f = 2\pi^2 \frac{D\eta n}{hp}$$

式中，D 为零件直径；η 为润滑油的黏度；h 为运动副间隙；n 为零件的转速；p 为零件承受的压力；$\frac{\eta n}{p}$ 为索莫范尔德（Sommerfeld）准数。

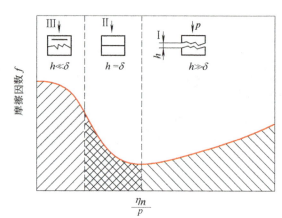

图 4-1 润滑油黏度对润滑状态影响的 Stribeck 曲线
h—运动副间隙 δ—运动副表面粗糙度

索莫范尔德准数考虑了发动机润滑油和发动机润滑油工况两方面因素对于摩擦因数的影响。在索莫范尔德准数中，唯一与润滑性能有关的润滑油自身因素为润滑油的黏度。

在图 4-1 中自左至右包括 3 种润滑状态，其中右侧的区域为液体润滑，油膜厚度 h 大于运动副表面粗糙度 δ 时，润滑油所具有的黏度是形成液体润滑状态的基本条件。发动机润滑油黏度与其流动时内摩擦力的大小密切相关，在液体润滑区域，摩擦因数随润滑油黏度降低而减小。

当油膜厚度 h 小于运动副表面粗糙度 δ 时，润滑性质为图中左侧区域所示边界润滑状态。此时起润滑作用的不再是润滑油的黏度，而是由润滑油所具有的油性和极压性两种化学性质所决定。油性是润滑油在金属摩擦表面上的吸附性。润滑油中极性分子定向排列吸附在金属摩擦表面上形成吸附膜，值得注意的是，这种吸附膜只能在中温、中速、中负荷，或更平和的摩擦情况下才能完成边界润滑任务。当高温、高压、高速时，油性吸附膜将从金属摩擦表面脱附，致使其承担的边界润滑功能失效，在此种苛刻的润滑条件下，边界润滑由润滑油的极压性来完成。极压性是润滑油在摩擦表面所具有的一种化学反应性质。当润滑油中加入含有硫、磷等元素的化合物添加剂时，高温下这些化合物将分解出硫、磷等元素，这些活性元素与摩擦表面金属形成化学反应膜，被称之为极压膜。极压膜的熔点和抗剪强度相比摩擦表面金属较低，在摩擦过程中能降低金属零件的摩擦和磨损，因抗剪强度较低极压膜易于在摩擦过程中脱离金属摩擦表面，但新的极压膜会在金属摩擦表面及时生成。

当润滑油黏度低到一定程度时，油膜厚度 h 降低到与运动副的表面粗糙度 δ 近似相等，即中间区域表征的状态，称为混合润滑状态，此时润滑油的黏度和化学性质对摩擦因数都有影响，使得摩擦因数处于相对较低的状态。

发动机润滑油黏度是评定润滑性的重要指标。但是，对于边界润滑，主要是油性剂和极压剂起作用，所以发动机润滑油的润滑性还必须通过相应的发动机润滑油试验来评定。

二、低温操作性

发动机润滑油保证发动机在低温条件下容易冷起动和可靠供给发动机润滑油的性能，称为发动机润滑油的低温操作性。发动机润滑油应具有良好的低温操作性。

由于发动机润滑油黏度随气温降低而增加，使得发动机随着起动温度的降低，转动曲轴的阻力矩就会随之增加，从而使曲轴转速下降，如图4-2所示，从而造成发动机起动困难。发动机润滑油黏度增加后，由于流动困难，使润滑油提供不足，进而造成零件磨损加剧。综上所述，发动机润滑油的低温操作性包括有利于低温起动和降低起动磨损两方面要求。

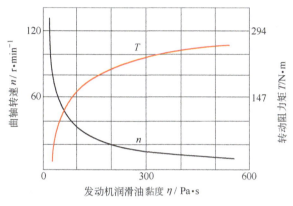

图4-2　曲轴转速 n 和转动阻力矩 T 与润滑油黏度关系

评定发动机润滑油低温操作性的主要指标是发动机润滑油的低温动力黏度、边界泵送温度和倾点等。

三、黏温性

温度对润滑油黏度有着明显的影响，温度升高黏度降低，温度降低黏度增大。润滑油的这种随着温度升降而改变其黏度的性质，称为润滑油的黏温性。发动机润滑油应具有良好的黏温性。良好的黏温性是指润滑油的黏度随温度的改变变化程度较小的特性。

发动机润滑油所接触到各润滑部位的工作温度变化差别很大。因此，就要求发动机润滑油在高温工作时，能保持一定的黏度，以形成足够厚度的油膜，确保良好的液体润滑效果，在低温工作时，黏度又不致变得太大，以维持一定的流动性，使发动机低温时容易起动和减小零件的磨损。

目前，在基础油中加入黏度指数改进剂是提高润滑油黏温性的普遍方法。用低黏度的基础油和黏度指数改进剂调配而成的润滑油，具有良好的黏温性，能同时满足低温和高温工作使用要求，这种发动机润滑油称为多黏度级发动机润滑油，俗称稠化机油。

评定发动机润滑油黏温性的指标是发动机润滑油的黏度指数。

四、清净分散性

发动机润滑油能抑制积炭、漆膜和油泥的生成，或将已经生成的这些沉积物冲入润滑油中予以清除的性能，称为发动机润滑油的清净分散性。发动机润滑油应具有良好的清净分散性。

积炭是覆盖在气缸盖、火花塞、喷油器、活塞顶等发动机的高温部位的固体炭状物质。它是由于燃料燃烧不完全，或是发动机润滑油窜入燃烧室在高温下分解产生的烟炱等物质在发动机高温部位上沉积而形成的。

漆膜是一种坚固且有光泽的漆状薄膜形物质，主要产生在活塞环区和活塞裙部。漆膜主要是燃料油或润滑油中的烃类组成物，在高温和金属的催化作用下，经氧化、聚合生成的胶质或沥青质高分子聚合物。

通过分析其生成机理可知，漆膜和积炭都属于高温沉积物。而一般说来，影响高温沉积物生成的因素，一方面是发动机的设计和操作条件；另一方面是燃料和发动机润滑油的性质。发动机具有废气增压系统，发动机冷却液和发动机润滑油温度高，燃料的馏分重，铅含量和硫含量大等，都是积炭和漆膜生成较多的促进因素。

发动机润滑油的重质馏分或添加剂的金属元素含量多，也会促进积炭和漆膜的生成。

油泥是一种比较稳定的油水乳状体与多种杂质的混合凝聚物。与积炭和漆膜比较，油泥属于低温沉积物。城市中行驶的汽车时停时开，发动机润滑油时常处于低温条件下运行，易在油底壳中产生油泥。

影响油泥生成的因素主要是发动机的操作不当，以及燃料和发动机润滑油的性质。

由于油泥是在较低温度下形成的，因此与影响积炭、漆膜生成的因素相反，冷却液和发动机润滑油温度越低越容易生成油泥。当处于时开时停或怠速状态时，发动机润滑油温度较低，燃烧后生成的水蒸气、CO、CO_2、NO_x、炭末以及燃料的重质馏分等落入油底壳，加速了发动机润滑油的氧化并使之乳化，生成不溶的油泥。如曲轴箱窜气量越多，越容易生成油泥。

发动机润滑油的基础油本身并不具备清净分散性，该性能通过在润滑油中加入清净剂和分散剂来实现。现代发动机润滑油的性能逐渐强化，工作条件也越加苛刻。从一定意义上说，发动机润滑油使用性能的高低，表现在清净剂和分散剂的性能和添加量上。

我国新的发动机润滑油分类中已废除了使用性能较低的发动机润滑油，发动机润滑油的清净分散性可以通过相应的发动机润滑油试验来测定。

五、抗氧化性

在一定的条件下，发动机润滑油抵抗氧化变质的能力，称为发动机润滑油的抗氧化性。发动机润滑油应具有良好的抗氧化性。

发动机润滑油在一定条件下会发生化学反应，如果发动机润滑油发生氧化反应，将使其颜色变深、黏度增加、酸性增大，并析出沉积物。发动机润滑油的氧化是发动机润滑油沉积物生成、发动机润滑油变质的前提，因此发动机润滑油的抗氧化性也是发动机润滑油的一个重要性质。该性质决定了发动机润滑油在使用中是否容易变质、对零件腐蚀和生成沉积物的倾向，它是决定发动机润滑油使用期限的重要因素。

发动机润滑油的氧化过程大体分为两个阶段：

(1) 轻度氧化 在这个阶段里，烃类化合物被氧化生成不同类别的酸性物质。

(2) 深度氧化 某些酸性产物再度缩合沉淀形成胶质和油焦质物质。

依据发动机润滑油发生氧化时，润滑油所处发动机润滑系统中的工作位置，发动机润滑油的氧化又可分为两种基本形式：

第四章　发动机润滑油

（1）厚油层氧化　油底壳中的发动机润滑油处在厚油层和低压低温的情况下，不具备深度氧化的条件，所以它的氧化反应属于轻度氧化，反应产物主要是各种酸性物质。

（2）薄油层氧化　在发动机润滑油的活塞与气缸壁部位，发动机润滑油处在薄油层，在高温、高压和有金属催化作用的影响下，发动机润滑油发生的氧化为深度氧化，反应生成的物质是胶质沉淀物。

发动机润滑油自身减缓其氧化变质过程的主要途径是选择合适的馏分、合理精制，在润滑油中添加抗氧化剂或抗氧抗腐剂。

发动机润滑油的抗氧化性可以通过相应的发动机润滑油试验来评定。

六、抗腐性

发动机润滑油抵抗腐蚀性物质对发动机金属零部件腐蚀的能力，称为发动机润滑油的抗腐性。发动机润滑油应具有良好的抗腐性。

发动机润滑油在使用过程中将不可避免地被氧化而生成各种有机酸，这些有机酸将对金属产生腐蚀作用。其腐蚀机理如下：金属与氧化产物（过氧化物）发生作用，生成金属氧化物，金属氧化物与有机酸反应生成金属盐。高速柴油机使用的滑动轴承，为铜铅或银镉轴承合金制成，其抗腐性相对较差，在发动机润滑油中即使只有微量的酸性物质也会引起严重腐蚀，使轴承表面易于产生腐蚀现象，甚至使轴承滑动接触表面金属产生大面积剥落。

提高发动机润滑油抗腐性的主要途径是加深发动机润滑油的精制程度，减小其酸值。同时要在润滑油中添加适量的抗氧抗腐剂。

评定发动机润滑油抗腐性的指标是中和值或酸值，可以通过相应的发动机润滑油试验测定。

七、抗泡性

发动机润滑油抑制并消除其泡沫的性质，称为发动机润滑油的抗泡性。发动机润滑油应具有良好的抗泡性。

当油底壳中的发动机润滑油受到激烈搅动时，势必会有空气混入油中，因此就会在润滑油中产生泡沫。发动机润滑油中产生泡沫是一种不良现象，如果不将泡沫及时消除，将会在润滑系统中产生气阻，导致润滑油供应不足等故障。

评定发动机润滑油抗泡性的指标为生成泡沫倾向和泡沫稳定性两项。

第二节　发动机润滑油使用性能的评定试验

发动机润滑油使用性能的评定，包括发动机润滑油使用性能的评定指标，以及发动机润滑油使用性能的评定试验两部分内容。

一、发动机润滑油使用性能的评定指标

1. 低温动力黏度

任何液体当其一部分相对于另一部分发生相对运动时都要产生内部阻力，这种阻力是

液体分子或其他微粒间摩擦的结果。黏度就是液体流动时内摩擦力的度量指标。

黏度的基本表示方法分为绝对黏度和相对黏度,其中绝对黏度又可分为动力黏度和运动黏度。动力黏度表示液体在一定切应力作用下流动时产生的内摩擦力,而运动黏度则表示液体在重力作用下流动时产生的内摩擦力。相对黏度又称为条件黏度,指工业上的某种液体通过各种特定仪器计量的黏度。

在任何切应力和剪切速度下都显示出恒定黏度的液体,称为牛顿液体。通常所讲的黏度是指牛顿液体的黏度,其具体含义是作用于液体上的切应力与剪切速率之比。其黏度在一定温度下为常数,如图 4-3a 所示,不随油层间的剪切速率而变化。

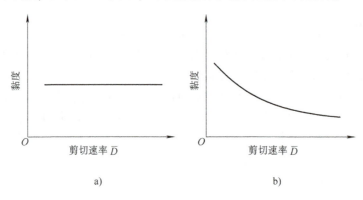

图 4-3 液体低温动力黏度与液体剪切速率的关系
a)牛顿液体 b)非牛顿液体

低温动力黏度也称为表观黏度,它是对非牛顿液体流动时内摩擦特征的描述。发动机润滑油在低温下的黏度并不具有与温度成比例的变化关系,它在很大程度上与剪切速率有关,不同的剪切速率下的黏度不为常数,如图 4-3b 所示,即在同一温度下,剪切速率不同,黏度也不同,有这种黏度特性的液体,称为非牛顿液体。

低温动力黏度是划分冬用发动机润滑油黏度级号的依据之一。

发动机润滑油低温动力黏度的测定标准是 GB/T 6538—2010《发动机油表观黏度的测定 冷起动模拟机法》。

2. 边界泵送温度

能将发动机润滑油连续和充分地供给发动机润滑系统机油泵入口的最低温度,称为边界泵送温度。它是衡量在起动阶段发动机润滑油是否易于流到机油泵入口并提供足够压力的性能指标。边界泵送温度也是划分冬用发动机润滑油黏度级号的依据之一。

发动机润滑油边界泵送温度的测定标准是 GB/T 9171—1988《发动机油边界泵送温度测定法》。

3. 倾点

在规定冷却条件下试验时,某种润滑油能够流动的最低温度,称为该油品的倾点。在相同试验条件下,同一润滑油的凝点比倾点略低。现行发动机润滑油规格中,均采用倾点作为评定发动机润滑油低温操作性的指标之一。

倾点的测定标准是 GB/T 3535—2006《石油产品倾点测定法》。

4. 黏度指数

在一定的试验条件下，将某种发动机润滑油的黏温性与标准润滑油的黏温性进行比较所得出的相对数值，称为黏度指数。黏度指数一般缩写成 VI（Viscosity Index）。

黏度指数的概念可用如图4-4所示试验曲线作以具体说明。

将某种发动机润滑油，与在100℃同其黏度相同、但黏温性截然不同（高标准油 VI = 100，低标准油 VI = 0）的两种标准润滑油进行对比试验，比较其在40℃时运动黏度坐标值，与两种标准润滑油运动黏度坐标值的相对位置，被测试的润滑油在40℃时的运动黏度越接近高标准油，则黏度指数越高。

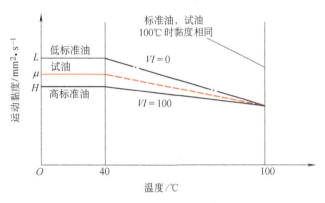

图4-4　黏度指数试验曲线

对于黏度指数小于100的润滑油，黏度指数的计算公式为

$$VI = \frac{L - \mu}{L - H} \times 100$$

式中，VI 为黏度指数；L 为黏度指数为0的低标准油在40℃的运动黏度值（该种油在100℃时的运动黏度与试油相同）；μ 为试油在40℃时的运动黏度值；H 为黏度指数为100的高标准油在40℃时的运动黏度值（该种油在100℃时的运动黏度与试油相同）。

黏度指数可根据 GB/T 1995—1998《石油产品黏度指数计算法》或 GB/T 2541—1981《石油产品黏度指数计算表》计算。

5. 中和值和酸值

中和值或酸值是评定发动机润滑油抗腐性的指标。中和1g试验用某种润滑油中含有的酸性或碱性组分所需的碱量，称为中和值。单位用 mgKOH/g 表示。

中和值表示发动机润滑油在使用期间，经过一定的氧化作用以后，酸、碱值的相对变化。酸值是中和1g试验用某种润滑油中的酸所需氢氧化钾的 mg 数，单位用 mgKOH/g 表示。碱值是中和1g试验用某种润滑油中含有的碱性组分所需的酸量，换算为相当的碱量。中和值的测定标准是 GB/T 7304—2014《石油产品酸值的测定　电位滴定法》。

6. 残炭

油品在试验条件下，受热蒸发或燃烧后残余的炭渣，称为残炭。

根据残炭量的大小，可以大致判断发动机润滑油在发动机中工作时结炭的倾向。一般深度精制的基础油，残炭量小。发动机润滑油中，含氧、硫或氧化物较多时，残炭量也增大。发动机润滑油中添加有灰型清净剂和分散剂后，残炭量增大，在发动机润滑油规格中是限制加入添加剂前的残炭。

残炭的测定标准是 GB/T 268—1987《石油产品残炭测定法（康氏法）》。残炭测定按加热方法不同分为康氏残炭测定法和兰氏残炭测定法。康氏残炭测定法用喷灯加热；兰氏残炭测定法用高温电炉加热。

7. 硫酸盐灰分

润滑油在进行硫酸盐灰分试验过程时，燃烧以后灰化之前加入少量的浓硫酸，使产生的金属化合物成为硫酸盐，这样的灰分称为硫酸盐灰分。

硫酸盐灰分的测定标准是 GB/T 2433—2001《添加剂和含添加剂润滑油硫酸盐灰分测定法》。

8. 泡沫性

泡沫性指油品生成泡沫的倾向和生成泡沫的稳定性能。泡沫性的表示与其测定方法有关，泡沫性测定方法是在 1000mL 量筒中注入试油 190mL，以（94±5）mL/min 的流量用特制的气体扩散头将空气通入被测试的油品中，经过 5min 后记下量筒中泡沫的体积，即为泡沫倾向，量筒静止 5min 后，再记下泡沫体积，即为泡沫稳定性。试验温度为 24℃、93.5℃再冷却到达 24℃后重做一次。泡沫性用分数形式表示，分子是泡沫倾向，分母是泡沫稳定性。

泡沫性的测定标准是 GB/T 12579—2002《润滑油泡沫特性测定法》。

二、发动机润滑油使用性能的评定试验

发动机润滑油试验要求是保证发动机润滑油使用性能的重要手段，所以也是发动机润滑油规格的主要内容之一。

发动机润滑油试验评定采用标准的单缸或多缸发动机。符合某一使用性能级别的发动机润滑油必须通过该级别规定的发动机试验评定项目。近年来随着发动机润滑油新产品不断出现，还将有相应的新试验方法出台，因此发动机润滑油试验方法在不断发展。

目前，国际上广泛采用的发动机润滑油使用性能的发动机试验方法，主要是美国有关组织设立的两个系列，其一是美国研究协调委员会（CRC）采用的 L 系列；另一个是以美国材料试验协会（ASTM）和美国石油协会（API）为中心制定的 MS 程序试验系列。另外，英国的皮特（Petter）法在国际上的影响在逐步扩大。根据这些试验方法，我国已制定了相应的标准。

1. L 系列试验方法

L 系列发动机润滑油试验方法是美国研究协调委员会在卡特彼勒（Caterpillar）发动机润滑油使用性能试验方法的基础上发展起来的。最初包括 L-1、L-2 至 L-5 等系列试验方法，目前只保留了 L-1 系列柴油机试验和 L-4 系列汽油发动机试验，而且这两个系列的试验方法还在不断演变。

L-1 系列试验方法相继演变为 1D、1G2 和 1H2 试验方法。该系列试验方法主要用来评价 CC、CD 级柴油发动机润滑油和 SD/CC、SE/CC、SF/CD 汽油/柴油发动机通用润滑油的高温清净性和抗磨性。

L-4 系列试验方法相继演变为 L-38 试验方法。主要用来评定 SC、SE、SF、CC、CD 级发动机润滑油和 SD/CC、SE/CC、SF/CC 汽油/柴油发动机通用润滑油的抗高温氧化和抗轴瓦腐蚀性能。

2. MS 程序试验方法

MS 程序试验法是 1958 年为评定发动机润滑油 API 旧分类中的 MS 级发动机润滑油而

第四章 发动机润滑油

制定的试验方法。当初是按Ⅰ、Ⅱ、Ⅲ、Ⅳ和Ⅴ等5个程序，以不同目的在多缸试验机上进行。随着发动机润滑油使用性能级别的提高，各程序的试验规范也在不断修改，以Ⅰ、Ⅱ、Ⅲ、Ⅳ、Ⅴ每个程序后面注A、B、C、D、…来表示。目前，评定SE、SF级汽油发动机润滑油和SE/CC、SF/CD汽油发动机/柴油发动机通用润滑油，均采用ⅡD、ⅢD、ⅤD等试验方法。ⅡD法的试验目的是评定发动机润滑油的低温防锈蚀性能，ⅢD法是为了评定发动机润滑油的抗高温氧化和抗腐蚀性能，ⅤD法是为了评定发动机润滑油的防低温沉积物的性能，为评定SG汽油发动机润滑油，MS程序试验已发展为ⅡE、ⅢE、ⅤE等试验方法。

3. 皮特（Petter）试验方法

在美国的发动机润滑油试验方法基础上，欧洲共同市场汽车制造商委员会（CCMC）发展了皮特（Petter）试验方法，具体分为皮特W-1法和皮特AVB法。目前，在我国发动机润滑油规格中，多采用皮特AVB法，用来评定CC、CD、SC、SD、SE、SF级发动机润滑油和SD/CC、SE/CC、SF/CD汽油/柴油发动机通用润滑油的抗高温氧化和抗轴瓦腐蚀性能。

4. 我国的试验方法

为发展和评价高使用性能级别的发动机润滑油，我国从20世纪80年代末开始逐步完善发动机润滑油试验评定方法。目前，相当于国际的L-1系列和L-4系列，MS程序试验，皮特试验方法等发动机润滑油评定试验的技术标准，见表4-1。

表4-1 我国发动机润滑油的发动机润滑油试验标准

国际方法	我国技术标准
L-1 系列方法	GB/T 9932—1988（卡特彼勒1H2法） GB/T 9933—1988（卡特彼勒1G2法） SH/T 0265—1992（卡特彼勒1G2法）
MS 试验方法	SH/T 0512—1992 汽油发动机润滑油低温锈蚀评定法（MS程序ⅡD法） SH/T 0513—1992 汽油发动机润滑油高温氧化和磨损评定法（MS程序ⅢD法） SH/T 0514—1992 汽油发动机润滑油低温沉积物评定法（MS程序ⅤD法） SH/T 0515—1992EQC 汽油发动机润滑油性能评定法（MS程序Ⅱ、Ⅲ、ⅤD法） SH/T 0516—1992EQD 汽油发动机润滑油性能评定法（MS程序Ⅱ、Ⅲ、ⅤD法）
皮特 试验方法	SH/T 0264—1992 发动机润滑油高温氧化和轴瓦腐蚀试验评定法（皮特W-1法） SH/T 0263—1992 发动机润滑油高温氧化和轴瓦腐蚀试验评定法（皮特AVB法）

第三节 发动机润滑油的分类与规格

发动机润滑油是在以精制的矿物油、合成油为基础油，加入金属清净剂、无灰分散剂、抗氧抗腐剂、黏度指数改进剂、降凝剂、抗泡剂、缓蚀剂等各类添加剂而制成的，其品种、规格是按照基础油的性能和各种添加剂所含的数量来划分。目前，美国润滑油的API性能分类法和SAE黏度分类法已被世界各国所公认和广泛采用，我国也参照这两种润滑油的分类方法制定了GB/T 28772—2012《内燃机油分类》和GB/T 14906—1994《内燃机油黏度分类》两项国家标准，相应制定了我国内燃机润滑油的质量分类法和黏度分类法。

因此发动机润滑油的分类，应该包括国外发动机润滑油和我国发动机润滑油两个不同的分类体系。但其均以发动机润滑油的黏度和使用性能作为分类基本要素，即发动机润滑油分类包括按黏度分类和按使用性能分类两个方面。

一、国外发动机润滑油的分类

国际上广泛采用美国汽车工程师协会（SAE）的黏度分类法和美国石油协会（API）的使用性能分类法。上述分类方法与汽车发动机润滑油各发展阶段的结构、性能和使用要求有着紧密的联系。

1. 国外发动机润滑油的 SAE 黏度分类

1911年，美国汽车工程师协会（Society of Automotive Engineers，简称 SAE）制定了发动机润滑油黏度分类法，中间曾几次修改，目前执行的是 SAE J300—2015《发动机润滑油黏度分类》，见表4-2。本标准采用含字母 W 和不含字母 W 两组系列黏度等级号划分，前者以最大低温黏度、最高边界泵送温度和100℃时的最小运动黏度划分，后者仅以100℃时的运动黏度划分。冬用的发动机润滑油黏度等级以6个含 W 的低温黏度级号（0W、5W、10W、15W、20W 和 25W）表示；根据润滑油100℃运动黏度对春、夏、秋季用油进行分类，分为 8、12、16、20、30、40、50 和 60 八个牌号。

表4-2 美国汽车工程师学会（SAE）发动机油黏度等级分类（SAE J300—2015）

SAE 黏度等级	低温黏度/mPa·s		高温黏度		
	低温起动最大黏度	边界泵送温度下的最大黏度	100℃、低剪切率下的运动黏度/mm^2·s^{-1}		150℃、高剪切率下黏度/mPa·s
			最小	最大	最小
0W	6250（-35℃）	60 000（-40℃）	3.8		
5W	6600（-30℃）	60 000（-35℃）	3.8		
10W	7000（-25℃）	60 000（-30℃）	4.1		
15W	7000（-20℃）	60 000（-25℃）	5.6		
20W	9500（-15℃）	60 000（-20℃）	5.6		
25W	13000（-10℃）	60 000（-15℃）	9.3		
8			4.0	6.1	1.7
12			5.0	7.1	2.0
16			6.1	8.2	2.3
20			6.9	<9.3	2.6
30			9.3	<12.5	2.9
40			12.5	<16.3	2.9（0W/40，5W/40，10W/40）
40			12.5	<16.3	3.7（15W/40，20W/40，25W/40）
50			16.3	<21.9	3.7
60			21.9	<26.1	3.7
试验方法	ASTM D5293	ASTM D4684	ASTM D455		ASTM D4683 ASTM D4741 CEC-L-36-A-90

按美国汽车工程师协会（SAE）的黏度分类体系，发动机润滑油还有单黏度级和多黏度级（稠化机油）之分。只能满足低温或高温一种黏度级别要求的发动机润滑油，称为单黏度级发动机润滑油。既能满足低温工作时黏度级别要求，又能满足高温工作时黏度级别要求的发动机润滑油，称为多黏度级发动机润滑油，其级号由低温黏度级号与高温黏度级号组合来表示。多级油是在一些经黏度指数改进剂调配，具有多黏度等级的内燃润滑油，这种润滑油低温黏度小，100℃运动黏度较高。目前多级油主要有5W/20、5W/30、10W/30、15W/40、20W/40等牌号，牌号标记的分子5W、10W、15W、20W等表示低温黏度等级，牌号标记的分母20、30、40等表示100℃时的运动黏度等级。例如5W/30，其含义是一种多黏度级发动机润滑油，这种油在低温使用时符合SAE 5W黏度级；在高温使用时符合100℃时运动黏度SAE 30黏度级。可见多级油可以四季通用。

2. 国外发动机润滑油API使用性能分类

发动机润滑油的使用性能分类，是根据发动机润滑油在发动机润滑油试验评定中所表现的抗磨性、清净分散性和抗氧化腐蚀性等确定的。

发动机润滑油API使用性能分类始于1947年，当时只将发动机润滑油分为普通、优质和重负荷3个级别。

1952年的API使用性能分类，将汽油发动机润滑油分为ML、MM和MS（相当于以后新分类的SA、SC或SD）等3个级别，将柴油发动机润滑油分为DC、DM和DS（相当于以后新分类的CA或CC和CD）等3个级别。

1970年美国石油协会（American Petroleum Institute，简称API）、美国汽车工程师协会（SAE）和美国材料试验协会（American Society for Testing and Materials，简称ASTM），共同提出了发动机润滑油的使用性能必须通过规定的发动机试验来确定，即API使用性能分类法。该分类将汽油发动机润滑油规定为S系列（Service Station Classification，即加油站分类）；将柴油发动机润滑油规定为C系列（Commercial Classification，即工商业分类）。在S系列中又细分为SA、SB、SC、SD、SE、SF、SG、SH、SJ、SL、SM和SN等级别，在C系列中又细分为CA、CB、CC、CD、CD-Ⅱ、CE、CF-4、CG-4、CI-4和CJ-4等级别。其宗旨是按发动机润滑油强化程度和工作条件的苛刻程度来划分发动机润滑油的等级，以保证润滑油的使用性能。API使用性能分类法以后将随着发动机技术和发动机润滑油技术的发展，循序渐进地增加新级别的油品。

二、我国发动机润滑油的分类

依据国外发动机润滑油的分类原则，我国发动机润滑油的分类，也包括按黏度分类和按使用性能分类两个系列。

1. 按黏度分类

我国发动机润滑油的级别过去是按发动机润滑油在100℃时运动黏度数值大小来区分确定的，如汽油发动机润滑油有8、11、14、18等牌号。目前我国发动机润滑油黏度分类是参照美国汽车工程师协会SAE J300—1987《发动机润滑油黏度分类》的标准确定，表4-3所示为国产发动机润滑油的黏度等级分类。该分类标准包括含字母"W"和不含字母"W"两组黏度等级系列，含字母"W"等级系列与低温起动有关，着重于发动机润滑油的最低泵送温度及低于0℃时的黏度，不含字母"W"等级系列则只表示在100℃时的运动黏度，以及高温剪切黏度。

由于分类只标出低温黏度范围的上限，故此"W"级别低的润滑油能符合任何"W"级别较高的润滑油的黏度要求，即"10W"润滑油可满足"15W"、"20W"或"25W"润滑油的黏度要求。

表4-3 我国发动机润滑油的黏度分类（GB/T 14906—1994）

SAE 黏度等级	低温动力黏度/ mPa·s 不大于	边界泵送温度 /℃ 不高于	100℃运动黏度/ $mm^2 \cdot s^{-1}$		高温高剪切黏度/ mPa·s（150℃，$10^6 s^{-1}$） 不低于
			不低于	不高于	
0W	3250（-30℃）	-40	3.8	—	—
5W	3500（-25℃）	-35	3.8	—	—
10W	3500（-20℃）	-30	4.1	—	—
15W	3500（-15℃）	-25	5.6	—	—
20W	4500（-10℃）	-20	5.6	—	—
25W	6000（-5℃）	-15	9.3	—	—
20	—	—	5.6	9.3	2.6
30	—	—	9.3	12.5	3.9
40	—	—	12.5	16.3	2.9（1）
40	—	—	12.5	16.3	3.7（2）
50	—	—	16.3	21.9	3.7
60	—	—	21.9	26.1	3.7

我国发动机润滑油也有单级油和多级油之分。任何一种具有牛顿液体性质的润滑油标为单级油。一些经过添加黏度指数改进剂调配后的发动机润滑油，具有非牛顿液体性质的多黏度等级特征，应标注适当的多黏度等级。一个多黏度级发动机润滑油，其低温黏度和边界泵送温度满足系列中一个W级的需要，同时100℃运动黏度属于系列中的一个非W级分类规定的黏度范围，即含W的低温黏度级和100℃运动黏度级，并且两黏度级号之差至少等于15。例如，一个多级油可标为10W/30或20W/40，不可标为10W/20或20W/20。某一油品可能同时符合多个W级，所标记的含W级号或多黏度等级号只取最低W级号。例如，一个多级油同时符合10W、15W、20W、25W和30级号，黏度牌号只能标为10W/30。

2. 按使用性能分类

GB/T 28772—2012《内燃机油分类》是我国参考美国SAE J183—1991《发动机润滑油性能及发动机油使用分类》标准而制定的。该标准规定了汽车用及813道路用内燃机润滑油（汽油机油、柴油机油和农用柴油机油）的代号说明及详细分类，该标准不适用于铁路内燃机车柴油机油和船用柴油机油的分类。

四冲程发动机润滑油的详细分类是根据产品特性、使用场合和使用对象确定的。汽油发动机润滑油第一个字母用S表示，具体分类见表4-4。柴油发动机润滑油第一个字母用C表示，具体分类见表4-5。

第四章 发动机润滑油

表 4-4　我国汽油发动机润滑油详细分类

品种代号	特性与使用场合
SA（废止）	用于运行条件非常温和的老式发动机，该油品不含添加剂，对使用性能无特殊要求
SB（废止）	用于缓和条件下工作的货车、客车或其他汽油机，也可用于要求使用 API SB 级油的汽油机。仅具有抗擦伤、抗氧化和抗轴承腐蚀性能
SC（废止）	用于货车、客车或其他汽油机以及要求使用 API SC 级油的汽油机，可控制汽油机高低温沉积物及磨损、锈蚀和腐蚀
SD（废止）	用于货车、客车和某些轿车的汽油机以及要求使用 API SD、SC 级油的汽油机。此种油品控制汽油机高低温沉积物及磨损、锈蚀和腐蚀的性能优于 SC
SE	用于轿车和某些货车的汽油机以及要求使用 API SE、SD 级油的汽油机。此种油品的抗氧化及控制汽油机高温沉积物、锈蚀和腐蚀的性能优于 SD 或 SC
SF	用于轿车和某些货车的汽油机以及要求使用 API SF、SE 级油的汽油机。此种油品的抗氧化性和抗磨损性优于 SE，同时还具有控制汽油机沉积物、锈蚀和腐蚀的性能，并可代替 SE
SG	用于轿车、货车和轻型卡车的汽油机以及要求使用 API SG 级油的汽油机。SG 级质量还包括 CC 或 CD 的使用性能。此种油品改进了 SF 级油控制发动机沉积物、磨损和油的氧化性能，同时还具有抗锈蚀和腐蚀的性能，并可代替 SF、SF/CD、SE 或 SE/CC
SH、GF-1	用于轿车、货车和轻型卡车的汽油机以及要求使用 API SH 级油的汽油机。此种油品在控制发动机沉积物、油的氧化、磨损、锈蚀和腐蚀等方面的性能优于 SG，并可代替 SG GF-1 与 SH 相比，增加了对燃料经济性的要求
SJ、GF-2	用于轿车、运动型多用途汽车、货车和轻型卡车的汽油机以及要求使用 API SJ 级油的汽油机。此种油品在挥发性、过滤性、高温泡沫性和高温沉积物控制等方面的性能优于 SH。可代替 SH，并可在 SH 以前的"S"系列等级中使用 GF-2 与 SJ 相比，增加了对燃料经济性的要求，GF-2 可代替 GF-1
SL、GF-3	用于轿车、运动型多用途汽车、货车和轻型卡车的汽油机以及要求使用 API SL 级油的汽油机。此种油品在挥发性、过滤性、高温泡沫性和高温沉积物控制等方面的性能优于 SJ。可代替 SJ，并可在 SJ 以前的"S"系列等级中使用 GF-3 与 SL 相比，增加了对燃料经济性的要求，GF-3 可代替 GF-2
SM、GF-4	用于轿车、运动型多用途汽车、货车和轻型卡车的汽油机以及要求使用 API SM 级油的汽油机。此种油品在高温氧化和清净性能、高温磨损性能以及高温沉积物控制等方面的性能优于 SL。可代替 SL，并可在 SL 以前的"S"系列等级中使用 GF-4 与 SM 相比，增加了对燃料经济性的要求，GF-4 可代替 GF-3
SN、GF-5	用于轿车、运动型多用途汽车、货车和轻型卡车的汽油机以及要求使用 API SN 级油的汽油机。此种油品在高温氧化和清净性能、低温油泥以及高温沉积物控制等方面的性能优于 SM。可代替 SM，并可在 SM 以前的"S"系列等级中使用 对于资源节约型 SN 油品，除具有上述性能外，强调燃料经济性、对排放系统和涡轮增压器的保护以及与含乙醇最高达 85% 的燃料的兼容性能 GF-5 与资源节约型 SN 相比，性能基本一致，GF-5 可代替 GF-4

表 4-5　我国柴油发动机润滑油详细分类

品种代号	特性与使用场合
CA（废止）	用于使用优质燃料、在轻到中负荷下运行的柴油机以及要求使用 API CA 级油的发动机。有时也用于运行条件温和的汽油机。具有一定的高温清净性和抗氧抗腐性
CB（废止）	用于燃料质量较低、在轻到中负荷下运行的柴油机以及要求使用 API CB 级油的发动机。有时也用于运行条件温和的汽油机。具有控制发动机高温沉积物和轴承腐蚀的性能

（续）

品种代号	特性与使用场合
CC	用于中负荷及重负荷下运行的自然吸气、涡轮增压和机械增压式柴油机以及一些重负荷汽油机。对于柴油机具有控制高温沉积物和轴瓦腐蚀的性能，对于汽油机具有控制锈蚀、腐蚀和高温沉积物的性能
CD-Ⅱ（废止）	用于要求高效控制磨损和沉积物的重负荷二冲程柴油机以及要求使用 API CD-Ⅱ级滑油的发动机，同时也满足 CD 级油性能要求
CD	用于需要高效控制磨损及沉积物或使用包括高硫燃料自然吸气、涡轮增压和机械增压式柴油机以及要求使用 API CD 级油的柴油机。具有控制轴承腐蚀和高温沉积物的性能，并可代替 CC
CE（废止）	用于在低速高负荷和高速高负荷条件下运行的低增压和增压式重负荷柴油机以及要求使用 API CE 级油的发动机，同时也满足 CD 级油的性能要求
CF	用于非道路间接喷射式柴油发动机和其他柴油发动机，也可用于需有效控制活塞沉积物、磨损和含铜轴瓦腐蚀的自然吸气、涡轮增压和机械增压式柴油机。能够使用硫的质量分数大于 0.5% 的高硫柴油燃料，并可代替 CD
CF-2	用于需高效控制气缸、环表面胶合和沉积物的二冲程柴油发动机，并可代替 CD-Ⅱ
CF-4	用于高速、四冲程柴油发动机以及要求使用 API CF-4 级油的柴油机，特别适用于高速公路行驶的重负荷卡车。此种油品在机油消耗和活塞沉积物控制等方面的性能优于 CE，并可代替 CE、CD 和 CC
CG-4	用于可在高速公路和非道路使用的高速、四冲程柴油发动机。能够使用硫的质量分数小于 0.05% 的柴油燃料。此种油品可有效控制高温活塞沉积物、磨损、腐蚀、泡沫、氧化和烟炱的累积，并可代替 CF-4、CE、CD 和 CC
CH-4	用于高速、四冲程柴油发动机。能够使用硫的质量分数不大于 0.5% 的柴油燃料。即使在不利的应用场合，此种油品可凭借其在磨损控制、高温稳定性和烟炱控制等方面的特性有效地保持发动机的耐久性；对于非铁金属的腐蚀、氧化和不溶物的增稠、泡沫性以及由于剪切所造成的黏度损失可提供最佳的保护。其性能优于 CG-4，并可代替 CG-4、CF-4、CE、CD 和 CC
CI-4	用于高速、四冲程柴油发动机。能够使用硫的质量分数不大于 0.5% 的柴油燃料。此种油品在装有废气再循环装置的系统里使用可保持发动机的耐久性。对于腐蚀性和与烟炱有关的磨损倾向、活塞沉积物、以及由于烟炱累积所引起的黏温性变差、氧化增稠、机油消耗、泡沫性、密封材料的适应性降低和由于剪切所造成的黏度损失可提供最佳的保护。其性能优于 CH-4，并可代替 CH-4、CG-4、CF-4、CE、CD 和 CC
CJ-4	用于高速、四冲程柴油发动机。能够使用硫的质量分数不大于 0.05% 的柴油燃料。对于使用废气后处理系统的发动机，如使用硫的质量分数大于 0.0015% 的柴油，可能会影响废气后处理系统的耐久性和（或）机油的换油期。此种油品在装有微粒过滤器和其他后处理系统里使用可特别有效地保持排放控制系统的耐久性。对于催化剂中毒的控制、微粒过滤器的堵塞、发动机磨损、活塞沉积物、高低温稳定性、烟炱处理特性、氧化增稠、泡沫性和由于剪切所造成的黏度损失可提供最佳的保护。其性能优于 CI-4，并可代替 CI-4、CH-4、CG-4、CF-4、CE、CD 和 CC

发动机润滑油的命名和标记，应包括使用性能级别代号和黏度级别代号两部分。

例如，一个确定的汽油发动机润滑油产品可命名为 SE 30；一个确定的柴油发动机润滑油产品可命名为 CC 10W/30；一个确定的汽油/柴油发动机通用润滑油产品可命名为 SJ/CF-4 15W/40 或 CF-4/SJ 15W/40，前者表示其配方首先满足 SJ 汽油机油要求，后者表示其配方首先满足 CF-4 柴油机油要求，两者均需同时符合标准中 SJ 汽油机油和 CF-4 柴油机油的全部质量指标。

三、发动机润滑油的规格

在我国现行的有关标准 GB 11121—2006《汽油机油》中，规定了 SE、SF、SG、SH、

GF-1、SJ、GF-2、SL、GF-3 等 9 个级别的汽油发动机油的规格。GB 11122—2006《柴油机油》中，规定了 CC、CD、CF、CF-4、CH-4、CI-4 等 6 个级别的柴油机油规格。

1. 汽油发动机润滑油的规格

（1）汽油发动机润滑油使用性能级别及其黏度等级　　GB 11121—2006《汽油机油》中，规定了汽油机润滑油黏温性能要求，见表4-6 和表4-7。

表4-6　SE、SF 汽油机润滑油黏温性能要求

项　　目		低温动力黏度/mPa·s 不大于	边界泵送温度/℃ 不大于	运动黏度（100℃）/(mm²/s)	黏度指数 不小于	倾点/℃ 不高于
试验方法		GB/T 6538	GB/T 9171	GB/T 265	GB/T 1995、GB/T 2541	GB/T 3535
质量等级	黏度等级	—				—
SE、SF	0W-20	3250（-30℃）	-35	5.6～9.3		-40
	0W-30	3250（-30℃）	-35	9.3～12.5		
	5W-20	3500（-25℃）	-30	5.6～9.3		-35
	5W-30	3500（-25℃）	-30	9.3～12.5		
	5W-40	3500（-25℃）	-30	12.5～16.3		
	5W-50	3500（-25℃）	-30	16.3～21.9		
	10W-30	3500（-20℃）	-25	9.3～12.5		-30
	10W-40	3500（-20℃）	-25	12.5～16.3		
	10W-50	3500（-20℃）	-25	16.3～21.9		
	15W-30	3500（-15℃）	-20	9.3～12.5		-23
	15W-40	3500（-15℃）	-20	12.5～16.3		
	15W-50	3500（-15℃）	-20	16.3～21.9		
	20W-40	4500（-10℃）	-15	12.5～16.3		-18
	20W-50	4500（-10℃）	-15	16.3～21.9		
	30	—	—	9.3～12.5	75	-15
	40	—	—	12.5～16.3	80	-10
	50	—	—	16.3～21.9	80	-5

表4-7　SG、SH、GF-1、SJ、GF-2、SL、GF-3 汽油机润滑油黏温性能要求

项　　目		低温动力黏度/mPa·s 不大于	低温泵送黏度/mPa·s 在无屈服应力时，不大于	运动黏度（100℃）/(mm²/s)	高温高剪切黏度（150℃，10⁶s⁻¹）/mPa·s 不小于	黏度指数 不小于	倾点/℃ 不高于
试验方法		GB/T 6538	SH/T 0562	GB/T 265	SH/T 0618[③]、SH/T 0703、SH/T 0751	GB/T 1995、GB/T 2541	GB/T 3535
质量等级	黏度等级	—	—				
SG、SH、GF-1[①]、SJ、GF-2[②]、SL、GF-3	0W-20	6200（-35℃）	60000（-40℃）	5.6～<9.3	2.6	—	-40
	0W-30	6200（-35℃）	60000（-40℃）	9.3～<12.5	2.9		
	5W-20	6600（-30℃）	60000（-35℃）	5.6～<9.3	2.6		-35
	5W-30	6600（-30℃）	60000（-35℃）	9.3～<12.5	2.9		
	5W-40	6600（-30℃）	60000（-35℃）	12.5～<16.3	2.9		
	5W-50	6600（-30℃）	60000（-35℃）	16.3～<21.9	3.7		

123

（续）

项　目		低温动力黏度 /mPa·s 不大于	低温泵送黏度 /mPa·s 在无屈服应力时，不大于	运动黏度（100℃）/(mm²/s)	高温高剪切黏度（150℃，$10^6 s^{-1}$）/mPa·s 不小于	黏度指数 不小于	倾点/℃ 不高于
SG、SH、GF-1①、SJ、GF-2②、SL、GF-3	10W-30	7000（-25℃）	60000（-30℃）	9.3～<12.5	2.9	—	-30
	10W-40	7000（-25℃）	60000（-30℃）	12.5～<16.3	2.9	—	
	10W-50	7000（-25℃）	60000（-30℃）	16.3～<21.9	3.7	—	
	15W-30	7000（-20℃）	60000（-25℃）	9.3～<12.5	2.9	—	-25
	15W-40	7000（-20℃）	60000（-25℃）	12.5～<16.3	3.7	—	
	15W-50	7000（-20℃）	60000（-25℃）	16.3～<21.9	3.7	—	
	20W-40	9500（-15℃）	60000（-20℃）	12.5～<16.3	3.7	—	-20
	20W-50	9500（-15℃）	60000（-20℃）	16.3～<21.9	3.7	—	
	30	—	—	9.3～<12.5		75	-15
	40	—	—	12.5～<16.3		80	-10
	50	—	—	16.3～<21.9		80	-5

① 10W黏度等级低温动力黏度和低温泵送黏度的试验温度均升高5℃，指标分别为：不大于3500mPa·s和30000mPa·s。

② 10W黏度等级低温动力黏度的试验温度升高5℃，指标为：不大于3500mPa·s。

③ 为仲裁方法。

（2）汽油发动机润滑油技术要求 汽油发动机润滑油的技术要求，包括理化性能要求和发动机试验要求两个方面。

根据国家现行有关标准GB 11121—2006的规定，表4-8和表4-9分别列出了SE、SF、SG、SH、GF-1、SJ、GF-2、SL、GF-3等汽油发动机润滑油产品的模拟性能和理化性能要求，表4-10分别列出了SE、SF、SG、SH、GF-1、SJ、GF-2、SL、GF-3等汽油发动机润滑油产品的发动机试验要求。

2. 柴油发动机润滑油的规格

（1）柴油发动机润滑油使用性能级别及其黏度等级 GB 11122—2006《柴油机油》中规定了CC、CD、CF、CF-4、CH-4、CI-4等柴油发动机润滑油的使用性能级别及其黏度等级，详见表4-11和表4-12。

（2）柴油发动机润滑油技术要求 同样，柴油发动机润滑油的技术要求，包括理化性能要求和发动机试验要求两个方面。

根据国家现行有关标准GB 11122—2006的规定，表4-13和表4-14分别列出了CC、CD、CF、CF-4、CH-4、CI-4等柴油发动机润滑油产品的理化性能要求和使用性能要求。

3. 汽油机/柴油机通用润滑油的规格

通用内燃机油可根据需要在GB 11121—2006《汽油机油》所属9个汽油机油品种和GB 11122—2006《柴油机油》所属6个柴油机油品种中进行组合。任何一个通用内燃机油都应同时满足其汽油机油品种和柴油机油品种的所有指标要求。

第四章 发动机润滑油

表 4-8 汽油机润滑油模拟性能和理化性能要求

项　　目	SE	SF	SG	SH	GF-1	SJ	GF-2	SL、GF-3	试验方法
水分(体积分数)（%） 不大于					痕　迹				GB/T 260
泡沫性（泡沫倾向/泡沫稳定性）/(mL/mL)									GB/T 12579[①]
24℃　　　　不大于	25/0		10/0			10/0		10/0	
93.5℃　　 不大于	150/0		50/0			50/0		50/0	
后24℃　　 不大于	25/0		10/0			10/0		10/0	
150℃　　　不大于	—		报告			200/50		100/0	SH/T 0722[②]
蒸发损失[③]（质量分数）（%） 不大于		5W-30	10W-30	15W-40	0W和5W	所有其他多级油	0W-20、5W-20、5W-30、10W-30	所有其他多级油	
诺亚克法（250℃，1h）或气相色谱法（371℃馏出量）	—	25	20	18	25	20	22	20	22	15	SH/T 0059
方法1	—	20	17	15	20	17	—	—	—	SH/T 0558
方法2							17	15	17	15	SH/T 0695
方法3	—						17	15	17	10	ASTM D6417
过滤性（%）　不大于					5W-30 10W-30	15W-40				
EOFT 流量减少	—				50	无要求	50	50	50	50	ASTM D6795
EOWTT 流量减少										
用0.6%H$_2$O	—				—	—	—	报告	—	50	ASTM D6794
用1.0%H$_2$O	—				—	—	—	报告	—	50	
用2.0%H$_2$O	—				—	—	—	报告	—	50	
用3.0%H$_2$O	—				—	—	—	报告	—	50	
均匀性和混合性	—				与SAE参比油混合均匀					ASTM D6922
高温沉积物/mg　不大于										
TEOST	—				—	60	60	—	SH/T 0750
TEOST MHT	—				—	—	—	45	ASTM D7097
凝胶指数　不大于	—				—	12	无要求	12[④]	12[④]	SH/T 0732
机械杂质（质量分数）（%）　不大于					0.01				GB/T 511
闪点（开口）/℃（黏度等级）　不低于					200（0W、5W多级油）；205（10W多级油）；215（15W、20W多级油）；220（30）；225（40）；230（50）				GB/T 3536

125

(续)

项　目	质量指标								试验方法
	SE	SF	SG	SH	GF-1	SJ	GF-2	SL GF-3	
磷(质量分数)(%) 不大于	见表4-9		0.12[5]		0.12	0.10[6]	0.10	0.10[7]	GB/T 17476[8]、SH/T 0296、SH/T 0631、SH/T 0749

[1] 对于SG、SH、GF-1、SJ、GF-2、SL和GF-3，需首先进行步骤A（GB 11121—2006）试验。
[2] 为1min后测定稳定体积。对于SL和GF-3可根据需要确定是否首先进行步骤A（GB 11121—2006）试验。
[3] 对于SF、SG和SH，除规定了指标的5W/30、10W/30和15W/40之外的所有其他多级油均为"报告"。
[4] 对于GF-2和GF-3，凝胶指数试验是从-5℃开始降温直到黏度达到40000mPa·s（40000cP）时的温度或温度达到-40℃时试验结束，任何一个结果先出现即视为试验结束。
[5] 仅适用于5W-30和10W-30黏度等级。
[6] 仅适用于0W-20、5W-20、5W-30和10W-30黏度等级。
[7] 仅适用于0W-20、5W-20、0W-30、5W-30和10W-30黏度等级。
[8] 仲裁方法。

表4-9　汽油机润滑油理化性能要求

项　目	质量指标		试验方法
	SE、SF	SG、SH、GF-1、SJ、GF-2、SL、GF-3	
碱值[1]（以KOH计）/mg·g^{-1}	报告		SH/T 0251
硫酸盐灰分[1]（质量分数）（%）	报告		GB/T 2433
硫[1]（质量分数）（%）	报告		GB/T 387、GB/T 388、GB/T 11140、GB/T 17040、GB/T 17476、SH/T 0172、SH/T 0631、SH/T 0749
磷[1]（质量分数）（%）	报告	见表4-8	GB/T 17476、SH/T 0296、SH/T 0631、SH/T 0749
氮[1]（质量分数）（%）	报告		GB/T 9170、SH/T 0656、SH/T 0704

[1] 生产者在每批产品出厂时要向使用者或经销者报告该项目的实测值，有争议时以发动机台架试验结果为准。

表4-10　汽油机润滑油发动机试验要求

质量等级	项　目	质量指标	试验方法
SE	L-38发动机试验 　轴瓦失重[1]/mg　　　　　　不大于 　剪切安定性[2] 　100℃运动黏度/mm^2·s^{-1}	40 在本等级油黏度范围之内 （适用于多级油）	SH/T 0265 SH/T 0265 GB/T 265
	程序ⅡD发动机试验 　发动机锈蚀平均评分　　　不小于 　挺杆黏结数	8.5 无	SH/T 0512

第四章 发动机润滑油

（续）

质量等级	项　　目		质量指标	试验方法
SE	程序ⅢD发动机试验 　黏度增长（40℃,40h）(%)　　不大于 　发动机平均评分（64h） 　　发动机油泥平均评分　　　　不小于 　　活塞裙部漆膜平均评分　　　不小于 　　油环台沉积物平均评分　　　不小于 　　环黏结 　　挺杆黏结 　擦伤和磨损（64h） 　　凸轮或挺杆擦伤 　　凸轮加挺杆磨损/mm 　　　平均值　　　　　　　　　不大于 　　　最大值　　　　　　　　　不大于		375 9.2 9.1 4.0 无 无 无 0.102 0.254	SH/T 0513 SH/T 0783
	程序ⅤD发动机试验 　发动机油泥平均评分　　　　　不小于 　活塞裙部漆膜平均评分　　　　不小于 　发动机漆膜平均评分　　　　　不小于 　机油滤网堵塞（%）　　　　　　不大于 　油环堵塞（%）　　　　　　　　不大于 　压缩环黏结 　凸轮磨损/mm 　　平均值 　　最大值		9.2 6.4 6.3 10.0 10.0 无 报告 报告	SH/T 0514 SH/T 0672
SF	L-38发动机试验 　轴瓦失重①/mg　　　　　　　　不大于 　剪切安定性② 　　100℃运动黏度/mm²·s⁻¹		40 在本等级油黏度范围之内 （适用于多级油）	SH/T 0265 SH/T 0265 GB/T 265
	程序ⅡD发动机试验 　发动机锈蚀平均评分　　　　　不小于 　挺杆黏结数		8.5 无	SH/T 0512
	程序ⅢD发动机试验（64h） 　黏度增长（40℃）(%)　　　　　不大于 　发动机平均评分 　　发动机油泥平均评分　　　　不小于 　　活塞裙部漆膜平均评分　　　不小于 　　油环台沉积物平均评分　　　不小于 　　环黏结 　　挺杆黏结 　擦伤和磨损 　　凸轮或挺杆擦伤 　　凸轮加挺杆磨损/mm 　　　平均值　　　　　　　　　不大于 　　　最大值　　　　　　　　　不大于		375 9.2 9.2 4.8 无 无 无 0.102 0.203	SH/T 0513 SH/T 0783

注：表中轴瓦失重①和剪切安定性②为L-38发动机试验项目。

127

（续）

质量等级	项　　目		质量指标	试验方法
SF	程序ⅤD 发动机试验			SH/T 0514
	发动机油泥平均评分	不小于	9.4	SH/T 0672
	活塞裙部漆膜平均评分	不小于	6.7	
	发动机漆膜平均评分	不小于	6.6	
	机油滤网堵塞（%）	不大于	7.5	
	油环堵塞（%）	不大于	10.0	
	压缩环黏结		无	
	凸轮磨损/mm			
	平均值	不大于	0.025	
	最大值	不大于	0.064	
SG	L-38 发动机试验			SH/T 0265
	轴瓦失重/mg	不大于	40	
	活塞裙部漆膜评分	不大于	9.0	
	剪切安定性，运转10h后的运动黏度		在本等级油黏度范围之内（适用于多级油）	SH/T 0265 GB/T 265
	程序ⅡD 发动机试验			SH/T 0512
	发动机锈蚀平均评分	不小于	8.5	
	挺杆黏结数		无	
	程序ⅢE 发动机试验			SH/T 0758
	黏度增长（40℃，375%）/h	不小于	64	
	发动机油泥平均评分	不小于	9.2	
	活塞裙部漆膜平均评分	不小于	8.9	
	油环台沉积物平均评分	不小于	3.5	
	环黏结（与油相关）		无	
	挺杆黏结		无	
	擦伤和磨损（64h）			
	凸轮或挺杆擦伤		无	
	凸轮加挺杆磨损/mm			
	平均值	不大于	0.030	
	最大值	不大于	0.064	
	程序ⅤE 发动机试验			SH/T 0759
	发动机油泥平均评分	不小于	9.0	
	摇臂罩油泥评分	不小于	7.0	
	活塞裙部漆膜平均评分	不小于	6.5	
	发动机漆膜平均评分	不小于	5.0	
	机油滤网堵塞（%）	不大于	20.0	
	油环堵塞（%）		报告	
	压缩环黏结（热黏结）		无	
	凸轮磨损/mm			
	平均值	不大于	0.130	
	最大值	不大于	0.380	

第四章　发动机润滑油

（续）

质量等级	项　　目		质量指标	试验方法
SH	L-38 发动机试验			SH/T 0265
	轴瓦失重/mg	不大于	40	
	剪切安定性，运转 10h 后的运动黏度		在本等级油黏度范围之内	SH/T 0265
			（适用于多级油）	GB/T 265
	或			
	程序Ⅷ发动机试验			ASTM D6709
	轴瓦失重/mg	不大于	26.4	
	剪切安定性，运转 10h 后的运动黏度		在本等级油黏度范围之内	
			（适用于多级油）	
	程序ⅡD 发动机试验			SH/T 0512
	发动机锈蚀平均评分	不小于	8.5	
	挺杆黏结数		无	
	或			
	球锈蚀试验			SH/T 0763
	平均灰度值/分	不小于	100	
	程序ⅢE 发动机试验			SH/T 0758
	黏度增长（40℃，375%）/h	不小于	64	
	发动机油泥平均评分	不小于	9.2	
	活塞裙部漆膜平均评分	不小于	8.9	
	油环台沉积物平均评分	不小于	3.5	
	环黏结（与油相关）		无	
	挺杆黏结		无	
	擦伤和磨损（64h）		无	
	凸轮或挺杆擦伤			
	凸轮加挺杆磨损/mm			
	平均值	不大于	0.030	
	最大值	不大于	0.064	
	或			
	程序ⅢF 发动机试验			ASTM D6984
	运动黏度增长（40℃，60h）(%)	不大于	325	
	活塞裙部漆膜平均评分	不小于	8.5	
	活塞沉积物评分	不小于	3.2	
	凸轮加挺杆磨损/mm	不大于	0.020	
	热黏环		无	
	程序ⅤE 发动机试验			SH/T 0759
	发动机油泥平均评分	不小于	9.0	
	摇臂罩油泥评分	不小于	7.0	
	活塞裙部漆膜平均评分	不小于	6.5	
	发动机漆膜平均评分	不小于	5.0	
	机油滤网堵塞（%）	不大于	20.0	
	油环堵塞（%）		报告	
	压缩环黏结（热黏结）		无	

（续）

质量等级	项目		质量指标	试验方法
SH	凸轮磨损/mm			
	平均值	不大于	0.127	
	最大值	不大于	0.380	
	或			
	程序ⅣA 阀系磨损试验			ASTM D6891
	平均凸轮磨损/mm	不大于	0.120	
	加：程序ⅤG 发动机试验			ASTM D6593
	发动机油泥平均评分	不小于	7.8	
	摇臂罩油泥评分	不小于	8.0	
	活塞裙部漆膜平均评分	不小于	7.5	
	发动机漆膜平均评分	不小于	8.9	
	机油滤网堵塞（%）	不大于	20.0	
	压缩环热黏结		无	
GF-1	L-38 发动机试验			SH/T 0265
	轴瓦失重/mg	不大于	40	
	活塞裙部漆膜评分	不小于	9.0	
	剪切安定性，运转10h后的运动黏度		在本等级油黏度范围之内 （适用于多级油）	SH/T 0265 GB/T 265
	程序ⅡD 发动机试验			SH/T 0512
	发动机锈蚀平均评分	不小于	8.5	
	挺杆黏结数		无	
	程序ⅢE 发动机试验			SH/T 0758
	黏度增长（40℃，64h）（%）	不大于	375	
	发动机油泥平均评分	不小于	9.2	
	活塞裙部漆膜平均评分	不小于	8.9	
	油环台沉积物平均评分	不小于	3.5	
	环黏结（与油相关）		无	
	挺杆黏结		无	
	擦伤和磨损			
	凸轮或挺杆擦伤		无	
	凸轮加挺杆磨损/mm			
	平均值	不大于	0.030	
	最大值	不大于	0.064	
	油耗/L	不大于	5.1	
	程序ⅤE 发动机试验			SH/T 0759
	发动机油泥平均评分	不小于	9.0	
	摇臂罩油泥评分	不小于	7.0	
	活塞裙部漆膜平均评分	不小于	6.5	
	发动机漆膜平均评分	不小于	5.0	
	机油滤网堵塞（%）	不大于	20.0	
	油环堵塞（%）		报告	

第四章　发动机润滑油

（续）

质量等级	项　目		质　量　指　标	试　验　方　法
GF-1	压缩环黏结（热黏结）		无	
	凸轮磨损/mm			
	平均值	不大于	0.130	
	最大值	不大于	0.380	
	程序Ⅵ发动机试验			SH/T 0757
	燃料经济性改进评价（%）	不小于	2.7	
SJ	L-38发动机试验			SH/T 0265
	轴瓦失重/mg	不大于	40	
	剪切安定性，运转10h后的运动黏度		在本等级油黏度范围之内	SH/T 0265
			（适用于多级油）	GB/T 265
	或			
	程序Ⅷ发动机试验			ASTM D6709
	轴瓦失重/mg	不大于	26.4	
	剪切安定性，运转10h后的运动黏度		在本等级油黏度范围之内	
			（适用于多级油）	
	程序ⅡD发动机试验			SH/T 0512
	发动机锈蚀平均评分	不小于	8.5	
	挺杆黏结数		无	
	或			
	球锈蚀试验			SH/T 0763
	平均灰度值/分	不小于	100	
	程序ⅢE发动机试验			SH/T 0758
	黏度增长（40℃，375%）/h	不小于	64	
	发动机油泥平均评分	不小于	9.2	
	活塞裙部漆膜平均评分	不小于	8.9	
	油环台沉积物平均评分	不小于	3.5	
	环黏结（与油相关）		无	
	挺杆黏结		无	
	擦伤和磨损（64h）			
	凸轮或挺杆擦伤		无	
	凸轮加挺杆磨损/mm			
	平均值	不大于	0.030	
	最大值	不大于	0.064	
	或			
	程序ⅢF发动机试验			ASTM D6984
	运动黏度增长（40℃，60h）(%)	不大于	325	
	活塞裙部漆膜平均评分	不小于	8.5	
	活塞沉积物评分	不小于	3.2	
	凸轮加挺杆磨损/mm	不大于	0.020	
	热黏环		无	

（续）

质量等级	项　目		质量指标	试验方法
SJ	程序 ⅤE 发动机试验			SH/T 0759
	发动机油泥平均评分	不小于	9.0	
	摇臂罩油泥评分	不小于	7.0	
	活塞裙部漆膜平均评分	不小于	6.5	
	发动机漆膜平均评分	不小于	5.0	
	机油滤网堵塞（％）	不大于	20.0	
	油环堵塞（％）		报告	
	压缩环黏结（热黏结）		无	
	凸轮磨损/mm			
	平均值	不大于	0.127	
	最大值	不大于	0.380	
	或			
	程序 ⅣA 阀系磨损试验			ASTM D6891
	平均凸轮磨损/mm	不大于	0.120	
	加			
	程序 ⅤG 发动机试验			ASTM D6593
	发动机油泥平均评分	不小于	7.8	
	摇臂罩油泥评分	不小于	8.0	
	活塞裙部漆膜平均评分	不小于	7.5	
	发动机漆膜平均评分	不小于	8.9	
	机油滤网堵塞（％）	不大于	20.0	
	压缩环热黏结		无	
	L-38 发动机试验			SH/T 0265
	轴瓦失重/mg	不大于	40	
	剪切安定性，运转 10h 后的运动黏度		在本等级油黏度范围之内（适用于多级油）	SH/T 0265 GB/T 265
	程序 ⅡD 发动机试验			SH/T 0512
	发动机锈蚀平均评分	不小于	8.5	
	挺杆黏结数		无	
GF-2	程序 ⅢE 发动机试验			SH/T 0758
	黏度增长（40℃，375％）/h	不小于	64	
	发动机油泥平均评分	不小于	9.2	
	活塞裙部漆膜平均评分	不小于	8.9	
	油环台沉积物平均评分	不小于	3.5	
	环黏结（与油相关）		无	
	凸轮加挺杆磨损/mm			
	平均值	不大于	0.030	
	最大值	不大于	0.064	
	油耗/L	不大于	5.1	

(续)

质量等级	项目		质量指标	试验方法
GF-2	程序ⅤE发动机试验			SH/T 0759
	发动机油泥平均评分	不小于	9.0	
	摇臂罩油泥评分	不小于	7.0	
	活塞裙部漆膜平均评分	不小于	6.5	
	发动机漆膜平均评分	不小于	5.0	
	机油滤网堵塞（%）	不大于	20.0	
	油环堵塞（%）		报告	
	压缩环黏结（热黏结）		无	
	凸轮磨损/mm			
	平均值	不大于	0.127	
	最大值	不大于	0.380	
	活塞内腔顶部沉积物		报告	
	油环台沉积物		报告	
	气缸筒磨损		报告	
	程序ⅥA发动机试验			ASTM D6202
	燃料经济性改进评价（%）	不小于		
	0W-20和5W-20		1.4	
	其他0W-×× 和5W-××		1.1	
	10W-××		0.5	
	程序Ⅷ发动机试验			ASTM D6709
	轴瓦失重/mg	不大于	26.4	
	剪切安定性，运转10h后的运动黏度		在本等级油黏度范围之内（适用于多级油）	
SL	球锈蚀试验			SH/T 0763
	平均灰度值/分	不小于	100	
	程序ⅢF发动机试验			ASTM D6984
	运动黏度增长（40℃，80h）（%）	不大于	275	
	活塞裙部漆膜平均评分	不小于	9.0	
	活塞沉积物评分	不小于	4.0	
	凸轮加挺杆磨损/mm	不大于	0.020	
	热黏环		无	
	低温黏度性能[3]		报告	GB/T 6538 SH/T 0562
	程序ⅤE发动机试验			SH/T 0759
	平均凸轮磨损/mm	不大于	0.127	
	最大凸轮磨损/mm	不大于	0.380	
	程序ⅣA阀系磨损试验			ASTM D6891
	平均凸轮磨损/mm	不大于	0.120	

（续）

质量等级	项目		质量指标	试验方法
SL	程序ⅤG 发动机试验			ASTM D6593
	发动机油泥平均评分	不小于	7.8	
	摇臂罩油泥评分	不小于	8.0	
	活塞裙部漆膜平均评分	不小于	7.5	
	发动机漆膜平均评分	不小于	8.9	
	机油滤网堵塞（%）	不大于	20.0	
	压缩环热黏结		无	
	环的冷黏结		报告	
	机油滤网残渣（%）		报告	
	油环堵塞（%）		报告	
GF-3	程序Ⅷ发动机试验			ASTM D6709
	轴瓦失重/mg	不大于	26.4	
	剪切安定性，运转10h后的运动黏度		在本等级油黏度范围之内（适用于多级油）	
	球锈蚀试验			SH/T 0763
	平均灰度值/分	不小于	100	
	程序ⅢF 发动机试验			ASTM D6984
	运动黏度增长（40℃，80h）（%）	不大于	275	
	活塞裙部漆膜平均评分	不小于	9.0	
	活塞沉积物评分	不小于	4.0	
	凸轮加挺杆磨损/mm	不大于	0.020	
	热黏环		不允许	
	油耗/L	不大于	5.2	
	低温黏度性能[③]		报告	GB/T 6538 SH/T 0562
	程序ⅤE 发动机试验			SH/T 0759
	平均凸轮磨损/mm	不大于	0.127	
	最大凸轮磨损/mm	不大于	0.380	
	程序ⅣA 阀系磨损试验			ASTM D6891
	平均凸轮磨损/mm	不大于	0.120	
	程序ⅤG 发动机试验			ASTM D6593
	发动机油泥平均评分	不小于	7.8	
	摇臂罩油泥评分	不小于	8.0	
	活塞裙部漆膜平均评分	不小于	7.5	
	发动机漆膜平均评分	不小于	8.9	
	机油滤网堵塞（%）	不大于	20.0	
	压缩环热黏结		无	
	环的冷黏结		报告	
	机油滤网残渣（%）		报告	
	油环堵塞（%）		报告	

第四章　发动机润滑油

(续)

质量等级	项　目	质量指标			试验方法
GF-3	程序ⅥB发动机试验	0W-20 5W-20	0W-30 5W-30	10W-30 和其他多级油	ASTM D6837
	16h老化后燃料经济性改进评价，FEI 1 (%)　　　　　　　　　　　　不小于	2.0	1.6	0.9	
	96h老化后燃料经济性改进评价，FEI 2 (%)　　　　　　　　　　　　不小于	1.7	1.3	0.6	
	FEI 1 + FEI 2 (%)　　　　　　不小于	—	3.0	1.6	

注：1. 对于一个确定的汽油机油配方，不可随意更换基础油，也不可随意进行黏度等级的延伸。在基础油必须变更时，应按照 API 1509 附录 E "轿车发动机油和柴油机油 API 基础油互换准则"进行相关的试验，并保留试验结果备查；在进行黏度等级延伸时，应按照 API 1509 附录 F "SAE 黏度等级发动机试验的 API 导则"进行相关的试验，并保留试验结果备查。
　　2. 发动机台架试验的相关说明参见 ASTM D4485 "S 发动机油类别"中的脚注。
① 亦可用 SH/T 0264 方法评定，指标为轴瓦失重不大于 25mg。
② 按 SH/T 0265 方法运转 10h 后取样，采用 GB/T 265 方法测定 100℃运动黏度，在用 SH/T 0264 方法评定轴瓦腐蚀时，剪切安定性用 SH/T 0505 方法测定，指标不变。如有争议以 SH/T 0265 和 GB/T 265 方法为准。
③ 根据油品低温等级所指定的温度，使用试验方法 GB/T 6538 和 SH/T 0562 测定 80h 试验后的油样。

表 4-11　CC、CD 柴油机润滑油黏温性能要求

项　目		低温动力黏度 /(mPa·s) 不大于	边界泵送温度/℃ 不高于	运动黏度 (100℃)/ (mm²/s)	高温高剪切黏度 (150℃，$10^6 s^{-1}$) /(mPa·s) 不小于	黏度指数 不小于	倾点/℃ 不高于
试验方法		GB/T 6538	GB/T 9171	GB/T 265	SH/T 0618②、 SH/T 0703、 SH/T 0751	GB/T 1995、 GB/T 2541	GB/T 3535
质量等级	黏度等级	—	—	—	—		
CC①、CD	0W-20	3250 (-30℃)	-35	5.6 ~ <9.3	2.6	—	-40
	0W-30	3250 (-30℃)	-35	9.3 ~ <12.5	2.9		
	0W-40	3250 (-30℃)	-35	12.5 ~ <16.3	2.9		
	5W-20	3500 (-25℃)	-30	5.6 ~ <9.3	2.6		-35
	5W-30	3500 (-25℃)	-30	9.3 ~ <12.5	2.9		
	5W-40	3500 (-25℃)	-30	12.5 ~ <16.3	2.9		
	5W-50	3500 (-25℃)	-30	16.3 ~ <21.9	3.7		
	10W-30	3500 (-20℃)	-25	9.3 ~ <12.5	2.9		-30
	10W-40	3500 (-20℃)	-25	12.5 ~ <16.3	2.9		
	10W-50	3500 (-20℃)	-25	16.3 ~ <21.9	3.7		
	15W-30	3500 (-15℃)	-20	9.3 ~ <12.5	2.9		-23
	15W-40	3500 (-15℃)	-20	12.5 ~ <16.3	3.7		
	15W-50	3500 (-15℃)	-20	16.3 ~ <21.9	3.7		

(续)

项目		低温动力黏度 /(mPa·s) 不大于	边界泵送温度/℃ 不高于	运动黏度 (100℃)/ (mm²/s)	高温高剪切黏度 (150℃, 10⁶s⁻¹) /(mPa·s) 不小于	黏度指数 不小于	倾点/℃ 不高于
CC[①]、CD	20W-40	4500（-10℃）	-15	12.5 ~ <16.3	3.7	—	-18
	20W-50	4500（-10℃）	-15	16.3 ~ <21.9	3.7	—	-18
	20W-60	4500（-10℃）	-15	21.9 ~ <26.1	3.7	—	-18
	30	—	—	9.3 ~ <12.5	—	75	-15
	40	—	—	12.5 ~ <16.3	—	80	-10
	50	—	—	16.3 ~ <21.9	—	80	-5
	60	—	—	21.9 ~ <26.1	—	80	-5

① CC 不要求测定高温高剪切黏度。
② 为仲裁方法。

表4-12 CF、CF-4、CH-4、CI-4 柴油机润滑油黏温性能要求

项目		低温动力黏度 /(mPa·s) 不大于	低温泵送黏度 /(mPa·s) 在无屈服应力时，不大于	运动黏度 (100℃)/ (mm²/s)	高温高剪切黏度 (150℃, 10⁶s⁻¹) /(mPa·s) 不小于	黏度指数 不小于	倾点/℃ 不高于
试验方法		GB/T 6538	SH/T 0562	GB/T 265	SH/T 0618[②]、SH/T 0703、SH/T 0751	GB/T 1995、GB/T 2541	GB/T 3535
质量等级	黏度等级	—	—				
CF、CF-4、CH-4、CI-4[①]	0W-20	6200（-35℃）	60000（-40℃）	5.6 ~ <9.3	2.6	—	-40
	0W-30	6200（-35℃）	60000（-40℃）	9.3 ~ <12.5	2.9	—	-40
	0W-40	6200（-35℃）	60000（-40℃）	12.5 ~ <16.3	2.9	—	-40
	5W-20	6600（-30℃）	60000（-35℃）	5.6 ~ <9.3	2.6	—	-35
	5W-30	6600（-30℃）	60000（-35℃）	9.3 ~ <12.5	2.9	—	-35
	5W-40	6600（-30℃）	60000（-35℃）	12.5 ~ <16.3	2.9	—	-35
	5W-50	6600（-30℃）	60000（-35℃）	16.3 ~ <21.9	3.7	—	-35
	10W-30	7000（-25℃）	60000（-30℃）	9.3 ~ <12.5	2.9	—	-30
	10W-40	7000（-25℃）	60000（-30℃）	12.5 ~ <16.3	2.9	—	-30
	10W-50	7000（-25℃）	60000（-30℃）	16.3 ~ <21.9	3.7	—	-30
	15W-30	7000（-20℃）	60000（-25℃）	9.3 ~ <12.5	2.9	—	-25
	15W-40	7000（-20℃）	60000（-25℃）	12.5 ~ <16.3	3.7	—	-25
	15W-50	7000（-20℃）	60000（-25℃）	16.3 ~ <21.9	3.7	—	-25
	20W-40	9500（-15℃）	60000（-20℃）	12.5 ~ <16.3	3.7	—	-20
	20W-50	9500（-15℃）	60000（-20℃）	16.3 ~ <21.9	3.7	—	-20
	20W-60	9500（-15℃）	60000（-20℃）	21.9 ~ <26.1	3.7	—	-20

第四章 发动机润滑油

(续)

项 目		低温动力黏度/(mPa·s)不大于	低温泵送黏度/(mPa·s)在无屈服应力时，不大于	运动黏度(100℃)/(mm²/s)	高温高剪切黏度(150℃，$10^6 s^{-1}$)/(mPa·s)不小于	黏度指数不小于	倾点/℃不高于
CF、CF-4、CH-4、CI-4①	30	—	—	9.3 ~ <12.5	—	75	−15
	40	—	—	12.5 ~ <16.3	—	80	−10
	50	—	—	16.3 ~ <21.9	—	80	−5
	60	—	—	21.9 ~ <26.1	—	80	−5

① CI-4 所有黏度等级的高温高剪切黏度均为不小于 3.5mPa·s，但当 SAE J300 指标高于 3.5mPa·s 时，允许以 SAE J300 为准。
② 为仲裁方法。

表 4-13　柴油机润滑油理化性能要求

项　目	质量指标				试 验 方 法
	CC CD	CF CF-4	CH-4	CI-4	
水分（体积分数）（%）　不大于	痕迹	痕迹	痕迹	痕迹	GB/T 260
泡沫性（泡沫倾向/泡沫稳定性）/(mL/mL)					GB/T 12579①
24℃　　　　　　　　　　不大于	25/0	20/0	10/0	10/0	
93.5℃　　　　　　　　　不大于	150/0	50/0	20/0	20/0	
后24℃　　　　　　　　　不大于	25/0	20/0	10/0	10/0	
蒸发损失(质量分数)(%)　不大于 诺亚克法（250℃，1h）或 气相色谱法（371℃馏出量）	— —	10W-30 20 17	15W-40 18 15	15	SH/T 0059 ASTM D6417
机械杂质(质量分数)(%)　不大于	0.01				GB/T 511
闪点（开口）/℃（黏度等级）　不低于	200（0W、5W 多级油）； 205（10W 多级油）； 215（15W、20W 多级油）； 220（30）； 225（40）； 230（50）； 240（60）				GB/T 3536
碱值（以 KOH 计）①/mg·g⁻¹	报告				SH/T 0251
硫酸盐灰分①(质量分数)(%)	报告				GB/T 2433
硫②(质量分数)(%)	报告				GB/T 387、GB/T 388、GB/T 11140、GB/T 17040 GB/T 17476、SH/T 0172、SH/T 0631、SH/T 0749
磷②(质量分数)(%)	报告				GB/T 17476、SH/T 0296、SH/T 0631、SH/T 0749
氮②(质量分数)(%)	报告				GB/T 9170、SH/T 0656、SH/T 0704

① CH-4、CI-4 不允许使用步骤 A。
② 生产者在每批产品出厂时要向使用者或经销者报告该项目的实测值，有争议时以发动机台架试验结果为准。

表 4-14 柴油机润滑油使用性能要求

品种代号	项 目		质 量 指 标			试验方法
CC	L-38 发动机试验					SH/T 0265
	轴瓦失重①/mg	不大于	50			
	活塞裙部漆膜评分	不小于	9.0			
	剪切安定性②		在本等级油黏度范围之内			SH/T 0265
	100℃ 运动黏度/mm²·s⁻¹		（适用于多级油）			GB/T 265
	高温清净性和抗磨试验（开特皮勒 1H2 法）：					GB/T 9932
	顶环槽积炭填充体积(体积分数)(%)	不大于	45			
	总缺点加权评分	不大于	140			
	活塞环侧间隙损失/mm	不大于	0.013			
CD	L-38 发动机试验					SH/T 0265
	轴瓦失重①/mg	不大于	50			
	活塞裙部漆膜评分	不小于	9.0			
	剪切安定性②		在本等级油黏度范围之内			SH/T 0265
	100℃ 运动黏度/mm²·s⁻¹		（适用于多级油）			GB/T 265
	高温清净性和抗磨试验（开特皮勒 1G2 法）					GB/T 9933
	顶环槽积炭填充体积(体积分数)(%)	不大于	80			
	总缺点加权评分	不大于	300			
	活塞环侧间隙损失/mm	不大于	0.013			
CF	L-38 发动机试验		一次试验	二次试验平均	三次试验平均③	SH/T 0265
	轴瓦失重/mg	不大于	43.7	48.1	50.0	
	剪切安定性		在本等级油黏度范围之内			SH/T 0265
	100℃ 运动黏度/mm²·s⁻¹ 或		（适用于多级油）			GB/T 265
	程序Ⅷ发动机试验					ASTM D6709
	轴瓦失重/mg	不大于	29.3	31.9	33.0	
	剪切安定性		在本等级油黏度范围之内			
	100℃ 运动黏度/mm²·s⁻¹		（适用于多级油）			
	开特皮勒 1M-PC 试验		二次试验平均	三次试验平均	四次试验平均	ASTM D6618
	总缺点加权评分（WTD）	不大于	240	MTAC④	MTAC	
	顶环槽充炭率(TGF)(体积分数)(%)	不大于	70⑤			
	环侧间隙损失/mm	不大于	0.013			
	活塞环黏结		无			
	活塞、环和缸套擦伤		无			
CF-4	L-38 发动机试验					SH/T 0265
	轴瓦失重/mg	不大于	50			
	剪切安定性		在本等级油黏度范围之内			SH/T 0265
	100℃ 运动黏度/mm²·s⁻¹		（适用于多级油）			GB/T 265
	或					
	程序Ⅷ发动机试验					ASTM D6709
	轴瓦失重/mg	不大于	33.0			
	剪切安定性		在本等级油黏度范围之内			
	100℃ 运动黏度/mm²·s⁻¹		（适用于多级油）			

（续）

品种代号	项　　目	质　量　指　标			试验方法
CF-4	开特皮勒1K试验⑥	二次试验 平均	三次试验 平均	四次试验 平均	SH/T 0782
	缺点加权评分（WDK）　　　　不大于	332	339	342	
	顶环槽充炭率(TGF)(体积分数)(%) 不大于	24	26	27	
	顶环台重炭率（TLHC）(%)　　不大于	4	4	5	
	平均油耗/g·kW^{-1}·h（0~252h）	0.5	0.5	0.5	
	最终油耗/g·kW^{-1}·h（228~252h）不大于	0.27	0.27	0.27	
	活塞环黏结	无	无	无	
	活塞环和缸套擦伤	无	无	无	
	MackT-6 试验				ASTM RR：
	优点评分　　　　　　　　　　不小于		90		D-2-1219
	或				或
	MackT-9 试验				SH/T 0761
	平均顶环失重/mg　　　　　　不大于		150		
	缸套磨损/mm　　　　　　　　不大于		0.040		
	MackT-7 试验				ASTM RR：
	后50h运动黏度平均增长率(100℃)/mm^2·s^{-1}·h　　　　　　　　　　不大于		0.040		D-2-1220
	或				或
	MackT-8 试验（T-8A）				SH/T 0760
	(100~150)h运动黏度平均增长率(100℃)/mm^2·s^{-1}·h　　　　　不大于		0.20		
	腐蚀试验				
	铜浓度增加/mg·kg^{-1}　　　不大于		20		
	铅浓度增加/mg·kg^{-1}　　　不大于		60		
	锡浓度增加/mg·kg^{-1}		报告		
	铜片腐蚀/级　　　　　　　　不大于		3		GB/T 5096
CH-4	柴油喷嘴剪切试验	XW-30⑦		XW-40⑦	ASTM D6278
	剪切后的100℃运动黏度/mm^2·s^{-1} 不小于	9.3		12.5	GB/T 265
	开特皮勒1K试验	一次试验	二次试验平均	三次试验平均	SH/T 0782
	缺点加权评分（WDK）　　　　不大于	332	347	353	
	顶环槽充炭率(TGF)(体积分数)(%) 不大于	24	27	29	
	顶环台重炭率（TLHC）(%)　　不大于	4	5	5	
	油耗/g·kW^{-1}·h（0~252h）不大于	0.5	0.5	0.5	
	活塞、环和缸套擦伤	无	无	无	
	开特皮勒1P试验	一次试验	二次试验平均	三次试验平均	ASTM D6681
	缺点加权评分（WDP）　　　　不大于	350	378	390	
	顶环槽炭（TGC）缺点评分　　不大于	36	39	41	
	顶环台炭（TLC）缺点评分　　不大于	40	46	49	
	平均油耗/g·h^{-1}（0~360h）不大于	12.4	12.4	12.4	
	最终油耗/g·h^{-1}（312~360h）不大于	14.6	14.6	14.6	
	活塞、环和缸套擦伤	无	无	无	

（续）

品种代号	项 目		质量指标			试验方法
CH-4	Mack T-9 试验 　修正到 1.75% 烟炱量的平均缸套磨损/mm		一次试验	二次试验平均	三次试验平均	SH/T 0761
		不大于	0.0254	0.0266	0.0271	
	平均顶环失重/mg	不大于	120	136	144	
	用过油铅变化量/mg·kg^{-1}	不大于	25	32	36	
	Mack T-8 试验 (T-8E)		一次试验	二次试验平均	三次试验平均	SH/T 0760
	4.8% 烟炱量的相对黏度（RV）[8]	不大于	2.1	2.2	2.3	
	3.8% 烟炱量的黏度增长/mm^2·s^{-1}	不大于	11.5	12.5	13.0	
	滚轮随动件磨损试验（RFWT）		一次试验	二次试验平均	三次试验平均	ASTM D5966
	液压滚轮挺杆销平均磨损/mm	不大于	0.0076	0.0084	0.0091	
	康明斯 M11（HST）试验		一次试验	二次试验平均	三次试验平均	ASTM D6838
	修正到 4.5% 烟炱量的摇臂垫平均失重/mg	不大于	6.5	7.5	8.0	
	机油滤清器压差/kPa	不大于	79	93	100	
	平均发动机油泥，CRC 优点评分	不小于	8.7	8.6	8.5	
	程序 ⅢE 发动机试验		一次试验	二次试验平均	三次试验平均	SH/T 0758
	黏度增长（40℃，64h）(%)	不大于	200	200 （MTAC）	200 （MTAC）	
	或 程序 ⅢF 发动机试验					ASTM D6984
	黏度增长（40℃，60h）(%)	不大于	295	295 （MTAC）	295 （MTAC）	
	发动机油充气试验		一次试验	二次试验平均	三次试验平均	ASTM D6894
	空气卷入(体积分数)(%)	不大于	8.0	8.0 （MTAC）	8.0 （MTAC）	
	高温腐蚀试验					SH/T 0754
	试后油铜浓度增加/mg·kg^{-1}	不大于		20		
	试后油铅浓度增加/mg·kg^{-1}	不大于		120		
	试后油锡浓度增加/mg·kg^{-1}	不大于		50		
	试后油铜片腐蚀/级	不大于		3		GB/T 5096
CI-4	柴油喷嘴剪切试验		XW-30[7]		XW-40[7]	ASTM D6278
	剪切后的 100℃ 运动黏度/mm^2·s^{-1}	不小于	9.3		12.5	GB/T 265
	开特皮勒 1K 试验		一次试验	二次试验平均	三次试验平均	SH/T 0782
	缺点加权评分（WDK）	不大于	332	347	353	
	顶环槽充炭率（TGF）(体积分数)(%) 	不大于	24	27	29	
	顶环台重炭率（TLHC）(%)	不大于	4	5	5	
	平均油耗/g·kW^{-1}·h（0～252h）	不大于	0.5	0.5	0.5	
	活塞、环和缸套擦伤		无	无	无	

(续)

品种代号	项　　目		质　量　指　标			试验方法
CI-4	开特皮勒1R试验		一次试验	二次试验平均	三次试验平均	ASTM D6923
	缺点加权评分（WDR）	不大于	382	396	402	
	顶环槽炭（TGC）缺点评分	不大于	52	57	59	
	顶环台炭（TLC）缺点评分	不大于	31	35	36	
	最初油耗（IOC）/g·h^{-1}，(0~252h) 平均值 不大于		13.1	13.1	13.1	
	最终油耗/g·h^{-1}，(432~504h) 平均值 不大于		IOC+1.8	IOC+1.8	IOC+1.8	
	活塞、环和缸套擦伤		无	无	无	
	环黏结		无	无	无	
	Mack T-10试验		一次试验	二次试验平均	三次试验平均	ASTM D6987
	优点评分	不小于	1000	1000	1000	
	Mack T-8试验（T-8E）		一次试验	二次试验平均	三次试验平均	SH/T 0760
	4.8%烟炱量的相对黏度（RV）[8]	不大于	1.8	1.9	2.0	
	滚轮随动件磨损试验（RFWT）　液压滚轮挺杆销平均磨损/mm		一次试验 0.0076	二次试验平均 0.0084	三次试验平均 0.0091	ASTM D5966
	康明斯M11（EGR）试验		一次试验	二次试验平均	三次试验平均	ASTM D6975
	气门搭桥平均失重/mg	不大于	20.0	21.8	22.6	
	顶环平均失重/mg	不大于	175	186	191	
	机油滤清器压差（250h）/kPa	不大于	275	320	341	
	平均发动机油泥，CRC优点评分	不小于	7.8	7.6	7.5	
	程序ⅢF发动机试验		一次试验	二次试验平均	三次试验平均	ASTM D6984
	黏度增长（40℃，80h）(%)	不大于	275	275 (MTAC)	275 (MTAC)	
	发动机油充气试验		一次试验	二次试验平均	三次试验平均	ASTM D6894
	空气卷入(体积分数)(%)	不大于	8.0	8.0 (MTAC)	8.0 (MTAC)	
	高温腐蚀试验		0W、5W、10W、15W			SH/T 0754
	试后油铜浓度增加/mg·kg^{-1}	不大于	20			
	试后油铅浓度增加/mg·kg^{-1}	不大于	120			
	试后油锡浓度增加/mg·kg^{-1}	不大于	50			
	试后油铜片腐蚀/级	不大于	3			GB/T 5096
	低温泵送黏度		0W、5W、10W、15W			
	（Mack T-10或Mack T-10A试验，75h后试验油，-20℃）/mPa·s	不大于	25000			SH/T 0562
	如检测到屈服应力					ASTM D6896
	低温泵送黏度/mPa·s	不大于	25000			
	屈服应力/Pa	不大于	35（不含35）			

（续）

品种代号	项 目	质量指标	试验方法
CI-4	橡胶相容性 　体积变化（%） 　　丁腈橡胶 　　硅橡胶 　　聚丙烯酸酯 　　氟橡胶 　硬度限值 　　丁腈橡胶 　　硅橡胶 　　聚丙烯酸酯 　　氟橡胶 　拉伸强度（%） 　　丁腈橡胶 　　硅橡胶 　　聚丙烯酸酯 　　氟橡胶 　延伸率（%） 　　丁腈橡胶 　　硅橡胶 　　聚丙烯酸酯 　　氟橡胶	 +5／-3 +TMC 1006⑨／-3 +5／-3 +5／-2 +7／-5 +5／-TMC 1006 +8／-5 +7／-5 +10／-TMC 1006 +10／-45 +18／-15 +10／-TMC 1006 +10／-TMC 1006 +20／-30 +10／-35 +10／-TMC 1006	ASTM D11.15

注：1. 对于一个确定的柴油机润滑油配方，不可随意更换基础油，也不可随意进行黏度等级的延伸。在基础油必须变更时，应按照 API 1509 附录 E"轿车发动机油和柴油机油 API 基础油互换准则"进行相关的试验，并保留试验结果备查；在进行黏度等级延伸时，应按照 API 1509 附录 F"SAE 黏度等级发动机试验的 API 导则"进行相关的试验，并保留试验结果备查。

2. 发动机台架试验的相关说明参见 ASTM D4485"C 发动机油类别"中的脚注。

① 亦可用 SH/T 0264 方法评定，指标为轴瓦失重不大于 25mg。
② 按 SH/T 0265 方法运转 10h 后取样，采用 GB/T 265 方法测定 100℃运动黏度。在用 SH/T 0264 评定轴瓦腐蚀时，剪切安定性用 SH/T 0505 和 GB/T 265 方法测定，指标不变。如有争议时，以 SH/T 0265 和 GB/T 265 方法为准。
③ 如进行 3 次试验，允许有 1 次试验结果偏离。确定试验结果是否偏离的依据是 ASTM E178。
④ MTAC 为"多次试验通过准则"的英文缩写。
⑤ 如进行 3 次或 3 次以上试验，一次完整的试验结果可以被舍弃。
⑥ 由于缺乏关键性试验部件，康明斯 NTC 400 不能再作为一个标定试验，在这一等级上需要使用一个两次的 1K 试验和模拟腐蚀试验取代康明斯 NTC 400。按照 ASTM D4485：1994 的规定，在过去标定的试验台架上运行康明斯 NTC 400 试验所获得的数据也可用以支持这一等级。
　　原始的康明斯 NTC 400 的限值为：
　　凸轮轴滚轮随动件销磨损：不大于 0.051mm；
　　顶环台（台）沉积物，重碳覆盖率，平均值（%）：不大于 15；
　　油耗（g/s）：试验油耗第二回归曲线应完全落在公布的平均值加上参考油标准偏差之内。
⑦ XW 代表表 1 中规定的低温黏度等级。
⑧ 相对黏度（RV）为达到 4.8% 烟炱量的黏度与新油采用 ASTM D6278 剪切后的黏度之比。
⑨ TMC 1006 为一种标准油的代号。

第四章 发动机润滑油

第四节 发动机润滑油的选择

发动机润滑油是发动机的"血液",正确选用发动机润滑油能保证汽车正常可靠行驶,减少零件磨损、节省燃油消耗、延长发动机使用寿命。因此,使用者应了解发动机润滑油的作用、规格牌号,并正确掌握其使用方法。其中根据汽车发动机和行车环境的综合情况,合理地选择发动机润滑油是正确使用发动机润滑油的第一步。首先对润滑油做出合理的选择,然后加以正确的使用,才是对待发动机润滑油的科学态度。

一、发动机润滑油的选择

选择合适的发动机润滑油是保证发动机正常工作、延长其使用寿命的重要条件。发动机润滑油的选择应兼顾使用性能级别和黏度级别两个方面,首先根据发动机结构特点和要求,确定其合适的使用性能级别,然后再根据发动机使用的外部环境温度,选择合适的黏度等级。

1. 使用性能级别选择

发动机润滑油使用性能级别,主要根据发动机的结构特性、工作条件和燃料品质来选择。

汽油发动机润滑油的使用性能选择时,应注意汽油发动机工况的苛刻程度和进、排气系统中的附加装置及生产年代,汽油发动机润滑油使用性能级别的选择一般应考虑如下具体因素:

1) 选择发动机润滑油压缩比、排量、最大功率、最大转矩。
2) 发动机润滑油负荷,即发动机润滑油功率(kW)与曲轴箱润滑油容量(L)之比。
3) 曲轴箱强制通风、废气再循环等排气净化装置的采用对发动机润滑油的影响。
4) 城市汽车时开时停等运行工况对生成沉积物和发动机润滑油氧化的影响等。

表4-15列出了SC、SD、SE、SF、SG和SH等级别油品的使用特性以及在部分车型上的应用情况。

表4-15 汽油发动机润滑油使用性能选择参考表

汽油发动机油使用性能级别	性能特点	应用车型
SC	可控制高低温沉积物及磨损、锈蚀和腐蚀	用于国产货车、客车,如以492QG为动力的各类汽车
SD	控制高低温沉积物、磨损、锈蚀和腐蚀的性能优于SC	用于货车、客车和某些轿车,如解放CA1091、东风EQ1091等车型
SE	具有抗氧化性能及可控制高温沉积物、锈蚀和腐蚀的性能	用于轿车和某些货车,如天津夏利、大发、昌河、拉达等车型
SF	抗氧化和抗磨损性能优于SE,还具有控制沉积物、锈蚀和腐蚀的性能	用于轿车和某些货车,如一汽奥迪、捷达、红旗CA6440轻客、桑塔纳、切诺基、标致、富康等车型
SG、SH	具有可控制沉积物、磨损和油的氧化性能,并具有抗锈蚀的性能	用于高档轿车、新型电喷车,如红旗CA7220AE等车型

柴油发动机润滑油使用性能级别的选择主要依据发动机润滑油的平均有效压力、活塞平均速度、润滑油负荷、使用条件和柴油含硫量等因素进行。

发动机的平均有效压力、活塞平均速度等反映发动机的强化程度,用强化系数 K_Φ 表示。柴油发动机润滑油的质量等级应根据柴油发动机的强化系数来确定,公式为

$$K_\Phi = 5 p_{me} c_m$$

式中,K_Φ 为强化系数;p_{me} 为发动机的平均有效压力,单位为 MPa;c_m 为活塞平均速度,单位为 m/s。

$$p_{me} = \frac{30 N_e \tau}{V}$$

式中,N_e 为发动机有效功率,单位为 kW;τ 为发动机冲程数,二冲程 $\tau = 2$,四冲程 $\tau = 4$;V 为发动机排量,单位为 L。

$$c_m = \frac{Sn}{30}$$

式中,S 为活塞行程,单位为 m;n 为发动机转速,单位为 r/min。

如果使用硫含量高的柴油或车辆运行条件苛刻时,选用的柴油机润滑油使用性能级别要相应提高。例如,解放 CA1091K2 型载货汽车装用的 CA6110A 型柴油机,其强化系数为 36,在 30～50 之间,可选用 CC 级柴油机润滑油。强化系数与柴油机润滑油使用性能级别的关系见表 4-16。

表 4-16 柴油机的强化程度对柴油发动机润滑油使用性能级别的要求

柴油机的强化程度	强化系数	要求的柴油机润滑油使用性能级别
高强化	大于 50	CD 或 CE
中强化	30～50	CC
低强化	小于 30	CA（废除）或 CB（废除）

表 4-17 列出了 CC、CD、CE 和 CF-4 等级别油品的使用特性以及在部分车型上的应用情况。

表 4-17 柴油发动机润滑油使用性能选择参考表

柴油发动机润滑油使用性能级别	发动机平均有效压力/kPa	发动机强化系数	燃油含硫量（质量分数）（%）	应用机型
CC	784～980	35～50	<0.4	玉柴,扬柴,朝柴 4102、4105、6102,锡柴、大柴 6110,日野 ZM400,五十铃 4BD1、4BG1 等柴油机
CD	980～1470	50～80		康明斯、斯太尔、依维柯、索菲姆等增压柴油机
CE	1470 以上	80 以上		用于在低速高负荷和高速高负荷条件下运行的低增压和增压式重负荷柴油机
CF-4	—	—		用于高速四冲程柴油机,特别适用于高速公路行驶的重负荷卡车

一般来说，高使用性能级别的内燃机润滑油，可代替低等级的内燃机润滑油，但经济上不合理，因此应按说明书的规定进行合理选用。但低等级的内燃机润滑油绝不能代替高等级的内燃机润滑油使用。

2. 黏度级别的选择

选择发动机润滑油的黏度级别主要是根据气温、工况和发动机的技术状况。

黏度是评价发动机润滑油品质的一个重要指标。它的大小直接影响发动机润滑油的减磨、降温、清洁、除锈、防尘、吸收振动和密封等作用。发动机润滑油黏度越小，流动性就越好，清洁、冷却效果越好，但高温油膜易受破坏，润滑效果较差；黏度越大，油膜厚度、密封等方面较好，但低温起动时上油较慢，易出现干摩擦或半流体摩擦，冷却、冲洗作用也较差。因此发动机润滑油黏度选用要适当，一般要遵循以下原则：

1）应根据工作地区的环境温度、发动机负荷、转速选用适宜黏度等级的发动机润滑油，以保证零件正常润滑。

2）应尽量选用黏温特性好、黏度指数高的多级油。多级油使用温度范围比单级油宽，具有低温黏度油和高温黏度油的双重特性。如5W/30润滑油同时具有5W、30两种单级油的特性，其使用温度区间由5W级油的-30～10℃和30级油的0～40℃组成-30～40℃，与单级油相比极大地扩大了使用范围。这样不仅可以减少因气温变化带来更换发动机润滑油的麻烦，而且可以减少发动机润滑油的浪费。

一般我国南方夏季气温较高，对重负荷、长距离运输、工况恶劣的汽车应选用黏度较大的发动机润滑油。我国北部地区冬季气温低，应选用低黏度发动机润滑油，以保证发动机易于起动，减少零部件磨损。发动机润滑油的黏度级别的选择，还与发动机润滑油的技术状况有关。新发动机应选择黏度较小的发动机润滑油；磨损严重的发动机应选择黏度较大的发动机润滑油。发动机润滑油的黏度要保证发动机润滑油低温易于起动，而变热后又能维持足够黏度保证正常润滑。

从工况方面考虑，重载低速和高温下应选择黏度较大的发动机润滑油；轻载高速应选择黏度较小的发动机润滑油。

发动机润滑油黏度级号选择可参考表4-18。

表4-18　SAE发动机润滑油黏度级号与适用气温对照表

SAE发动机润滑油黏度级号	适用温度
5W/30	-30～30℃
10W/30	-25～30℃
15W/30	-20～30℃
15W/40	-20～40℃以上
20/20W	-15～20℃
30	-10～30℃
40	-5～40℃以上

二、发动机润滑油的使用

对发动机润滑油做出合理的选择以后，必须依据规定对其加以正确的使用。因为依据

使用性能和黏度级别,对发动机润滑油做出合理的选择是为了保持"血液""血型"的正确性。那么正确掌握发动机润滑油的使用方法,并依据其正确的使用是为了时刻使"血液"尽可能保持清洁和纯净。

为此,在使用中应注意以下几个方面:

1) 要注意使用中润滑油颜色、气味变化,有条件的可以定期检查润滑油各项性能指标。一旦发现颜色、气味以及性能指标有较大变化,应及时更换润滑油,不应教条地照搬换油期限。

2) 换油时应采用热机放油的方法,即在更换发动机润滑油时,应先运行车辆,然后趁热放出润滑油,以便使发动机内的油泥、污物等尽可能地随润滑油一起排出。

3) 加注发动机润滑油要注意适量,油量不足会加速润滑油的变质,而且会因缺油而引起零件的烧损;相反,发动机润滑油加注过多,不仅会使发动机润滑油消耗量增大,而且过多的润滑油易窜入燃烧室内,将恶化混合气的燃烧。

4) 要定期检查清洗发动机润滑油滤清器,清理油底壳中的脏杂物。

5) 要避免不同牌号的发动机润滑油混用,以免相互起化学反应。

6) 选购时,应尽可能地购买有影响力、有知名度的正规厂家生产的发动机润滑油,要特别注意辨别真假,确保润滑油的品质。

总之,必须足够认识发动机润滑油选择和使用的重要性。目前,一些使用和维修人员缺乏必要的发动机润滑油选择和使用知识,而由此造成的汽车早期损坏现象时有发生。为了充分发挥高质量发动机润滑油的作用,延长汽车的使用寿命,业内人士就目前发动机润滑油使用中存在的主要问题归纳出了使用八忌,并加以分析,以供参考:

(1) 忌选用黏度偏高的润滑油 在润滑油黏度的选择上许多人错误地认为,高黏度的润滑油能形成较厚的油膜,因而能增强润滑效果,减少磨损。其实不然,高黏度的润滑油低温起动性和泵送性差,起动后上油速度慢,磨损反而会加剧。试验表明,发动机的磨损约有2/3发生在起动时的非完全流体润滑过程中,因此,为保证可靠润滑,要选用黏度适当的润滑油。

(2) 忌随意选择代用油品 代用油品的正确选择关系到发动机的动力性、经济性和磨损。目前,有不少用户在选择代用油品时随意性较大,甚至长期采用低档油品代替较高档的油品,这是十分不妥的。油品的代用关系到发动机的使用寿命,应遵循一定的规则谨慎选择:一是黏度等级相同的油品,质量等级高的可代替质量等级低的油品;二是质量等级相同时,使用温度宽的可代替使用温度窄的油品。如要求用30SC油时,可用10W/30SC油代替;要求用30SD、40SD或20W/40SD油时,可用15W/40SD油代替。需注意的是使用代用油品时应经常检查发动机润滑油的工作情况。

(3) 忌使用中只添不换 润滑油在使用过程中,由于污染、氧化等原因质量会逐渐下降,同时也会有一些消耗,使数量减少,不断向润滑系统中添加一些新油,只能弥补数量上的不足,而不能完全补偿润滑油性能的损失。随着时间的延长,润滑油的性能会变得越来越差,以至给发动机带来严重后果。为了确保发动机长期正常运行,降低磨损,必须在油品达到报废标准时及时更换润滑系统内的全部润滑油。

(4) 忌把润滑油颜色变黑作为更换润滑油的主要依据 据了解,有不少驾驶人看到润滑油的颜色变黑,就认为油品已严重变质,而将其更换,造成浪费。对于没加清净分

第四章 发动机润滑油

散剂的润滑油来说，使用中颜色变黑的确是油品已严重变质的表现。但现代汽车使用的润滑油一般都加有清净分散剂，目的是将黏附在活塞上的胶膜和黑色积炭洗涤下来，并分散在油中，减少发动机高温沉积物的生成，故润滑油使用一段时间后颜色容易变黑，但这时的油品并未完全变质。使用中的润滑油是否严重变质、需要更换，应主要根据润滑油的理化指标是否达到报废标准来判定。目前多数使用单位都缺少油品化验设备和化验人员，因此可在油品使用接近换油期时采用一些简易快速检测方法，如滤纸斑点试验法来判断油品质量变化情况。

（5）忌润滑油加注量过多　有的驾驶人认为：润滑油是起润滑作用的，多加一点，对发动机有益，而且可减少加油次数，节省时间。润滑油最主要的作用是润滑机械，减少摩擦，降低磨损，油量不足时会加速润滑油变质，甚至会因缺油而引起零部件的烧损、异常磨损。但油量过多也不可取，原因有二：一是润滑油过多就会从气缸与活塞的间隙中窜入燃烧室燃烧形成积炭，积炭的存在变相提高了发动机的压缩比，增加了产生爆燃的倾向；积炭在气缸内呈红热状态还容易引起早燃；积炭如落入气缸会加剧气缸和活塞的磨损，还会加速污染润滑油。二是增加了曲轴连杆的搅拌阻力，使燃油消耗增大。试验表明：加油量超过标准1%时，燃油消耗会增加1.2%，因此，除新车初驶期内为保证有可靠的冷却、清洗作用，可略微多加一些润滑油外，其他情况下一律不得超过规定的油尺最高刻度。

（6）忌不了解发动机的结构特点选择润滑油　发动机结构特点决定了发动机工况的苛刻程度，对润滑油质量等级的选用起着决定性的影响，如汽油机进、排气系统中有附加装置，将使润滑油的工作条件变得更加恶化，必须选用质量等级较高的润滑油。例如，没有PCV（曲轴箱正压通风）装置的汽油机要选用SC级油，而装了PCV后，就要选用SD级油；同样，装了EGR（废气再循环装置）和三元催化转换器的发动机，选用的润滑油都要比没有装这类装置时提高一个质量等级。因此，在选用发动机润滑油前必须熟悉本车发动机的结构特点。

（7）忌储存、使用中混入水分　润滑油中混入水分不仅会锈蚀零件妨碍润滑，还会降低润滑油油膜的强度，引起润滑油起泡和乳化变质，严重时会使油中的添加剂分解沉淀以致失效。因此，在储存和使用过程中要严防水分混入，特别是冬季采用蒸汽加热润滑油的车辆，应特别注意经常检查加热设备，保持其完好，以防水蒸气窜入油中。

（8）忌选用劣质冒牌润滑油　劣质冒牌润滑油性能指标达不到规定的要求，会影响正常使用，轻者降低润滑效果，加剧磨损，增大燃油消耗，重者会引发机械事故（如烧瓦、拉缸等）。因此，一旦发现已使用了劣质冒牌润滑油时，应立即停用，并清洗润滑油道。

第五节　发动机润滑油的质量与更换

对发动机润滑油做出合理的选择和使用固然十分重要，但依据其质量变化对在用发动机润滑油及时更换也同样十分重要，发动机润滑油的及时更换是正确使用的最后步骤。

一、发动机润滑油的质量

发动机润滑油在使用过程中，由于自身在工作环境下的氧化，各种添加剂的自然消耗，燃烧产物的不利影响，外部尘埃不良成分的混入等各种各样的原因，使发动机润滑

油的质量在正常或不正常的使用过程中，都会随着时间的推移而逐渐恶化。发动机润滑油劣化变质后，会出现沉积物增多，润滑性能下降的不良现象，致使零件出现非正常腐蚀和磨损，这也正是对其适时更换的根本原因。

发动机润滑油的质量关系到发动机润滑油使用时间的长短，不仅与其使用性能相关，而且还与其技术状况，以及发动机的保养维护质量密切相关。因此，为减缓发动机润滑油变质的时限，使其尽可能在一个良好的质量指标下较长时间的工作，延缓其换油期，必须对使用者提出以下有关基本要求：

1）根据发动机润滑油型号及其工作环境温度，选择合适的使用性能级别和黏度级别的发动机润滑油。

2）发动机润滑油技术状况和使用情况正常。

3）根据有关规定对汽车进行强制维护。

发动机润滑油质量的高低很大程度上取决于其自身所具有的产品质量，具有市场竞争力的品牌发动机润滑油，其高质量的基础油和添加剂决定产品的内在质量，并显示到其使用过程之中。因此，选用车型指定发动机润滑油或品牌发动机润滑油，是保证或提高其使用质量，延缓换油周期的较佳措施。

二、发动机润滑油的更换

发动机润滑油的换油期限应适宜，过早会造成润滑油浪费，过迟又会增大发动机磨损，缩短发动机维修周期和使用期限。一般应按照汽车使用说明书上规定的期限换油。但润滑油变质程度与汽车性能、修理技术、驾驶水平、道路和气候条件、润滑油质量等都有关系，统一规定换油期限有时并不完全合理。

一般说来，发动机润滑油的更换应依据以下三种原则。一是可以根据车辆的行驶里程（或发动机润滑油的工作时间）确定，称为定期换油；二是可以根据发动机润滑油的使用性能降低程度确定，称为按质换油；三是可以采用在发动机润滑油油质监测下的定期换油。

1. 定期换油

发动机润滑油性能的下降和质量的劣化，尤其润滑油成分组元之间发生的化学变化，主要取决于使用时间的影响。定期换油就是按行驶里程或使用时间对发动机润滑油使用性能变化的影响规律来换油。换油期依据发动机润滑油使用性能变化的影响规律来确定。换油期与发动机润滑油使用性能级别、发动机技术状况和运行条件有关。

2. 按质换油

此原则是依据对能够反映在用发动机润滑油质量的一些有代表性理化指标的测试评定，来做出是否换油的决定，在用发动机润滑油有其中一项指标达到换油指标时就应更换新油。现行的在用发动机润滑油换油指标国家标准为 GB/T 8028—2010《汽油机油换油指标》和 GB/T 7607—2010《柴油机油换油指标》的技术要求和试验方法，分别见表 4-19 和表 4-20。

上表中 100℃ 运动黏度变化率 $\Delta \mu(\%)$ 按下式计算

$$\Delta \mu = \frac{\mu_1 - \mu_2}{\mu_2} \times 100\%$$

式中，μ_1 为使用中油的 100℃ 运动黏度实测值，单位为 mm^2/s；μ_2 为新油的 100℃ 运动黏度实测值,单位为 mm²/s。

表 4-19 汽油机油换油指标的技术要求和试验方法

项 目		换油指标		试验方法
		SE、SF	SG、SH、SJ（SJ/GF-2）、SL（SL/GF-3）	
运动黏度变化率（100℃）(%)	超过	±25	±20	GB/T 265 或 GB/T 1137 和本标准的 3.2
闪点（闭口）/℃	小于	100		GB/T 261
（碱值–酸值）(以 KOH 计)/mg·g⁻¹	小于	—	0.5	SH/T 0251 GB/T 7304
燃油稀释(质量分数)(%)	大于	—	5.0	SH/T 0474
酸值（以 KOH 计）/mg·g⁻¹ 增加值	大于	2.0		GB/T 7304
正戊烷不溶物(质量分数)(%)	大于	1.5		GB/T 8926B 法
水分(质量分数)(%)	大于	0.2		GB/T 260
铁含量/μg·g⁻¹	大于	150	70	GB/T 17476① SH/T 0077 ASTM D 6595
铜含量/μg·g⁻¹ 增加值	大于	—	40	GB/T 17476
铝含量/μg·g⁻¹	大于	—	30	GB/T 17476
硅含量/μg·g⁻¹ 增加值	大于	—	30	GB/T 17476

① 此方法为仲裁方法。执行本标准的汽油发动机技术状况和使用情况正常。

表 4-20 柴油机油换油指标的技术要求和试验方法

项 目		换油指标				试验方法
		CC	CD、SF/CD	CF-4	CH-4	
运动黏度变化率（100℃）(%)	超过	±25		±20		GB/T 1137 和本标准 3.2
闪点（闭口）/℃	低于	130				GB/T 261
碱值下降率（%）	大于	50①				SH/T 0251②、SH/T 0688 和本标准 3.3
酸值增加值（以 KOH 计）/mg·g⁻¹	大于	2.5				GB/T 7304
正戊烷不溶物(质量分数)(%)	大于	2.0				GB/T 8926B 法
水分(质量分数)(%)	大于	0.20				GB/T 260
铁含量/μg·g⁻¹	大于	200 100③	150 100③	150		SH/T 0077、GB/T 17476② ASTM D 6595
铜含量/μg·g⁻¹	大于	—		50		GB/T 17476
铝含量/μg·g⁻¹	大于	—		30		GB/T 17476
硅含量（增加值）/μg·g⁻¹	大于	—		30		GB/T 17476

注：执行本标准的汽油发动机技术状况和使用情况正常。
① 采用同一检测方法。
② 此方法为仲裁方法。
③ 适合于固定式柴油机。

3. 在油质监控下的定期换油

这种方法在规定了发动机润滑油换油期的同时也监测在用油的综合指标，必要时可提前报废。

对在用发动机润滑油换油期的确定，目前国内外多采用第一种准则。这主要是因为汽车已成为一种非常普遍的交通工具，拥有量大。而每辆汽车的发动机润滑油用量很少，油样化验费用高，定期换油较为经济。在美国，单独测定发动机润滑油黏度的费用相当于小型发动机润滑油曲轴箱一次换油的费用，一个油样的常规分析费用相当于全年用发动机润滑油的总费用。

随着对在用发动机润滑油油质分析技术的进步，特别是油质快速分析方法的出现与广泛应用，使原来在用发动机润滑油的定期换油法，倾向于同时采用简易快速在用发动机润滑油分析法作为定期换油合理性的监测手段。

原来我国多采用滤纸斑点试验法和润滑油质量检测仪。但由于滤纸斑点试验法主观判断成分较大，加之现在润滑油成分和性质的改变，滤纸斑点试验法已经不宜使用，相关的 GB/T 8030—1987《润滑油现场检验法》也已废止。现在主要采用润滑油质量检测仪检测。这类仪器一般不是直接测定油品指标，而是选择有变化规律且能反映油品质量的某一参数作为测定参数。

润滑油质量检测仪的基本原理是，通过测定在用发动机润滑油的介电系数反映其污染程度。发动机润滑油是电介质，具有一定的介电系数。发动机润滑油的介电系数值取决于发动机润滑油中的添加剂或污染物。发动机润滑油劣化时，过氧化物、酸和其他原子团在油粒子上形成，从而引起油粒子极性变化（一端变正，一端变负）。当一些极化了的粒子逐渐增多时，发动机润滑油的介电系数会随之增大。也就是说，发动机润滑油污染越严重，介电系数越大。通过对新旧发动机润滑油介电系数变化的测定，来分析发动机润滑油的污染程度。

用公式进一步说明如下

$$\Delta C = \frac{(\varepsilon_1 - \varepsilon_2) S}{\delta} = \frac{\Delta \varepsilon S}{\delta}$$

式中，ΔC 为新旧发动机润滑油电容量差值，单位为 F；ε_1 为在用发动机润滑油介电系数，单位为 F/m；ε_2 为新用发动机润滑油介电系数，单位为 F/m；$\Delta \varepsilon$ 为新旧发动机润滑油介电系数差值，单位为 F/m；S 为电容器极板面积，单位为 m^2；δ 为电容器极板距离，单位为 m。

由上式可知，当 S、δ 一定时，电容量的变化 ΔC 与发动机润滑油介电系数变化量 $\Delta \varepsilon$ 成正比，于是可用电容器测定出新旧发动机润滑油介电系数的变化。限值的确定是以换油指标为基准，通过对比试验确定的。发动机润滑油的污染程度用发动机润滑油污染指数评定。发动机润滑油污染指数表示发动机润滑油被污染的程度，指发动机润滑油中各种污染物引起的介电系数相对新油的变化值。评定技术要求是：使用 SRZ—1 型润滑油质量测定仪，污染指数小于 23；使用 RZJ—2 型润滑油质量测定仪，污染指数小于 4.7。

第五章　车辆齿轮油

学习提示：

通过本章学习，应该明确
- 车辆齿轮油的作用和使用性能
- 车辆齿轮油各使用性能的评定试验方法
- 车辆齿轮油的分类方法、规格种类及特征
- 车辆齿轮油的选用方法
- 在用车辆齿轮油的质量变化和更换原则

车辆齿轮油用于车辆机械式变速器、驱动桥及转向器的齿轮、轴承及轴等零件的润滑。车辆齿轮传动装置（特别是准双曲面齿轮）在工作过程中承受的载荷较大，因而对车辆齿轮油的性能要求也较高。

第一节　车辆齿轮油的使用性能

车辆齿轮油和其他润滑油一样，主要功能是减少齿轮及轴承的摩擦与磨损，加强摩擦表面的散热，防止机件发生腐蚀和锈蚀。

准双曲面齿轮工作过程中齿面接触压力极高，啮合齿面间相对滑动速度大，齿轮油工作温度一般高达120~130℃，最高可达180℃，所以准双曲面齿轮传动的工作条件极为苛刻，对车辆齿轮油的使用性能要求非常高，须使用加有高活性极压剂的齿轮油。

车辆齿轮油除了要求有较好的热稳定性、氧安定性、缓蚀性、抗泡沫性、低温性能和储存稳定性之外，还应具备以下各种功能：

1）减少摩擦，提高机械设备的效率。
2）减少磨损、擦伤以及金属的表面疲劳。
3）使热量散失。
4）减少齿轮间的振动、冲击和噪声。
5）从金属接触区域去掉污染物质。
6）防止腐蚀。

综上所述,为了保证齿轮传动的正常运行,满足各种使用条件的要求,使齿轮得到良好润滑的目的,应对车辆齿轮油的使用性能提出一定的要求。

一、润滑性和极压性

车辆齿轮油应具有合适的运动黏度,黏度不能过低,以保证形成油膜,实现液体润滑状态。黏度是齿轮油的重要使用性能之一,对油膜的形成影响很大。一般而言,高黏度的齿轮油可有效防止齿轮及轴承损伤,减少机械运转噪声并减少漏油;低黏度的齿轮油在提高机械效率、加强冷却和清洗作用等方面有明显的优点。为带走摩擦产生的热量和保证低温时迅速供油,齿轮油的黏度又不能过大。

车辆齿轮油的极压性是指齿轮油中的极压抗磨剂在高压、高速、高温的苛刻工作条件下,能在齿面上与金属发生化学反应生成反应膜,防止齿面发生擦伤或烧结的性质,有时也叫承载能力或抗胶合性。车辆齿轮多处于混合润滑和边界润滑状态下工作,所承受的压力、润滑速度和局部温度都很高,所以对车辆齿轮油的极压抗磨性要求较高,尤其是准双曲面齿轮。因此,对齿轮油来说,极压性是其最主要的基本性能。

一般油性添加剂形成的边界油膜,在极压条件下会从吸附状态变为自由运动状态而从摩擦表面脱附,不再起保护金属表面的作用。因此,提高车辆齿轮油的极压性要依靠添加极压抗磨剂来实现,以有效防止在高负荷条件下的齿面擦伤及咬合。极压剂主要是含有化学性活泼的元素硫、磷、氯的有机化合物。当齿面在高压接触时,表面间的凹凸相啮合,将产生局部高温,此时齿轮油中的极压剂与金属表面发生化学反应,形成抗剪强度小、熔点低的固体铁膜,把金属表面隔开,阻止金属间发生胶合。

车辆齿轮油的润滑性和极压性的评定,除了运动黏度之外,还要通过四球极压试验机或台架试验来评定。

二、低温操作性和黏温性

车辆齿轮油应具有良好的低温操作性和黏温性。

车辆齿轮油同发动机润滑油一样要求在低温下保持必要的流动性,以保证轴承和齿轮等零件的润滑。车辆齿轮油的工作温度范围也较宽,因此,不但要求车辆齿轮油低温流动性好,而且要求高温时黏度不能太小,即有良好的黏温性。各种齿轮油的黏度均随着温度的升高而下降,其下降的幅度越小,齿轮油的黏温特性越好。

为了保证车辆齿轮油具有良好的低温操作性,除规定了倾点、成沟点和黏度指数等指标外,还特别采用了"表观黏度达150Pa·s时的温度"这一指标。

成沟点是指在规定的试验条件下,试油成沟的最高温度。把容器内的试验油样在规定温度下放置18h,然后用金属片把油切成一条沟,10s后观察油的流动情况。若10s内试油流回并完全覆盖试油容器底部,则报告试样不成沟,反之则报告试样成沟。

试验证明,对准双曲面齿轮式主减速器,齿轮油表观黏度小于150Pa·s,能在汽车起步后15s内流进小齿轮轴承而保证其正常润滑,这个黏度为汽车低温起步的极限黏度,因此车辆齿轮油规格中均规定了"黏度达到150Pa·s时的最高温度"这一指标。"黏度达到150Pa·s时的最高温度"是车辆齿轮油SAE黏度分类的依据之一。

第五章 车辆齿轮油

三、热氧化安定性

车辆齿轮油的热氧化安定性是指齿轮油在空气、水分、金属的催化作用和热的作用下抵抗氧化变质的能力。齿轮油氧化后会使油的黏度增加，生成油泥，影响油的流动，降低齿轮油的使用期，并且氧化产生腐蚀性物质，会加速金属的腐蚀和锈蚀。

齿轮油氧化后生成的沉淀物是极性物质，油中的添加剂也大多是极性化合物，添加剂容易吸附在沉淀物上，随沉淀物一起从油中析出。沉淀还会影响密封件，使其硬化，沉淀覆盖在零件表面形成有机薄膜，影响散热。所以车辆齿轮油应具有良好的热氧化安定性。热氧化安定性好，齿轮油就可以延长使用期，并可降低对金属的腐蚀或磨损。

提高齿轮油热氧化安定性的一个主要途径是加抗氧化添加剂。

评定车辆齿轮油热氧化安定性的试验方法是 CRC L—60 和 CRC L—60—1 台架，CRC L—60 台架主要评定车辆齿轮油氧化后的黏度增长及不溶物含量；CRC L—60—1 台架主要评价车辆齿轮油氧化后的积炭、漆膜及油泥情况。

四、抗腐性和缓蚀性

车辆齿轮油抗腐性是指齿轮油在金属表面形成保护膜，以防止腐蚀性物质侵蚀金属的能力；齿轮油的缓蚀性是指齿轮油保护齿轮不受锈蚀，保证齿轮的使用性能和延长齿轮使用寿命的能力。

齿轮传动装置内可能会从外界渗入水分，工况变化、冷热交替也可能出现冷凝水分。齿轮油内的水分和氧化产生的酸性产物，是齿轮和轴承腐蚀、生锈的主要原因。此外，齿轮油内极压抗磨剂的作用实际上是一种控制性的腐蚀现象，对金属有一定的腐蚀作用。腐蚀和生锈会加速零件磨损，使材料强度降低。因此，齿轮油中应加入适当的极压抗磨剂、抗腐剂和缓蚀剂，使车辆齿轮油具有良好的抗腐性和缓蚀性。

五、抗泡沫性

齿轮油工作时在空气存在的情况下受到剧烈的搅拌，会产生许多小气泡，它们上升到液面若能很快消失就不会影响使用，但若形成安定的泡沫则会发生溢流和磨损等现象。在齿轮油中，泡沫一旦形成，油和空气会一起到达润滑部位，油就不能充分供给，必然导致齿轮磨损和胶合等被破坏。

因此，齿轮油应具有良好的抗泡沫性，以保证在齿轮剧烈搅拌过程中产生的泡沫少并易于消失。为减少泡沫，一方面要破坏已产生的泡沫，另一方面要抑制泡沫的产生。前者可用醇类达到这个目的，后者一般是采用在齿轮油中添加抗泡剂来达到目的。常用的抗泡剂是硅油。

车辆齿轮油除上述要求的使用性能外，还有一些与发动机润滑油相同的使用性能。如清洁性、储存安定性等。

第二节 车辆齿轮油使用性能的评定试验

上述车辆齿轮油的使用性能，都可通过相应的试验方法进行测量和评定。

一、极压性评定

极压性评定试验有四球法试验和台架试验两种方法。

1. 四球法试验

四球法是在四球极压试验机（图 5-1）上测定润滑剂承载能力的一种方法。按照 GB/T 12583—1998《润滑剂承载能力测定法（四球法）》，在四球极压试验机上按等边四面体排列着 4 个钢球，上球以 1400～1500r/min 旋转，下面 3 个钢球用油盆固定在一起，通过杠杆或液压系统由下而上对钢球施加负荷。在试验过程中，4 个钢球的接触点都浸没在润滑剂里。每一级负荷每次试验时间为 10s，试验后测量油盒内任何一个钢球的磨痕直径。按照规定的程序反复试验，直到求出代表润滑剂承载能力的指标，包括最大无卡咬负荷 F_B、烧结负荷 F_D 等。

在四球法试验中，由不同负荷下钢球的平均磨痕下直径所作出的一条曲线，叫作磨损-负荷曲线，如图 5-2 所示。

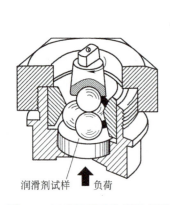

图 5-1 四球极压试验机示意图

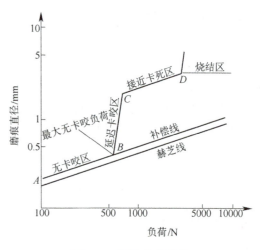

图 5-2 磨损-负荷曲线

在图 5-2 的磨损-负荷曲线中，曲线 AB 段表示摩擦面间的油膜没有破裂，吸附膜起着润滑作用，控制磨损，机械能正常工作，此段称为无卡咬区域。在试验条件下，不发生卡咬的最高负荷 F_B 称为最大无卡咬负荷，它表示油膜强度，在此负荷下摩擦表面间能保持完整的油膜。BC 段表示超过最大无卡咬负荷后，油膜开始破裂，磨损增大，但此时摩擦表面间温度上升还不太高，还不足以使润滑油中的极压抗磨添加剂发挥作用，此段称为延迟卡咬区。超过 C 点以后，摩擦面间的局部温度已升高到足以使润滑油中的极压抗磨添加剂的活性元素与摩擦表面作用而生成反应膜，因而仍能在更高的负荷下工作，CD 段为接近卡死区。超过 D 点后，负荷超过了反应膜所能承受的范围，摩擦表面间金属直接接触，出现烧结现象。在试验条件下，使钢球发生烧结的最低负荷 F_D 称为烧结负荷。它表示润滑剂的极限工作能力。

图 5-2 中的赫芝线和补偿线是试验中确定负荷的依据。赫芝线是在静负荷条件下，负荷与弹性变形所形成的凹入面直径间的关系。补偿线是在存在润滑剂而又不发生卡咬的

第五章 车辆齿轮油

条件下,下球的磨痕直径与所加负荷间的关系。

2. 台架试验

车辆齿轮油极压性的评定虽可在极压试验机上进行,但对使用性能级别较高的车辆齿轮油的极压性须采用汽车后桥传动装置在试验台上进行评定。

目前,国际上使用较广泛的评定GL—5车辆齿轮油极压性的台架试验方法有两种,即CRC L—37法和CRC L—42法。前者是评价低速高转矩(相当于汽车满载爬坡的情况)下的极压性。后者是评价高速和冲击载荷(相当于汽车紧急制动时的情形)下的极压性。表5-1列出了CRC L—37和CRC L—42的试验规范。我国的相应标准是NB/SH/T 0518—2016《车辆齿轮油承载能力测定法 L—37法》和SH/T 0519—1993《车辆齿轮油抗擦伤性能评定法(L—42法)》。

表5-1 车辆齿轮油极压性评定方法和试验规范

试验方法	CRC L—37	CRC L—42
试验特点	高速低转矩或低速高转矩	高速冲击载荷
试验装置	用雪佛兰载货汽车发动机驱动道奇3/4t军用载货汽车准双曲面齿轮后桥(传动比5.83:1)	用雪佛兰V—8型发动机驱动斯帕思尔44—1型准双曲面齿轮后桥(传动比4:1)
运行条件	程序Ⅰ 高速试验 时间:100min 转速:440r/min 转矩:1069N·m 程序Ⅱ 高转矩试验 时间:24h 转速:80r/min 转矩:4722 N·m 油温:135℃±15℃	程序Ⅰ 磨合 程序Ⅱ 高速 转速:在500~1100r/min间急加速和急减速运行,循环4次以上 油温:93.3℃ 程序Ⅲ 磨合 程序Ⅳ 冲击试验 转速:在550~650r/min间急加速和急减速运行,循环9次以上 转矩:1778 N·m 油温:137.8℃

二、热氧化安定性评定

评定GL—5车辆齿轮油热氧化安定性的代表性试验方法是CRC—60法,主要评定车辆齿轮油氧化后的黏度增长及不溶物含量。此方法是在圆柱齿轮和轴承组成的齿轮箱模型中,放入0.12L试油,以1725r/min的转速旋转,在162℃的高温下,以1.11L/h的流量通入空气,并以铜作为催化剂,经强制氧化50h后测定正戊烷不溶物、苯不溶物、酸值和运动黏度等,来评定车辆齿轮油的热氧化安定性。我国的相应标准是SH/T 0520—1992《车辆齿轮油热氧化安定性的评定法(L—60法)》。

三、抗腐性和缓蚀性评定

对车辆齿轮油的抗腐性多采用GB/T 5096—1985《石油产品铜片腐蚀试验法》评定。车辆齿轮油缓蚀性多采用CRC L—33缓蚀性试验法,我国相应标准为NB/SH/T 0517—2014《车辆齿轮油锈蚀评定法 (L—33-1法)》。

第三节 车辆齿轮油的分类与规格

一、车辆齿轮油的分类

目前世界上广泛采用美国汽车工程学会（SAE）的车辆齿轮油黏度分类法和美国石油学会（API）的车辆齿轮油使用性能分类法对车辆齿轮油进行分类。

1. SAE 车辆齿轮油黏度分类

SAE J306—2005《车辆齿轮油黏度分类》的规定见表5-2。该标准采用含有尾缀字母W和不含尾缀字母W的两种黏度等级系列。黏度等级代号由一组数字和字母W（70W、75W、80W、85W）或一组数字（80、85、90、110、140、190、250）组成，共11种。含有尾缀字母W是冬用齿轮油，是根据齿轮油黏度达到150Pa·s的最高温度和100℃时的最小运动黏度划分的。不带尾缀W的是夏用齿轮油，以100℃的运动黏度范围划分的。

表5-2 SAE J306—2005 车辆齿轮油黏度等级分类

SAE 黏度等级	动力黏度达 150 Pa·s 时的最高温度/℃	运动黏度（100℃）/mm²·s⁻¹	
		最 小	最 大
70W	−55	4.1	
75W	−40	4.1	
80W	−26	7.0	
85W	−12	11.0	
80		7	<11
85		11	<13.5
90	—	13.5	<18.5
110		18.5	<24.0
140	—	24.0	<32.5
190		32.5	<41
250		41.0	

车辆齿轮油的黏度等级不同于发动机润滑油的黏度等级。当车辆齿轮油与发动机润滑油有相同的黏度时，根据两黏度分类规定的黏度等级相差很大。例如，70W 车辆齿轮油与 10W 的发动机润滑油具有相同的黏度，90 的车辆齿轮油与 40、50 的发动机润滑油黏度相当，但黏度等级号不同。

车辆齿轮油的黏度等级也有单黏度等级和多黏度等级之分，一个多黏度等级的车辆齿轮油，其低温黏度满足表5-2中一个含W级的要求，并且100℃运动黏度在一个不含W级规定的黏度范围之内。例如80W/90，它满足80W的低温性能并且在90的高温性能规定范围之内。

2. API 车辆齿轮油使用性能分类

世界上广泛采用美国石油学会（API）的车辆齿轮油使用性能分类法，根据齿轮的形式和负载情况对车辆齿轮油进行质量等级分类,该分类将车辆齿轮油共分为 GL—1、GL—2、GL—3、GL—4、GL—5、GL—6 六级,其分类使用说明及用途见表 5-3。

表 5-3 车辆齿轮油 API 使用性能分类

分类	使用说明	用途
GL—1	低齿面压力、低滑动速度下的汽车弧齿锥齿轮、蜗轮式驱动桥以及各种手动变速器规定用 GL—1 齿轮油。直馏矿油能满足这类情况的要求,可以加入抗氧剂、缓蚀剂和消泡剂改善其性能,但不加摩擦改进剂和极压剂	汽车手动变速器,包括拖拉机和载货汽车手动变速器
GL—2	汽车蜗轮式驱动桥,由于其负荷、温度和滑动速度的状况,用 GL—1 齿轮油不能满足要求,规定用 GL—2 齿轮油	蜗杆传动装置
GL—3	速度和负荷比较苛刻的汽车手动变速器和弧齿锥齿轮的后桥规定用 GL—3 齿轮油,这种使用条件要求润滑油的负荷能力比 GL—1 和 GL—2 级油高,但比 GL—4 级油要低	苛刻条件的手动变速器和弧齿锥齿轮的驱动桥
GL—4	在低速高转矩、高速低转矩下操作的各种齿轮,特别是客车和其他各种车用的准双曲面齿轮规定用 GL—4 级齿轮油。适用于其抗擦伤性能等于或优于 CRC RGO—105 参考油。该油已做过各种试验证明具有 1972 年 4 月 ASTM STP 说明的性能水平	手动变速器、弧齿锥齿轮和使用条件不太苛刻的准双曲面齿轮
GL—5	在高速冲击载货、低速高转矩、高速低转矩下操作的各种齿轮,特别是客车和其他车用的准双曲面齿轮规定用 GL—5 级齿轮油。适用于其抗擦伤性能等于或优于 CRC RGO—110 参考油。该级油已做过各种试验证明具有 1972 年 4 月 ASTM STP 说明的性能水平	操作条件缓和或苛刻的准双曲面齿轮及其他各种齿轮、手动变速器
GL—6	在高速冲击条件下运转的轿车和其他车辆的各种齿轮,特别是大偏移距的准双曲面齿轮,偏移距大于 50mm 或接近大齿轮直径的 25%,规定用 GL—6 级齿轮油。其抗擦伤性能等于或优于参考油 L—1000。该级油已做过各种试验证明具有 1972 年 4 月 ASTM STP 说明的性能水平	

3. 我国车辆齿轮油的分类

目前我国车辆齿轮油的黏度分类是根据标准 GB/T 17477—2012《汽车齿轮润滑剂黏度分类》,其方法与 SAE 黏度分类相同,而车辆齿轮油的使用性能只分为 CLC、CLD、CLE 三类。其中,CLC 相当于普通车辆齿轮油,CLD 相当于中负荷车辆齿轮油,CLE 相当于重负荷车辆齿轮油,分别与 API(美国石油学会)的车辆齿轮油使用性能分类中的 GL—3、GL—4、GL—5 相对应。其详细分类见表 5-4。

表 5-4 我国车辆齿轮油详细分类

代号	组成、特性和使用说明	使用部位
CLC	精制矿物油加抗氧剂、缓蚀剂、抗泡剂和少量极压剂等制成。适用于中等速度和负荷比较苛刻的手动变速器和弧齿锥齿轮的驱动桥	手动变速器和弧齿锥齿轮的驱动桥
CLD	精制矿物油加抗氧剂、缓蚀剂、抗泡剂和极压剂等制成。适用于低速高转矩和高速低转矩下操作的各种齿轮,特别是客车和其他各种车辆用的准双曲面齿轮	手动变速器和弧齿锥齿轮的驱动桥和使用条件不太苛刻的准双曲面齿轮的驱动桥
CLE	精制矿物油加抗氧剂、缓蚀剂、抗泡剂和极压剂等制成。适用于在高速冲击载荷、低速高转矩和高速低转矩下操作的各种齿轮,特别是客车和其他各种车辆用的准双曲面齿轮	操作条件缓和或苛刻的准双曲面齿轮及其他各种齿轮的驱动桥,也可用于手动变速器

参照 SAE 黏度分类，我国车辆齿轮油按黏度为 150Pa·s 时的最高温度和 100℃ 时的运动黏度分为 7 个黏度牌号（见表 5-2），其中包括 4 个低温黏度牌号（冬季用油）和 3 个高温黏度牌号（春、夏、秋季用油）。凡满足冬季用油要求又符合春、夏、秋季用油要求的润滑油，称为多级油。常见的多级油有 80W/90、85W/90 等。

二、我国车辆齿轮油的规格

我国现行的车辆齿轮油的规格或安全使用技术条件有：SH/T 0475—1992《普通车辆齿轮油换油指标》；JT/T 224—2008《中负荷车辆齿轮油》和 GB 13895—1992《重负荷车辆齿轮油（GL—5）》。

1. 普通车辆齿轮油（GL—3）

普通车辆齿轮油分为 80W/90、85W/90 和 90 三个黏度牌号，主要由精制矿物油加抗氧剂、缓蚀剂、抗泡剂和少量极压剂等制成。适用于中等速度和负荷、比较苛刻的手动变速器和弧齿锥齿轮的驱动桥。其具体规格见表 5-5。

表 5-5　普通车辆齿轮油（GL—3）

项　目		质量指标			试验方法
		80W/90	85W/90	90	
运动黏度（100℃）/mm²·s⁻¹		15～19	15～19	15～19	GB/T 265
表观黏度 150Pa·s 时的温度	不高于	−26	12		GB/T 11145
黏度指数				90	GB/T 1995 或 GB/T 2541
倾点/℃		−28	−18	−10	GB/T 3535
闪点（开口）/℃		170	180	190	GB/T 267
水分（%）		痕迹			GB/T 260
锈蚀试验 15 号钢棒 A 法		无锈			GB/T 1143
起泡性（mL/mL）	不大于				GB/T 12579
24℃±0.5℃		100/10			
93℃±0.5℃		100/10			
24℃±0.5℃		100/10			
铜片腐蚀试验（100℃, 3h）/级	不大于	1			GB/T 5096
最大无卡咬负荷（F_B）/N	不小于	784			GB/T 3142
糠醛或酚含量（未加剂）		无			SH/T 0076 或 SH/T 0120
机械杂质（%）	不大于	0.05	0.02	0.02	GB/T 511
残炭（未加剂）(%)		报告			GB/T 268
酸值（未加剂）/mgKOH·g⁻¹		报告			GB/T 4945
氯含量（%）		报告			GB/T 0160
锌含量（%）		报告			GB/T 0226
硫酸盐灰分（%）		报告			GB/T 2433

注：上述标准均应为现行有效标准。

2. 中负荷车辆齿轮油（GL—4）

中负荷车辆齿轮油分为 80W/90、85W/90 和 90 三个黏度牌号，由精制矿物油加抗氧剂、缓蚀剂、抗泡剂和极压剂等制成。适用于在低速高转矩、高速低转矩下操作的各种齿轮，特别是客车和其他车辆的准双曲面齿轮。其技术要求和试验方法见表5-6。

表 5-6　中负荷车辆齿轮油的技术要求和试验方法（GL—4）

项　　目		技　术　要　求			试　验　方　法
		90	85W/90	80W/90	
运动黏度（100℃）/$mm^2 \cdot s^{-1}$		13.5~24	13.5~24	13.5~24	GB/T 265
黏度指数	不小于	75	—	—	GB/T 2541
表观黏度150Pa·s时的温度	不高于	—	-12	-26	GB/T 11145
闪点（开口）/℃	不低于	180	180	165	GB/T 267
倾点/℃	不高于	-10	-15	-27	GB/T 3535
机械杂质（%）	不大于	0.05			GB/T 511
水分（%）	不大于	痕迹			GB/T 260
铜片腐蚀试验（121℃，3h）级	不高于	3b			GB/T 5096
锈蚀试验（45号钢棒）		无锈			GB/T 11143A法
最大无卡咬负荷（F_B）/N	不小于	883			GB/T 3142
泡沫倾向性/泡沫稳定性/mL·(mL)$^{-1}$					
24℃±0.5℃	不大于	100/0			
93℃±0.5℃	不大于	100/0			GB/T 12579
后24℃±0.5℃	不大于	100/0			
磷含量（%）		报告			SH/T 0296
硫含量（%）		报告			GB/T 387

注：上述标准均应为现行有效标准。

3. 重负荷车辆齿轮油（GL—5）

重负荷车辆齿轮油分为75W、80W/90、85W/90、85W/140、90和140六个牌号，由精制矿物油加抗氧剂、缓蚀剂、抗泡剂和极压剂等制成。适用于在高速冲击负荷、高速低转矩、低速高转矩下操作的各种齿轮，特别是客车和其他车辆的准双曲面齿轮。其规格见表5-7。

表 5-7　重负荷车辆齿轮油（GL—5）

项　　目		质　量　指　标						试验方法
		75W	80W/90	85W/90	85W/140	90	140	
运动黏度（100℃）/$mm^2 \cdot s^{-1}$		≥4.1	13.5~<24.0	13.5~<24.0	24.0~<41.5	13.5~<24.0	24.0~<41.5	GB/T 265
倾点/℃		报　告						GB/T 3535
表观黏度150Pa·s时的温度	不高于	-40	-26	-12	-12			GB/T 1145
闪点（开）/℃	不低于	150	165	165	180	180	200	GB/T 3536
成沟点/℃	不高于	-45	-35	-20	-20	-17.8	-6.7	SH/T 0030
黏度指数	不低于	报　告				75	75	GB/T 2541

(续)

项 目		质 量 指 标					试验方法
		75W	80W/90	85W/90	85W/140	90	140	
起泡性（泡沫倾向）/mL 　24℃　　　　　　　　不大于 　93.5℃　　　　　　　不大于 　后24℃　　　　　　　不大于		20 50 20						GB/T 12579
腐蚀试验（铜片，121℃，3h)/级 　　　　　　　　　　不大于		3						GB/T 5096
机械杂质（%）　　　　不大于		0.05						GB/T 511
水分（%）　　　　　　不大于		痕迹						GB/T 260
戊烷不溶物（%）		报告						GB/T 8926
硫酸盐灰分（%）		报告						GB/T 511
硫（%）		报告						GB/T 387 GB/T 388 GB/T 11140 SH/T 0172
磷（%）		报告						SH/T 0296
氮（%）		报告						SH/T 0224
钙（%）		报告						SH/T 0270
储存稳定性 　液体沉淀物（%）　　不大于 　固体沉淀物（%）　　不大于		1 0.25						SH/T 0037
锈蚀试验 　盖板锈蚀面积（%）　　不大于 　齿面、轴承及其他部件锈蚀情况 　　　　　　　　　　不大于		1 无锈						SH/T 0517
抗擦伤试验		通过						SH/T 0519
承载能力试验		通过						SH/T 0518
热氧化安定性 　100℃运动黏度增长（%）不大于 　戊烷不溶物（%）　　不大于 　甲苯不溶物（%）　　不大于		100 3 2						SH/T 0520 GB/T 265 GB/T 8926 GB/T 8926

注：上述标准均应为现行有效标准。

第四节　车辆齿轮油的选择

车辆齿轮油的选择包含齿轮油使用级的选择和黏度级别的选择两个方面。一方面要

第五章 车辆齿轮油

根据使用环境最低温度和传动装置的运行最高温度来确定最低等级,另一方面要根据齿轮类型和工作条件来确定齿轮油的质量档次。

一、使用性能级别的选择

车辆齿轮油使用级别的选择,要严格按照汽车使用说明书中规定的齿轮油使用级,或根据传动机构工作条件的苛刻程度选择齿轮油。工作条件主要根据齿面压力、滑动速度和油温等工作条件,而这些工作条件又取决于传动装置的齿轮类型,所以车辆齿轮油使用级别一般按齿轮类型和传动装置的功能来选。

一般来说,在汽车传动机构中后桥主减速器的工作条件较为苛刻,特别是准双曲面齿轮式主减速器工作时不仅负荷重、速度快,而且齿面侧向滑动,在负荷下运转时主要靠油内的极压抗磨剂的作用来减少摩擦和磨损。所以对准双曲面齿轮式主减速器或工作条件苛刻的其他齿轮式主减速器一定要选择GL—4以上的齿轮油。

我国目前汽车多为手动变速器,变速器的齿轮均为圆柱形直齿轮或斜齿轮,负荷一般低于2000MPa,转速较快,容易形成流体(轻负荷)或弹性流体(重负荷)润滑膜;各档齿轮交替工作,其工作条件比主减速器齿轮(尤其是准双曲面齿轮)温和,所以普通车辆齿轮油就可以满足其润滑要求。但为了减少用油级别,方便管理,在汽车各传动装置对齿轮油使用性能级别要求相差不太大的情况下,手动变速器和后桥可以选用同一级别使用性能的齿轮油。

汽车转向机构多为齿轮齿条式、蜗轮蜗杆式或滚珠螺旋式,齿轮传动部分一般和手动变速器使用同一种润滑油。

二、黏度级别的选择

车辆齿轮油最低黏度级别的选择,主要根据最低气温和最高油温,并同时考虑车辆齿轮油换油周期较长的因素。

车辆齿轮油的黏度应既能保证低温下的车辆起步,又能满足油温升高后的润滑要求。如前所述,车辆齿轮油以表观黏度150Pa·s作为低温流动性极限,所以在SAE黏度分类中表观黏度达150Pa·s时的最高温度,就是保证低温操作性能的最低温度。由表5-7可知,黏度为75W、80W和85W的准双曲面齿轮油的最低使用温度分别为-40℃、-26℃、-12℃。即车辆使用地区的最低温度不应低于所选齿轮油的上述温度。

黏度等级选择可按最低使用温度(见表5-8),或按小齿轮转速及工作温度来选择100℃运动黏度。

表5-8 最低使用温度与黏度牌号

最低使用温度/℃	SAE黏度等级
-40	75W/90
-30	80W/90
-20	85W/90
-10	90

由于我国幅员广阔,南北气候相差很大,不能按同一模式来选择车辆齿轮油的黏度。

我国南方冬季温度很少低于-10℃，所以可全年使用SAE90和SAE140车辆齿轮油；而在北方地区，为适当延长换油期，避免季节换油造成浪费，可以选用冬夏通用的多级油。黄河以南地区可选用85W/140车辆齿轮油；寒区及严寒地区可选用75W/90车辆齿轮油。

三、车辆齿轮油选用的注意事项

1）等级低的齿轮油不能用在要求较高的车辆上，等级高的齿轮油可降级使用，但降级过多则在经济上不合算。

2）齿轮油的黏度应以能保证润滑为宜，尽可能选用合适的多级齿轮油，如果黏度过高，会使燃料消耗显著增加。

3）不同等级的车辆齿轮油不能混用。

第五节 在用车辆齿轮油的质量与更换

车辆齿轮油在使用过程中不仅有量的消耗，而且还有质的变化。车辆齿轮油会逐渐老化，其理化性质和使用性能逐渐变差。这就同发动机润滑油一样会存在着质量控制的问题，当使用到一定时间后，随着质量、性能变差，为确保润滑条件，必须及时更换齿轮油。如果车辆齿轮油的质量水平高，则使用中油品老化速度慢，油品寿命就长。

一、磨合期换油

新齿轮组的加工和装配，都不可避免地有加工条纹和误差。齿轮组运转时，开始只是在齿面的一些凸起地方接触，如果此时突然加大负荷，接触部分会受到极大压力，磨损会突增，容易产生胶合，造成齿面损伤，缩短使用寿命，因此应选用极压性好的齿轮油。另外，由于新配合部件各部分间隙较小，在磨合期应选用黏度较低的齿轮油使摩擦表面得到良好的润滑。由于磨合期零件表面及润滑油的温度都很高，并有较多的金属屑磨损下来起催化作用，很容易使齿轮油氧化变质，所以，在使用时应按磨合期维护规定及时更换齿轮油。

二、车辆齿轮油的更换

车辆齿轮油在使用过程中同样存在着质量变质和质量控制问题。车辆齿轮油的换油标准主要有定期换油、按质换油和定期换油同时控制油的指标三种。

定期换油是根据车辆的传动结构特性、运行条件和润滑油的质量，由汽车制造厂家推荐或用户自行确定固定的换油周期（时间或里程）。但采用定期换油的方法会出现不该换的齿轮油被换了，浪费了油料；或者该换时没换的情况，使润滑条件无法保证。虽然定期换油不尽合理，但由于定期换油不需要对齿轮油的质量进行鉴定、化验，操作简单、方便，所以目前国内对车辆齿轮油的更换多是采用定期换油。

按质换油就是按齿轮油的质量更换齿轮油，是确定在用车辆齿轮油更换周期的发展方向。随着在用润滑油化验技术的进步，按质换油正在逐步取代按期换油，但是按质换油必须配备一定数量、具有监测化验能力的技术人员和必要的化验设备。

我国目前在车辆齿轮油方面只有普通齿轮油的换油标准（SH/T 0475—1992），

见表5-9。

表5-9 普通车辆齿轮油换油标准

项　目		换油指标	试验方法
100℃运动黏度变化率（%）	超过	−10~20	GB/T 265
水分（%）	大于	1.0	GB/T 260
酸值增加值/mgKOH·g^{-1}	大于	0.5	GB/T 8030
戊烷不溶物（%）	大于	2.0	GB/T 8296
铁含量（%）	大于	0.5	GB/T 0197

注：上述标准均应为现行有效标准。

第六章　汽车液力传动油

**学习提示：**

通过本章学习，应该明确
- 液力传动油的特性和性能指标
- 液力传动油的分类方法和规格种类
- 液力传动油的选用方法和更换原则

随着汽车结构的不断完善，传动系统操纵自动化便成为改善汽车结构的发展方向之一。目前自动变速汽车的数量逐渐增多，液力传动油的使用量也在不断增大。液力传动油的作用是在液力变矩器内实现动力传递，在自动变速器内实现控制和动力传递及润滑有关摩擦副。

第一节　液力传动油的特性与性能指标

近年来，随着车型种类的不断增多，采用自动变速器的车辆以其方便、省事、轻松的驾驶感觉越来越受到人们的青睐。液力传动油主要用于轿车、城市客车和工程机械的自动变速装置上。自动变速装置和手动变速器有所不同，其结构大致由以下部分组成。

(1) **液力变矩器**　其作用是将发动机传来的动力传送到传动机构，在传送过程中根据外界负荷的大小自动调节输出转矩和转速，若外界负荷剧烈变化，则对发动机起保护作用。

(2) **湿式离合器和制动器**　功能是把液力变矩器传来的动力传到齿轮组上。

(3) **行星齿轮**　用来改变传递转矩、速度和方向来满足驾驶人的操作要求。具有尺寸小、重量轻、传动比大、传动效率高、承载能力大和换档轻便的特点。

(4) **电子液压控制系统**　用来控制湿式离合器的操作进而控制行星齿轮间的配合，以获得进退方向和不同的速度。

以上四部分通常是做成一体的，即自动变速装置的主要部件。

对自动变速装置来说，其变速器结构比较复杂，要想长期行驶自如，保持良好状态，定期换油和保养是必不可少的。为了实现其多种功能和多种用途，就必须使用液力传动油。液力传动油是最复杂的多功能液体之一,性能要求非常全面,在传动过程中起到下列作用。

(1) 分散热量 由于自动变速器结构紧凑,尺寸小,不易散热,使用液力传动油带走热量是很重要的。

(2) 磨损保护 液力传动油中加有抗磨剂,对整个变速器系统起到很好的减磨保护作用。

(3) 匹配的动、静摩擦特性 对液力传动油来说,摩擦特性最重要,但很难达到理想状态。它要求动摩擦因数尽可能高,静与动摩擦因数之比小于1.0,在全程操作温度范围内,摩擦因数尽量保持不变。

(4) 高低温下的保护作用 液力传动油适用的温度范围在 -40~170℃ 之间,其倾点低,适合全国大部分地区。使用时高温黏度高,可以保持油膜厚度,具有很好的润滑性,同时,作为能量介质,油品必须低黏度。所以,通常要求其100℃时的运动黏度为 7.0~8.5 mm^2/s 之间。

除以上性能外,液力传动油还必须与所有的传动部件有很好的相容性,可以在高低温极限条件下正常操作,要长期保持正常的使用性能。同时应具有优良的抗氧化性能,稳定的摩擦耐磨性能,对铜部件无腐蚀,具有良好的缓蚀性和抗泡性能,且对橡胶材料有很好的相容性等。

一、液力传动油的特点

液力传动油主要用作液力变矩器和液力偶合器的工作介质。随着汽车自动变速器制造业的发展,液力传动油也在不断地发展。由于现代汽车自动变速器(AT)中装有液力变矩器、离合器、制动器、齿轮机构、调速器和液压装置等,因此要求自动变速器油具有多方面的性能。除了作为液力变矩器的工作介质以外,还须满足齿轮机构的抗烧结性能及抗磨性能;作为液压介质则要求油品具有良好的低温流动性;作为离合器传递动力的工作介质则要求油品能适合离合器材质的摩擦特性,功率损失适当,温升不过高,具有较好的清净分散性。除此之外,为延长油品使用寿命,还要求油品具有良好的氧化安定性、抗泡沫性、缓蚀性以及与橡胶密封件的适应性等。因此自动变速器油比一般液力传动油要求有更高的性能,在液力传动油的分类中分为 L—HA 自动传动(变速器)油与一般液力变矩器和液力偶合器适用的 L—HN 液力传动油两类。

二、液力传动油在自动变速器中须满足的要求

根据液力传动油的作用和所处工作环境的特点,要求其在自动变速器工作时必须要满足如下要求:

(1) 适度的黏度、起泡程度 由于传递效率与油的黏度、起泡程度有关,所以要求油的黏度、起泡程度要合适。

(2) 抗氧化性能要求高 液力传动油在自动变速器工作时,系统内部工作温度可达 70~170℃,油的流速可达 20m/s,并且不断与有色金属、空气相接触,所以油的抗氧化性能要求高。

(3) 具有一定的润滑性能 液力传动油在系统工作时,系统内的轴承、齿轮等摩擦

副也须用液力传动油进行润滑,因此要求液力传动油具有一定的润滑性能。

(4) 比重大　随着现代自动变速器技术的进步,其整体尺寸不断缩小,但同时又必须保证其转速和传递功率保持不变,因此,液力传动油的比重越大越好。

三、液力传动油的性能指标

液力传动油的优劣,对液力传动装置的工作和性能有着至关重要的影响,评价其性能的主要指标有以下几个。

1. 黏度

液力传动油的使用温度为-40~170℃,范围很宽,又因自动变速器对其工作油的黏度极其敏感,所以黏度是液力传动油重要的特性之一。不同种类变速器所需要的液力传动油黏度也不相同,因此不能随意地更换用于汽车自动变速器中的液力传动油,避免液力传动油黏度与自动变速器要求不适应,导致不良反应出现。当使用的液力传动油黏度偏大时,不仅影响液力变矩器的效率,而且可能造成汽车低温起步困难;当使用的液力传动油黏度偏小时,会导致液压系统的泄漏增加。特别是变速器在高速工作时,铝制壳体膨胀量大,此时黏度小则可能引起换档不正常。

2. 热氧化安定性

液力传动油的热氧化安定性在使用中非常重要,和润滑油一样,热氧化安定性直接决定着液力传动油的使用寿命和自动变速器的使用寿命。因为液力传动油的工作温度很高,如果热氧化安定性不好,就会导致油泥、清漆、积炭及沉淀物等的形成,从而造成离合器和制动器打滑,控制系统失灵等故障发生。

美国专业公司测定了出租轿车和自用小轿车自动变速器中的油温。自用小轿车在高速公路上的油温为82.2~87.8℃,而出租车在市内停停走走时的油温更高,一般在93.3~111.7℃之间。由于路况、驾驶因素等的影响,国内车辆液力传动油的工作温度据科学估计保持在100℃左右,极端情况下可能会达到150℃,而在离合器片表面温度可达393℃。因此国内车辆液力传动油的工作状况更为恶劣。

3. 抗泡沫性

自动变速器中的液力传动油产生泡沫对传动系统危害很大。目前普遍采用的液力变矩器和变速器是通过同一油路系统供油的。因此液力传动油既是变矩器传递功率的介质,又是变速器自动控制的介质和润滑冷却的介质。泡沫可导致变矩器传递功率下降,泡沫的可压缩性导致液压系统压力波动和油压下降,严重时可使供油中断。油中混入大量空气,实际是减少了润滑油量。这些气泡在压缩过程中,温度升高,又加速了油品老化,影响了油品使用寿命,且导致机件早期磨损。

4. 抗磨性能

只有良好的抗磨性能才能保证行星齿轮中各齿轮传动、离合器和制动器工作效能和自动变速器使用寿命的需要。

5. 与系统中橡胶密封材料的匹配性

目前自动变速器中多使用丁腈橡胶、丙烯橡胶及硅橡胶等,要求液力传动油不能使其

有太明显的膨胀，也不能使之硬化变质。

6. 摩擦特性

摩擦特性即是换档性能，是保证传动齿轮各部件工作平顺的关键，并能降低噪声，延长寿命。

7. 防腐性能

在传动装置和冷却器中安装有铜接头、黄铜轴瓦、黄铜滤清器及止推垫圈等部件。这些部件中均含有大量的有色金属，因此液力传动油必须要保证不会引起铜腐蚀和其他金属生锈。

8. 储存安定性

液力传动油在一定温度范围内和一定时间应该保证均相、没有分解，而且液力传动油各成分不应该出现分层或析出等现象。

第二节　液力传动油的分类与规格

在 ISO6743/A 分类标准中，把液力传动系统工作介质分为 HA 油（适用于自动传动装置）和 HN 油（适用于功率转换器）。美国材料试验学会（ASTM）和石油学会（API）的分类方案是将液力传动油分为 PTF—1、PTF—2 和 PTF—3 三类，见表 6-1。

表 6-1　国外液力传动油的分类

分　　类	符合的规格	应　　用
PTF—1	通用汽车公司 GM　Dexron 福特汽车公司 Ford　M_2C_{33}—F 克莱斯勒 Chrysler MS—4228	轿车、轻型卡车自动传动油
PTF—2	通用汽车公司 TRUCK COACH 阿里森 ALLISION C—2	履带车、农业用车、越野车的自动变速器
PTF—3	约翰·狄尔 JOHN DEERE J—20A 福特汽车公司 M_2C_{41}A 玛赛-福格森 MASSEY FERGUSON M—1135	农业与建筑野外机器用液力传动油

PTF—1 类油主要用于轿车和轻型载货汽车的液力传动系统。其特点是低温起动性好，对油的低温黏度及黏温性有很高的要求。典型的品种是美国通用汽车公司 GM Dexron 或 GM DexronⅡ（其前身叫 A 型油），后者低温黏度要求更严，氧化安定性及耐久试验条件也较前者苛刻。福特汽车公司的 F 型油，现在的产品编号是 Ford M_2C_{33} E/F，F 型油静摩擦因数较大，不加油性剂。进口轿车有推荐用 A 型油或 F 型油的，要区别选用。

PTF—2 类油主要用于重负荷的液力传动系统。如重型载货汽车、大型客车、越野车和工程机械的自动变速器。其特点是适于在重负荷下工作，对极压抗磨性的要求很高。现在典型的品种是通用公司的阿里森 C—3（GM Allison C—3）。

PTF—3 类油是随着全液压拖拉机的发展而生产的，主要功能是对传动、差速器和最后驱动齿轮的润滑，以及液压转向、制动、分动箱和悬架装置的工作介质。典型的品种有约翰·狄尔（John-Deere）J—20A、福特 M_2C_{41}A、玛赛-费格森（Massey-Ferguson）M—

1135。这类油的特点是适于在中低速下运转的拖拉机及野外作业的工程机械液力传动系统和齿轮箱中使用,其极压抗磨性和负荷承载能力比PTF—2类油的要求更严格。

我国目前尚未制定液力传动油详细分类的国家标准,现有产品按中国石油化工总公司企业标准有6号普通液力传动油和8号液力传动油两种;另有一种拖拉机传动、液压两用油。

8号液力传动油(Q/SHGQ.01.012—2000)是以润滑油馏分经脱蜡、深度精制,并加入增黏、降凝、抗氧、防腐、缓蚀、油性、抗磨、抗泡等多种添加剂而制成的液力传动油,外观为红色透明体,适用于各种具有自动变速器的汽车。它接近于PTF—1级油,见表6-2。

表6-2 液力传动油(Q/SHGQ.01.012—2000)

项 目		质量指标		试验方法
		6号	8号	
运动黏度/($mm^2 \cdot s^{-1}$) 100℃		5.0~7.0	7.5~8.5	GB/T 265
−20℃		—	报告	
密度(20℃)/(kg/m^3)		—	—	GB/T 1884
闪点(开口)/℃	不低于	160	155	GB/T 267
凝点/℃	不高于	−30	−35	GB/T 510
水溶性酸或碱		—	无	GB/T 259
水分(质量分数)(%)	不大于	痕迹	痕迹	GB/T 260
铜片腐蚀/(100℃,3h)		合格	合格	SH/T 0195
机械杂质(质量分数)(%)	不大于	0.01	0.01	GB/T 2511
最大无卡咬负荷(F_B)/N		报告	报告	GB/T 3142
四球长期磨损/mm		报告	报告	SH/T 0189
泡沫性(泡沫倾向/泡沫稳定性)/mL·(mL^{-1})				
24℃	不大于	报告	报告	
93.5℃	不大于	报告	报告	GB/T 12579
后24℃	不大于	报告	报告	

注:上述标准均应为现行有效标准。

6号普通液力传动油(Q/SHGQ.01.011—2000)是以深度精制的石油馏分,加入抗氧、抗磨、缓蚀、降凝、抗泡等添加剂调成的液力传动油,适用于内燃机车、载货汽车的液力变矩器,它接近于PTF—2级油,见表6-2。

拖拉机传动、液压两用油(Q/SH 007.1.23—1987)是由深度精制的中性油加入多种添加剂调制而成,按40℃运动黏度中心值划分有68、100和100D三个牌号,适用于国产及进口拖拉机、工程机械和车辆作为液压系统的工作介质和齿轮传动机构的润滑油,其规格见表6-3。

表6-3 拖拉机传动、液压两用油(Q/SH 007.1.23—1987)

项 目	质量指标			试验方法
	68	100	100D	
运动黏度/$mm^2 \cdot s^{-1}$				
40℃	61.2~74.8	90~110	90~110	GB/T 265
100℃		报告		

第六章 汽车液力传动油

（续）

项 目		质量指标			试 验 方 法
		68	100	100D	
黏度指数	不小于	130	90	90	GB/T 1995
闪点（开口）/℃	不低于	200	200	200	GB/T 267
凝点/℃	不高于	-33	-16	-33	GB/T 510
腐蚀试验（铜片，100℃，3h）/级	不大于	1	1	1	GB/T 5096
液相锈蚀试验（蒸馏水）		无锈	无锈	无锈	SY2674
水分（%）	不大于	痕迹	痕迹	痕迹	GB/T 260
机械杂质（%）	不大于	0.01	0.01	0.01	GB/T 511
最大无卡咬负荷（F_B）/N（kgf）	不小于	833.5（85）	833.5（85）	833.5（85）	GB/T 3142
磨损直径（294N，60min）/mm	不大于	0.5	0.5	0.5	GB/T 3142
泡沫性（泡沫倾向/泡沫稳定性，93℃）/mL·(mL)$^{-1}$	不大于	100/10	100/10	100/10	GB/T 12579
FZG 齿轮机试验/级	不大于	10	10	10	SY2691

注：1. 100 适用于南方地区，68 和 100D 适用于北方地区。
2. 上述标准均应为现行有效标准。

第三节 液力传动油的选择与使用

液体传动以液体为传动介质，利用液体的压力能或动能来传递和转换能量。液体传动分为利用密闭容积内的液体静压力传递和转换能量的液压传动及借助液体的运动能量来实现传递动力的液力传动两类。两者所使用的工作介质分别称为液压油（液）和液力传动油（液）。

在液体传动中的工作介质，除了传递和转换能量及进行控制的功用以外，在系统构成和工作条件一定的条件下，还要求这些工作介质具有必要的润滑性，以便可以充分地润滑各液压元件的摩擦副，尽可能降低其摩擦与磨损，在使用水基工作介质及周围环境介质中存在水分、氧等因素影响的场合下，还需要具有一定的缓蚀性和抗乳化性等。此外，还要注意特殊工况下的抗燃及低凝固点等方面的影响。

一、液力传动油的选择

选择液力传动油时，应根据所使用的液力传动结构的特点，结合液力传动油类型进行相应的选择。

1. 液力传动油的选择原则

自动变速器的工作特点要求液力传动油必须具有较高的品质。自动变速器油的型号很多，各国的用油规定也不同，一般应按汽车使用说明书的规定选用。我国一般使用兰州、上海炼油厂生产的液力传动油，按其 100℃ 运动黏度分为 6 号、8 号两种规格，其中 6 号液力传动油用于内燃机车或载货汽车的液力变矩器；8 号液力传动油用于各种轿车、轻型

客车的液力自动变速器。目前世界各国普遍使用美国生产的自动变速器油，主要有通用公司生产的 Dexron、Dexron I、Dexron II 型和福特公司生产的 E、F 型。我国的部分国产汽车和进口汽车多用美国通用公司生产的 Dexron II 型和福特公司生产的 F 型自动变速器油。

自动变速器油的型号不同，其摩擦因数也不同。因此，既不能错用，也不能混用。如果规定使用 Dexron II 型自动变速器油而错用了福特 F 型自动变速器油，可能会使自动变速器发生换档冲击和制动器、离合器突然啮合的现象；反之，规定用福特 F 型自动变速器油而错用了 Dexron II 型自动变速器油，则可能会出现自动变速器的离合器、制动器打滑，加速摩擦片早期磨损的现象。

2. 液力传动油使用注意事项

1）注意保持油温正常。长时间重载低速行驶，将使油温上升，加速油的氧化变质，生成沉积物和积炭，阻塞细小的通孔和油液循环的管路，这又使自动变速器进一步过热，导致变速器损坏。

2）经常检查油平面。车辆停在平地上，发动机保持运转，油应在正常工作温度下，如果车辆在长途行驶或拖带挂车后，要在过半小时后检查。此时油平面应在自动变速器量油尺上下刻线之间（如果分冷、热刻线，则以热刻线为准），不足时及时添加。如液面下降过快，可能有漏液，应及时予以排除。

3）按车辆使用说明书的规定更换液力传动油和滤清器（或清洗滤网），同时拆洗自动变速器油底，并更换其密封垫。通常每行驶 1 万 km 应检查油面，每行驶 3 万 km 更换油液。

4）在检查油面和换油时，注意油液的状况。在手指上涂上少许油液，用手指互相摩擦看是否有渣粒存在，并从量油尺上嗅闻油液气味，通过对油液的外观检查，可发现部分问题。

5）传动油是一种专用油品，加有染色剂，系红色或蓝色透明液体，绝不能与其他油品混用，同牌号不同厂家生产的也不宜混兑使用，以免造成油品变质。

二、自动变速器油的检查与更换

1. 自动变速器油的检查

（1）油面高度的检查　自动变速器的生产厂不同，油面高度的检查条件也不同，油尺的刻度标准也不完全相同。检查时一般都要求：自动变速器处于热状态（油温为 70～80℃），汽车停放在水平路面上并拉紧驻车制动器操纵杆，发动机怠速运转。踩下制动踏板，将自动变速器的变速杆在各档位轮换停留短时间，使油液充满液力变矩器和所有执行元件，然后将发动机熄火，将变速杆拨至停车档 P 位。此时抽出油尺，用干净的抹布擦净后重新插入，再拔出检查，油面高度应达到油尺上规定的上限刻度附近为准。需要注意的是，油尺上的冷态范围（COOL）用于常温下检测，只能作为参考，而热态范围（HOT）才是标准的。如果超出允许范围，则需添加或排出部分油液。

（2）油质的检查　正常的自动变速器油清澈略带红色，且无异味。如果使用不当，容易出现油液变质，因此，必须加强对油液品质的检查。油液品质的检查，可用检测仪器进行。如无检测仪器时,可从外观上判断,如用手指捻一捻油液,感觉一下黏度,用鼻子闻一闻有无特殊的气味。若发现油液变质,应及时换用新油。根据使用的经验,油液品质变化与其故障原因对应关系见表6-4。

(3) **油温和通气管的检查** 油温是影响自动变速器油和自动变速器使用寿命的一个重要因素。油温过高将使油液黏度下降,性能变坏,产生油膏沉淀物和积炭,堵塞细小孔道,阻滞控制滑阀,降低润滑、冷却效果,破坏密封件等,最终导致故障。而影响油温的主要因素有液力变矩器故障、离合器与制动器打滑或分离不彻底、单向离合器打滑及油冷却器堵塞等。因此,驾车时必须按规定正确操纵自动变速器,保证自动变速器技术状况良好。行车途中应注意检查自动变速器壳体的温度是否正常,若发现温度过高,应立即停车检修。

表6-4 油液品质变化与其故障原因对应关系

油液品质变化	油液品质变化的原因
颜色发白、浑浊	油中进入水分
黑色、发稠,油尺上有胶质油膏	自动变速器油油温过高
深褐色、棕色	油液使用时间过长;长期高负荷运转,或某些部件打滑、损坏,引起自动变速器过热
油液中出现固体残渣	离合器片、制动带和单向离合器磨损严重
油液中有烧焦味	油温过高,油面过低;油冷却器、滤清器或管路堵塞

因自动变速器过热而引起自动变速器油变质时,应首先检查油面高度是否合适。若油面高度合适仍过热,则应更换自动变速器油;若换油不能奏效,就需要检查管路是否堵塞;若仍然难以奏效,那就需要全面检修自动变速器。

此外,还应注意检查自动变速器壳体上的通气管是否畅通,以防被污泥堵塞,不利于变速器内气压平衡,这一点往往被驾修人员所忽略。

2. 自动变速器油的更换

自动变速器油都有一定的使用期限,当达到这个期限时,油品就不能很好起到润滑作用,所以应定期更换。国产汽车正常行驶0.8万~1万km,进口汽车正常行驶2万~4万km,或者停车超过1年时,均应将自动变速器油液全部更换。

换油时,应先放掉旧自动变速器油。在放油前先行驶车辆,使自动变速器油预热到正常工作温度(70~80℃),以便降低油的黏度(确保油内杂质和沉淀物随油一起排出),然后停车熄火,将汽车停放在水平路面上,变速杆拨至停车档P位,并拉紧驻车制动器操纵杆。拆下自动变速器油底壳上的放油螺塞,将油底壳内的油液放净,视情况拆下油底壳,彻底清洗油底壳和滤清器滤网,并将自动变速器油冷却器用汽油冲洗干净,然后再将油底壳和放油螺塞装好。

加油时,先从自动变速器加油口注入规定牌号的自动变速器油至规定的油面高度(因加入的是新油,温度较低,油面高度应在油尺刻度线的下限附近)。起动发动机,在发动机怠速运转情况下,移动变速杆经所有档位后回到停车档P位,此时如油面低,应继续加油至规定油面高度。最后,让汽车行驶至发动机和自动变速器达到正常工作温度,再次检查热状态时油面高度是否在油尺刻度线的上限附近，并调整油面高度。如果加油时不慎使油面高于规定的高度，这时不应勉强使用，而应该拧开放油螺塞进行放油；如没有放油螺塞，可从加油口处用吸管或其他器具将油吸出。

自动变速器油量的多少，对其使用性能和使用寿命均有较大影响，因此，加入自动变速器的油量必须符合标准。若油面低于标准，液压泵会吸入空气，导致空气混入工作液，降低液压系统的工作压力，使各控制滑阀和执行元件动作失准，操纵失灵，使离合器、制动器的摩擦材料过早磨损，同时还会加速自动变速器油的氧化变质。当油面过低时，由于运动件得不到充分可靠的润滑，就有可能因过热而引发运动件卡滞及产生噪声。当油面过高时，会由于机械搅拌而产生大量泡沫，这些泡沫进入液压控制系统，会引发与油面过低而产生的同样问题。如果控制阀体浸没于自动变速器油中，则液压管路中的离合器、制动器的泄油口会被自动变速器油阻塞，施加于离合器、制动器的油压就不能完全释放或释放速度太慢，使离合器、制动器动作迟缓。在坡路上行驶时，由于过多的油液在油底壳中晃动，可能从加油管往外窜油，容易引起发动机罩下起火。

第七章　车用润滑脂

学习提示：

通过本章学习，应该明确
- 润滑脂的组成和分类
- 润滑脂的使用特点
- 润滑脂的使用性能指标和特点
- 润滑脂的选用方法与使用注意事项

润滑脂是将稠化剂分散于液体润滑剂中所形成的一种稳定的固体或半固体产品，其中可以加入旨在改善润滑脂某种特性的添加剂及填料。润滑脂在常温下可附着于垂直表面不流失，并能在敞开或密封不良的摩擦部位工作，具有其他润滑剂所不可替代的特点。因此，在汽车和工程机械上的许多部位都使用润滑脂作为润滑材料。

第一节　润滑脂的组成、分类和使用特点

一、润滑脂的基本组成

润滑脂主要是由稠化剂、基础油和添加剂三部分组成。一般润滑脂中基础油含量为75%～90%，稠化剂含量为10%～20%，添加剂及填料的含量在5%以下。

1. 基础油

基础油是润滑脂分散体系中的分散介质，它对润滑脂的性能有较大影响。一般润滑脂多采用中等黏度及高黏度的石油润滑油作为基础油，也有一些为适应在苛刻条件下工作的机械润滑及密封的需要，采用合成润滑油作为基础油，如酯类油、硅油、聚α-烯烃油等。

2. 稠化剂

稠化剂是润滑脂的重要组分，稠化剂分散在基础油中并形成润滑脂的结构骨架，使基础油被吸附和固定在结构骨架中。润滑脂的抗水性及耐热性主要由稠化剂所决定。用于

制备润滑脂的稠化剂有两大类：皂基稠化剂（即脂肪酸金属盐）和非皂基稠化剂（烃类、无机类和有机类）。

皂基稠化剂分为单皂基（如钙基脂）、混合皂基（如钙钠基脂）和复合皂基（如复合钙基脂）三种。90%的润滑脂是用皂基稠化剂制成的。

3. 添加剂与填料

一类添加剂是润滑脂所特有的，叫胶溶剂，它使油皂结合更加稳定，如甘油与水等。钙基润滑脂中一旦失去水，其结构就完全被破坏，不能成脂，如甘油在钠基润滑脂中可以调节脂的稠度。另一类添加剂和润滑油中的一样，如抗氧、抗磨和缓蚀剂等，但用量一般较润滑油中为多。有时，为了提高润滑脂抵抗流动和增强润滑的能力，常添加一些石墨、二硫化钼和炭黑等作为填料。

润滑脂的制备工艺因其种类不同而各异，但其基本目的是将稠化剂与基础油分散均匀制成均一体系的润滑脂。不同类型的稠化剂和基础油就应采用不同的分散方法，选择不同的分散条件。图7-1所示为制备皂基润滑脂的工艺过程，其主要工序过程是皂化、成脂、冷却和研磨。

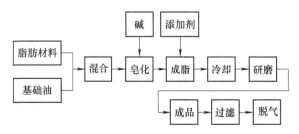

图7-1 皂基脂的制备工艺

二、润滑脂的分类

润滑脂品种复杂，牌号繁多，可按组成和用途来进行分类，如图7-2所示。原先采用的按稠化剂进行分类的GB 501—1965已不能适应润滑脂发展及使用要求，并于1988年4月1日宣布废止。GB 7631.8—1990规定按使用要求对润滑脂进行分类，这个分类体系等效地采用了ISO的分类方法，代替了GB 501—1965。但目前生产销售与使用的润滑脂尚未完全纳入新的分类体系之中，因而，为了说明新旧分类体系的具体不同，有必要对新旧分类体系进行比较对照。

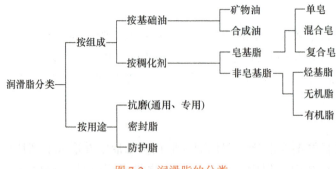

图7-2 润滑脂的分类

1. 旧分类 GB 501—1965

GB 501—1965 是按稠化剂组成分类的，即分为皂基脂、烃基脂、无机脂与有机脂四类。

皂基脂按所含皂类稠化剂的不同又分为：单一皂基脂、混合皂基脂和复合皂基脂。常见单一皂基脂有钙基脂、钠基脂、锂基脂、铝基脂、钡基脂、铅基脂等；常见混合皂基脂有钙钠基脂、钙铝基脂、铅钡基脂、铝钡基脂等；常见复合皂基脂有复合钙基脂、复合铝基脂等。

同组的各种润滑脂按用途或使用又分工业、船用等若干小组。旧分类中润滑脂的命名按下列顺序进行：

牌号—尾注—组别或级别名称—类别

例：1号　合成　钙基　润滑脂（代号为 ZG—1H）

其中，

1号——牌号（锥入度系列号）；

合成——尾注（合成脂肪酸）；

钙基——组别（稠化剂）；

润滑脂——类别（润滑脂）。

润滑脂的代号按以下排列顺序表示：

类号—组号—级号—牌号—尾注号

例：Z J—4 S（4号石墨烃基润滑脂）

其中，

Z——类号（固定代号）；

J——组号（稠化剂为烃基）；

4——牌号（锥入度系列号）；

S——尾注号（含有石墨填充料）。

润滑脂按稠化剂组成分类，局限性较大，使用同一种稠化剂可以生产出许多种具有不同性能的润滑脂，即使是不同类型的稠化剂生产的润滑脂，其性能也往往难以准确区分。所以，以稠化剂组成分类，使用者会感到混淆不清，不依据使用经验及查找对应标准就难以选用。从分组、命名和代号中看不出润滑脂的使用条件，必须再查找这个代号的润滑脂标准。因此，会给使用者的正确选用带来困难，容易发生错用，造成润滑事故。

2. 新分类 GB 7631.8—1990

这个分类标准适用于润滑各种设备、机械部件、车辆等所有种类的润滑脂，不适用于特殊用途的润滑脂。也就是说，只对起润滑作用的润滑脂适用，对起密封、防护等作用的专用脂均不适用，润滑脂属于 L 类（润滑剂和有关产品）的 X 组（润滑脂）。

实际上，GB 7631.8—1990 仅仅是提供润滑脂按操作条件分组的一个代号，而这个代号是由 5 个大写英文字母组成的，每个字母都有特定的意义。字母 1（X）指润滑脂的组别代号；字母 2 指最低操作温度；字母 3 指最高操作温度；字母 4 指在水污染的操作条件下，其抗水性能和缓蚀水平；字母 5 指在高负荷或低负荷场合下的润滑性能，见表 7-1。例如，通用锂基润滑脂，润滑脂固定代号字母 1 为 X；最低操作温度 -20℃，字母 2 为

B；最高操作温度+120℃，字母3为C；水污染为水淋流失量不大于10%，说明能经受水洗，字母4为H；负荷条件为低负荷，即不具有极压性，字母5为A；稠度等级：1号、2号、3号。故通用锂基润滑脂的分类代号为L—XBCHA1，2，3。

表7-1 X组的分类（GB 7631.8—1990）

代号字母（字母1）	总的用途	操作温度范围				水污染	字母4	负荷EP	字母5	稠度	标记	备注
		最低温度①/℃	字母2	最高温度②/℃	字母3							
X	用润滑脂的场合	0 -20 -30 -40 <-40	A B C D E	60 90 120 140 160 180 >180	A B C D E F G	在水污染的条件下，润滑脂的润滑性、抗水性和缓蚀性	A B C D E F G H I	在高负荷或低负荷下，表示润滑脂的润滑性和极压性，用A表示非极压性脂，用B表示极压性脂	A B	可选用如下稠度号 000 00 0 1 2 3 4 5 6	一种润滑脂的标记是由代号字母X与其他4个字母及稠度等级号联系在一起来标记的	包含在这个分类体系范围里的所有润滑脂彼此相容是不可能的。而由于缺乏相容性，可能导致润滑脂性能水平的剧烈降低。因此，在允许不同的润滑脂相接触之前，应和产销部门协商

① 设备起动或运转时，或者泵送润滑脂时，所经历的最低温度。
② 在使用时，被润滑部件的最高温度。

3. 两种分类标准的对比

这两种分类标准本无对比性，但是GB 501—1965由于使用时间很长，加之目前润滑脂的生产销售尚未完全纳入新体系之中。为了能更加清楚地说明问题及加深对新标准体系的认识，作以下简单对比。

（1）分类原则 GB 501—1965是按稠化剂来分类的，并用皂基脂的拼音字母头一个字母作为符号分组。

GB 7631.8—1990是按润滑脂应用时的操作条件进行分类的。

（2）命名与代号 GB 501—1965的命名与代号规定得很详细，从命名可以知道润滑脂稠化剂的类型，但专用润滑脂类有时看不出稠化剂类型。代号中也可以反映出稠化剂类型和牌号。

GB 7631.8—1990只反映了润滑脂的代号。它是用5个英文字母组成，从代号中看不出稠化剂类型，但能反映出稠度牌号。

（3）适用范围 GB 501—1965可以适用于所有润滑脂，不管是润滑，还是密封、防护等用途。一个润滑脂按此命名、代号、分类，原则上就可以给出一个分组、命名和代号。因此，用GB 501—1965分组、命名和代号的润滑脂越多，用户越难选用。

GB 7631.8—1990只适用于以润滑为主的润滑脂，其他用途的润滑脂不适用于此标准。

（4）**选用效果** GB 501—1965 命名的润滑脂品种繁多，有一个润滑脂就有一个命名，使用者从命名、代号中看不出使用条件，如果仅知道使用条件来选用润滑脂就很困难，必须看润滑脂的标准和根据经验才能确定。

GB 7631.8—1990 是以润滑脂使用的操作条件进行分类的，只要记住分类表，根据分类就可以选用润滑脂。同时，使用者可以根据实际需要进行选择，因为符合该使用条件的润滑脂有好几个，不同稠化剂制成的润滑脂只要符合这个操作条件都归入该分类，供使用者充分选择。

（5）**简化品种命名** GB 501—1965 不能简化品种命名，而且只会越来越多。

GB 7631.8—1990 能简化品种命名，润滑脂按使用条件分类，可以将属于此类的品种归纳到一个分类号里。

三、润滑脂的使用特点

润滑脂与润滑油相比具有以下优点：

1）在金属表面具有良好的黏附性，不易流失；在不易密封的部位使用，可简化润滑系统的结构。

2）抗碾压，在高负荷及冲击负荷作用下，仍有良好的润滑能力。

3）润滑周期长，不需经常补充、更换，而且对金属部件具有一定的缓蚀性，相对地降低了维护费用。

4）适用的温度范围较宽，适用的工作条件也较宽。

所以，车辆上不宜用液体润滑剂的部位如轴承、传动轴花键等，均使用润滑脂。但润滑脂有黏滞性大、运转阻力大、流动性差、冷却和清洗作用差、固体杂质混入后不易清除以及加脂、换脂比较困难等缺点。所以，使用润滑脂的部位也受到一定限制。

第二节　润滑脂的使用性能指标

润滑脂的使用范围很广，工作条件也千差万别。不同的机械设备对润滑脂性能要求各不相同。润滑脂性能是润滑脂组成及其制备工艺的综合体现。润滑脂性能的评价，不但在生产上和研究工作上有决定性的意义，而且在使用部门对润滑脂的选择和检验上也是必不可少的。根据汽车及工程机械用脂部位的具体情况，对润滑脂的基本要求是：适当的稠度，良好的高低温性能，良好的极压、抗磨性，良好的抗水、防腐和安定性等。

一、稠度

在规定的剪切力或剪切速率下，测定润滑脂结构体系变形程度以表达体系的结构性，即为稠度的概念。它是一个与润滑脂在所润滑部位上的保持能力和密封性能，以及与润滑脂的泵送和加注方式有关的重要性能指标。某些润滑点之所以要使用润滑脂，就是因为其有一定的稠度，从而使其具有一定的抵抗流失的能力。不同稠度的润滑脂所适用的机械转速、负荷和环境温度等工作条件不同，因此，稠度是润滑脂的一个重要指标。

润滑脂的稠度等级可用锥入度来表示。润滑脂的锥入度是指在规定时间、温度条件下，规定重量的标准锥体穿入润滑脂试样的深度，以1/10mm表示。润滑脂的锥入度测定可按《润滑脂锥入度测定法》（GB/T 269—1991）规定的方法进行。润滑脂锥入度通常包括不工作、工作、延长工作三种。不工作锥入度一般不像工作锥入度那样能有效地代表使用中润滑脂的稠度，通常检验润滑脂时最好用工作锥入度。延长工作锥入度适用于工作超过60次所测定的锥入度。润滑脂锥入度测定方法：在25℃条件下将锥体组合件从锥入计上释放，使锥体沉入试样5s的深度来分别测定润滑脂的上述四种锥入度。

锥入度反映了润滑脂在低剪切速率条件下变形与流动性能。锥入度值越高，脂越软，即稠度越小，越易变形和流动；锥入度值越低，则脂越硬，即稠度越大，越不易变形和流动。由此可见，锥入度可有效地表示润滑脂的稠度，是选用润滑脂的重要依据。我国用锥入度范围来划分润滑脂的稠度牌号。GB/T 7631.1—2008等同采用ISO 6743—99：2002《润滑剂、工业用油和有关产品（L类）的分类第99部分：总分组》（英文版）。

二、高温性能

温度对于润滑脂的流动性具有很大影响，温度升高，润滑脂变软，使得润滑脂附着性能降低而易于流失。另外，在较高温度条件下还易使润滑脂的蒸发损失增大，氧化变质与凝缩分油现象严重。润滑脂失效的主要原因，大多是由于凝胶的萎缩和基础油的蒸发损失所致，即润滑脂失效过程的快慢与其使用温度有关。高温性能好的润滑脂可以在较高的使用温度下保持其附着性能，其变质失效过程也较缓慢。润滑脂的高温性能可用滴点、蒸发度和轴承漏失量等指标进行评定。

润滑脂的滴点是指其在规定条件下达到一定流动性时的最低温度，以℃表示。滴点没有绝对的物理意义，它的数值因设备与加热速率不同而异。润滑脂的滴点主要取决于稠化剂的种类与含量，润滑脂的滴点可大致反映其使用温度的上限。显然，润滑脂达到滴点时其已丧失对金属表面的黏附能力。一般地说，润滑脂应在滴点以下20~30℃或更低的温度条件下使用。

润滑脂的滴点可按GB/T 4929—1985《润滑脂滴点测定法》进行测定。方法为：将润滑脂装入滴点计的脂杯中，在规定的标准条件下，记录润滑脂在试验过程中达到规定流动性时的温度。该标准与ISO/DP 2176等效。GB/T 3498—2008是润滑脂宽温度范围滴点测定法。

润滑脂的蒸发度是指在规定条件下蒸发后，润滑脂的损失量所占的质量分数。润滑脂的蒸发度主要取决于所采用的基础油的种类、馏分组成和分子量。高温、宽温度条件下使用的润滑脂，其蒸发度的测定尤为重要，蒸发度可以定性地表示润滑脂上限使用温度。润滑脂基础油蒸发损失，会使润滑脂中的皂基稠化剂含量相对增大，导致脂的稠度发生变化，使用中会造成内摩擦增大，影响润滑脂的使用寿命。因而，蒸发度指标可以从一定程度上表明润滑脂的高温使用性能。

SH/T 0337—1992是皿式法测定润滑脂蒸发度的方法。GB/T 7325—1987是测定润滑脂和润滑油蒸发损失的方法，方法为：把放在蒸发器里的润滑脂试样置于规定温度的恒温浴中，热空气通过试样表面22h，根据试样失重计算蒸发损失。

为了更好地评价车辆及工程机械所用润滑脂的高温性能，还要通过模拟试验，测定高温条件下轴承的工作特性及测定轴承漏失量。

据统计，绝大部分滚动轴承润滑都采用润滑脂，因此，采用润滑脂的轴承使用寿命是一项极其重要的性能指标。润滑脂在高温轴承寿命试验机上的评定，可以模拟润滑脂在一定的高温、负荷、转速条件下的工作性能，因此，测得的结果对实际使用具有一定的参考价值。一般是在试验机上观测，当润滑脂达到使用寿命时，脂膜破坏，出现破坏力矩的峰值，试验自动停车，还会伴随出现轴承温升记录指示值剧升和干摩擦噪声，若经反复起动仍不能转动，则表示润滑脂膜已遭破坏，试验结束，试验所进行的时间就是润滑脂的高温轴承寿命。一般而言，润滑脂的轴承寿命越长，表示其使用期也越长。

三、低温性能

汽车与工程机械起步时的温度与环境温度近乎一致，在寒冷地区使用时，要求润滑脂在低温条件下仍能保持良好的润滑性能，它取决于润滑脂低温条件下的相似黏度及低温转矩。

我们知道润滑油的黏度随温度的升高而减小，所以同一种润滑油，由于温度不同，黏度也不同，这种特性称之为黏温特性。润滑脂的黏温特性则要比润滑油复杂，因为润滑脂结构体系的黏温特性还要随切应力的变化而改变。

润滑脂在一定温度条件下的黏度是随着剪切速率而变化的变量，这种黏度称之为相似黏度，单位为 Pa·s。润滑脂中相似黏度随着剪切速率的增高而降低，但当剪切速率继续增加，润滑脂的相似黏度接近其基础油的黏度后便不再变化。润滑脂相似黏度与剪切速率的变化规律称为黏度—速度特性。黏度随剪切速率变化越显著，其能量损失越大。一般可以根据低温条件下润滑脂相似黏度的允许值来确定润滑脂的低温使用极限。

润滑脂的相似黏度也随温度上升而下降，但仅为基础油的几百甚至几千分之一，所以，润滑脂的黏温特性比润滑油好。

SH/T 0048—1991 规定了润滑脂相似黏度的测定方法，采用的是非恒定流量毛细管黏度计。

低温转矩是表示润滑脂在低温条件下使用时阻滞低速滚珠轴承转动的程度。低温转矩可以表示润滑脂的低温使用性能，用 9.8×10^{-2} N·m 转矩测出使轴承在 1min 内转动一周时的最低温度，作为润滑脂的最低使用温度。

润滑脂的低温转矩除了与基础油的低温黏度有关以外，还与润滑脂的强度极限有关。SH/T 0338—1992《滚珠轴承润滑脂低温转矩测定法》规定了起动与运转转矩的测定方法，该方法可测在 -20℃ 条件下滚珠轴承润滑脂的起动与运转转矩，作为评价润滑脂在低温条件下运转阻力大小的评定指标。

四、极压性与抗磨性

涂在相互接触的金属表面间的润滑脂所形成的脂膜，能承受来自轴向与径向的负荷，脂膜具有的承受负荷的特性就称作润滑脂的极压性。一般而言，在基础油中添加了皂基稠化剂后，润滑脂的极压性就增强了。在苛刻条件下使用的润滑脂，常添加有极压剂，以增强其极压性。目前普遍采用四球试验机来测定润滑脂的脂膜强度。SH/T 0202—1992《润滑脂极压性能测定法（四球机法）》规定了润滑脂极压性能的测定方法，该方法用综合磨损值和烧结点来表示。综合磨损值也称负荷—磨损指数，是用四球法测定润滑剂极压性能时，在规定条件下得到的若干次修正负荷的平均值。烧结点也称烧结负荷，指在规定条件下使钢球发生烧结的最低负荷（N）。NB/SH/T 0203—2014《润滑脂承载能力的测定 梯姆肯法》用 OK 值（即最大合用值）来表示润滑脂的极压性能。所谓 OK 值，是指在用梯姆肯法测定润滑剂承载能力的过程中，出现刮伤或卡咬现象时所加负荷的最小值（N）。

润滑脂通过保持在运动部件表面间的油膜，防止金属与金属相接触而磨损的能力称为抗磨性。润滑脂的稠化剂本身就是油性剂，具有较好的抗磨性。在苛刻条件下使用的润滑脂，添加有二硫化钼、石墨等减磨剂和极压剂，因而具有比普通润滑脂更强的抗磨性，这种润滑脂被称为极压型润滑脂。

SH/T 0427—1992《润滑脂齿轮磨损测定法》是用齿轮磨损试验机测定润滑脂耐磨性的方法。

五、抗水性

润滑脂的抗水性表示润滑脂在大气湿度条件下的吸水性能，要求润滑脂在储存和使用中不具有吸收水分的能力。润滑脂吸收水分后，会使稠化剂溶解而致滴点降低，引起腐蚀，从而降低保护作用。有些润滑脂，如复合钙基脂，吸收大气中的水分还会导致变硬，逐步丧失润滑能力。润滑脂的抗水性主要取决于稠化剂的抗水性与乳化性。汽车与工程机械在使用过程中，底盘各摩擦点可能与水接触，这就要求润滑脂具有良好的抗水性。抗水性差的润滑脂吸收大气中水分或遇水后往往造成稠度降低甚至乳化而流失。

SH/T 0109—2004 规定了用抗水淋性能测定法测定润滑脂抗水性的方法。方法为：在规定条件下，将已知量的试样加入试验机轴承中，在运转中受水喷淋，根据试验前后轴承中试样质量差值，得出因水喷淋而损失的润滑脂量。也可用测定润滑脂溶水性能的方法测定其抗水性。方法为：在试样中逐次加入定量的水分，测其 10 万次延长工作锥入度，再与试验前 60 次工作锥入度相比较，其差值大小可评定该试样的溶水性能。

六、防腐性

防腐性是润滑脂阻止与其相接触金属被腐蚀的能力。润滑脂的稠化剂和基础油本身是不会腐蚀金属的，使润滑脂产生腐蚀性的原因很多，主要是由于氧化产生酸性物质所致。一般而言，过多的游离有机酸、碱都会引起腐蚀。腐蚀试验就是检测润滑脂是否对金属有腐蚀作用，测定的方法有几种，试验条件也各异，但都是在一定温度和试验时间下，通过观察金属片上的变色或产生斑点等现象来判断润滑脂腐蚀性的大小。SH/T 0331—1992《润滑脂腐蚀试验法》，采用 100℃，3h，铜片、钢片进行测定。GB/T 7326—1987《润滑脂铜片腐蚀试验》规定了润滑脂对铜部件防腐蚀性的测定方法，采用 100℃，24h，铜片进行测定，分甲法与乙法。甲法是将试验铜片与铜片腐蚀标准色板进行比较，确定腐蚀级别；乙法是检查试验铜片有无变色。

GB/T 5018—2008《润滑脂防腐蚀性试验法》规定了润滑脂防腐蚀性试验方法。方法为：将涂有试样的新轴承，在轻的推力负荷下运转 60s±3s，使润滑脂按使用情况那样分布。轴承在 52℃±1℃，100% 相对湿度条件下存放 48h±0.5h，然后清洗并检查轴承外圈滚道的腐蚀迹象。本方法中的腐蚀是指轴承外圈滚道的任何表面损坏（包括麻点、刻蚀、锈蚀等）或黑色污渍。该方法可以评定在潮湿条件下润滑脂阻止与其相接触金属产生锈蚀及其他形式腐蚀的能力。

七、胶体安定性

胶体安定性是指润滑脂在储存和使用时避免胶体分解，防止液体润滑油析出的能力。润滑脂发生皂油分离的倾向性大则说明其胶体安定性不好，将直接导致润滑脂稠度改变。评定润滑脂胶体安定性可采用分油试验进行。

GB/T 392—1977《润滑脂压力分油测定法》通过测定润滑脂的分油量来评定润滑脂的胶体安定性。方法为：用加压分油器将油从润滑脂中压出，然后测定压出的油量。NB/SH/T 0324—2010《润滑脂分油的测定　锥网法》规定了用锥网分油法测定润滑脂分油量的方法，适用于测定润滑脂在温度升高条件下的分油倾向。

八、氧化安定性

润滑脂在储存与使用时抵抗大气的作用而保持其性质不发生永久变化的能力称为氧化安定性。润滑脂的氧化与其组分，即稠化剂、添加剂及基础油有关。润滑脂中的稠化剂和基础油，在储存或长期处于高温的情况下很容易被氧化。氧化的结果是产生腐蚀性产物、胶质和破坏润滑结构的物质，这些物质均易引起金属部件的腐蚀和降低润滑脂的使用寿命。由于润滑脂中的金属（特别是锂皂）或其他化合物对基础油的氧化具有促进作用，所以，润滑脂的氧化安定性很大程度上取决于基础油的氧化安定性，且其氧化安定性要比其基础油差，因此润滑脂中普遍加入抗氧剂。

SH/T 0325—1992 规定了润滑脂氧化安定性的测定方法。方法为：在100℃，氧压为0.80MPa下通入氧气，100h后观察氧气的压力下降，以不大于0.3MPa为合格。SH/T 0335—1992 规定了润滑脂的化学安定性测定方法。

九、机械安定性

机械安定性是指润滑脂在机械工作条件下抵抗稠度变化的能力。机械安定性差的润滑脂，使用中容易变稀甚至流失，影响脂的寿命。机械安定性也叫剪切安定性，SH/T 0122—1992《润滑脂滚筒安定性测定法》规定了润滑脂机械安定性的测定方法。方法为：用509试样，在室温（21~38℃）条件下，在滚筒试验机上工作2h后，测定试验前后润滑脂的工作锥入度。

第三节　常用润滑脂的使用性能和特点

汽车常用润滑脂有钙基润滑脂、石墨钙基润滑脂、无水钙基润滑脂、复合钙基润滑脂、钠基润滑脂、钙钠基润滑脂、通用锂基润滑脂、汽车通用锂基润滑脂、合成锂基润滑脂、二硫化钼极压锂基润滑脂等，其主要使用性能和使用范围见表7-2。

表7-2 润滑脂的主要使用性能及选用范围

油品	牌号	主要使用性能	选用范围	使用温度/℃
钙基润滑脂（GB/T 491—2008）	ZG—1	主要用于拖拉机、纺织等工农业机械的滚动轴承和易与水或潮气接触部位的润滑。使用温度-10~60℃之间，转速在3000r/min以下的滚动轴承，一般都可以使用。主要特征是耐水性强，耐热性差	适用于集中供脂系统和汽车底盘	≤55
	ZG—2		适用于一般中转速、轻负荷的中小型机械（如电动机，水泵，鼓风机）的滚动轴承，汽车、拖拉机的轮毂轴承，离合器轴承和各种农业机械的润滑部位	≤60
	ZG—3		适用于一般中转速、中负荷的中型机械的轴承	≤65
	ZG—4		适用于一般低转速、重负荷的重型机械设备	≤70
石墨钙基润滑脂（SH/T 0369—1992）	ZG—S	抗磨极压，抗水性好，耐热性差。含10%的鳞片状石墨	适用于工作温度在60℃以下的汽车弹簧钢板、起重机齿轮转盘、矿山机械、绞车齿轮、钢丝索、升降机的滑板及其他粗糙、重负荷的摩擦部位	≤60
无水钙基润滑脂		具有优异的机械安定性和抗水性，以及较好的胶体安定性，其抗吸湿性和抗热硬化性均优于复合钙基脂，使用温度比钙基脂高30℃	适用于寒区、严寒区汽车，拖拉机的轮毂轴承、底盘和水泵轴承，以及电动机和风机轴承等摩擦部位的润滑。其中A型使用温度范围-50~110℃，B型使用温度范围-45~100℃	
复合钙基润滑脂（SH/T 0370—1995）	ZFG—1	滴点高，耐热性好，耐低温，可在-40℃以下工作。有一定的抗水性，可在潮湿环境或与水接触的情况下工作	适用于汽车轮毂轴承，水泵轴承。将2%的二硫化钼加入复合钙基润滑脂中，适宜于南方炎热、潮湿地区使用	120~150
	ZFG—2			
	ZFG—3			
	ZFG—4			
钠基润滑脂（GB 492—1989）	NV—2	耐热性好，耐水性差，只适用于工作温度较高，又不易于与水接触的工作部位	适用于汽车、拖拉机的轮毂轴承	≤120
	NV—3		适用于中型电动机和发电机轴承及其他机械摩擦部位	≤120
钙钠基润滑脂（SH/T 0368—1992）	ZGN—1	抗水性优于钠基，耐热性优于钙基，介于钙基脂和钠基脂之间，适用于工作温度较高的部位。但不适用于低温条件和与水直接接触的部位	适用于各种类型电动机、发电机、鼓风机、汽车、拖拉机和其他机械设备轴承的润滑，如汽车水泵、离合器、传动轴和轮毂轴承	≤85
	ZGN—2			≤100
通用锂基润滑脂（GB/T 7324—2010）	ZL—1	属于长寿命，多用途的润滑脂。具有良好的抗水性，缓蚀性，可用在潮湿和与水接触的部位。具有良好的机械安定性和胶体稳定性。耐热性好，滴点高，可在较高温度下使用。是钙基、钠基、钙钠基脂的替代产品	适用于集中供脂系统	-20~120
	ZL—2		适用于中转速，中负荷的机械设备。如汽车、拖拉机轮毂轴承及中小型电动机，水泵和鼓风机等	
	ZL—3		适用于矿山机械、重型汽车、大型拖拉机轮毂及大中型电动机等	

第七章 车用润滑脂

(续)

油品	牌号	主要使用性能	选用范围	使用温度/℃
汽车通用锂基润滑脂（GB/T 5671—2014）	L—XCCHA2	具有良好的高低温性能。具有良好的抗水性和缓蚀性，可用在潮湿和与水接触的部位。具有良好的机械安定性和胶体稳定性。在高温运转下，不会变质、流失，并保持良好的润滑性能	适用于汽车轮毂轴承、底盘和水泵轴承，也可用于坦克的支重轮和引导轮轴承	-30~120
合成锂基润滑脂	ZL—1H	具有耐热、耐水性能，能长期在120℃左右的环境中使用，可取代钙基、钠基及钙钠基脂	适用于集中供脂系统	-20~120
	ZL—2H		适用于中转速、中负荷的机械设备。如汽车、拖拉机轮毂轴承及中小型电动机，水泵和鼓风机等	
	ZL—3H		适用于矿山机械、汽车、拖拉机轮毂轴承及大中型电动机等设备	
	ZL—4H		适用于润滑容易流失的重负荷、低转速的滑动轴承	
二硫化钼极压锂基润滑脂	1号	具有良好的高低温性能。具有良好的抗水性和缓蚀性，可用在潮湿和与水接触的部位。具有良好的机械安定性和胶体稳定性，并具有突出的极压抗磨性能	适用于冶金机械、矿山机械、重型机械以及汽车等重负荷齿轮和轴承的润滑。也可用于冲击负荷的重载部位，能有效防止卡咬和烧结	-30~120
	2号			
	3号			

一、钙基润滑脂

1. 钙基润滑脂

钙基润滑脂是由动植物脂肪与石灰制成的钙皂稠化矿物润滑油，并以水作为胶溶剂而制成的。钙基润滑脂按锥入度分为1、2、3、4四个牌号。适用于冶金、纺织等机械设备和拖拉机等农用机械的润滑和防护，使用温度范围为-10~60℃。由于其耐热性差，因此它的最高使用温度较低。钙基润滑脂的水化物在100℃左右便水解，使脂在超过100℃时丧失稠度，滴点在80~95℃之间，此外，还有使用寿命短的缺点。但它的抗水性好，遇水不易乳化，容易黏附于金属表面，胶体安定性好，是20世纪30年代的老产品，长期以来使用钙基润滑脂润滑汽车轮毂轴承、底盘拉杆球节、水泵轴承和分电器凸轮等。钙基润滑脂的规格见表7-3。

表7-3 钙基润滑脂的规格（GB/T 491—2008）

项目	质量指标				试验方法
	1号	2号	3号	4号	
外观	淡黄色至暗褐色均匀油膏				目测
工作锥入度/($\frac{1}{10}$mm)	310~340	265~295	220~250	175~205	GB 269
滴点/℃ 不低于	80	85	90	95	GB 4929
腐蚀（T2铜片，室温，24h）	铜片上没有绿色或黑色变化				GB 7326 乙法

(续)

项 目		质量指标				试验方法
		1号	2号	3号	4号	
水分（质量分数）(%)	不大于	1.5	2.0	2.5	3.0	GB 512
灰分（质量分数）(%)	不大于	3.0	3.5	4.0	4.5	SH/T 0327
铜网分油（60℃, 24h）（质量分数）(%)	不大于	—	12	8	6	SH/T 0324
延长工作锥入度（1万次）与工作锥入度差值 /($\frac{1}{10}$mm)	不大于	—	30	35	40	GB 269
水淋流失量（38℃, 1h）（质量分数）(%)	不大于	10	10	10	10	SH/T 3109

注：1. 水淋后，轴承烘干条件为77℃, 16h。
　　2. 上述引用标准均应为现行有效标准。

1号适用于集中给脂系统和汽车底盘摩擦槽，最高使用温度为55℃。2号适用于一般中转速、轻负荷中小型机械（如电动机、水泵、鼓风机）的滚动轴承，汽车、拖拉机的轮毂轴承及离合器轴承等润滑部位和各种农业机械的相应润滑部位，最高使用温度为60℃。3号适用于中负荷、中转速的各种中型机械的轴承上，最高使用温度为65℃。4号适用于重负荷、低转速的重型机械设备，最高使用温度为70℃。对于极压设备的润滑，往往在钙基脂中添加5%的二硫化钼，即成二硫化钼钙基脂。

钙基润滑脂的主要性能为：

1）耐水性好，遇水不易乳化变质，能在潮湿环境或与水接触的情况下使用。

2）具有良好的剪切安定性与触变安定性，储存中分油量少。

3）具有较好的可泵送性。

4）合成钙基脂性能与天然钙基脂相似，但应注意合成脂肪酸的质量具有不稳定性，若用含低碳酸多的原料制成的脂，往往会出现表皮硬化现象。

使用中应该注意，钙基脂的耐热性差，因为它是以水为稳定剂的，钙基的水化物在100℃左右便水解，使脂超过100℃时便丧失稠度。所以应注意不要超过规定的使用温度，以免失水，破坏结构，引起油皂分离，失去润滑作用。使用要求比较高的精密轴承不应选用钙基脂而应选用锂基脂。电动机轴承腔装脂时，一般只装1/3～1/2即可。装脂过多，会增加摩擦阻力，使轴承发热，增大耗电量。更换润滑脂时，要将轴承洗净擦干。钙基脂不要露天存放，防止日晒雨淋，灰砂侵入，最好放在阴凉干燥的地方，并应优先入库存放。包装容器应清洁，不允许砂粒、灰尘、水等杂质混入脂内，并力求装满，留5X左右的空隙。桶盖要盖好，受污染的润滑脂，应刮出另行收集存放。不要用木制或纸制的包装直接盛润滑脂，因木、纸易吸油，会使脂变硬，且因封盖不严，灰砂、水等杂质易进入脂内。

2. 石墨钙基润滑脂

石墨钙基脂是由动植物油钙皂稠化中等黏度的矿物油，并加入质量分数为10%的鳞片状石墨制成。石墨钙基润滑脂的规格见表7-4。

第七章 车用润滑脂

表7-4 石墨钙基润滑脂的规格

项 目	质量指标	试验方法
外观	黑色均匀油膏	目测
滴点/℃ 不低于	80	GB 4929
腐蚀（钢片，100℃，3h）	合格	SY 2710
安定性	合格	
水分（质量分数）（%） 不大于	2	GB 512

注：上述引用标准均为现行有效标准。

石墨是一种良好的润滑剂和填充剂，抗水性好，对金属表面的黏附性也较好，因而石墨钙基脂适用于工作温度在60℃以下的压延机人字齿轮、汽车钢板弹簧、吊车、起重机齿轮转盘、矿山机械、绞车齿轮、钢丝绳索、升降机的滑板及其他粗糙、重负荷的摩擦部位。

石墨钙基润滑脂主要性能为：
1）较好的极压抗磨性，能适应重负荷、粗糙摩擦面的润滑。
2）具有较好的抗水性，能适应与水或潮气接触设备的润滑。

石墨钙基润滑脂使用时应注意，该脂不适用于滚动轴承和较精密的机件。石墨钙基脂缺少时，可用2号钙基脂调入10%石墨来代替。在配制时加热温度不应高于60℃，以免失去水分破坏钙基脂的结构，影响润滑效能。另外，钙基脂注意的方面该脂也应注意。

3. 无水钙基润滑脂

无水钙基脂是由12—羟基硬脂酸钙稠化低黏度、低凝点矿物油，并加有抗氧添加剂和缓蚀剂而制成。由于所选用的基础油不同，产品分为A型与B型两种。严寒区汽车通用无水钙基脂，用于汽车轮毂轴承、底盘、水泵轴承以及电动机和风机轴承等摩擦部位的润滑。其中，A型严寒区汽车通用无水钙基脂使用温度范围为-50~110℃，B型严寒区汽车通用无水钙基脂的使用温度范围为-45~100℃。

无水钙基润滑脂的主要性能为：
1）使用温度比一般钙基脂高30℃以上。
2）有优异的机械安定性和抗水性以及较好的胶体安定性。
3）抗吸湿性和抗热硬化性均优于复合钙基脂。

无水钙基润滑脂使用中应注意，使用时要洗净轴承，干燥后将脂填充到轴承内滚道和滚动体里，以保证良好的润滑。包装容器应清洁，储存于干燥避光处。启用后应及时将容器盖严，以防灰尘、砂粒等杂质混入，影响使用效果。

4. 复合钙基润滑脂

复合钙基脂是由乙酸钙复合的高级脂肪酸钙皂稠化中等黏度的矿物油制成。按其锥入度分为ZFG—1、ZFG—2、ZFG—3与ZFG—4四个牌号。

复合钙基脂适用于工作温度为120~150℃的摩擦部件润滑，适合于车辆轮毂轴承及水泵轴承的润滑，不少地区将3%的二硫化钼加到复合钙基脂中，可取得良好效果，特别是在南方炎热、潮湿地区使用更为适宜。可根据设备的负荷选用相应牌号的润滑脂，一般常用的是2号或3号。

复合钙基润滑脂主要性能为：

1）滴点高、耐热性好。复合钙基脂比钙基脂能承受更高的温度，因复合钙基脂不以水为稳定剂，因而避免了钙基脂不耐高温的缺点。

2）有一定的抗水性，可在潮湿环境或与水接触的情况下工作。

3）有较好的机械安定性和胶体安定性，可用于较高速的滚动轴承上。

使用中应注意，复合钙基脂的缺点是有表面硬化的趋势，不宜长期储存。其他方面同钙基脂注意事项。

二、钠基润滑脂

钠基润滑脂是以动植物脂肪酸钠皂稠化矿物润滑油制得的耐高温但不耐水的普通润滑脂。有2号和3号两个稠度牌号。由于钠皂熔点很高，脂的滴点可达160℃。耐热性好，可在120℃下较长时间内工作，并有较好的承压抗磨性能，可适应较大的负荷，但钠基润滑脂遇水易乳化变质，即抗水性差，不能用在潮湿环境或与水接触的部位。钠基润滑脂的规格见表7-5。

表7-5 钠基润滑脂的规格（GB 492—1989）

项目		质量指标		试验方法
		2号	3号	
滴点/℃	不低于	160	160	GB 4929
锥入度/($\frac{1}{10}$mm) 工作 延长工作（10万次）	不大于	265～295 375	220～250 375	GB 269
腐蚀试验（T2铜片，室温，24h）		铜片无绿色或黑色变化		GB 7326 乙法
蒸发量（99℃，22h）(质量分数)（%）	不大于	2.0	2.0	GB 7325

注：上述引用标准均为现行有效标准。

钠皂熔点很高，脂的滴点可达160℃，可在120℃条件下较长时间工作，并有较好的承压抗磨性能，能适应较大的负荷。钠基润滑脂适用于 -10～110℃温度范围内一般中等负荷机械设备的润滑，不适用于与水相接触的润滑部位。可用于中型电动机、发电机的轴承和汽车、拖拉机轮载轴承等。用合成脂肪酸制得的钠基脂其使用温度不得超过100℃。

钠基润滑脂的性能为：

1）耐热性较好，长时间在较高温度下使用也能保持其润滑性。

2）对金属的附着能力较强，可用于振动大、温度较高的滚动或滑动轴承上。

3）本身可吸收外来的水蒸气，延缓了水蒸气内渗至金属表面的过程，因此，其还有一定的防护性。

使用中还应注意，钠基脂的耐水性差，遇水易乳化，所以不能用于与潮湿空气或与水接触的润滑部位。其他方面同钙基脂注意事项。

三、钙钠基润滑脂

1. 钙钠基润滑脂

钙钠基脂是由动植物油钙钠基混合皂稠化中等黏度的矿物油制成。按锥入度分为

ZGN—1、ZGN—2两个牌号。钙钠基脂兼有钙基脂的抗水性和钠基脂的耐热性，具有良好的输送性与机械安定性。滴点在120℃左右，所以使用温度不得高于100℃。钙钠基脂适用于各种类型的电动机、发电机、鼓风机、汽车、拖拉机和其他机械设备滚动轴承的润滑。常见的有轴承脂与压延脂等。ZGN-1号适用于工作温度在85℃以下的滚动轴承。ZGN—2号适用于工作温度在100℃以下的滚动轴承。

钙钠基润滑脂主要性能如下：

1）有较好的抗水性和耐热性，抗水性优于钠基脂，耐热性优于钙基脂。

2）可以适应湿度不大、温度较高的工作条件。

使用中应注意，钙钠基脂虽有一定的抗水性，但不如钙基脂，所以不要用在与水直接接触的润滑部位上。不宜在低温情况下使用。其他注意事项与钙基脂相同。

2. 滚珠轴承润滑脂

滚珠轴承润滑脂为钙钠皂基脂的一种，以钙、钠皂稠化中等黏度的润滑油而制成。适用于铁路机车、汽车、拖拉机、地铁列车的导杆、滚珠轴承等高温摩擦及小型电动机的高速滚动轴承的润滑，还可用于-40℃滚动轴承的润滑。它是钙钠混合基润滑脂，滴点较高，其抗水性能优于钠基脂，热性能优于钙基脂。

四、锂基润滑脂

1. 通用锂基润滑脂

通用锂基润滑脂是由12—羟基硬脂肪酸锂皂稠化中等黏度矿物油，并加入抗氧缓蚀添加剂制成。通用锂基润滑脂的规格见表7-6。

表7-6 汽车通用锂基润滑脂的技术要求和试验方法（GB 5671—2014）

项 目	质量指标		试验方法
	2号	3号	
工作锥入度/(1/10mm)	265~295	220~250	GB/T 269
延长工作锥入度（100000次），变化率（%） 不大于	20		GB/T 269
滴点/℃ 不低于	180		GB/T 4929
防腐蚀性（52℃，48h）	合格		GB/T 5018
蒸发量（99℃，22h）(质量分数)（%） 不大于	2.0		GB/T 7325
腐蚀（T_2铜片，100℃，24h）	铜片无绿色或黑色变化		GB/T 7326，乙法
水淋流失量（79℃，1h）(质量分数)（%） 不大于	10		SH/T 0109
钢网分油（100℃，30h）(质量分数)（%） 不大于	5		NB/SH/T 0324
氧化安定性（99℃，100h，0.770MPa），压力降/MPa 不大于	0.070		SH/T 0325
漏失量（104℃，6h）/g 不大于	5.0		SH/T 0326
游离碱/(以折合的NaOH质量分数计)（%） 不大于	0.15		SH/T 0329

(续)

项　　目		质量指标		试验方法
		2号	3号	
杂质含量（显微镜法）/个数·cm^{-3}				
10μm 以上	不大于	2000		
25μm 以上	不大于	1000		SH/T 0336
75μm 以上	不大于	200		
125μm 以上	不大于	0		
低温转矩（-20℃）/mN·m	不大于			
启动		790	990	SH/T 0338
运转		390	490	

通用锂基脂属于长寿命、多用途的润滑脂，可取代钙基、钠基及钙钠基脂，是这些润滑脂的换代产品。它具有良好的抗水性、机械安定性、缓蚀性与氧化安定性，广泛适用于-20~120℃宽温度范围内各种机械设备的滚动轴承和滑动轴承及其他摩擦部位的润滑。

1号适用于集中给脂系统。2号适用于中转速、中负荷的机械设备，如汽车，拖拉机轮毂轴承，中小型电动机、水泵和鼓风机等。3号适用于矿山机械、汽车、拖拉机轮毂轴承，大中型电动机等设备。

通用锂基润滑脂的主要性能为：

1) 具有良好的抗水、缓蚀性能。可以在潮湿和与水接触的机械部件上使用。

2) 良好的机械安定性和胶体安定性。在高速运转的机械剪切作用下，润滑脂不会变稀或流失。

3) 耐热性好，滴点高。可在较高温度条件下使用。

使用中的注意事项：通用锂基润滑脂不宜用大容器盛装，以免引起析油；如有少量析油，可在常温下搅拌或研磨均匀后使用；不要与其他脂类混合使用；其他注意事项与钙基脂相同。

2. 汽车通用锂基润滑脂

汽车通用锂基脂是由12—羟基硬脂肪酸锂皂稠化低凝点矿物油，并加入缓蚀剂和抗氧剂而制成。适用于-30~120℃范围内汽车轮毂轴承、底盘、水泵等摩擦部位的润滑，也可用于坦克的负重轮和引导轮轴承。该润滑脂比目前使用的钙基脂和复合钙基脂换油期延长二倍，减少磨损，简化品种，满足我国广大地区汽车的使用要求，可以使润滑和维护费降低40%以上。进口汽车和国产新车普遍推荐使用这种润滑脂。

汽车通用锂基润滑脂的主要性能为：

1) 具有良好的高低温性，可在-30~120℃的宽温度范围内使用。

2) 良好的抗水性和缓蚀性能，可在潮湿和与水接触的机械部件上使用。

3) 具有良好的机械安定性、胶体安定性、氧化安定性、抗水性和润滑性，在高速运转的机械剪切作用下，脂不会变质、流失，保证良好的润滑。

使用时应注意，要洗净轴承，干燥后将脂填充到轴承内滚道和滚动体里面，保证良好的润滑；盛脂容器应清洁，并需储存于干燥避光处；启用后应及时盖严，防止杂质混入，以免影响使用效果。

3. 合成锂基润滑脂

合成锂基脂是由合成脂肪酸的锂皂稠化中等黏度的矿物油，并添加抗氧剂等制成。按锥入度分为 ZL—1H、ZL—2H、ZL—3H 与 ZL—4H 四个牌号。合成锂基脂是一种多用途、长寿命的润滑脂。适用于工作温度在 -20~120℃ 范围内各种机械设备的滚动和滑动摩擦部位的润滑。可取代钙基、钠基及钙钠基脂，广泛使用在高温、高速、与水接触的机械部件上。能长期在 120℃ 左右的环境中使用。

ZL—1H 适用于集中给脂系统。ZL—2H 适用于中转速、中负荷的机械设备，如汽车、拖拉机轮毂轴承，中小型电动机、水泵和鼓风机等。ZL—3H 适用于矿山机械、汽车、拖拉机轮毂轴承，大中型电动机等设备上。ZL—4H 适用于脂易流失的重负荷、低转速的滑动轴承。

合成锂基润滑脂的主要性能为：

1）具有一定的抗水性，可使用在潮湿和与水接触的机械部件上，但其抗水性比锂基脂差些。

2）具有较好的机械安定性。其机械安定性比锂基脂也差些。

3）滴点高，耐热性好。

使用中须注意，大容器盛装易产生析油，如有少量析油，搅拌均匀后仍可用。不能和其他脂混用。

4. 二硫化钼极压锂基润滑脂

二硫化钼极压锂基脂是由 12—羟基硬脂酸锂皂稠化精制矿物油，并加有缓蚀剂、极压抗磨剂等添加剂和二硫化钼粉制成。按工作锥入度分为 0 号、1 号和 2 号三个牌号。适用于冶金机械、矿山机械、重型起重机械以及汽车等重负荷齿轮和轴承的润滑。用于有冲击负荷的重载部位，能有效地防止机械部件的卡咬和烧结。适用温度范围为 -30~120℃。

二硫化钼极压锂基脂除具有锂基脂良好的高低温性能、机械安定性、胶体安定性、氧化安定性、抗水性和缓蚀性能外，还具有突出的极压抗磨性能。

使用中要求洗净部件，干燥后装脂或集中泵送润滑。应在清洁、干燥避光处储存，启用后应及时盖严，以防水和杂质混入，影响使用效果。不应与其他润滑脂混用。

5. 中小型电动机轴承锂基润滑脂

中小型电动机轴承脂是由锂皂稠化中等黏度矿物油加有抗氧、缓蚀、抗磨等添加剂制成，属于专用润滑脂。按锥入度分为 2 号和 3 号两个牌号，是一种优良的低噪声水平润滑剂。它主要适用于 0.5 千瓦至几百千瓦，绝缘等级为 A、E、B 级的中小型电动机轴承的润滑。可在高温、多水、多盐雾等工况条件下使用。适用温度范围为 -25~110℃。

中小型电动机轴承锂基润滑脂的主要性能为：

1）好的润滑性能和减振性能。

2）好的缓蚀、抗水、抗盐雾、抗氧化性能。

3）环境适应性好，不甩油，不干涸。

使用时须注意，使用温度不宜长期超过 110℃。不能与其他润滑脂混用。容器应保持干净，不允许砂粒、灰尘及水和杂质混入。

6. 半流体锂基润滑脂

半流体锂基脂（即 0 号、00 号和 000 号脂）是由少量的脂肪酸锂皂稠化矿物油，并

加有添加剂制成，属于专用润滑脂，分为非极压型和极压型两类。非极压型中加有抗氧剂、缓蚀剂，适用于矿山机械、建筑机械（如混凝土泵车）、重型机械等大型设备的集中润滑系统。极压型中还加有复合极压抗磨剂，适用于各种重型机械集中润滑以及齿轮箱、蜗杆副等传动装置。半流体锂基脂使用的温度范围为 -30 ~ 120℃。

半流体锂基润滑脂的主要性能为：

1) 具有良好的润滑性、机械安定性和高低温性能。极压型产品还有优良的极压性。
2) 具有良好的输送性能。
3) 能消除原来使用润滑油而常引起的泄漏问题。

使用中要求洗净部件，干燥后再装脂或集中泵送润滑；产品应储存在清洁、干燥及避光处；不允许使用单位或销售单位用成品 1、2、3 号锂基脂调入矿物油作为半流体锂基脂使用；启用后应及时盖严，以防杂质混入，影响使用效果。

五、工业凡士林

工业凡士林不含皂分，是由石油脂、地蜡、石蜡等固体烃稠化高黏度润滑油制成，属非皂基脂中固体烃基脂的一种。它适用于仓储的金属物品和工厂生产出来的金属零件及机器的缓蚀；也可作为橡胶工业的软化剂用；在机械的工作温度不高、负荷不大时，也可以当作减摩润滑脂使用。

工业凡士林的主要性能为：

1) 有一定的缓蚀性。
2) 不溶于水，不乳化。
3) 有一定的润滑性和较好的黏附性。

使用中应该注意，工业凡士林不能代替电容器凡士林或医药凡士林用；容器保持干净，防止水和杂质混入。

第四节　润滑脂的选择与使用

一、润滑脂的选择

润滑脂的选择应根据车辆和机械设备使用说明书的规定，选用与用脂部位工作条件相适应的润滑脂品种和稠度牌号。所谓按工作条件选用，主要指以下几项：

1. 最低操作温度和最高操作温度

被润滑部位的最低操作温度应高于选用润滑脂第二个字母 A、B、C、D、E 所对应的 0℃、-20℃、-30℃、-40℃、小于 -40℃ 的低温界限，否则在起动和运转时，将会造成摩擦和磨损增加；被润滑部位的最高操作温度应低于第三个字母 A、B、C、D、E、F、G 所对应的 60℃、90℃、120℃、140℃、160℃、180℃、大于 180℃ 的高温界限。高温界限要比滴点低 20 ~ 30℃ 或更低，操作温度若达到滴点会因脂流失而失去润滑作用，也不能离滴点太近，否则会因基础油蒸发，氧化加剧，造成寿命缩短。如汽车轮毂轴承，若工作温度范围为 -30 ~ 120℃，对应的第二、三个字母应为 C、C。

2. 水污染

包括环境条件和缓蚀性。环境条件分干燥环境（L）、静态潮湿环境（M）和水洗（H）。缓蚀性分不缓蚀（L）、淡水存在下缓蚀性（M）和盐水存在下缓蚀性（H）。综合环境条件和缓蚀性要求，选择字母4所表示的水污染级别。如汽车在水洗环境（H）下使用，并有淡水缓蚀性要求（M），第四个字母应为H。

3. 负荷

负荷是指摩擦面单位面积所受的压力。根据高负荷和低负荷的工作条件分别选用极压型润滑脂（B）或非极压型润滑脂（A）。

4. 稠度牌号

与环境温度及转速、负荷等因素有关。一般高速低负荷的部位，应选用稠度牌号低的润滑脂。若环境温度较高时，稠度牌号可提高一级。汽车一般推荐使用1号或2号脂。

二、润滑脂使用注意事项

为了充分发挥润滑脂性能，使用中还应注意以下事项：

1）轮毂轴承是主要用脂部位，宜全年使用2号脂（南方），或冬用1号夏用2号脂（北方）。不少用户习惯常年使用3号脂，该脂稠度太大，会增加轮毂轴承转动阻力，3号脂宜在热带重负荷车辆上使用。

2）轮毂轴承润滑脂使用到严重断油、分层或软化流失前必须更换，普遍做法是在二级维护时换脂。换脂时要合理充填，要求在轴承内填满脂，轮毂内腔仅薄薄地涂一层脂缓蚀即可，而不宜在该内腔也装满脂。堆积在轮毂内腔的脂，通常不可能补充到轴承滚道里，而只能使轴承散热困难，甚至可能会自流到制动摩擦片上，造成制动失灵。合理充填还可以显著节约用量。

3）按使用说明书规定及时向各润滑点注脂。如解放CA1091型汽车要求每行驶2000km向水泵轴承、离合器踏板轴、制动踏板轴、传动轴各点前、后钢板弹簧销、转向节主销、转向拉杆等处注脂，使用汽车通用锂基润滑脂与以前使用钙基润滑脂相比，注脂期至少可延长3～5倍。

4）石墨钙基润滑脂因其中有鳞片状石墨（固体），不能用于高速轴承上，否则会导致轴承损坏，而汽车钢板弹簧等负荷大、滑动速度低的部位，则必须使用石墨钙基润滑脂，石墨作为固体润滑剂不易从摩擦接触面挤出，可起到持久的润滑作用。

5）各种稠化剂制成的润滑脂不能互相混用，否则可能破坏其胶体结构而失去原有的性能。不同种类的润滑脂不得混用。换用新润滑脂时，须将旧的润滑脂擦干净，否则会加速新润滑脂的氧化变质。

6）润滑脂一旦混入杂质便难以除去，在保存、分装和使用过程中，要严格防止灰、砂和水分等外界杂质污染，容器和注脂工具必须干燥清洁；尽可能减少脂与空气接触；作业场所要清洁无风沙；轴承及注脂口在加脂前必须洗干净；作业完毕后，盛脂容器和加注器管口应立即加盖或封帽。

7）润滑脂一次加入的量不能过多，否则会使机件的运转阻力增加，工作温度升高。

8）润滑脂一般不能和润滑油混用。

第八章 汽车制动液

 学习提示：

通过本章学习，应该明确
- 制动液的特性与使用性能
- 制动液使用性能的试验方法
- 制动液的质量标准
- 制动液的选用方法与使用注意事项

在轿车和轻型汽车上广泛采用液压行车制动系统，汽车制动液是汽车液压制动系统中所采用的传递压力以制止车轮转动的工作介质。由于制动液在液压制动中肩负着重要作用，要求其安全可靠、质量高、性能好。

第一节 制动液的使用性能要求

现代汽车的制动液多为合成型制动液，按照合成原料的不同分为醇醚型和酯型两种。汽车制动液的工作温度范围很宽。当气温低时制动液的黏度会增大，低温流动性差。而现在汽车的车速越来越高，使得汽车制动液的最高温度可达150℃以上，夏天汽车液压制动系统易产生气阻。制动液在遇潮吸水后会使沸点下降。汽车液压制动系统采用的材料种类多，既有金属材料，也有橡胶材料。

综上所述，为保证汽车实现正常的制动效果，汽车制动液必须具有以下的使用性能：

一、高温抗气阻性

汽车在平坦道路上行驶时，制动液的温度一般在100～130℃，最高可达150℃。而行驶于多坡道山间道路的汽车，由于其制动频繁，其制动液温度更高。如使用沸点低的制动液，在高温时会由于制动液的蒸发而产生气阻，即使踩下制动踏板也不能使液压上升，引起制动失灵。因此高温抗气阻性是对制动液使用性能的主要要求之一。

为了保证行车安全，要求制动液具有良好的高温抗气阻性，即具有高沸点、低挥发性，夏天不易产生气阻。

评定汽车制动液高温抗气阻性的指标是平衡回流沸点、湿平衡回流沸点和蒸发性。

二、运动黏度和润滑性

汽车制动液在使用范围内应具有良好的流动性，并且为了保持制动缸和橡胶皮碗间能很好地滑动还要求制动液具有适当的润滑性。因此，要求汽车制动液具有良好的低温流动性，并且制动液的黏度随温度的改变产生的变化小，即黏温性能较好。在制动液规格中都规定了-40℃最大运动黏度和100℃的最小运动黏度。

三、金属腐蚀性

汽车制动液的缸体、活塞、导管、回位弹簧和阀门等主要采用铸铁、铜、铝及其他合金制成，要求制动液不会引起金属腐蚀以防产生制动失灵。另外，当制动液渗进橡胶分子的间隙中时，会从橡胶中抽出一部分组分，这些抽出物对金属的腐蚀作用也要限制。制动液的金属腐蚀性通过金属腐蚀试验来评定。

四、与橡胶的配伍性

在汽车制动系统中，为了保证制动液不渗漏，并能传递制动能量，使用了许多橡胶零部件，如皮碗、软管、油封等，这些橡胶件长期浸泡在制动液中。为了保证这些橡胶件正常工作，要求制动液应具有良好的橡胶适应能力，对与其接触的橡胶零件不会造成显著的溶胀、软化或硬化等不良影响，否则会不能形成液压而导致制动失效。制动液与橡胶配伍性通过橡胶皮碗试验评定。

五、稳定性

汽车制动液要求其具有优异的高温稳定性和化学稳定性，即制动液在高温和与相溶液体混合后平衡回流沸点的变化要小，保证制动液在储存和使用过程中，不应有分层、变质等现象，不形成沉淀物，并且不引起制动系统金属零件的生锈、腐蚀等。

六、容水性

要求制动液吸水后能与水互溶，不产生分离和沉淀。因为制动液在使用过程中会逐渐吸收空气中的水分，当水不能被制动液溶解时，这部分水会积存在底部的凹部，产生对金属的腐蚀，并且会因为水在低温时凝固、高温时汽化而产生故障。故要求制动液能把这部分水分溶解，且不能因为有水而变质。制动液的容水性通过容水性试验评定。

七、抗氧化性

制动液的抗氧化性是制动液的重要化学性能，它决定制动液在储存和使用过程中是否容易氧化变质，是决定制动液储存期和使用寿命的重要因素。而且零件腐蚀一般是因制动液氧化而引起的，所以制动液应具有良好的抗氧化性。制动液的抗氧化性通过抗氧化性试验评定。

第二节　制动液的使用性能评定

为了保证汽车液压制动系统中使用的制动液性能满足各种车辆在不同的地理和气候条件下的使用要求，所使用的制动液产品就必须达到规定的技术性能指标。

一、平衡回流沸点

平衡回流沸点是指在冷凝回流系统内与大气平衡条件下制动液试样沸腾的温度。该指标是制动液产品出厂检验时或在加入车辆制动系统使用前没有吸收水分情况下的耐高温性能指标，主要反映组成制动液产品的各种原料组分的沸点高低。只有平衡回流沸点越高，制动液的高温性能才能越好。然而，并不是平衡回流沸点高的制动液就一定具有良好的高温性能，只有在平衡回流沸点和湿平衡回流沸点都高的情况下，制动液才具有好的高温性能。

制动液的平衡回流沸点的测定按照 SH/T 0430—1992《制动液平衡回流沸点测定法》进行，采用平衡回流沸点测定仪，取 60mL 试样放置在 100mL 的烧瓶内与大气压平衡，并在一定回流速度条件下沸腾，通过计算，用校正到标准大气压的温度作为平衡回流沸点。

平衡回流沸点按下式计算

$$TERBP = T_{示} + \Delta t_{修} + C_c$$

式中，$TERBP$ 为经过温度计和大气压修正后的平衡回流沸点，单位为℃；$T_{示}$ 为连续四次沸点读数的平均值，单位为℃；$\Delta t_{修}$ 为温度计检定证书上对应的修正值，单位为℃；C_c 为校正到标准大气压的沸点修正值，单位为℃。

C_c 的值以法定计量单位制按下式计算

$$C_c = \frac{9.5 \times 10^5 (1.01325 \times 105 - P)(273 + t_c)}{1.33322 \times 10^2}$$

式中，P 为测定沸点时的大气压，单位为 Pa；$t_c = T_{示} + \Delta t_{修}$。

二、湿平衡回流沸点

湿平衡回流沸点是指制动液在规定的试验条件下，制动液产品吸收一定水分或加入一定量的水分后测得的平衡回流沸点温度值，又简称为制动液的湿沸点。湿平衡回流沸点是衡量制动液在加入制动系统后，在使用过程中吸收一定水分的情况下制动液产品的耐高温性能指标。由于合成制动液的一个显著的特点是在储存和使用的过程中与空气接触时，很容易吸收空气中的水分，因此，与平衡回流沸点指标相比，湿平衡回流沸点指标更能反映制动液在实际使用过程中的耐高温性能状况。

一般情况下，如果制动液的平衡回流沸点高，湿平衡回流沸点也应该较高，但二者之间不是呈线性关系，对于不同的制动液，其平衡回流沸点与湿平衡回流沸点指标相差较大。

目前制动液的湿平衡回流沸点的测定是按照 GB 12981—2012《机动车辆制动液》的规定进行。取 60mL 试样置于平衡回流沸点特制烧瓶中，加入 2.1mL 的蒸馏水，混合均匀，再按 SH/T 0430—1992《制动液平衡回流沸点测定法》测定平衡回流沸点即为其湿平衡回流沸点。

三、蒸发性

制动液的蒸发性是指控制制动液在一定温度条件下蒸发损失量的大小。该指标对于制动液的润滑性能、使用寿命和保证制动液在较高温度条件下使用时，制动系统正常、可靠工作都具有重要意义。

制动液的蒸发性能是制动液的一项重要的高温性能指标，它是将规定量的制动液在100℃温度条件下按规定方法经过一定时间（如168h）恒温后，根据试验前后制动液的质量变化，计算其蒸发损失的百分率；同时检查试验后的残液中有无砂粒和磨蚀物，并测定-5℃时制动液的流动性。

四、金属腐蚀性试验

金属腐蚀性是指金属零部件在其周围环境的作用下引起的破坏或变质的程度。一般为金属与周围介质之间发生化学或电化学等多相反应使金属变为氧化（离子）状态而被腐蚀。对汽车制动系统而言，常见的金属腐蚀主要为因化学和电化学腐蚀引起的局部腐蚀现象。化学腐蚀是指金属表面的原子与非电解质中的氧化剂直接发生氧化还原反应，形成腐蚀产物；电化学腐蚀是指金属表面与离子导电的介质（电解质）发生电化学反应而引起的破坏。

制动液金属腐蚀性试验按照GB 12981—2012《机动车辆制动液》"附录F 制动液金属叠片腐蚀检验法"的规定进行。将七种特制的金属试片（钢片、镀锡铁皮、铝片、铸铁片、黄铜片、纯铜片和锌片）放入制动液试样中，在规定的时间和温度条件下浸泡，通过测定试验前后金属试片的表面腐蚀情况及质量的变化，来表示制动液的金属腐蚀性。

五、与橡胶配伍性试验

对于制动液的橡胶适应能力，虽然各种制动液产品规格、标准的控制指标可能存在不同之处，但总的要求是一致的，即均要求汽车制动液不能对汽车制动系统中所采用的橡胶零部件产生不良影响，要保证制动系统正常工作，制动灵活、可靠。

目前制动系统橡胶皮碗主要采用三元乙丙橡胶（EPDM）、丁苯橡胶（SBR）和天然橡胶（NR）等制成。

制动液与橡胶皮碗适应性试验按照GB 12981—2012《机动车辆制动液》"附录K 制动液橡胶适应性检验法"的规定进行。把汽车液压制动系统橡胶皮碗的标准样品，放入制动液试样中在规定的试验条件下浸泡，通过测定试验前后橡胶皮碗的体积变化、根径变化、硬度变化和外观变化，来检验制动液于橡胶皮碗的适应性。

六、液体稳定性试验

制动液的液体稳定性包括高温稳定性和化学稳定性两方面。该指标主要用来反映制动液在一定试验条件下的物理和化学稳定性能。

制动液的稳定性测定按照GB 12981—2012《机动车辆制动液》"附录E 制动液液体稳定性检验法"的规定进行。

制动液的高温稳定性检验方法是将 60mL 试样加热到 185℃，恒温 2h，再升温测定其平衡回流沸点，用试样的原平衡回流沸点与加热后的平衡回流沸点之差来评定制动液的高温稳定性。

制动液的化学稳定性检验方法是将 30mL 试样与 30mL 相容性液体混合后测定其平衡回流沸点，用开始沸腾回流后第一分钟内混合试样的最高温度与随后测得的平均沸点之差来评定制动液的化学稳定性。

七、容水性试验

制动液的容水性试验按照 GB 12981—2012《机动车辆制动液》"附录 I 制动液容水性及相容性检验法"的规定进行。该方法用于评定水分对制动液性能的影响。其方法是将增湿的制动液加入到 100mL 的锥形离心管之中，在 -40℃ 下保持 22h 后取出，迅速观察试样的外观，如分层、沉淀及透明度等情况，并测定离心管倒置时，气泡上升到液面时间。接着在 60℃ 下保持 22h 后，立即观察试样的外观，并测定离心沉淀体积分数。

八、抗氧化性试验

汽车制动液抵抗氧化衰变的能力称为抗氧化性。抗氧化性越好，则制动液越不易被氧化变质，储存期和使用期就越长。制动液的抗氧化性能主要与制动液的化学组成和使用条件有关。

制动液的抗氧化性试验按照 GB 12981—2012《机动车辆制动液》"附录 J 制动液抗氧性检验法"的规定进行。其方法是用过氧化苯甲酰、蒸馏水和制动液配成试验用混合液，并放入 1/8 橡胶皮碗和铝、铸铁片，在 70℃ 烘箱内保持 168h 后取出，检查试片有无坑蚀、粗糙不平等腐蚀现象，并计算试片的质量变化。

九、制动液行程模拟试验

汽车制动液的性能检验除了要进行各项理化性能指标和使用性能指标检验外，还应进行制动液行程模拟试验。该试验是用来模拟制动液在制动系统中同橡胶皮碗匹配使用五年时的状态。

与前面所述的制动液理化性能和使用性能试验条件相比，制动液行程模拟试验更接近于制动液在车辆中的实际使用条件。因此，其试验结果更能说明制动液的实际使用性能。

汽车制动液行程模拟试验是使用制动系统模拟装置来评定制动液的润滑性能和材料适应性能的一种实验室试验方法。制动液行程模拟试验按照 GB 12981—2012《机动车辆制动液》"附录 L 制动液行程模拟试验法"的规定进行。其方法是将试验制动液放入模拟制动系统的试验装置中，在规定的条件下进行 85000 次行程试验，然后分解模拟试验系统，按规定的方法对有关的零部件进行清洗后，分别测量制动缸活塞和缸体直径变化；测量橡胶皮碗根部直径、唇口直径和硬度的变化；同时测量制动液中出现的沉淀物量以及试验过程中制动液的消耗量，并观察金属零部件、橡胶皮碗和制动液外观等变化情况。对于制动液来说，这项试验是十分重要的，是最能直接反映制动液和制动系统的适应性和有效性的一项实验室测试。

第八章　汽车制动液

第三节　制动液的质量标准

为了保证汽车的行驶安全，必须对其性能进行规范。虽然不同国家根据各国汽车技术发展水平对制动液的质量要求有所不同，但均对制动液的各项性能指标进行了全面规定，形成了汽车制动液标准。

一、我国汽车制动液标准

我国现行有效的制动液标准均为合成制动液标准，共有国家标准、行业标准、国家军用标准和企业标准四类。我国目前的国家标准分为推荐性标准和强制性标准两类，而制动液标准属于强制性标准。

1. 制动液国家标准

我国的汽车工业发展迅速，汽车制动液的质量水平与过去相比也有了很大的提高。为了与此相适应，按照"1999年制修订国家标准项目计划"要求及2000年度石油和石油化工产品标准计划协调会的决定，中国石油化工股份有限公司润滑油重庆分公司对 GB 12981—1991《HZY2、HZY3、HZY4合成制动液》标准进行了两次修订，形成制动液国家标准 GB 12981—2003《机动车辆制动液》，代替了原来由公安部和交通部联合提出的 GB 10830—1998《机动车制动液使用技术条件》和由中国石油化工总公司提出的 GB 12981—1991《HZY2、HZY3、HZY4合成制动液》。原来的 GB 10830—1998《机动车制动液使用技术条件》是从保证机动车辆安全运行的角度出发，规定了制动液的关键性技术要求，即只对各级制动液产品的主要性能指标及推荐使用范围进行了规定，将汽车制动液的使用技术条件分为 JG3、JG4、JG5 三级。JG 为交通部、公安部系列，J 为交通部第一个汉字的汉语拼音首字母，G 为公安部第一个汉字的汉语拼音的首字母。它为使用者提出正确选择使用制动液的指南，也为制动液的生产企业提供了保证其产品质量的最低要求；同时也为制动液行业的质量控制和管理提供了技术依据。而原来的 GB 12981—1991《HZY2、HZY3、HZY4合成制动液》则是产品标准，参照美国联邦机动车辆安全标准 FMVSS NO.116"机动车制动液"和 SAEJ1703 制定的。该标准的系列代号由符号（HZY）和标记（阿拉伯数字）两部分组成，其中 H、Z、Y 分别为合成、制动和液体第一个汉字的汉语拼音首字母，阿拉伯数字作为区别本系列各标准的标记。对制动液产品的各项性能指标都进行了明确的规定。规定所有产品性能指标应该是在满足 GB 10830—1998《机动车制动液使用技术条件》规定的性能指标前提下，再按照制动液的使用要求确定其他相应的性能指标。作为制动液的产品标准，制动液产品的定型检验应该按该标准执行，在评定制动液产品是否真正合格时也应该执行该标准。

GB 12981—2003《机动车制动液》与 GB 12981—1991 相比主要变化为：取消 HZY2 型制动液品种，增加 HZY5 型制动液品种；型式检验中，金属腐蚀性等项目采用国家标准样品橡胶皮碗和符合标准的金属试片；相容性试验中所用相容性液体为标准样品；取消各附录中的引用标准，统一在正文中引出；取消原附录 K；原附录 L 改列为附录 M；制动液增湿增加 B 法，原标准吸湿方法列为 A 法；测定增湿后制动液水含量的方法只采用

SH/T 0086《发动机冷却液的浓缩液中水含量测定法(卡尔·费休法)》一种方法;增加附录A"本标准与ISO 4925:1978章条对应一览表";增加附录B"本标准与ISO 4925:1978技术性差异及其原因一览表";增加附录M"HZY3、HZY4制动液相容性试验液标准样品";增加附录N"制动液防锈性能测定法"。标准中附录A、B、M、N为资料性附录,附录C、D、E、F、G、H、J、K、L为规范性附录。

现行的制动液国家标准GB 12981—2012《机动车辆制动液》从制动液生产和使用角度出发,全面规定了评价制动液产品综合性能的技术指标,是机动车辆制动液产品鉴定时应达到的质量水平,也是制动液生产厂家在生产过程中进行产品质量控制和国家质量技术监督部门规范制动液行业产品质量的技术依据。机动车辆制动液的技术要求和试验方法见表8-1。

表8-1 机动车辆制动液的技术要求和试验方法

序号	项 目		质量指标				试验方法
			HZY3	HZY4	HZY5	HZY6	
1	外观		清澈透明,无悬浮物、杂质及沉淀				目测
2	运动黏度/(mm²/s) 　-40℃ 　100℃	不大于 不小于	1500 1.5	1500 1.5	900 1.5	750 1.5	GB/T 265
3	平衡回流沸点(ERBP)/℃	不低于	205	230	260	250	SH/T 0430
4	湿平衡回流沸点(WERBP)/℃	不低于	140	155	180	165	附录C[①]
5	pH值		7.0~11.5				附录D
6	液体稳定性(ERBP)变化/℃ 　高温稳定性(185℃±2℃,120min±5min) 　化学稳定性		±5 ±5				附录E
7	腐蚀性(100℃±2℃,120h±2h),试验后金属片质量变化/(mg/cm²) 　镀锡铁皮 　钢 　铸铁 　铝 　黄铜 　纯铜 　锌 试验后金属片外观 试验后试液性能 　外观 　pH值 　沉淀物(体积分数)(%) 试验后橡胶皮碗状态 　外观 　硬度降低值 　根径增值/mm 　体积增加值(%)	 不大于 不大于 不大于 不大于	-0.2~+0.2 -0.2~+0.2 -0.2~+0.2 -0.1~+0.1 -0.4~+0.4 -0.4~+0.4 -0.4~+0.4 无肉眼可见坑蚀和表面粗糙不平,允许脱色或出现色斑 无凝胶,在金属表面无黏附物 7.0~11.5 0.10 表面不发黏,无炭黑析出 15 1.4 16				附录F

第八章 汽车制动液

（续）

序号	项 目		质量指标 HZY3	质量指标 HZY4	质量指标 HZY5	质量指标 HZY6	试验方法
8	低温流动性和外观 　-40℃±2℃，144h±2h 　　外观 　　气泡上浮至液面的时间/s 　　沉淀物 　-50℃±2℃，6h±0.2h 　　外观 　　气泡上浮至液面的时间/s 　　沉淀	 不大于 不大于		清亮透明均匀 10 无 清亮透明均匀 35 无			附录 G
9	蒸发性能（100℃±2℃，168h±2h） 　蒸发损失（质量分数）（%） 　残余物性质 　残余物倾点/℃	 不大于 不高于		80 用指尖摩擦时，沉淀中不含 有颗粒性砂粒和磨蚀物 -5			附录 H①
10	容水性（22h±2h） 　-40℃ 　　外观 　　气泡上浮至液面的时间/s 　　沉淀 　60℃ 　　外观 　　沉淀量(体积分数)（%）	 不大于 不大于		清亮透明均匀 10 无 清亮透明均匀 0.05			附录 I
11	液体相容性（22h±2h） 　-40℃±2℃ 　　外观 　　沉淀 　60℃±2℃ 　　外观 　　沉淀量(体积分数)（%）	 不大于		清亮透明均匀 无 清亮透明均匀 0.05			附录 I
12	抗氧化性（70℃±2℃，168h±2h） 　金属片外观 　金属片质量变化/mg·cm⁻² 　　铝 　　铸铁			无可见坑蚀和点蚀，允许痕 量胶质沉积，允许试片脱色 -0.05 ~ +0.05 -0.3 ~ +0.3			附录 J
13	橡胶适用性（120℃±2℃，70h±2h） 　丁苯橡胶（SBR）皮碗 　　根径增值/mm 　　硬度降低值/IRHD 　　体积增加值（%） 　　外观 　三元乙丙橡胶（EPDM）试件 　　硬度降低值/IRHD 　　体积增加值（%） 　　外观	 不大于 不大于		0.15 ~ 1.40 15 1 ~ 16 不发黏，无鼓泡，不析出炭黑 15 1 ~ 16 不发黏，无鼓泡，不析出炭黑			附录 K

(续)

序号	项 目	质 量 指 标				试验方法
		HZY3	HZY4	HZY5	HZY6	
14	行程模拟性能（85000 次行程，120℃±5℃，7.0MPa±0.3MPa）	通过				附录 L[②]
15	防锈性能	合格				附录 M[②]

[①] 测试结果出现争议时，本标准推荐以 A 法的测试结果为准。

[②] 由供需双方协商确定。

2. 制动液行业标准

在 20 世纪末，随着我国引进的国外先进车型越来越多，GB 12981—1991 制动液国家标准的技术水平、指标要求和测试项目已不能满足这些先进车型对制动液技术指标的要求。因此在 2000 年，为了促使我国汽车制动液的质量水平更好地与汽车工业发展水平相适应，由国家机械工业局提出，汽车行业有关单位长春汽车材料研究所、东风汽车公司工艺研究所、南京汽车研究所、上海大众汽车公司参照美国联邦机动车辆安全标准 FMVSS No.116《机动车制动液》、GB 12981 和德国大众公司、意大利依维柯公司等企业内部标准的内容，制定了中华人民共和国汽车行业标准 QC/T 670—2000《汽车合成制动液》行业标准。

QC/T 670—2000《汽车合成制动液》从我国汽车应用技术和汽车安全出发，提出了我国汽车行业第一个制动液产品的关键性技术要求。该标准适用了当时我国引进车型装车用制动液供货技术条件。

二、国外汽车制动液标准

国外汽车制动液标准中具有代表性的是美国汽车工程师协会（SAE）标准和美国联邦机动车辆安全标准（FMVSS），这也是世界公认的汽车制动液通用标准。

DOT 制动液标准是由美国联邦运输部国家高速公路安全局（NHSB）制定，在美国联邦机动车辆安全标准（FMVSS）No.116 中发布的《机动车辆制动液》标准。

第四节　制动液的选择与使用

目前市场上车辆型号和制动液产品等级很多，正确选择使用制动液产品是确保汽车制动系统安全、可靠工作的重要环节。

一、制动液的选择

不同性能指标和不同类型车辆制动系统所要求使用的制动液产品质量等级不同，这也为用户正确选择使用制动液产品造成了一定困难。但汽车制造厂家在车辆使用说明书中一般都明确规定或推荐了该车辆制动系统应该使用的制动液产品质量等级。有的生产厂家还指明了具体的制动液产品品牌和型号。因此，车辆使用和维修人员首先应该按照车辆使用说明书上的规定选择使用相应的制动液产品。

但当车辆使用和维修人员由于某些原因不愿意使用车辆制造厂家推荐的制动液产品，或该产品不易获得，需要重新选用制动液产品时，一般应遵循以下原则：

第八章 汽车制动液

1）选用的制动液产品质量等级应等于或高于车辆制造厂家规定的制动液质量等级。
2）所选用的制动液产品类型应与车辆制造厂家规定的制动液产品类型相同。
3）尽量选择正规厂家生产的、性能稳定、质量有保证的制动液产品。
4）选择合成制动液。

部分汽车要求使用的制动液的规格见表8-2。

表8-2 部分汽车要求的制动液的规格

汽 车 型 号	制动液级别
上海桑塔纳（LX系列、2000系列）	NO52　766　XO
富康（CITROEN ZX型）	合成型 TOTAL FLUIDE SY 或 DOT4
夏利 TJ7100	912 合成制动液或 DOT3 制动液
捷达	DOT4 制动液
福特　天霸 2.3L	DOT3 制动液
北京切诺基	DOT3 或 DOT4 制动液
奥迪 A6	DOT4 制动液

二、制动液的使用

汽车制动液在使用过程中，由于受到高温、高压等使用环境因素和金属或橡胶零件的催化作用等因素的影响，其质量性能指标会发生衰变。另外，制动液在使用过程中不论初期的平衡回流沸点高低都要吸湿，从而造成制动液产品质量的下降，容易在高温或频繁制动等条件下使制动系产生气阻现象，导致制动故障或制动失灵。为了防止制动液在使用过程中受到其他污染物的影响或过度吸水，造成车辆制动系统工作不可靠、制动失灵等故障，应该正确使用制动液，并对使用中的制动液按汽车行驶里程或使用时间进行更换。部分汽车的制动液更换期见表8-3。

表8-3 部分汽车的制动液更换期

汽 车 型 号	制动液更换期
上海桑塔纳（LX系列、2000系列）	每 24 个月或行驶超过 5 万 km
富康（CITROEN ZX 型）	每 24 个月或行驶超过 3 万 km
夏利 TJ7100	每 12 个月
捷达	每 24 个月或行驶超过 3 万 km
北京切诺基	每 24 个月或行驶超过 2.4 万 km

制动液在使用时还应注意下列事项：
1）不同规格的制动液不能混用。
2）在加注或更换制动液时使用专业工具。
3）防止水分和矿物油混入制动液中。
4）制动缸橡胶皮碗不可敞开放置。
5）汽车制动液多是以有机溶剂制成，易挥发、易燃，因此，在使用中要注意防火。
6）制动液产品一般有一定的毒性，因此在更换制动液时不能用嘴去吸取制动液。
7）制动液对车身涂层有一定的破坏作用，会产生"咬漆现象"，因此在使用过程中要防止制动液与车身涂层接触。

第九章　液压系统用油

学习提示：

通过本章学习，应该明确
- 液压油的使用性能及其评定方法
- 液压油的分类和质量标准
- 液压油的选用方法与使用注意事项

当前的汽车已应用到国民经济的各个领域，而且专用性越来越明显。液压系统在一些专用汽车上的应用也越来越广泛，而液压系统工作的可靠性和使用寿命，在很大程度上取决于液压油的性能和正确使用。

第一节　液压油的使用性能要求

自卸汽车、汽车起重机等各种专用车辆的液压系统，使用液压油作为工作介质。这类液压系统中，油液的流速不大，但工作压力较高，故称静压传动。静压传动装置主要由动力机构、控制机构、执行机构、辅助装置、工作介质等部分组成，动力机构即液压泵，其作用是把输入的机械能转换为液体的压力能；控制机构即各种调节装置和液压阀，用来控制液体的压力、流量和方向等；执行机构主要指液压油缸和液压马达，作用是将输入的压力能转换为工作需要的机械能；辅助装置包括油箱、油管、管接头及各种控制仪表等；工作介质是指传递能量的液压油。

为了保证液压系统正常工作，对液压油的使用性能有两个最基本的要求：工作中的不可压缩性和良好的流动性。通常提到的空气释放性、起泡性、黏温性和抗剪切性能等，实际上都是为了保证实现上述两个基本要求。

一、保持液压油的不可压缩性

液体在外力作用下不易改变其体积，所以通常说液体是不可压缩的。但空气混入后会影响其不可压缩性。目前使用的液压油多用矿物油，空气能溶解于矿物油中，其溶解度主要取决于空气压力，其次是环境温度。气压高或温度高时，溶解度大，在常温常压条件下，空气在矿物油中的溶解度约为9%（体积比）。当空气在油液中保持溶解状态时，

第九章 液压系统用油

液压系统工作不会出现问题,而当液压油通过油缸、液压阀等液压元件时,压力会突然下降,加上温度的影响,空气容易从油液中释放出来并形成许多气泡,破坏了液压油的不可压缩性,从而破坏了它作为工作介质传递能量的作用,并使操纵机构失灵。此外,液压泵发生泄漏或油与空气的翻搅都会产生泡沫,油液中混入空气还会使液压泵产生噪声。为了保持液压油的不可压缩性,一方面要尽量防止空气混入液压系统,另一方面在液压油中加入抗泡剂。与液压油不可压缩性相关的指标是空气释放值(用在50℃时的每分钟不大于某值来表示)以及起泡性(泡沫倾向/泡沫稳定性)等。

二、良好的流动性

油液的流动性直接影响着能量的传递效果,它与油液的倾点、黏度和黏温性等指标有关,特别是倾点和低温黏度,应能适应油泵预计的最低操作温度。倾点过高,低温黏度过大,冬季将使野外工作的油泵不能正常吸油,造成磨损,甚至不能运转。低温下使用的液压油应深度脱蜡,并加入倾点降低剂(即降凝剂)或用合成烃油作为基础油。温度变化范围较宽的液压系统,其液压油须有良好的黏温性,否则,温度降低时,黏度增加太大,摩擦损失增加,泵送的速度变慢,而影响能量传递效果,而在温度升高后黏度又变得太小,所以,在宽温度范围使用的液压油里应加入黏度指数改进剂,这种液压油被称作高黏度指数液压油。

三、良好的剪切稳定性

为了改善液压油的黏温性,加入的黏度指数改进剂多是高分子聚合物,在切应力作用下,若分子断裂,将使黏度下降,黏温性变差。工作时,如泵的转动和阀门间隙中的小孔,都会产生剪切作用,因此,加有黏度指数改进剂的液压油,还应具备良好的剪切稳定性,通过规定的剪切试验,测其黏度损失,常用某一温度下黏度下降的百分数来表示。

四、良好的抗磨性

液压泵的发展趋势是高压、高速、小流量,这就要求液压油具有一定的极压抗磨性。抗磨型的液压油,要通过各种抗磨性试验,如 FZG(或 CL—100)齿轮机试验(SH/T 0396)、叶片泵试验(SH/T 0397)和长期磨损试验(SH/T 0198)等。

五、良好的氧化安定性

液压油氧化后生成的胶质和沉积物会影响液压系统的正常工作,特别是系统的稳定性及控制机构的精度和准确性;同时生成的酸性氧化物会使设备受到腐蚀,因此要求液压油具有良好的氧化安定性,办法是对液压油的基础油进行深度精制,并加入抗氧剂。

此外,液压油还应有良好的防腐性、缓蚀性、抗乳化性和橡胶密封材料的适应性等要求。对某些在有热源条件下工作的液压油,还有难燃性的要求。

第二节 液压油的使用性能评定

从分子物理学的观点来看,液体是由一个个不断做不规则运动的分子所组成的;分子间存在着间隙，因此它们是不连续的。但从工程技术的观点来看，分子间的间隙极其微小，完全可以把液体看作是由无限多个微小质点所组成的连续介质，把液体的状态参数（密度、速度和压力等）看作是空间坐标内的连续函数。

一、密度和重度

液体中某点处微小质量 Δm 与其体积 ΔV 之比的极限值，称为该点的密度。

$$\rho = \lim_{\Delta V \to 0} \frac{\Delta m}{\Delta V} = \frac{dm}{dV}$$

液体中某点处微小重力 ΔF_G 与其体积 ΔV 之比的极限值，称为该点液体的重度。

$$\gamma = \lim_{\Delta V \to 0} \frac{\Delta F_G}{\Delta V} = \frac{dF_G}{dV}$$

对于均质液体来讲，它的密度和重度分别为

$$\rho = \frac{m}{V}; \quad \gamma = \frac{F_G}{V}$$

式中，m 为液体的质量，单位为 kg；F_G 为液体的重力，单位为 N；V 为液体的体积，单位为 m^3。

在国际单位制（SI 制）中，液体的密度单位使用 kg/m^3；重度单位使用 N/m^3。由于 $F_G = mg$，所以液体的密度和重度之间有如下关系

$$\gamma = \rho g$$

重力加速度 g 的值在 SI 制中常取 $9.81 m/s^2$。液体的密度和重度随压力和温度而变化，在一般情况下，可视为常数，ρ 取 $900 kg/m^3$。

二、液体的可压缩性

当液体受到压力时，分子间距离缩短，密度增加，体积缩小。这种性质就叫作液体的可压缩性。液压油在约 35MPa（350kgf/cm^2）以下的压力范围，每升高约 7MPa（70kgf/cm^2），体积仅缩小 0.5%，因此在一般情况下可以忽略不计。但是在研究液压传动的动特性、计算液流冲击力、抗振稳定性、工作的过渡过程以及远距离操纵的液压机构时，必须考虑它的可压缩性。

在这些情况下，液体的可压缩性是有害的。例如，在精度要求很高的随动系统中，油液的压缩性会影响它的运动精度，在超高压系统液体加压压缩时吸收了能量，当换向时能量突然释放出来，会产生液压冲击，引起剧烈的振动和噪声等。

但是，我们可以利用它有利的一面。例如液压机中，可以利用油液的压缩性储存压力能，实现停机保压。

液体压缩的大小，一般用压缩系数 β 来表示。它相当于每增加 0.1MPa 压力时，液体体积的变化量，如下式所示

$$\beta_V = \frac{1}{\Delta p} \frac{\Delta V}{V_0}$$

式中，β_V 为体积压缩系数；Δp 为压力变化值；ΔV 为液体被压缩后体积的变化值；V_0 为液体压缩前的体积，单位为 L。

体积压缩系数 β_V 的倒数，称为体积模量。液压油的体积模量为 $1.4 \times 10^9 \sim 2.0 \times 10^9 N/m^2$，而钢的弹性模量为 $2.06 \times 10^{11} N/m^2$，可见液压油的压缩性比钢要大 100~150 倍。

液压油的体积模量 K 与压缩过程、温度、压力等因素有关,等温压缩下的 K 值不同于绝热压缩下的 K 值,由于差别较小,工程技术上使用时可忽略其差别。温度升高时,K 值减小,在液压油正常工作的温度范围内,K 值会有 5%～25% 的变化。压力加大时,K 值加大,但其变化不呈线性关系,且当 $p \geqslant 30 \times 10^6 \mathrm{Pa}$ 时,K 值基本上不再加大。

三、黏度特性

当油液在外力作用下发生流动时,由于油液分子与固体壁面之间的附着力和分子之间的内聚力的作用,会导致油液分子间产生相对运动,从而在油液中产生内摩擦力。我们称油液在流动时产生内摩擦的特性为黏性。所以只有在流动时,油液才有黏性,而静止液体则不显示黏性。

黏性的大小可用黏度来衡量。黏度是选用液压油的主要指标,它对油液流动的特性有很大影响。

1. 黏度的定义及其物理意义

如图 9-1 所示,设两平行平板之间充满油液,上平板以速度 v 向右运动,而下平板则固定不动时,紧贴上平板的油液黏附于平板上,以相同的速度 v 随平板向右移动。紧贴在下平板的油液则黏附于下平板而保持静止。中间流体的速度呈线性分布。

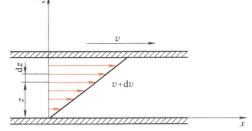

图 9-1　黏性液体速度梯度与角变形

我们可将这种流动看作为许多薄流体层的运动。由于各层的流动速度不同,流动快的流层会拖动慢的流层,而流动慢的流层又会阻滞流动快的流层。这种流层之间的相互作用力称为内摩擦力。内摩擦力的大小不仅与油液的黏性大小有关,也与流层间的相对运动速度大小有关。若两平板之间距离为 z,平板面积为 F,下平板上所受到的油液的剪切力为 τ,牛顿曾假设下列关系式成立

$$\frac{\tau}{F} = \mu \frac{v}{z}$$

式中,μ 为由油液性质决定的系数(常数)。

试验证明,这一假定对水、油、空气等流体是近似成立的。我们将 μ 为常数的流体称为牛顿流体;反之,则称为非牛顿流体。

进一步分析牛顿假定的关系式可以看出,等式的左边即为单位面积上所受的切应力 τ,式右边的 $\dfrac{v}{z}$ 则表示沿垂直于速度方向上单位距离速度的平均变化率。当 z 很小时它就是垂直于速度方向上的速度梯度 $\dfrac{\mathrm{d}v}{\mathrm{d}z}$。写成一般式

$$\tau = \mu \frac{\mathrm{d}v}{\mathrm{d}z}$$

式中,μ 为表征油液黏性大小的系数。

2. 黏度的分类

(1) **动力黏度 μ**　动力黏度又称绝对黏度,可由式 $\tau = \mu \dfrac{\mathrm{d}v}{\mathrm{d}z}$ 导出,即 $\mu = \tau \dfrac{\mathrm{d}z}{\mathrm{d}v}$,它表示

了当速度梯度为1时单位面积上的摩擦力，单位为Pa·s。

（2）**运动黏度 ν** 运动黏度是动力黏度与密度之比，即

$$\nu = \frac{\mu}{\rho}$$

式中，ν 的单位为 cm^2/s，在工程单位制中 ν 的单位是 m^2/s。

运动黏度 ν 没有明确的物理意义，只是在理论分析和计算时，黏度常以 $\frac{\mu}{\rho}$ 形式出现。为便于计算，引入了 ν 这一概念，在 ν 的量纲中只有运动学要素——时间和长度，故称为运动黏度。

（3）**恩氏黏度** 动力黏度与运动黏度难以直接测量，一般仅用于理论分析和计算。实际应用中，常用黏度计在规定的条件下直接测量油液的黏度。按照测量仪器条件的不同有各种相对黏度单位。但基本原理是相同的，都是以相对于水的黏度大小来度量油液的黏度大小。我国采用恩氏黏度计来测定油液的黏度。在某一特定温度（如：20℃，50℃，100℃）时，$200cm^3$ 被测油液在自重作用下流过 $\phi 2.8mm$ 的小孔所需时间 t_1 与20℃时同体积蒸馏水流过小孔所需时间 t_2 之比即为被测油液的恩氏黏度

$$°E = \frac{t_1}{t_2}$$

工业上常用 20℃，50℃，100℃ 作为恩氏黏度测定的标准温度，分别以 $°E_{20}$，$°E_{50}$，$°E_{100}$ 来表示。$°E$ 与 ν 之间的换算关系式为

$$\nu = 7.31°E - \frac{6.31}{°E}$$

3. 黏度与压力的关系

在一般情况下，压力对黏度的影响较小。对大多数液体，随着压力增加，其分子之间距离缩小，内聚力增大，黏度也随之增大。在实际工程中，压力小于5MPa时，一般均不考虑压力对黏度的影响。在压力较高时，需要考虑压力对黏度的影响，它们之间为指数关系

$$\nu_p = \nu_0 e^{bp} \approx \nu_0 (1 + bp)$$

式中，ν_0 为一个大气压下的运动黏度；b 为指数，一般为 $0.002 \sim 0.003 cm^2/kgf$；$\nu$ 为压力在 p 时的黏度；p 为油压，单位为 Pa。

4. 黏度与温度的关系

温度对油液黏度的影响较大。随着温度增加，油液黏度下降。油液黏度与温度之间的关系称为油液的黏温特性。不同的油有不同的黏温特性。在 30~150℃ 范围内，对运动黏度 $\nu < 7.6 \times 10^{-5} m^2/s$ 的矿物油，其黏度与温度的关系可用下式表示

$$\nu_t = \nu_{50} \left(\frac{50}{t}\right)^n$$

式中，ν_t 为 t 时油的黏度；ν_{50} 为50℃时油的黏度；n 为指数，见表9-1。

表 9-1 黏度与指数之间的关系

ν_{50}	2.5	6.5	9.5	21	30	38	45	52	60	68	76
n	1.39	1.59	1.72	1.99	2.13	2.24	2.32	2.42	2.49	2.52	2.56

四、其他特性

液压油还有其他一些物理化学性质，如抗燃性、抗氧化性、抗凝性、抗泡沫性、抗乳化性、缓蚀性、润滑性、导热性、稳定性以及相容性（主要指对密封材料、软管等不侵蚀、不溶胀的性质）等，这些性质对液压系统的工作性能有重要影响。对于不同品种的液压油，这些性质的指标是不同的，具体应用时可查油类产品手册。

第三节　液压油的质量标准

一、液压油的分类

按国标规定，液压油属于 L 类（润滑剂和有关产品）中 H 组（液压系统），并采用统一的命名方法，其一般形式是

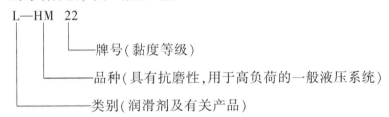

GB/T 7631.2—2003 为《润滑剂、工业用油和有关产品（L 类）的分类——第二部分：H 组（液压系统）》，H 组分类见表 9-2。

表 9-2　液压油的分类

组别符号	应用范围	特殊应用	更具体应用	组成和特性	产品符号 ISO-L	典型应用	备注
H	液压系统	流体静压系统		无抑制剂的精制矿油	HH		
				精制矿油，并改善其防锈和抗氧性	HL		
				HL 油，并改善其抗磨性	HM	高负荷部件的一部液压系统	
				HL 油，并改善其黏温性	HR		
				HM 油，并改善其黏温性	L—HV	建筑和船舶设备	
				无特定难燃性的合成液	L—HS		特殊性能
			用于要求使用环境可接受液压的场合	甘油三酸酯	HETG	一般液压系统（可移动式）	每个品种的基础液的最小含量应不小于 70%（质量分数）
				聚乙二醇	HEPG		
				合成酯	HEES		
				聚 α 烯烃和相关烃类产品	HEPR		
			液压导轨系统	HM 油，并具有抗黏-滑性	HG	液压和滑动轴承导轨润滑系统合用的机床在低速下使振动或间断滑动（黏-滑）减为最小	这种液体具有多种用途，但并非在所有液压应用中皆有效

(续)

组别符号	应用范围	特殊应用	更具体应用	组成和特性	产品符号 ISO-L	典型应用	备注
H	液压系统	流体静压系统	用于使用难燃液压液的场合	水包油型乳化液	HFAE		通常含水量大于80%（质量分数）
				化学水溶液	HFAS		通常含水量大于80%（质量分数）
				油包水乳化液	HFB		
				含聚合物水溶液①	HFC		通常含水量大于35%（质量分数）
				磷酸酯无水合成液①	HFDR		
				其他成分的无水合成液①	HFDU		
		液体动力系统	自动传动系统		HA		与这些应用有关的分类尚未进行详细的研究，以后可以增加
			耦合器和变矩器		HN		

① 这类液体也可以满足 HE 品种规定的生物降解性和毒性要求。

液压油的黏度等级按 GB/T 3141—1994《工业液体润滑剂 黏度分类》的规定，等效采用国际标准 ISO 的分类，以 40℃ 运动黏度的中间点黏度划分黏度等级，常用的 10 ~ 150 各级的中间点运动黏度及运动黏度范围如表 9-3 所示。

表 9-3 ISO 黏度分类（摘录）

ISO 黏度等级	中间点运动黏度 (40℃)/$mm^2 \cdot s^{-1}$	运动黏度 (40℃)/$mm^2 \cdot s^{-1}$		ISO 黏度等级	中间点运动黏度 (40℃)/$mm^2 \cdot s^{-1}$	运动黏度 (40℃)/$mm^2 \cdot s^{-1}$	
		最小	最大			最小	最大
10	10	9.0	11.0	46	46	41.2	50.6
15	15	13.5	16.5	68	68	61.2	74.8
22	22	19.8	24.2	100	100	90	110
32	32	28.8	35.2	150	150	135	160

二、液压油的质量标准

液压油的质量标准 GB 11118.1—2011《液压油（L-HL、L-HM、L-HV、L-HS、L-HG）》，分别见表 9-4、表 9-5、表 9-6、表 9-7、表 9-8。

表 9-4　L-HL 抗氧防锈液压油

项　目		15	22	32	46	68	100	150	试验方法
黏度等级（按 GB/T 3141）		15	22	32	46	68	100	150	
密度①（20℃）/kg·m^{-3}		报告							GB/T 1884 和 GB/T 1885
色度/号		报告							GB/T 6540
外观		透明							目测
闪点（开口）/℃　不低于		140	165	175	185	195	205	215	GB/T 3536
运动黏度/mm²·s^{-1} 40℃		13.5~16.5	19.8~24.2	28.8~35.2	41.4~50.6	61.2~74.8	90.0~110	135~165	GB/T 265
0℃　不大于		140	300	420	780	1400	2560	—	
黏度指数②　不小于					80				GB/T 1995
倾点③/℃　不高于		-12	-9	-6	-6	-6	-6	-6	GB/T 3535
酸值④（以 mgKOH 计）/mg·g^{-1}					报告				GB/T 4945
水分（%）（质量分数）　不大于					痕迹				GB/T 260
机械杂质					无				GB/T 511
清洁度					⑤				DL/T 432 和 GB/T 14039
铜片腐蚀（100℃，3h）/级　不大于					1				GB/T 5096
液相锈蚀（24h）					无锈				GB/T 11143（A 法）
泡沫性（泡沫倾向/泡沫稳定性）/(mL/mL)									GB/T 12579
程序 I（24℃）　　不大于		150/0							
程序 II（93.5℃）　不大于		75/0							
程序 III（后 24℃）　不大于		150/10							
空气释放值（50℃）/min　不大于		5	7	7	10	12	15	25	SH/T 0308
密封适应性指数　不大于		14	12	10	9	7	6	报告	SH/T 0305
抗乳化性（乳化液到 3mL 的时间）/min									GB/T 7305
54℃　不大于		30	30	30	30	30	—	—	
82℃　不大于		—	—	—	—	—	—	—	

（续）

项目	质量指标							试验方法
	15	22	32	46	68	100	150	
黏度等级（按GB/T 3141）	15	22	32	46	68	100	150	
氧化安定性 1000h后总酸值（以KOH计）⑤/mg·g⁻¹ 不大于	—	—	2.0		报告			GB/T 12581
1000h后油泥/mg	—	—	报告					SH/T 0565
旋转氧弹（150℃）/min	报告							SH/T 0193
磨斑直径（392N, 60min, 75℃, 1200r/min）/mm	报告							SH/T 0189

① 测定方法也包括用SH/T 0604。
② 测定方法也包括用GB/T 2541，结果有争议时，以GB/T 1995 为仲裁方法。
③ 用户有特殊要求时，可与生产单位协商。
④ 测定方法也包括用GB/T 264。
⑤ 由供需双方协商确定，也包括用NAS 1638 分级。
⑥ 黏度等级为15的油不测定，但所含抗氧剂类型和量应与产品定型时黏度等级为22的试验油样相同。

表 9-5 L-HM 抗磨液压油（高压、普通）

项目	质量指标										试验方法
	L-HM（高压）				L-HM（普通）						
	32	46	68	100	22	32	46	68	100	150	
黏度等级（按GB/T 3141）	32	46	68	100	22	32	46	68	100	150	
密度① (20℃)/kg·m⁻³ 不低于	报告				报告						GB/T 1884 和 GB/T 1885
色度/号 不大于	报告				报告						GB/T 6540
外观	透明				透明						目测
闪点（开口）/℃ 不低于	175	185	195	205	165	175	185	195	205	215	GB/T 3536
运动黏度/mm²·s⁻¹ 40℃	28.8~35.2	41.4~50.6	61.2~74.8	90.0~110	19.8~24.2	28.8~35.2	41.4~50.6	61.2~74.8	90.0~110	135~165	GB/T 265
0℃	—	—	—	—	300	420	780	1400	2560	—	
黏度指数② 不小于	95				85						GB/T 1995
倾点③/℃ 不高于	-15	-9	-9	-9	-15	-15	-9	-9	-9	-9	GB/T 3535

第九章 液压系统用油

（续）

项　目	L-HM（高压）				L-HM（普通）						试验方法
黏度等级（按GB/T 3141）	32	46	68	100	22	32	46	68	100	150	
酸值①/（以mgKOH计）/mg·g⁻¹	报告				报告						GB/T 4945
水分（%）（质量分数） 不大于	痕迹				痕迹						GB/T 260
机械杂质	无				无						GB/T 511
清洁度	⑤				⑤						DL/T 432 和 GB/T 14039
铜片腐蚀（100℃,3h）/级 不大于	1				1						GB/T 5096
硫酸盐灰分（%）	报告				报告						GB/T 2433
液相锈蚀（24h） A法	—				—						GB/T 11143
B法	无锈				无锈						
泡沫性（泡沫倾向/泡沫稳定性）/（mL/mL）											GB/T 12579
程序Ⅰ（24℃） 不大于	150/0				150/0						
程序Ⅱ（93.5℃） 不大于	75/0				75/0						
程序Ⅲ（后24℃） 不大于	150/10				150/10						
空气释放值（50℃）/min 不大于	10	10	13	报告	5	6	10	13	报告	报告	SH/T 0308
抗乳化性（乳化液到3mL的时间）/min											GB/T 7305
54℃ 不大于	30	30	30	—	30	30	30	30	—	—	
82℃ 不大于	—	—	—	30	—	—	—	—	30	30	
密封适应性指数 不大于	12	10	8	报告	13	12	10	8	报告	报告	SH/T 0305
氧化安定性											
1500h后总酸值（以KOH计）/mg·g⁻¹ 不大于	2.0				—						GB/T 12581
1000h后总酸值（以KOH计）/mg·g⁻¹ 不大于	—				2.0						GB/T 12581
1000h后油泥/mg 不大于	报告				报告						SH/T 0565

211

(续)

项 目	质 量 指 标										试验方法
	L-HM（高压）				L-HM（普通）						
	32	46	68	100	22	32	46	68	100	150	
黏度等级（按GB/T 3141）											
旋转氧弹（150℃）/min　不小于	报告				报告						SH/T 0193
齿轮机试验/失效级　不小于	10	10	—	—	—	10	10	10	10	10	SH/T 0306
叶片泵试验（100h，总重）/mg　不大于	—	—	—	100	100	100	100	100	100	100	SH/T 0307
抗磨性 磨斑直径（392N, 60min, 75℃, 1200r/min）/mm	报告				报告						SH/T 0189
双泵（T6H20C）试验 叶片和柱销总失重/mg　不大于	15										附录A
双泵（T6H20C）试验 柱塞总失重/mg　不大于	300										
水解安定性 铜片失重/mg·cm^{-2}　不大于	0.2										SH/T 0301
水解安定性 水层总酸度（KOH计）/mg　不大于	4.0										
水解安定性 铜片外观	未出现灰、黑色										
热稳定性（135℃, 168h） 铜棒失重/(mg/200mL)　不大于	10										SH/T 0209
热稳定性 钢棒失重/(mg/200mL)	报告										
热稳定性 总沉渣重/(mg/100mL)　不大于	100										
热稳定性 40℃运动黏度变化率（%）	报告										
热稳定性 酸值变化率（%）	报告										
热稳定性 铜棒外观	报告										
热稳定性 钢棒外观	不变色										

第九章 液压系统用油

（续）

项目	质量指标 L-HM					质量指标 L-HM（普通）			试验方法
黏度等级（按 GB/T 3141）	32	46（高压）	68（高压）	100		46	68	100	150	
过滤性/s										
无水		不大于 600	600			—	—	—	—	SH/T 0210
2%水①		不大于								
剪切安定性（250次循环后，40℃运动黏度下降率）（%）			不大于 1							SH/T 0103

① 测定方法也包括用 SH/T 0604。
② 测定方法也包括用 GB/T 2541，结果有争议时，以 GB/T 1995 为仲裁方法。
③ 用户有特殊要求时，可与生产单位协商。
④ 测定方法也包括用 GB/T 264。
⑤ 由供需双方协商确定，也包括用 NAS 1638 分级。
⑥ 对于 L-HM（普通）油，在产品定型时，允许只对 L-HM22（普通）进行叶片泵试验，其他各黏度等级油所含功能剂类型和量应与产品定型时 L-HM22（普通）试验油样相同。对于 L-HM（高压）油，在产品定型时，允许只对 L-HM32（高压）进行齿轮机试验和双泵试验，其他各黏度等级油所含功能剂类型和量应与产品定型时 L-HM32（高压）试验油样相同。
⑦ 有水时的过滤时间不超过无水时的过滤时间的两倍。

表9-6 L-HV 低温液压油

项目	质量指标						试验方法
黏度等级（按 GB/T 3141）	10	15	22	32	46	68	100	
密度①（20℃）/kg·m⁻³	报告							GB/T 1884 和 GB/T 1885
色度/号	—	—	—	报告				GB/T 6540
外观	透明							目测
闪点/℃								
开口	—	125	175	175	180	180	190	GB/T 3536
闭口	100	—	—	—	—	—	—	GB/T 261
运动黏度（40℃）/mm²·s⁻¹	9.00~11.0	13.5~16.5	19.8~24.2	28.8~35.2	41.4~50.6	61.2~74.8	90.0~110	GB/T 265
运动黏度1500mm²/s时的温度/℃	-33	-30	-24	-18	-12	-6	0	GB/T 265

213

（续）

项　　目		质量指标							试验方法
		10	15	22	32	46	68	100	
黏度等级（按 GB/T 3141）		10	15	22	32	46	68	100	GB/T 3141
黏度指数②	不小于	130	130	140	140	140	140	140	GB/T 1995
倾点③/℃	不高于	-39	-36	-36	-33	-33	-30	-21	GB/T 3535
酸值④/（以 mgKOH 计）/mg·g^{-1}					报告				GB/T 4945
水分（%）（质量分数）	不大于				痕迹				GB/T 260
机械杂质					无				GB/T 511
清洁度					⑤				DL/T 432 和 GB/T 14039
铜片腐蚀（100℃，3h）/级	不大于				1				GB/T 5096
硫酸盐灰分（%）					报告				GB/T 2433
液相锈蚀					无锈				GB/T 11143（B 法）
泡沫性（泡沫倾向/泡沫稳定性）/（mL/mL）									GB/T 12579
程序Ⅰ（24℃）	不大于				150/0				
程序Ⅱ（93.5℃）	不大于				75/0				
程序Ⅲ（后24℃）	不大于				150/10				
空气释放值（50℃）/min	不大于	5	5	6	8	10	12	15	SH/T 0308
抗乳化性（乳化液到 3mL 的时间）/min									GB/T 7305
54℃	不大于	30	30	30	30	30	30	—	
82℃	不大于	—	—	—	—	—	—	30	
剪切安定性（250 次循环后，40℃运动黏度下降率）（%）	不大于	报告	16	14	13	11	10	10	SH/T 0103
密封适应性指数		—	—		10				SH/T 0305
氧化安定性									
150h 后总酸值（以 KOH 计）⑥/mg·g	不大于	—	—			2.0			GB/T 12581
1000h 后油泥/mg		—	—			报告			SH/T 0565
旋转氧弹（150℃）/min		报告	报告			报告			SH/T 0193

第九章 液压系统用油

（续）

项　目		黏度等级（按 GB/T 3141）							试验方法
		10	15	22	32	46	68	100	
抗磨性	齿轮机试验法①/失效级 不小于	—	—	—	10	10	10	10	SH/T 0306
	磨斑直径（392N, 60min, 75℃, 1200r/min）/mm				报告				SH/T 0189
	双泵（T6H2OC）试验②								附录 A
	叶片和柱销总失重/mg 不大于	—	—	—	15				
	柱塞总失重/mg 不大于	—	—	—	300				
水解安定性	铜片失重/mg·cm⁻² 不大于				0.2				SH/T 0301
	水层总酸度（以 KOH 计）/mg 不大于				4.0				
	铜片外观				未出现灰、黑色				
热稳定性（135℃, 168h）	铜棒失重/(mg/200mL) 不大于				10				SH/T 0209
	钢棒失重/(mg/200mL)				报告				
	总沉渣量/(mg/100mL)				100				
	40℃运动黏度变化（%）				报告				
	酸值变化率（%）				报告				
	铜棒外观				报告				
	钢棒外观				不变色				
过滤性/s	无水 不大于				600				SH/T 0210
	2%水⑧ 不大于				600				

① 测定方法也包括用 SH/T 0604。
② 测定方法也包括用 GB/T 2541，结果有争议时，以 GB/T 1995 为仲裁方法。
③ 用户有特殊要求时，可与生产单位协商。
④ 测定方法也包括用 GB/T 264。
⑤ 由供需双方协商确定，也包括用 NAS 1638 分级。
⑥ 黏度等级为 IC 和 15 的油不测定，但允许含抗氧剂类型和量应与产品定型时黏度等级为 22 的试验油样相同。
⑦ 在产品定型时，允许只对 L-HV32 油进行齿轮机试验和双泵试验，其他各黏度等级油所含功能剂类型和量应与产品定型时黏度等级为 32 的试验油样相同。
⑧ 有水时的过滤时间不超过无水时的过滤时间的两倍。

表9-7 L-HS超低温液压油

项 目		质量指标					试验方法
		10	15	22	32	46	
黏度等级（按GB/T 3141）							
密度①（20℃）/kg·m⁻³	不低于	报告					GB/T 1884 和 GB/T 1885
色度②号	不低于	报告					GB/T 6540
外观		透明					目测
闪点/℃ 开口	不低于	—	125	175	175	180	GB/T 3536
闭口	不低于	100	—	—	—	—	GB/T 261
运动黏度（40℃）/mm²·s⁻¹		9.00~11.0	13.5~16.5	19.8~24.2	28.8~35.2	41.4~50.6	GB/T 265
运动黏度 1500mm²/s 时的温度②/℃	不高于	−39	−36	−30	−24	−18	GB/T 265
黏度指数③	不小于	130	130	150	150	150	GB/T 1995
倾点③/℃	不高于	−45	−45	−45	−45	−39	GB/T 3535
酸值④/（以mgKOH计）/mg·g⁻¹	不大于	报告					GB/T 4945
水分（质量分数）（%）		痕迹					GB/T 260
机械杂质		无					GB/T 511
清洁度		⑤					
铜片腐蚀（100℃，3h）/级	不大于	1					DL/T 432 和 GB/T 14039
硫酸盐灰分（%）		报告					GB/T 5096
液相锈蚀		无锈					GB/T 2433
泡沫性（泡沫倾向/泡沫稳定性）/(mL/mL)							GB/T 11143（B法）
程序Ⅰ（24℃）	不大于	150/0					
程序Ⅱ（93.5℃）	不大于	75/0					
程序Ⅲ（后24℃）	不大于	150/10					
空气释放值（50℃）/min	不大于	5	5	6	8	10	GB/T 12579
抗乳化性（乳化液到3mL的时间）/min 54℃	不大于			30			SH/T 0308
剪切安定性（250次循环后，40℃运动黏度下降率）（%）	不大于			10			GB/T 7305
							SH/T 0103

第九章 液压系统用油

(续)

项　目		质量指标				试验方法
黏度等级（按 GB/T 3141）		10	15	22	32	46	
密封适应性指数	不大于	报告	16	14	13	11	SH/T 0305
氧化安定性							
1500h 后总酸值（以 KOH 计）[⑥]/mg·g^{-1}	不大于	—	—	2.0			GB/T 12581
1000h 后油泥/mg		—	—	报告			SH/T 0565
旋转氧弹（150℃）/min	不小于	报告	报告				SH/T 0193
齿轮机试验法[⑦]/失效级	不小于	—	—	报告	10	10	SH/T 0306
抗磨性							
磨斑直径（392N、60min、75℃、1200r/min）/mm	不大于	—	—	报告			SH/T 0189
双泵（T6H20C）试验[⑦]							附录 A
叶片和柱销总失重/mg	不大于	—	—	—	15		
柱塞总失重/mg	不大于	—	—	—	300		
水解安定性							SH/T 0301
铜片失重/(mg/cm^2)	不大于		0.2				
水层总酸度（以 KOH 计）/mg	不大于		4.0				
铜片外观			未出现灰、黑色				
热稳定性（135℃、168h）							SH/T 0209
铜棒失重/(mg/200mL)	不大于		10				
钢棒失重/(mg/200mL)			报告				
总沉渣/(mg/100mL)	不大于		100				
40℃运动黏度变化（%）			报告				
酸值变化率（%）			报告				
铜棒外观			不变色				
钢棒外观							

（续）

项　目	质量指标					试验方法
黏度等级（按 GB/T 3141）	10	15	22	32	46	
过滤性/s 　无水 　2%水⑧	不大于 不大于		600 600			SH/T 0210

① 测定方法也包括用 SH/T 0604。
② 测定方法也包括用 GB/T 2541，结果有争议时，以 GB/T 1995 为仲裁方法。
③ 用户有特殊要求时，可与生产单位协商。
④ 测定方法也包括用 GB/T 264。
⑤ 由供需双方协商确定，也包括用 NAS 1638 分级。
⑥ 黏度等级为 10 和 15 的油不测定，但所含抗氧剂类型和量应与产品定型时黏度等级为 22 的试验油样相同。
⑦ 在产品定型时，允许只对 L-HS32 进行齿轮机试验和双泵试验，其他各黏度等级油所含功能剂类型和量应与产品定型时黏度等级为 32 的试验油样相同。
⑧ 有水时的过滤时间不超过无水时的过滤时间的两倍。

表 9-8　L-HG 液压导轨油

项　目	质量指标				试验方法
黏度等级①（按 GB/T 3141）	32	46	68	100	
密度（20℃）/kg·m⁻³	报告				GB/T 1884 和 GB/T 1885
色度/号	报告				GB/T 6540
外观	透明				目测
闪点/℃　开口　不低于	175	185	195	205	GB/T 3536
运动黏度（40℃）/mm²·s⁻¹	28.8~35.2	41.4~50.6	61.2~74.8	90.0~110	GB/T 265
黏度指数②　不小于	90				GB/T 1995
倾点③/℃　不高于	-6	-6	-6	-6	GB/T 3535
酸值④/（以 mgKOH 计）/mg·g⁻¹	报告				GB/T 4945
水分（质量分数）（%）　不大于	痕迹				GB/T 260
机械杂质	无				GB/T 511
清洁度	⑤				DL/T 432 和 GB/T 14039
铜片腐蚀（100℃，3h）/级　不大于	1				GB/T 5096

第九章 液压系统用油

(续)

项　目	质量指标				试验方法
黏度等级（按 GB/T 3141）	32	46	68	100	
液相锈蚀	无锈				GB/T 11143（B法）
皂化值（以 mgKOH 计）/mg·g^{-1} 不大于	报告				GB/T 8021
泡沫性（泡沫倾向/泡沫稳定性）/(mL/mL)					GB/T 12579
程序Ⅰ（24℃） 不大于	150/0				
程序Ⅱ（93.5℃） 不大于	75/0				
程序Ⅲ（后 24℃） 不大于	150/10				
密封适应性指数 不大于	报告				SH/T 0305
抗乳化性（乳化液到 3mL 的时间）/min					GB/T 7305
54℃ 不大于	报告		—		
82℃ 不大于	—		报告		
黏滑特性（动静摩擦因数差值）⑥ 不大于	0.08				SH/T 0361 的附录 A
氧化安定性					
1000h 后总酸值（以 KOH 计）/mg·g^{-1} 不大于	2.0				GB/T 12581
1000h 后油泥/mg 不大于	报告				SH/T 0565
旋转氧弹（150℃）/min 不大于	报告				SH/T 0193
抗磨性					
齿轮机试验法/失效级 不小于	10				SH/T 0306
磨斑直径（392N, 60min, 75℃, 1200r/min）/mm 不小于	报告				SH/T 0189

① 测定方法也包括用 SH/T 0604。
② 测定方法也包括用 GB/T 2541，结果有争议时，以 GB/T 1995 为仲裁方法。
③ 用户有特殊要求时，可与生产单位协商。
④ 测定方法也包括用 GB/T 264。
⑤ 由供需双方协商确定，也包括用 NAS 1638 分级。
⑥ 经供、需双方商定后也可以采用其他黏温特性测定法。

第四节 液压油的选择与使用

一、液压油的选择

1. 根据液压设备的工作环境和运转工况选择液压油

液压设备在不同工作环境和运转工况（压力、温度）下，可对照表9-9选择合适的液压油品种。

表9-9 按环境和工况选择液压油的品种

运转工况	压力/MPa	<7	7~14	7~14	>14
	温度/℃	<50	<50	50~80	>80
工作环境	温度变化不大的环境	HL	HL、HM	HM	HM
	寒区和严寒地区	HR	HV	HV、HS	HV、HS

2. 根据液压泵的类型、压力和工作温度选择液压油

液压油的黏度应能保证液压系统在可能遇到的低温环境条件下工作灵敏可靠，并在高温条件下保持较高的效率。齿轮泵长期工作的最低黏度要求为$20mm^2/s$，叶片泵约为$10mm^2/s$，柱塞泵约为$8mm^2/s$。黏度过低，泵磨损加剧，同时泄漏增加，效率降低；但黏度也不能太大，否则将造成起动困难。各种液压泵最大泵油黏度，齿轮泵为$2000mm^2/s$，柱塞泵为$1000mm^2/s$，叶片泵为$500~700mm^2/s$。中、低压液压系统正常运转时的平均工作温度约高于环境温度40~50℃，在此温度下黏度最好为$13~16mm^2/s$，不宜小于$10mm^2/s$；在压力大于40MPa的超高压系统中，油温比中、低压系统约高10℃左右，黏度最好为$20~30mm^2/s$。因此，应根据以上黏度要求选用液压油的黏度牌号。如多数汽车制造厂推荐汽车转向助力器使用HV或HS型低温液压油，最低气温在-10℃以上地区，可全年使用46号液压油，最低气温在-20~-10℃，可全年使用32号油，最低气温在-35~-20℃，可全年使用22号油。汽车自卸机构和起重机液压系统，由于间歇工作，油温不高，选择牌号时着重考虑其低温性能，除冬季最低气温在-35℃以下的严寒地区，都可全年使用15号或22号油，最低气温高于-10℃，可全年使用32号油。工程机械液压系统工作持续时间长，特别是一些高性能的进口工程机械，其液压系统具有高压、低速、大转矩和大流量等特点，夏季工作温度可达80℃以上，需选用黏度牌号较高的抗磨液压油。

二、液压油的应用

汽车运输和维修企业常用的液压油见表9-10。

表9-10 常用液压油的应用

产品符号		主要应用介绍
L—HH	15 22 32 46 68 100 150	本产品为无（或含有少量）抗氧剂的精制矿物油。适用于对润滑油无特殊要求的一般循环润滑系统，如低压液压系统和有十字头压缩机曲轴箱等循环润滑系统。也可适用于其他轻负荷传动机械、滑动轴承和滚动轴承等油浴式非循环润滑系统。本产品质量水平比机械油（即L—AN油）高。无本产品时可选用L—HL油
L—HL	15 22 32 46 68 100	本产品为精制矿物油，并改善其缓蚀和抗氧性的润滑油。常用于低压液压系统，也可适用于要求换油期较长的轻负荷机械的油浴式非循环润滑系统。无本产品时，可用L—HM油或其他抗氧缓蚀型润滑油代替
L—HM	15 22 32 46 68 100 150	本产品为在L—HL油基础上改善其抗磨性的润滑油。适用于低、中、高压液压系统，也可用于其他中等负荷机械润滑部位。对油有低温性能要求或无本产品时，可选用L—HV和L—HS油
L—HV	15 22 32 46 68 100	本产品为在L—HM油基础上改善其黏温性的润滑油。适用于环境温度变化较大和工作条件恶劣的（指野外工程和远洋船舶等）低、中、高压液压系统和其他中等负荷的机械润滑部位。对油有更好的低温性能要求或无本产品时，可选用L—HS油
L—HR	15 32 46	本产品为在L—HL油基础上改善其黏温性的润滑油。适用于环境温度变化较大和工作条件恶劣的（指野外工程和远洋船舶等）低压液压系统和其他轻负荷的机械润滑部位
L—HS	10 15 22 32 46	本产品为无特定难燃性的合成液，目前暂考虑为合成烃油，它可以比L—HV油的低温黏度更小。主要应用同L—HV油，可用于北方寒季，也可全国四季通用
L—HG	32 68	本产品为在L—HM油基础上改善其黏滑性的润滑油。适用于液压和导轨润滑系统合用的机床，也可适用于其他要求油有良好黏滑性的机械润滑部位

　　L—HL液压油为一种通用工业机床润滑油，适用于机床和其他设备有抗氧缓蚀要求的低压液压系统和传动装置，在0℃以上环境下使用。

　　L—HM液压油为抗磨型液压油，可用于低、中、高压液压系统，也可用于中等负荷机

械设备的润滑部位，适应的环境温度为 -5~60℃。

L—HV 液压油曾被称为工程液压油或低温抗磨液压油，广泛应用于野外和恶劣环境下工作的液压设备。通过自卸车和装载机使用试验表明，L—HV32 液压油在油温 -24℃以上起动容易，在环境温度 -30℃以上液压举升、转向操作灵活；L—HV22 液压油在油温 -31.5℃以上起动容易，在环境温度 -43℃以上液压举升、转向操作灵活，它们还具有较长的换油周期，可在寒冷地区的工程机械上使用。

L—HR 液压油为在 L—HL 基础上改善其黏温性，也是一种低温液压油，但在抗磨性上不及 L—HV 液压油，可用 L—HV 液压油代替。

L—HS 液压油以合成烃油或与精制矿物油混调的半合成油为基础油，再调入各种抗磨剂和黏度指数改进剂，在低温性能上优于 L—HV 液压油，适合在严寒地区（环境温度为 -40℃以上）野外作业的工程机械使用。

L—HG 液压油为在 L—HM 油基础上改善其黏滑性能，它可用于液压系统和导轨润滑系统合用的机床，使导轨在低速下的振动和间歇滑动减至最小。

三、液压油使用注意事项

1）要特别注意保持液压油的清洁，严防沙尘等固体污染物侵入，否则将显著缩短液压系统的寿命。

2）应按液压油的换油指标换油。为此应对在用液压油定期进行取样化验，正常使用条件下，每两个月取样一次；工作频繁、环境恶劣时，每月取样一次，不具备分析条件时，应按设备使用说明书的规定定期换油。在一般条件下，汽车和工程机械在高级维护时更换液压油。

3）换油步骤：

首先更换液压油箱中的液压油，将油箱中的液压油放掉，并拆卸总油管，严格清洗油箱及滤油器。可先用清洁用化学清洗剂清洗，待晾干后，取用新液压油冲洗，在放出冲洗油后再加入新液压油。

然后起动发动机，以低速运转，使液压泵开始动作，分别操纵各机构。靠新液压油将系统各回路的旧油逐一排出，排出的旧油不得流入液压油箱，直至总回油管有新油流出后停止液压泵转动。在各回路换油同时，应注意不断向液压油箱中补充新液压油，以防液压泵吸空。

最后将总回油管与油箱连接，使各元件置于工作初始状态，向油箱中补充新液压油至规定液位。

必须注意不同品种、不同牌号的液压油不得混合使用。新油在加入前和使用后，均应进行取样化验，以确保油液质量。

各类装卸机械和工程机械液压油的选择和使用，应按使用说明书的规定进行。

第十章 车用其他工作液

学习提示：

通过本章学习，应该明确
- 发动机冷却液的作用与使用性能
- 发动机冷却液的组成和种类
- 发动机冷却液的选用方法与使用
- 尿素水溶液的作用、技术要求与使用
- 车用空调制冷剂的分类和性能特征
- 车用空调制冷剂的使用与加注
- 车用风窗玻璃清洗液的性能、配方和技术要求

除了上述燃料、润滑油（脂）、传动油，以及制动液和液压油等主要液态运行材料外，汽车上还会用到其他一些工作液，本章主要就车用发动机冷却液、尿素水溶液、车用空调制冷剂和汽车风窗玻璃清洗液等进行讲述。

第一节 车用发动机冷却液

汽车发动机在工作过程中，气缸内的气体温度可达 1700～1800℃。为了保证发动机能够正常工作，就必须对在高温条件下工作的零部件进行冷却。目前汽车发动机广泛采用强制循环水冷冷却系统，冷却液就是冷却系统中带走高温零部件热量的工作介质。发动机冷却液与润滑油一样，是发动机正常工作必不可少的工作物质。

一、冷却液的作用

1. 冷却作用

冷却是冷却液的基本作用，也是其最主要的作用。发动机工作时，由于燃料的燃烧以及各运动部件之间的摩擦产生大量的热量，使零件受热。发动机工作过程中的热效率只有30%～40%，其余能量通过废气和发动机以热的形式散失掉，而发动机散热有40%左右通过润滑油带走，其余60%的热量要通过冷却系统带走。

发动机的温度取决于发动机的结构和发动机的工作条件，水冷发动机的温度可用冷却液的出口温度来表示，一般发动机正常的工作温度范围为90~105℃，冷却液过冷和过热的现象都应避免发生。

发动机过热容易降低充气系数，减少充气量，引起"爆燃"，造成发动机转矩和功率的损失，而且还会由于零部件受热膨胀，使零件间的正常配合间隙被破坏，引起轴承和其他运动部件的损坏。同时发动机过热也会使润滑油的黏度减少，甚至会使润滑油氧化变质或烧焦。

发动机过冷对发动机同样很危险。过冷会使吸入气缸的空气温度较低，使燃料蒸发和燃烧困难，从而造成发动机工作粗暴、功率下降、油耗增加等；另外会使润滑油的黏度增大，造成润滑不良，加剧零件的磨损增大功率消耗。

2. 防腐作用

发动机冷却系统的散热器、水泵、缸体及缸盖、分水管等部件是由钢、铸铁、铝、黄铜等不同金属制成，如果冷却液对金属有腐蚀，容易使发动机散热器、缸体上下水室、冷却管道、接头及散热器排水管等处出现故障。同时如果腐蚀产物堆积堵塞管道，造成冷却液循环不畅，会引起发动机过热甚至毁坏；若腐蚀穿孔，易使冷却液泄漏渗入燃烧室或曲轴箱而对发动机产生严重的破坏。因此在发动机冷却液中都加入了一定量的防腐蚀添加剂，以防对冷却系统产生腐蚀。

3. 防冻作用

水具有良好的导热性能和吸热性能，是发动机冷却液的理想组分。但是水的冰点较高，在0℃以下就开始结冰并且伴随着体积膨胀。汽车发动机在冬天露天停放或长时间停车，发动机温度在降至0℃以下时，容易使散热器冻结甚至开裂，因此要求冷却液应具有一定的防冻性能，所以人们也常称为防冻冷却液，或简称防冻液。一般发动机冷却液中均加入了一些能够降低水的冰点的物质作为防冻剂，以保持冷却系统在低温天气时不冻结。

4. 防垢作用

冷却系统中的水垢来源于水中的钙、镁离子，这些金属阳离子在较高温度条件下，容易与水中的硅酸根离子、碳酸根离子、硫酸根离子、磷酸根离子等阴离子反应生成水垢。

水垢会磨损水泵密封件并且覆盖在气缸体水套内壁，使金属的导热性能降低，在结垢严重时甚至会使缸盖高温区温度剧增而引起缸盖开裂。因此要求冷却液应具有减少水垢生成的作用。一般冷却液在生产和加注过程中均要求使用经过软化处理的去离子水或蒸馏水。为了提高冷却液对不同水质环境的适应性能，方便加注，有的冷却液中还特意加入了对硬水中的无机盐离子具有配合作用的有机聚合物以抑制水垢的生成。

二、冷却液的使用性能

为保证汽车发动机正常工作和延长发动机使用寿命，要求发动机冷却液应具备以下性能：

1. 低温黏度小、流动性好

汽车发动机冷却液的低温黏度越小，越有利于冷却液在冷却系统中流动，这样冷却系统散热的效果就越好。

2. 冰点低

冰点是指在没有过冷情况下冷却液开始结晶时的温度；或者在有过冷情况下结晶开始，短时间内停留不变的最高温度。若汽车在低温条件下停放时间过长，而发动机冷却液的冰点又达不到应有温度，则发动机冷却液就会结冰同时体积膨胀变大，冷却系统就会被冻裂。因此，要求发动机冷却液的冰点要低。

3. 沸点高

沸点是发动机冷却系统的压力与外界大气压力相平衡的条件下，冷却液开始沸腾时的温度。发动机冷却液在较高温度下不沸腾，可保证汽车在满载、高负荷、高速或在山区、热带夏季正常行车，同时沸点高则冷却液蒸发损失也少。因此，要求发动机冷却液应具有较高的沸点。

4. 防腐性好

为了使发动机冷却液具有良好的防腐性能，要保持冷却液呈碱性状态。冷却液的pH值在 7.5~11.0 之间为好，如果超出该范围将对冷却系统中的金属材料产生不利影响。

5. 不易产生水垢，抗泡性好

水垢对汽车冷却系统的危害在前面内容已经讲到，因此，要求冷却液在工作中，应不产生水垢。

冷却液在工作时由于是在水泵的高速推动下强制循环，通常会产生泡沫。发动机冷却液如果产生过多的泡沫，不仅会降低传热系数，加剧气蚀，同时还会使冷却液溢流。因此要求冷却液的抗泡性要好。

另外，汽车冷却液还应有传热效果好、蒸发损失少、不易损坏橡胶制品、热化学安定性好、热容量大等性能。

三、冷却液的组成

发动机冷却液由水、防冻剂和各种添加剂组成。

1. 水

水是冷却液的重要组成部分，因为水具有良好的流动性能、导热性能和较大的比热容，而且乙二醇防冻剂只有在配成一定浓度的水溶液后才能充分发挥其冷冻作用。

水质对冷却液的影响很大，我们经常使用的自来水、河水、湖水、井水、泉水中含有大量的溶解性物质，如钙、镁、钠、铁、钾等金属阳离子，同时还含有很多如硅酸根离子、碳酸根离子、硫酸根离子、磷酸根离子和氯离子等阴离子，水中存在的这些阴、阳离子会影响冷却液的质量，一方面会加剧对冷却系统的腐蚀，另一方面在加热条件下阴、阳离子容易结合形成水垢。因此，在生产冷却液和给冷却系统补加水的过程中，必须使用蒸馏水或去离子水。

2. 防冻剂

由于水的冰点较高，因此车辆在严寒低温天气下使用时容易结冰，所以在发动机冷却液中都会加入一定量的防冻剂。

能够降低水的冰点的物质很多，盐类化合物如氯化钙、氯化钠、氯化镁等降低冰点的效果非常明显，但是由于这些化合物中的氯离子对铸铁、低碳钢和黄铜具有较强的腐蚀性，所以很少在冷却系统中使用。目前冷却液中通常使用的防冻剂主要有两种类型：乙二醇和丙二醇。

由于乙二醇的沸点、黏度比较适中，降低冰点的效果好，而且价格低廉，所以一直是冷却液最主要的防冻剂。但近年由于社会对环境保护的逐渐重视，丙二醇的价格虽然较贵但其具有无毒的特性，因此丙二醇在冷却液中的使用逐渐增多。

3. 添加剂

冷却液中所使用的添加剂主要有缓蚀剂、缓冲剂、防垢剂、消泡剂和着色剂等。

（1）缓蚀剂 缓蚀剂是冷却液中最主要的添加剂，其主要作用是减缓或防止冷却系统中金属零部件因腐蚀而穿孔，以免造成冷却液渗漏和流失。不同的缓蚀剂对不同的金属有不同的保护效果，因此对于发动机冷却系统应根据其金属种类来选择合适的缓蚀剂。常用的冷却液缓蚀剂主要有硼酸盐、硅酸盐、磷酸盐、硝酸盐、亚硝酸盐和苯甲酸盐等。这些缓蚀剂除了能直接抑制腐蚀外，还能中和冷却液中的酸性物质。所以，为了保证冷却系统的金属少腐蚀，必须加有足够的缓蚀剂。

（2）缓冲剂 冷却系统中的金属零部件在弱碱条件下容易得到保护，因此为了使冷却液在使用过程中维持一定的 pH 值，防止其酸化，冷却液中通常都加入缓冲剂，使冷却液具有一定的缓冲能力。

（3）防垢剂 为了防止冷却系统内水垢的产生，有的冷却液中还含有一定量的防垢剂。通常使用的防垢剂有配合型和分散型两种。

（4）消泡剂 为了降低冷却液泡沫产生的危害，冷却液中一般都含有一定量的消泡剂。消泡剂通常使用硅油、甲基丙烯酸酯等，以使所产生的泡沫及时破灭。

（5）着色剂 冷却液在使用过程中，一般都要求加入一定的着色剂，使它具有醒目的颜色，以便与其他液体相区别。这样在冷却系统发生泄漏时，通过观察冷却系统外部管路就能够很容易判断出其泄漏的位置。冷却液着色剂一般有染色剂和 pH 值指示剂两种。染色剂是通过染料或颜料的作用使冷却液具有一定的颜色。而 pH 值指示剂除了具有显色作用外，同时它的颜色还会随着冷却液 pH 值的变化而变化，这样用户可以根据其颜色来大致确定冷却液是否需要更换。

四、二醇型汽车冷却液

发动机冷却系统最早使用水作为冷却液，它来源广泛、经济、比热容大、流动性好、冷却效果好。但在一般水中含有大量的盐类，容易对发动机冷却系的金属产生腐蚀，同时容易形成水垢。更严重的是，由于水的冰点较高，在结冰时体积膨胀，会使发动机冷却系统部件冻裂。因此需要在水中加入一种能够降低水冰点的物质，使冷却液具有防冻作用，能全年在汽车发动机中使用。常用的降低水冰点的物质主要有酒精、甘油和乙二醇等。

酒精-水冷却液流动性好、散热快、配制简单，其配制时酒精含量与冰点的关系是酒精含量越多，冰点越低。但是酒精-水冷却液沸点低，蒸发损失大，同时闪点低，容易着火，所以目前已被淘汰。

甘油-水冷却液沸点较高，不易蒸发和着火，对金属的腐蚀较小。但甘油-水冷却液降低冰点的效率低，需要较多的甘油，不够经济，成本较高，且甘油的吸水性很强使其保存密封要求很严等。

1. 乙二醇型冷却液

乙二醇-水冷却液具有冰点低、沸点高、高闪点、不起泡、很好的流动性和化学稳定性等特点，并且在腐蚀抑制剂存在下能长期防腐防垢，其性能远优于水，因而乙醇型冷却液被广泛使用。其缺点是有毒性，对金属有腐蚀作用，并对橡胶零件有轻度侵蚀作用。

乙二醇俗称甘醇。由两个碳原子、六个氢原子和两个氧原子组成，分子式为$C_2H_4(OH)_2$，其相对分子质量为62.07。在常温下，乙二醇是无色、透明、黏稠状液体，稍有甜味，乙二醇具有一定的毒性，挥发性小，闪点和沸点高，其主要的物理性质见表10-1所示。

表10-1 乙二醇的物理特性

项目	数值
密度（20℃）/mg·L^{-1}	1.1155
沸点（101325Pa）/℃	197.2
冰点/℃	-11.5
比热容/kJ·(kg·℃)$^{-1}$	2.40
蒸气压（20℃）/Pa	0.027
闪点（开口）/℃	115.6
着火点/℃	121.0
黏度（20℃）/Pa·s	2.093×10^4
热导率/J·cm·(s·cm^2·℃)$^{-1}$	0.00289
自燃温度/℃	412.8

乙二醇比较突出的特性是能够与水以任意比例互溶，沸点为197.4℃，相对密度为1.113，冰点为-11.5℃，但在与水混合后，混合液的冰点可显著降低，最低可达-68℃。乙二醇冷却液的冰点与乙二醇含量的关系见表10-2所示。

表10-2 乙二醇冷却液浓度与冰点

冰点/℃	乙二醇含量（%）	相对密度（20℃/4℃）
-10	28.4	1.0340
-15	32.8	1.0426
-20	38.5	1.0506
-25	45.3	1.0586
-30	47.8	1.0627
-35	50	1.0671
-40	54	1.0713
-45	57	1.0746
-50	59	1.0786
-11.5	100	1.1130

乙二醇有微毒，所以在保管、配制和使用时不能吸入体内。乙二醇还具有较强的吸水性，其储存容器应密封，以防吸入水分后溢出，造成损失。

冷却液可以制成浓缩液，由用户自行加蒸馏水或去离子水稀释后使用；也可以以表10-2中所示的浓度比例制成一定冰点的产品直接加注使用。

2. 丙二醇型冷却液

丙二醇由三个碳原子、八个氢原子和两个氧原子组成。其分子式为 $C_3H_6(OH)_2$，相对分子质量为76.10。常温下，丙二醇为无色、透明、黏稠状液体，微有辛辣味，对人体无刺激性作用，可与水以任意比例互溶。

但是，与水配兑构成的冷却液仅仅解决了防冻问题，而且乙二醇型冷却液中的乙二醇分解产物为羟基、乙酸和草酸，容易使人体内酸碱平衡失调，对肾脏有损害。使用中还会随水蒸气蒸发到空气中，更换时洒在地面上，给环境和空气造成污染，危害了人们的身心健康。这些危害在经济较发达的国家早已引起高度重视，如瑞士禁止在超市、零部件商店公开销售乙二醇型冷却液。

丙二醇由于毒性低，降解性能好，对人体和环境危害较小，同时还具有良好的防冻和其他性能，作为冷却液的基础液，可以获得与乙二醇相似的效果。因此，近年来在冷却液中使用逐渐增多，特别是在注重环保的国家应用较广，但是由于丙二醇的原材料价格较高，加工和使用成本较高，目前在我国目前应用很少。

近年来，无水冷却液被越来越多地推广应用，它主要由特制添加剂与丙二醇混和构成，具有191℃高沸点、-60℃低冰点、比热容小、热传导性强、清洁环保等特性，能及时传导出缸壁及燃烧室关键部位的热量，防止爆燃发生；并能快速平衡发动机低温和高温时工作温度，使其尽快进入最佳工作状态；因无水而彻底消除了传统冷却液给发动机带来的电化学腐蚀、水垢、气蚀、开锅等冷却系统老大难问题，从而消除了对缸体的腐蚀，提高了冷却系统组成部件的寿命。

无水冷却液化学稳定性好，一次加入即可永久使用，这样既避免了定期更换防冻液所产生的资源浪费，又减少了修理和更换人工费用。

随着人类科技的高速发展和对发动机性能追求的不断提高以及环保意识的增强，无水冷却液将会取代含水冷却液，拥有更广阔的前景。

五、二醇型冷却液标准

1. 国外标准

欧美各国和日本等工业发达国家都制定了各自的汽车发动机冷却液标准。最早作出规定的是美国，现在许多国家制定的发动机冷却液标准都是以美国材料测试与试验协会（ASTM）所制定的标准为依据。

日本的冷却液工业规范为 JIS K 2234—2006《发动机防冻冷却液》，使用的浓度为30%~50%（体积分数）。日本在该规范内将汽车冷却液分为两类，第1类是只在冬天使用的防冻型冷却液，即普通冷却液（AF），第2类是全年均可使用的冷却液，即长寿冷却液（LLC）。第一类冷却液具有一定的碱性，对发动机冷却系机件有轻微的腐蚀性，故只能短期使用（主要是冬季使用）。表10-3所示为 JIS K 2234 规定的冷却液技术要求。

第十章 车用其他工作液

表 10-3　JIS K 2234－2006 冷却液标准

性　能			1 种	2 种
冰点/℃	50%（体积分数）水溶液		－34 以下	－34 以下
	30%（体积分数）水溶液		－14.5 以下	－14.5 以下
pH 值	30%（体积分数）水溶液		7.0～11.0	7.0～11.0
储备碱度	浓缩液（mL）		报告	报告
密度	20℃/20℃ 浓缩液		1.112 以上	1.112 以上
沸点/℃	浓缩液		155℃ 以上	155℃ 以上
发泡性/mL	30%（体积分数）水溶液		4 以下	4 以下
水分（%）	浓缩液		5 以下	5 以下
玻璃器皿腐蚀	金属试片质量变化/mg·cm^{-2}	铸铝、焊锡	±0.60	±0.30
		铸铁、钢、黄铜	±0.30	±0.15
	外观		在试片与垫片接触之处以外看不到腐蚀，但颜色可以有变化	
	试验后液体的性质	pH 值	6.5～11.0	
		pH 值的变化	±1.0	
		储备碱度变化率（%）	报告	
		液相	颜色不能有明显的变化，液体不能有分层及凝胶出现	
		沉淀物（体积分数）（%）	0.5 以下	
模拟使用腐蚀	金属试片质量变化/mg·cm^{-2}	铸铝、焊锡	±0.60	
		铸铁、钢、黄铜	±0.30	
	外观		在试片与垫片接触之处以外看不到腐蚀，但颜色可以有变化	
	试验后液体的性质	pH 值	6.5～11.0	
		pH 值的变化	±1.0	
		液相	颜色不能有明显的变化，液体不能有分层及凝胶出现	
	零件的状态	泵的密封部分	运转无不良动作、渗漏及异常声响	
		泵壳内部及叶片	无明显腐蚀现象	

该规范中的发泡性是常温下的发泡性，方法是在 100mL 的量筒中加入 50mL 30%（体积分数）的冷却液，常温下放置 30min 后，用手上下摇动 100 次（约 30s），静止 10s 后记录泡沫的体积，如果 10s 后在量筒内的内壁上还有一层环形泡沫，但量筒中部没有泡沫，则泡沫的体积记为零。

美国使用的冷却液规范主要有美国材料与试验协会（ASTM）的行业规范和美国汽车工程师协会（SAE）行业规范。其中，ATSM 成立了专门的 D15 委员会负责冷却液标准规范的制定，现行的 ASTM 的冷却液行业规范为 D3306—2014《汽车及轻负荷发动机冷却系统用二元醇型发动机冷却液标准规范》。该标准规范将冷却液分为Ⅰ、Ⅱ、Ⅲ、Ⅳ、Ⅴ、Ⅵ等六种类型。Ⅰ类是乙二醇型浓缩液，Ⅱ类是丙二醇型浓缩液，Ⅲ类是乙二醇型稀释液（体积分数为 50% 或更高浓度），Ⅳ类是丙二醇型稀释液（体积分数为 50% 或更高浓度），Ⅴ类是含有甘油的乙二醇型浓缩液，Ⅵ类是含有甘油的乙二醇型稀释液（体积分数为 50% 或更高浓度），具体要求见表 10-4～表 10-6。

表 10-4　发动机冷却液（浓缩液）理化指标要求

理化指标	指标要求			ATSM 试验方法
	I 类	II 类	V 类	
颜色	醒目			—
对非金属材料的影响	无害			—
相对密度（15.5℃5/15.5℃）/g·mL^{-1}	1.110~1.145	1.030~1.065	1.110~1.160	D1122、D5931
冰点/℃ 50%（体积分数）水溶液	≤-36.4	≤-31.0	≤-36.4	D1177、D6660
沸点/℃ 50%（体积分数）蒸馏水	≥108	≥104	≥108	D1120
灰分(质量分数)(%)	≤5	≤5	≤5	D1119
pH 值 50%（体积分数）水溶液	7.5~11.0	7.5~11.0	7.5~11.0	D1287
氯含量/μg·g^{-1}	≤25	≤25	≤25	D3634、D5827
水分(质量分数)(%)	≤5	≤5	≤5	D1123
储备碱度	报告	报告	报告	D1121
对汽车上有机涂料影响	无影响	无影响	无影响	D1882

表 10-5　发动机冷却液（稀释液）理化指标要求

理化指标	指标要求			试验方法（ATSM）
	III 类	IV 类	VI 类	
颜色	醒目			—
对非金属材料的影响	无害			—
相对密度（15.5℃5/15.5℃）/g·mL^{-1}	≥1.065	≥1.025	≥1.065	D1122、D5931
冰点/℃　未稀释	≤-36.4	≤-31.0	≤-36.4	D1177、D6660
沸点/℃　未稀释	≥108	≥104	≥108	D1120
灰分(质量分数)(%)	≤2.5	≤2.5	≤2.5	D1119
pH 值　未稀释	7.5~11.0	7.5~11.0	7.5~11.0	D1287
氯含量/μg·g^{-1}	≤25	≤25	≤25	D3634、D5827
水分(质量分数)(%)	不适用	不适用	不适用	D1123
储备碱度	报告	报告	报告	D1121
对汽车上有机涂料影响	无影响	无影响	无影响	D1882

表 10-6　发动机冷却液的使用性能试验要求

试验项目	指标值	ATSM 试验方法	试验溶液[①] 浓缩液（体积分数）(%)
玻璃器皿腐蚀 　试片失重/(mg/片) 　　紫铜 　　焊锡 　　黄铜 　　钢 　　铸铁 　　铝	 ≤10 ≤30 ≤10 ≤10 ≤10 ≤30	D1384[②]	33

(续)

试验项目	指标值	ATSM试验方法	试验溶液[①] 浓缩液（体积分数）(%)

模拟使用试验
  试片失重/(mg/片)
  紫铜
  焊锡
  黄铜
  钢
  铸铁
  铝
	
	≤20
	≤60
	≤20
	≤20
	≤20
	≤60
		D2570[③]	44

铸铝合金传热腐蚀 /[(mg/cm^2)/周]	≤10	D4340[④]	25

泡沫倾向
  泡沫体积/mL
  泡沫消泡时间/s
	
	≤150
	≤5
		D1881[⑤]	33

气穴蚀-腐蚀 水泵点蚀、气穴蚀和腐蚀等级	≥8级	D2809[⑥]	17

① 试验溶液浓度仅适用于发动机浓缩液试验用。
② 发动机稀释液试验溶液配制：67%（体积分数）调整后的稀释液（Ⅲ类与Ⅵ类冰点为 -36.4℃，Ⅳ类冰点为 -31℃）与33%（体积分数）ASTM Ⅳ类试剂水混合，1L试验溶液加入99mg Na_2SO_4、110mg NaCl、92mg $NaHCO_3$。
③ 发动机稀释液试验溶液配制：88%（体积分数）调整后的稀释液（Ⅲ类与Ⅵ类冰点为 -36.4℃，Ⅳ类冰点为 -31℃）与12%（体积分数）ASTM Ⅳ类试剂水混合，1L试验溶液加入83mg Na_2SO_4、92mg NaCl、77mg $NaHCO_3$。
④ 发动机稀释液试验溶液配制：50%（体积分数）调整后的稀释液（Ⅲ类与Ⅵ类冰点为 -36.4℃，Ⅳ类冰点为 -31℃）50%（体积分数）ASTM Ⅳ类试剂水混合，1L试验溶液加入165mg NaCl。
⑤ 发动机稀释液试验溶液配制：67%（体积分数）调整后的稀释液（Ⅲ类与Ⅵ类冰点为 -36.4℃，Ⅳ类冰点为 -31℃）与33%（体积分数）ASTM Ⅱ类试剂水混合。
⑥ 发动机稀释液试验溶液配制：33%（体积分数）调整后的稀释液（Ⅲ类与Ⅵ类冰点为 -36.4℃，Ⅳ类冰点为 -31℃）与67%（体积分数）ASTM Ⅳ类试剂水混合，1L试验溶液加入123mg Na_2SO_4、137mg NaCl、115mg $NaHCO_3$。

2. 我国标准

我国汽车发动机冷却液现行标准有石油化工行业标准 NB/SH/T 0521—2010《乙二醇型和丙二醇型发动机冷却液》和国家标准 GB 29743—2013《机动车发动机冷却液》。石油化工行业标准中，将产品分为乙二醇型轻负荷和重负荷、丙二醇型发动机冷却液四种类型。每种类型又分为浓缩液和 -25号、-30号、-35号、-40号、-45号和 -50号六个不同牌号的冷却液。浓缩液是全配方液体产品，不能单独作为工作冷却液使用，用符合要求的水稀释成不同牌号的发动机冷却液后才能加入发动机冷却系统中。在对浓缩液进行稀释时，应使用去离子水或蒸馏水。其具体的技术要求见表10-7、10-8所示。

表 10-7 乙二醇型冷却液技术要求

项　目		质量指标							试验方法
		浓缩液	冷却液						
			-25号	-30号	-35号	-40号	-45号	-50号	
颜色		有醒目颜色							目测
气味		无异味							嗅觉
密度（20℃）/kg·m^{-3}									SH/T 0068
浓缩液		1107~1142	—	—	—	—	—	—	
冷却液	不小于	—	1053	1059	1064	1.068	1073	1075	
冰点/℃	不高于	—	-25.0	-30.0	-35.0	-40.0	-45.0	-50.0	SH/T 0090
50%（体积分数）水溶液	不高于	-36.4	—						
沸点/℃	不低于	163.0	106.0	106.5	107.0	107.5	108.0	108.5	SH/T 0089
50%（体积分数）水溶液	不低于	107.8	—						
对汽车有机涂料的影响		无影响							SH/T 0084
灰分（质量分数）（%）	不大于	5.0	2.0	2.3	2.5	2.8	3.0	3.3	SH/T 0067
pH值		—	7.5~11.0						SH/T 0069
50%（体积分数）水溶液		7.5~11.0	—						
水分（质量分数）（%）	不大于	5.0	—						SH/T 0086
储备碱度/mL		报告							SH/T 0091
氯含量/mg·kg^{-1}	不大于	25							SH/T 0621
玻璃器皿腐蚀									SH/T 0085
试片变化值/(mg/片)									
纯铜		-5~+5							
黄铜		-5~+5							
钢		-10~+10							
铸铁		-10~+10							
焊锡		-30~+30							
铸铝		-30~+30							
模拟使用腐蚀									SH/T 0088
试片变化值/(mg/片)									
纯铜		-10~+10							
黄铜		-10~+10							
钢		-20~+20							
铸铁		-20~+20							
焊锡		-60~+60							
铝		-60~+60							
铝泵气穴腐蚀/级	不小于	8级							SH/T 0087
铸铝合金传热腐蚀/mg·cm^{-2}	不大于	1.0							SH/T 0620
泡沫倾向									SH/T 0066
泡沫体积/mL	不大于	150							
泡沫消失时间/s	不大于	5.0							

第十章 车用其他工作液

表 10-8 丙二醇型冷却液技术要求

项 目		质量指标							试验方法
		浓缩液	冷却液						
			-25号	-30号	-35号	-40号	-45号	-50号	
颜色		有醒目颜色							目测
气味		无异味							嗅觉
密度 (20℃)/kg·m⁻³		1027~1062	—	—	—	—	—	—	SH/T 0068
浓缩液									
冷却液	不小于	—	1018	1020	1022	1.024	1026	1027	
冰点/℃	不高于	—	-25.0	-30.0	-35.0	-40.0	-45.0	-50.0	SH/T 0090
50% (体积分数) 水溶液	不高于	-31.0	—						
沸点/℃	不低于	152.0	103.5	104.0	104.5	105.5	106.0	106.5	SH/T 0089
50% (体积分数) 水溶液	不低于	104.0							
对汽车有机涂料的影响		无影响							SH/T 0084
灰分 (质量分数) (%)	不大于	5.0	2.2	2.4	2.6	2.8	3.0	3.3	SH/T 0067
pH 值		—	7.5~11.0						SH/T 0069
50% (体积分数) 水溶液		7.5~11.0	—						
水分 (质量分数) (%)	不大于	5.0							SH/T 0086
储备碱度/mL		报告							SH/T 0091
氯含量/mg·kg⁻¹	不大于	25							SH/T 0621
玻璃器皿腐蚀									
试片变化值/(mg/片)									
纯铜		-5~+5							
黄铜		-5~+5							
钢		-10~+10							SH/T 0085
铸铁		-10~+10							
焊锡		-30~+30							
铸铝		-30~+30							
模拟使用腐蚀									
试片变化值/(mg/片)									
纯铜		-10~+10							
黄铜		-10~+10							
钢		-20~+20							SH/T 0088
铸铁		-20~+20							
焊锡		-60~+60							
铝		-60~+60							
铝泵气穴腐蚀/级	不小于	8级							SH/T 0087
铸铝合金传热腐蚀/mg·cm⁻²	不大于	1.0							SH/T 0620
泡沫倾向									
泡沫体积/mL	不大于	150							SH/T 0066
泡沫消失时间/s	不大于	5.0							

六、冷却液的选择与使用

1. 汽车发动机冷却液的选择

针对目前普遍使用的乙二醇水基型发动机冷却液,汽车发动机冷却液的选择主要包括发

动机冷却液防冻性的选择和产品质量的选择。

发动机冷却液防冻性的选择原则是汽车发动机冷却液的冰点要比车辆运行地区的最低气温低10℃左右，以确保在特殊情况下冷却液不冻结。

一般规定乙二醇冷却液的最低使用浓度为33.3%（体积分数），此时冰点不高于-18℃，当低于此浓度时则冷却液的防腐蚀性不足。最高使用浓度为69%（体积分数），此时冰点为-68℃，高于此浓度时则其冰点反而会上升。全年使用冷却液的车辆其最低使用浓度为50%（体积分数）左右为宜。

不同的发动机其技术特性、热负荷情况、冷却系材料等均有不同，因此对冷却液产品质量的要求也有所不同。目前国内外的发动机冷却液的产品配方很多，所以汽车发动机冷却液的选择要区别发动机的类型、性能的强化程度和冷却系材料的种类，除了要保证发动机冷却液能降温、防冻外，还要考虑防沸、防腐蚀和防水垢等问题。车主在对冷却液产品选择时应以汽车制造厂家规定或推荐的为准。

无水冷却液虽有防腐蚀、沸点高、终身不用更换等优点，但与传统冷却液相比，价格较高，一旦发生撞车、冷却液渗漏等需添加、补充时，二次维护成本高等缺点。

2. 汽车发动机冷却液的使用

发动机冷却液在使用过程中应注意以下事项：

1）加注冷却液之前应对发动机冷却系统进行清洗，最简单的方法是打开散热器放水阀，用自来水从加水口冲洗。

2）稀释浓缩液时要使用蒸馏水或去离子水。

3）注意检查冷却液液面高度，视情正确补充。

4）不同厂家、不同牌号的发动机冷却液不能混用。

5）冷却液在使用一段时间后，应及时更换。

6）在使用乙二醇冷却液时，应注意乙二醇有毒，切勿用口吸。

7）更换无水冷却液前须先用清洗剂清洗冷却系统，再用专业风枪把冷却系统里面的水吹干净。

第二节 尿素水溶液

随着空气质量的恶化，雾霾天气的增多，人类活动对环境的危害也越来越大，而汽车尾气对空气质量有一定的影响。与汽油机相比，柴油机的排放物中一氧化碳CO和碳氢化合物HC的含量很少，主要污染物是氮氧化物NO_x和微粒PM（包含碳烟DS）。而汽油机采用三元催化在CO和HC得到氧化的同时，也能够很好地使NO_x得以还原，但柴油机的富氧燃烧难以使三元催化奏效。为了满足不断提升的汽车尾气排放标准，废气再循环（EGR）、氮氧化物选择性催化还原（SCR）、颗粒过滤（DPF）、氧化催化剂（DOC）、稀燃NO_x捕集（LNT）等技术越来越多地应用到现在的柴油机中。

针对柴油机排放物中的氮氧化物NO_x，选择性催化还原（SCR）技术路线表现出较好的经济性和排放法规继承性，并保持了良好的车辆动力性、对燃料中硫的含量不敏感等诸多优点。

一、柴油机排放污染物的形成与去除

柴油机的主要排放污染物是氮氧化物 NO_x 和微粒 PM,NO_x 是由空气中的氮和氧在燃烧室高温高压作用下反应生成,其生成量取决于燃烧的最高温度、高温持续时间、混合气浓度等;PM 主要成分是碳烟,当柴油机在大负荷工况下运转时,喷入的燃料量较多,混合气形成不均匀,不可避免地会出现局部区域空气不足的燃烧,燃油在燃烧室温度较高、缺氧的条件下,极易裂解、聚合形成碳烟。

对于微粒 PM,目前主要靠颗粒过滤(DPF)的方法去除;而氮氧化物 NO_x 常用选择性催化还原(SCR)的方法去除,这种方法需要用到氮氧化物还原剂——尿素水溶液,也称柴油机尾气处理液。

二、尿素水溶液的降排作用与原理

尿素水溶液和氮氧化物在 SCR 选择性催化还原系统中能够发生氧化还原反应,降低柴油机氮氧化物 NO_x 排放量的选择性催化还原(SCR)的基本工作原理是:尾气从涡轮出来后进入排气管,在排气管上安装有尾气处理液喷射装置,尿素水溶液在高温下发生水解和热解反应后生成 NH_3,在 SCR 系统催化剂表面利用 NH_3 还原 NO_x,排出 N_2,多余的 NH_3 也被氧化为 N_2,即生成无污染的氮气和水蒸气,达到降低氮氧化物 NO_x 的目的。化学反应如下:

尿素水解:$(NH_2)_2CO + H_2O \rightarrow 2NH_3 + CO_2$

NO_x 还原:$NO + NO_2 + 2NH_3 \rightarrow 2N_2 + 3H_2O$

NH_3 氧化:$4NH_3 + 3O_2 \rightarrow 2N_2 + 6H_2O$

SCR 系统中发生的物理和化学反应包括:尿素水溶液的喷射、雾化、蒸发,尿素的水解和热解气相化学反应以及 NO_x 在催化剂表面与 NH_3 发生的催化表面化学反应。ECU 通过柴油机的转速以及燃油喷射量计算出 NO_x 的排放浓度,通过尿素理论、SCR 催化器的温度对 NO_x 的转化率进行估算,并计算所需要的 NH_3 量,最后通过 NH_3 与尿素之间的关系得到当下需要的尿素喷射量。一般情况下,消耗 100L 燃油的同时会消耗 5L 液体尿素水溶液,即尿素消耗量是燃油消耗量的 5%。

三、尿素水溶液的技术特性

尿素水溶液是一种在 SCR 技术中必须要用到的消耗品,用来减少柴油车尾气中的氮氧化物。尿素水溶液的组成为 32.5% 的高纯专用尿素和 67.5% 的去离子水,其原料为尿素晶体和超纯水。尿素水溶液的主要技术要求和试验方法见表 10-9。

表 10-9 柴油发动机氮氧化物还原剂——尿素水溶液(AUS 32)技术要求和试验方法

项　　目	质量指标	试验方法
尿素含量[①](质量分数)/(%)	31.8~33.2	附录A[④⑤]
密度[②](20℃)/kg·m^{-3}	1087.0~1093.0	SH/T 0604[⑥]
折光率[③] 20nD	1.3814~1.3843	GB/T 614

（续）

项　　目			质量指标	试 验 方 法
杂质含量	碱度（以 NH$_3$ 计）(质量分数)（%）	不大于	0.2	附录 B[5]
	缩二脲(质量分数)（%）	不大于	0.3	附录 C[5]
	醛类（以 HCHO 计）/mg·kg^{-1}	不大于	5	附录 D[5]
	不溶物/mg·kg^{-1}	不大于	20	附录 E[5]
	磷酸盐（以 PO$_4$ 计）/mg·kg^{-1}	不大于	0.5	附录 F[5]
	钙/mg·kg^{-1}	不大于	0.5	附录 G[5]
	铁/mg·kg^{-1}	不大于	0.5	
	铜/mg·kg^{-1}	不大于	0.2	
	锌/mg·kg^{-1}	不大于	0.2	
	铬/mg·kg^{-1}	不大于	0.2	
	镍/mg·kg^{-1}	不大于	0.2	
	铝/mg·kg^{-1}	不大于	0.5	
	镁/mg·kg^{-1}	不大于	0.5	
	钠/mg·kg^{-1}	不大于	0.5	
	钾/mg·kg^{-1}	不大于	0.5	
一致性确认			与参考谱图一致	附录 H[5]

注：如果有必要向 AUS 32 中添加示踪剂，应保证示踪剂不影响 AUS 32 满足本表中的技术要求，也不会损害 SCR 系统。

① 目标值32.5%（质量分数）。
② 目标值1090.0kg/m^3。
③ 目标值1.3829。
④ 计算时未从氮中扣除氨。
⑤ 标准中的附录。
⑥ 也可使用 GB/T 1884 和 GB/T 1885，对结果有异议时，以 SH/T 0604 为仲裁方法。

尿素水溶液会在 -11℃下开始结冰，实际使用中在 -20℃时会完全上冻。为避免其结冰，应避免在 -5℃以下的环境中储存。使用中通过加入改性剂降低溶液凝固点、外加加热装置等手段防止溶液凝固。尿素水溶液长时间在高于25℃条件下储存会缩短保质期，不同储存温度下的保质期见表10-10。当然短时间暴露在稍高温度的环境中一般不会影响其质量。

表10-10　不同储存温度下 AUS 32 的保质期

储存环境温度/℃	保质期不少于/月
≤10	36
≤25①	18
≤30	12
≤35	6
>35	—②

注：影响本表中保质期长短的主要因素是储存温度和 AUS32 的初始碱度。另一个因素是通风和密封储存容器对挥发性的影响。

① 为避免尿素分解，应避免运输或储存温度高于25℃。
② 保质期明显缩短，每次使用前都应检测。

四、尿素水溶液的使用

SCR系统包括尿素控制单元、尿素液储罐、输送装置、计量装置、喷射装置、催化器以及温度和排气传感器等。现在的柴油车都配置尿素喷淋装置的闭环反馈系统，配置该装置的车辆，如果内部传感器侦测到尿素水溶液储罐里没有足够尿素或者是经过喷淋前后，尾气没有改善，传感器会将信号反馈到整车ECU上，会发生车辆发动机自动减速从而起到强迫车主加尿素的监督作用，避免尿素用尽而不及时添加、纯度不够、质量伪劣等问题。质量伪劣的柴油机尾气处理液会污染SCR催化反应罐中的催化剂，造成严重后果。

因此，要像关注车上燃料一样，定期检查，及时添加尿素水溶液，并注意选用质量、纯度合格的产品，确保尾气处理效果和SCR系统的正常工作。

另外，为避免尿素水溶液被污染和对容器、管道等器具产生腐蚀，在存取、盛装和采样等各个环节都要保证与直接接触材料的兼容。推荐可接触的材料如奥氏体高合金镍铬钢、镍铬钼钢、不锈钢、钛、无添加剂聚乙烯、聚丙烯、聚异丁烯、全氟烷氧基树脂（PFA）、聚氟乙烯（PFE）、聚偏氟乙烯（PVDF）、聚四氟乙烯（PTFE）、偏氟乙烯和六氟丙烯的共聚物等；不能接触的材料如碳钢、镀锌碳钢、软铁（这些材料会和尿素水溶液中微量的氨反应生成可能影响SCR系统正常工作的化合物），非铁金属和合金，钢、钢合金、锌、铅、含铅、银、锌或铜的焊锡，铝或铝合金、镁或镁合金、镀镍塑料或镀镍金属等。

第三节　车用空调制冷剂

汽车空调包括冷气、暖气、去湿和通风等装置。空调制冷剂是制冷装置完成制冷循环的媒介，又称为制冷工质。空调在制冷循环中通过制冷剂的状态变化，进行能量转换，达到制冷的目的。制冷循环的性能指标除了与工作温度有关外，还与制冷剂的性质密切相关，因此，了解制冷剂的性质对车用制冷系统的设计和使用十分重要。

一、车用空调制冷剂的性能要求

1. 对制冷剂热力性质的要求

1）制冷剂的临界温度高。这样有利于使用一般的冷却液和空气进行冷凝，同时可以使节流损失小，制冷系数高。

2）单位容积制冷量大。制冷剂单位容积制冷量大可以使相同产冷量时所需的压缩机尺寸较小。但对离心式制冷机或某些小型制冷机而言，单位容积制冷量小些会使压缩机制造更容易。

3）蒸发压力和冷凝压力适中。制冷剂冷凝压力不要太高，而蒸发压力不要太低，尤其不应低于大气压力。

4）等熵指数小，这样有利于降低压缩机排温，提高压缩机的效率。

2. 制冷剂的物理化学性质

对车用空调制冷剂物理化学性质的要求有：

1）黏度、密度小，以减少制冷剂在制冷系统中的流动阻力损失。

2）导热系数高，以提高热交换设备的传热系数，减少换热面积，节省材料消耗。

3）使用安全。车用空调制冷剂应无毒、不燃烧、不爆炸。

4）具有较好的化学稳定性和热稳定性。车用空调制冷剂与润滑油无亲和作用，对金属材料不腐蚀，在高温下不分解。可与冷冻机油以任意比例相溶。

5）易于改变吸热与散热的状态，有很强的重复改变状态能力。

3. 对环境影响的要求

近些年的大气监测表明，大气中臭氧量减少的趋势十分明显，全球温室效应加剧，严重影响了人类赖以生存的生态环境。而汽车空调制冷剂以前所广泛使用的氟利昂（如R11、R12）对大气中的臭氧有破坏作用，因此其生产和使用应受到限制，直到禁止使用。当前汽车空调基本都使用对大气臭氧无破坏，温室效应小的制冷剂。

氟利昂对大气中臭氧的破坏作用可用相对臭氧破坏能力作用系数（Relative Ozone Depletion Potential，简称 RODP 或 ODP）表示，并规定 R11 的 ODP 为 1.0，从而用 ODP 表示相对 R11 对大气臭氧破坏能力的大小。

氟利昂产生的温室效应用温室效应能力系数（Global Warming Potential，简称 GWP 值）来表示，并规定 R11 的 GWP 值为 1.0，用 GWP 表示相对于 R11 对温室效应的作用。

由于 CO_2 是造成全球温室效应的主要因素之一，因此目前也以 CO_2 作为比较基础。

二、汽车空调制冷剂的分类和性能特性

1. 汽车空调制冷剂的分类

制冷剂是用 R 后跟一组编号的方法来命名的，其中 R 是制冷剂（Refrigerant）的第一个字母，如 R12、R134a、R22 等。R 后的数字或字母是根据制冷剂分子的原子构成按一定规则书写。现在越来越常用的方法是采用 CFC、HCFC 或 HFC 来代替 R 以表示制冷剂分子的原子组成。CFC 表示制冷剂由氯原子、氟原子和碳原子组成。HCFC 表示制冷剂由氢原子、氯原子、氟原子和碳原子组成。HFC 表示制冷剂由氢原子、氟原子和碳原子组成。

空调制冷剂的种类较多，按制冷剂的组成成分可分为三类，一类为无机化合物，如 $NH_3(R717)$、$CO_2(R744)$、$SO_2(R764)$ 等。另一类是氟利昂，如 $CFCl_3(R11)$、$CF_2Cl_2(R12)$、$CHF_2Cl(R22)$、R134a 等。氟利昂（Freon）是饱和碳氢化合物的氟、氯和溴的衍生物的总称，它是 20 世纪 30 年代发现的制冷剂。氟利昂类制冷剂种类多，相互间热力学性质差别大，可适用于不同的场合。再一类就是由两种或两种以上单一工质混合而成的混合工质。混合工质有共沸混合工质和非共沸混合工质之分。共沸混合工质是由两种或两种以上的单纯工质在常温下按一定比例混合而成，具有与单一工质相同的性质，即气液相组分相同，在恒定压力下有恒定的蒸发温度，如 R502（由 R22 和 R115 以 48.8/51.2 的质量百分比混合）等。非共沸制冷剂是由两种或两种以上相互不形成共沸溶液的单一工质混合而成。由于非共沸混合工质不存在共沸点，因此在定压下冷凝或蒸发时，温度改变，且气液相成分不同。

制冷剂按沸点温度 t_s 又可分为高温（低压）制冷剂、中温（中压）制冷剂和低温

(高压)制冷剂三类,见表 10-11。在汽车空调上广泛使用的制冷剂 R12 和 R134a 均属于中温制冷剂范畴。

表 10-11 制冷剂按沸点温度 t_s 分类

类别	沸点温度 t_s/℃	制冷剂举例	应用举例
高温(低压)制冷剂	>0	R11、R113、R114 等	空调　热泵
中温(中压)制冷剂	−60~0	R717、R12、R134a 等	空调　热泵
低温(高压)制冷剂	<−60	R13、R14 等	复叠机的低温级

2. 汽车空调制冷剂的性能特征

汽车空调制冷剂最早广泛使用的是 R12(CF_2Cl_2),即二氟二氯甲烷,后来出现了 R12 的替代产品 R134a(HFC134a),即 1,1,1,2-四氟乙烷。R12 和 R134a 制冷剂的物理化学特性见表 10-12。

表 10-12 R12 和 R134a 制冷剂的物理化学特性

项目	R12	R134a
学名	二氟二氯甲烷	1,1,1,2-四氟乙烷
分子式	CF_2Cl_2	CH_2FCF_3
分子量	120.91	102.3
沸点(1 个大气压)/℃	−29.79	−26.19
凝固点/℃	−157.8	−103
临界温度/℃	111.80	101.14
临界压力/MPa	4.125	4.065
临界密度/$kg \cdot cm^{-3}$	558	511
0℃ 蒸发潜热/$kJ \cdot (kg)^{-1}$	151.4	197.5
水中溶解度(1 个大气压)重量比(%)	0.28	0.15
燃烧性	不燃	不燃
臭氧破坏能力系数(ODP)	1.0	0
温室效应能力系数(GWP)	3	0.28

(1) CFC12(R12)　自从 1953 年空调进入汽车工业以来,经过几十年的发展和应用,CFC12 以前几乎是所有汽车空调制冷装置的最佳制冷剂,曾在各类型汽车空调装置上普遍使用。

CFC12 是一种中温制冷剂,无色,具有轻微芳香味,毒性小,只在 400℃ 时才会分解出有毒的光气。CFC12 不燃烧,不爆炸,是一种安全的制冷剂,只有在容积浓度达 80% 时才会使人窒息。另外 CFC12 还具有制冷能力强、压力适中、化学性质稳定、与冷冻机油相容性好和安全性好等特点。

1) CFC12 在水中的溶解度很小。水在 CFC12 中的溶解度会随着温度的降低而减少,氟利昂在混有水分后危害很大,因此在 CFC12 系统中要严格控制含水量,以防止 CFC12

在流经节流机构时，因温度降低而使部分水析出堵塞膨胀阀和管道，即出现"冰堵"现象，使整个空调系统无法正常工作。此外 CFC12 含水后会发生"镀铜"现象，使汽车空调系统中铜或铜合金中的铜原子逸出并沉淀在钢铁部件上，形成一层铜膜，对空调压缩机产生不良影响。

2）CFC12 的溶油性好。在蒸气压缩式制冷机中，制冷剂与润滑油相互接触，制冷剂在润滑油中的溶解度对制冷机的性能有一定的影响。制冷剂与润滑油的溶解性与制冷剂性质、溶液的温度有关。CFC12 制冷剂使用矿物油，在汽车空调范围内，CFC12 与润滑油完全相溶。这样润滑油可以随制冷剂一道渗透到压缩机的各个运动表面，为这些运动表面的润滑创造了条件。

3）与材料的相溶性。CFC12 对一般的金属材料无腐蚀作用，但是对于镁及镁含量超过 2% 的铝镁合金具有腐蚀作用。小型汽车空调压缩机为减轻重量，一般采用高硅铝合金，其中镁含量约为 0.3%，因此 CFC12 对其没有影响。

CFC12 对天然橡胶和塑料有膨润作用，因此 CFC12 制冷装置上应采用对 CFC12 耐腐蚀的丁腈橡胶和氯醇橡胶。

4）渗透性强。CFC12 的渗透性很强，很容易从机器结合面和接触面不严密处泄漏，所以对机器的密封性要求较高。

但是，CFC12 的组成元素中含有氯，氯氟烃类化学性质极其稳定，寿命很长，在低空对流层内难以分解，寿命可长达几十年甚至上百年，所以最终都会升到高空的平流层，在那里，强烈的紫外线将促使其分解，释放出氯原子。这种新生的氯对臭氧具有亲和作用，能夺取其中的一个氧原子而生成氧化氯，并放出氧分子，即导致大气中的臭氧（O_3）与之结合为 ClO 和 O_2，从而破坏了臭氧。更为严重的是，氧化氯又能和大气中游离的氧原子起作用，重新还原出氯原子又会去消耗臭氧，如此循环不断。事实上，氯原子只参与了破坏臭氧的反应，本身并不消耗，类似于催化剂的作用。所以，虽说臭氧密度相当小，上述反应发生的机会不多，但经不住长年累月的作用。几年前，南极上空就已经出现了一个相当于欧洲面积大小的臭氧空洞，北极地区的臭氧层也变得很稀薄，且内陆地区臭氧浓度也正在逐年减少，从而破坏了大气对地球的保护作用（臭氧层可以防止太阳光中的紫外线直接射向地球），会导致太阳紫外光大量辐射到地面，使得人患皮肤癌、白内障和呼吸道疾病的机会大大增加。同时，紫外线对地球上其他生物的影响和危害也很大，会打乱地球整个生态系统中复杂的食物链和食物网。紫外线大量辐射到地面，还会产生温室效应，使地球气温变暖，对人类和生物的生存环境带来很大危害。CFC12 的臭氧破坏能力作用系数 ODP=1，温室效应能力系数 GWP=3.05。

因此，国际社会于 1987 年 9 月在加拿大缔结了《关于消耗臭氧层物质的蒙特利尔议定书》，明确规定禁用 CFC12 的期限到 2000 年。1990 年 6 月又在伦敦召开了该议定书缔约国的第二次会议，增加了对全部 CFC、四氯化碳（CCl_4）和甲基氯仿（$C_2H_3Cl_3$）生产的限制，要求缔约国中的发达国家在 2000 年完全停止生产以上物质，发展中国家可推迟到 2010 年。另外对过渡性物质 HCFC 提出了 2020 年后的控制日程表。后来由于臭氧层的破坏不断加剧，国际社会把 CFC12 的完全禁用期又提前到 1995 年，发展中国家则可推迟 10 年。我国于 1992 年也制定了《中国逐步淘汰消耗臭氧层物质的国家方案》，该方案规定：各汽车厂从 1996 年起在汽车空调中逐步用新制冷剂 HFC134a 替代 CFC12，在 2000

年生产的新车上不准再用 CFC12。

（2）HFC134a（R134a） 为了适应环保的需要，特别是为了适应保护臭氧层的需要，有必要采用不破坏臭氧层的制冷剂来替代 CFC12，目前被广泛认可和使用的 CFC12 替代制冷剂是 HFC134a。

HFC134a 是 20 世纪 90 年代开始使用的制冷剂产品。HFC134a 具有与 CFC12 相近的热力性质，所以制冷系统的改型比较容易。HFC134a 具有较好的制冷性能，与金属和非金属相容，化学和热稳定性好，具有良好的安全性能（不易燃、不爆炸、无毒、无刺激性和无腐蚀性）。同时 HFC134a 中不含氯原子，对大气层中臭氧破坏力（ODP）低，同时温室效应（GWP）也较低。但在蒸发温度低于 $-21℃$ 时，由于将产生高的压缩比，制冷量受到限制，其使用将受到影响。此外，制冷系统的能效、工作可靠性等与 CFC12 相比还有一点差距。

1）HFC134a 的化学及热稳定性。HFC134a 遇明火或高温时会分解出有毒和刺激性物质。HFC134a 与润滑油具有良好的相容性，对铜、铁和铝等金属材料无腐蚀作用。

2）HFC134a 与材料的相容性。汽车空调制冷系统由于抗振和防止泄漏的要求，橡胶等弹性元件使用较多。HFC134a 与原用的丁腈橡胶（NBR）、氟化橡胶（FKM）不相容，因此应采用与 HFC134a 和润滑油相同的材料，如聚丁腈橡胶（N—NBR）、三聚乙丙橡胶（EPDM）及氯丁橡胶（CR）等。

（3）碳氢化合物制冷剂 目前在汽车空调系统中广泛使用的 HFC134a 与 CFC12 相比虽然在环保等方面具有一定优点，但其不足也已日益明显。除了其造成空调系统性能下降外，HFC134a 见光还会分解生成对人体有毒害的氢氟酸，在美国和中国均已发现在维修过程中因操作不当致人重伤事故。再加上 HFC134a 的温室效应指数较高，为二氧化碳的 1600 倍，因此 HFC134a 的替代任务也十分迫切。而碳氢化合物制冷剂是目前较为先进和理想的制冷剂，它不含氟利昂及氟类物质，不破坏臭氧层，无温室效应，对全球气候变暖无任何影响，而且这种制冷剂具有以下优点：

1）与日常使用的 CFC12、HFC134a 制冷剂润滑油具有兼容性，替代原汽车上使用的氟利昂制冷剂无须更换空调设备及附件，操作简单，灌装方便。

2）比普通制冷剂节能 10%～20%，用量仅是 CFC12、HFC134a 的三分之一，对酷热气候具有独到的适应性，制冷效果优良，是解决汽车用空调氟利昂排放导致大气污染的理想替代品。

碳氢制冷剂已被欧洲所有主要冰箱制造商广泛采用，澳大利亚在 1995 年就开始在汽车空调中使用；在美国，碳氢制冷剂替代 CFC 12 和 HFC 134a 也已经成功应用在众多的汽车空调中。但是，由于受到技术和生产成本等方面因素的制约。目前在我国汽车空调中使用碳氢化合物制冷剂还很少。

三、汽车空调制冷剂的使用

1. 使用 CFC12 时的注意事项

1）制冷剂容器应避免日光直接照晒或火炉烘烤，以防意外。

2）避免与人的皮肤直接接触，以防冻伤。尤其要避免误入眼睛，以防造成失明。

3）尽管CFC12无毒或低毒，但在与火焰接触时会产生毒气。

4）操作现场应通风良好。

2. 使用HFC134a时的注意事项

尽管制冷剂种类繁多，但从目前我国汽车空调制冷剂领域来看，常用的仅为HFC134a，因此本文重点对HFC134a的使用加以说明。

一定要防止制冷剂的混用。CFC12和HFC134a这两种制冷剂是不能混用的，原因在于它们对空调系统结构的要求不一样。首先，对压缩机要求不一样，相对于CFC12而言，由于新换的制冷剂HFC134a在热物理性能上不如以前使用的CFC12，因此必须增大压缩机的容积与设计压力；其次，对润滑油要求不一样，HFC134a制冷剂与先前的润滑油几乎不相容，因此在制冷循环过程中流出的润滑油无法随制冷剂流回压缩机，会使压缩机得不到良好的润滑而停止工作，导致制冷装置运行失败，所以在使用HFC134a之前要把原有的矿物油更改为合成油，即聚烯烃乙二醇（PAG）；再次，储液干燥器也要更改，因为干燥罐内的硅胶干燥剂易被HFC134a吸附，破坏其吸湿能力，因此要更改为不吸附HFC134a的合成泡沫沸石，并增加用量；另外，连接软管的材料也要改变，HFC134a对原用橡胶管和密封材料有极强的溶解和分离作用，如不进行更换则在使用时必将导致制冷剂的大量泄漏，使制冷系统无法正常工作。

因此，HFC134a只能在专门与其配套的系统中工作，凡是车用的HFC134a空调系统，厂方都会在压缩机、冷凝器、蒸发器、橡胶管和加注设备上注明HFC134a的标志以防误用。但市面上HFC134a制冷剂的价格是CFC12的3倍左右，因此有些人在车上安装汽车空调器或补充制冷剂时贪图便宜或不了解这两者的差异，将HFC134a空调系统改为加注CFC12制冷剂，虽然一样可以发出冷风，但将会损害压缩机。另外，若将两种制冷剂的冷冻油混在一起使用，会慢慢失去润滑作用而损害机器。因为一般压缩机都已注入一些同质冷冻油，尽管全部倒出来仍会残留一些冷冻油在压缩机里面，实为得不偿失。因此原来是哪一种制冷剂，还应加注哪一种制冷剂，不可互相混用。

四、汽车空调制冷剂的加注

汽车空调制冷系统在出厂前和使用一段时间后，制冷剂不足时需要对制冷系统加注，以使制冷系统能正常工作。

不同于一般家用或商用空调，汽车空调的压缩机为半封闭式压缩机，而且汽车空调的使用环境要复杂恶劣得多，高温、油、气、水的污染，颠簸振动等因素都会导致汽车空调制冷剂的泄漏和污染，因而制冷剂的加注是每家维修厂在夏季的重要业务，但不科学的加注方式，往往会带来许多问题。

一种错误操作是不抽真空直接加注。一些维修厂会把汽车空调中的残余制冷剂直接排放掉，然后直接加注制冷剂，利用制冷剂罐中的压力把制冷剂加入空调系统，同时将系统中的空气压出来，这样做是十分错误的。因为这并不能确保空调系统中的空气完全排出，而且在空调系统中残余空气可导致以下不良后果：

1）制冷剂加注量不足。因为空气的存在要占去一部分空间，不抽空气直接加注，可能在制冷剂加注未完成时系统压力过高，剩余的制冷剂无法再加入空调中。

2) 多余的空气留在系统中会使空调功率减小，制冷效果下降。因为压缩机压缩的一部分是没有制冷效果的空气，这样导致发动机负荷增高。因而在加注制冷剂之前务必进行抽真空的操作。

另一种错误操作是用压缩机抽真空。很多人甚至分不清压缩机与真空泵有什么区别，而把它们统称为泵，其实它们是不同的。压缩机的功能是把低压气体压缩成高压气体，而真空泵则是要造成系统与大气的一个压力差，它的排气压力不需要太高（即大气压力）。这种功能的不同决定了它们的性能表现有很大区别。真空泵相对于一般压缩机主要突出的性能是要达到极低的极限真空度，而且真空泵的排气远远大于压缩机。

对空调抽真空除了为把空调中的空气抽干外，还要抽干水分。汽车空调中常会混入水分，水分对整个空调系统的危害是巨大的，一滴水都可能造成空调管路的阻塞，即所谓的"冰堵"，所以空调系统中一定要减少水分的存在。那么在抽真空时，除了抽气外，还会利用抽气后达到的负压促成水挥发为水蒸气，再通过真空泵强大的吸力将水分从空调中吸走，从而达到抽取空调中水分的目的。有试验表明，抽水的时间应是抽气时间的10倍，也就是说，用真空泵抽真空并不完全是抽气。要达到抽水分的目的就需要较大的极限真空度和吸排气能力，而压缩机则不具备这样的能力。

传统的加注方式就是：先排出残余制冷剂，然后抽真空，最后表组加注。随着时代的发展，技术的进步，人们对环境保护的重视程度越来越高。制冷剂本身对于人类来说无毒无害，但对于环境来说却是一个重要的污染源。CFC12就是导致全球臭氧空洞的罪魁祸首，它的代替产品HFC134a虽然在对臭氧层的破坏上不像CFC12那样严重，但也会污染大气。因而现在世界上各个国家都对制冷剂的排放有严格的规定和控制，我国也已经签署了《蒙特利尔协定书》，宣布我国将逐步禁用CFC12，同时将严格控制其他制冷剂的排放。在这样的背景下，现在全国各级行管部门纷纷出台文件要求，对于汽车空调中的残余制冷剂不能随意排放，应该回收。回收制冷剂除了可以带来较好的社会效益外，它所蕴含的巨大经济效益也是不容忽视的。至于回收的制冷剂，由于CFC12和HFC134a性能稳定，不易分解，不易与其他物质发生化学反应，所以汽车空调中残余的制冷剂性质与性能并没有发生变化，只是在制冷剂中混入了杂质，因而影响了制冷效果。只要把这些杂质充分过滤掉，那么回收再生的制冷剂与未被使用过的制冷剂是一样的。对于回收制冷剂中常见的杂质，如冷冻油、空气、水分等，只需分别进行净化，就可以达到再生净化制冷剂的目的。因而目前"回收制冷剂—再生净化制冷剂—系统抽真空—加注"这样一种科学、环保、经济的制冷剂加注方式正在日益得到人们的重视并使用。

汽车空调制冷系统经过抽真空并确认无渗漏后，就可以开始加注制冷剂了。加注制冷剂的方法主要有两种，一种是从压缩机的高压侧充入，称为高压段加注，充入的是氟利昂液体。这种方法的好处是加注速度快而且安全，适用于车用制冷系统内无制冷剂，而且是抽过真空的情况，即制冷系统第一次加注。它是靠氟利昂钢瓶内氟利昂与系统间的压力差和高度差，自行进入系统的。但采用这种方法进行加注时切不可开启空调压缩机，以防发生事故。另外一种方法是从压缩机的低压侧充入，称为低压段加注，充入的是氟利昂气体。用这种方法进行加注时切不可以液态注入，以防发生液击。低压段加注速度慢，适用于因制冷系统内制冷剂量不足而需要添加的情况。

第四节　汽车风窗玻璃清洗液

汽车在行驶过程中，自身或其他车辆溅起的泥土、废气中含有的未完全燃烧的油气和道路沥青与雨水的混合物、抛光剂的蜡与雨水的混合物等会附着在汽车的风窗玻璃上，这些物质的存在严重影响了驾驶人的视野。汽车风窗玻璃清洗液就是用来清洗这些妨碍视野、危害行车安全的物质。

一、汽车风窗玻璃清洗液的性能

汽车风窗玻璃清洗液要求对附着在风窗玻璃上的各种物质具有浸透、乳化分散、可溶解的作用，以便将其清洗干净。其性能要求主要有：

1）汽车风窗玻璃清洗液对车辆刮水机构的材料如铝、锌、橡胶、塑料和油漆等不应产生腐蚀或其他影响。

2）在冬季使用的汽车风窗玻璃清洗液，应具有较低的凝点，以防在低温时结冰而不可使用。一般要求风窗玻璃清洗液的凝点为 -20℃，对于特别严寒地区可特殊配制。

3）要求风窗玻璃清洗液在低温和高温交变时应没有分离和沉淀。汽车风窗玻璃清洗液多用于雨天，平时存放于发动机舱内，时而加热，时而冷却，如果易发生分离、沉淀，则容易造成机构内部堵塞，影响其正常喷射。

所以，一种优质的汽车风窗玻璃清洗液应在一定浓度范围内对金属不腐蚀，对非金属的性能不产生影响，又能有效地去除各种污垢，确保风窗玻璃保持良好的视野，在冷热交变下稳定性好，还要对人的皮肤和嗅觉无刺激及不适反应。

二、汽车风窗玻璃清洗液的配方

为了满足汽车风窗玻璃清洗液的性能要求，在汽车风窗玻璃清洗液中常常添加活化剂、防雾剂、阻凝剂、无机助洗剂、有机助洗剂等。汽车风窗玻璃清洗液配方见表10-13。

将表10-13所述溶液，根据不同季节需要，按5%~10%稀释即可获得不同凝点的汽车风窗玻璃清洗液。该清洗液去污性好，不损坏金属、非金属表面。

表10-13　汽车风窗玻璃清洗液配方

组　　成	配方1（%）	配方2（%）
活化剂	4.0	5.0
防雾剂	1.0	
阻凝剂	3.5	
无机助洗剂	6.0	
有机助洗剂	1.5	22.0
水分	余量	余量

三、汽车风窗玻璃清洗液的技术要求

汽车风窗玻璃清洗液的主要技术要求见表10-14。

表10-14 汽车风窗玻璃清洗液的技术要求

项　　目		规　　定	条　　件
凝固温度		-20℃以下或根据用户意见商定	
pH 值		6.5~10.0	
清洁性	洗净性 分散性	透过风窗玻璃应可看见前方视野 可容易地对油污成分乳化分散	
金属腐蚀	铝板 不锈钢板 黄铜 铬酸盐镀锌板	应无明显的点状腐蚀和粗糙表面	50℃±2℃ 48h
对橡胶影响	天然橡胶 三元乙丙橡胶 氯丁橡胶	应无表面的黏结、炭黑脱落以及龟裂等异常现象	50℃±2℃ 120h±2h
对塑料影响	聚乙烯树脂 聚丙烯树脂	无明显变形和变色现象	50℃±2℃ 120h±2h
对涂层影响	丙烯树脂瓷漆 氨基醇酸树脂漆	应无涂层软化和膨胀现象，试验前后的光泽和颜色应无变化	50℃±2℃ 6h
稳定性	加热稳定性	允许有棉毛状沉淀但不应有结晶粒子	50℃±2℃ 8h 后 20℃±15℃
	低温稳定性		-15℃±2℃ 8h 后 20℃±15℃ 16h

第十一章 汽车轮胎

学习提示：

通过本章学习，应该明确
- 汽车轮胎的作用与构造
- 汽车轮胎的分类及子午线轮胎的特点
- 汽车轮胎的规格及表示方法
- 汽车轮胎系列
- 汽车轮胎的损坏形式，合理使用和维护

轮胎是汽车最重要的部件之一，也是重要的汽车运行材料，其使用合理与否，直接影响汽车的行驶安全性和使用经济性。轮胎能否承受汽车行驶时的载荷，能否提供足够的制动力，能否提供充足的防止汽车横向滑移的侧滑力，决定着汽车的行驶安全性；轮胎的使用寿命、轮胎的滚动阻力系数，决定着汽车的使用经济性。据统计，汽车使用中轮胎的费用一般占运输成本的5%～10%，轮胎的技术状况可使油耗在10%～15%范围内变化。要保证行车安全与运输成本降低，须从轮胎的作用、结构和规格等方面的基础知识入手，进而明确轮胎合理使用的措施。

第一节 车用轮胎的作用与构造

一、轮胎的作用

现代汽车几乎都采用充气轮胎。轮胎安装在轮辋上，直接与路面接触，具有承重、缓冲和提供附着等作用。

1. 承重

在众多的汽车零部件中，只有轮胎与地面直接接触，汽车本身的重量和汽车上的乘人及载运的货物的重量都要靠轮胎来支撑，因此，轮胎必须具有足够的承受载荷的能力。

轮胎承受的载荷除与重量有关外，还与路面质量、汽车行驶速度等因素有关。若路面质量差，汽车行驶速度快，就会使汽车的动载荷增加。所以，在考虑汽车轮胎的承载能力时，必须考虑到动载荷对汽车轮胎的作用。

2. 缓冲

汽车行驶时因路面不平要受到冲击，为保证汽车具有良好的乘坐舒适性，必须设法消除和衰减汽车行驶中产生的振动，这一任务通常是由轮胎和汽车悬架共同来完成的。为此，轮胎必须具有适当的弹性。

3. 提供附着

汽车行驶所需要的驱动力、汽车减速或停驶所需要的制动力等都要靠轮胎与路面的作用而产生，因此，轮胎与路面间应有良好的附着性能。为增强轮胎的附着作用，轮胎胎面应具有多种形状的花纹。

二、轮胎的构造

轮胎的种类不同，其构造也略有差别。现代汽车绝大多数采用充气轮胎，充气轮胎根据组成结构又有有内胎轮胎和无内胎轮胎之分。现以有内胎轮胎为例，介绍轮胎的构造。

有内胎轮胎一般由外胎、内胎和垫带等部分组成，如图 11-1 所示。

1. 外胎

外胎是用以保护内胎不受外来损伤和充入压缩空气后不致过分膨胀的外壳，是轮胎的主体，具有承担车重和变形、缓和汽车振动和冲击的作用，一般要求其具有较高的强度，并富有一定的弹性。

轮胎外胎的一般构造包括胎面（胎冠和胎肩）、胎侧、胎体（帘布层和缓冲层）和胎圈等部分，具体如图 11-2 所示。

（1）胎面　胎面包括胎冠和胎肩两部分。胎冠为轮胎滚动时与地面的接触部分，上面刻有各种沟纹和窄槽，称为胎面花纹。胎冠作为轮胎的主要工作部分，直接承受汽车行驶时产生的冲击和磨损，并保证轮胎与路面间具有充足的附着力，因此，对胎冠的要求应具有一定的厚度、较高的弹性和强力的耐磨性等。胎冠的耐磨性能是决定轮胎寿命的重要因素，胎冠一般需采用耐磨性能较好的橡胶材料。

胎肩为厚度较大的胎冠与厚度较小的胎侧的过渡部分。为提高该部位的散热和防滑能力，

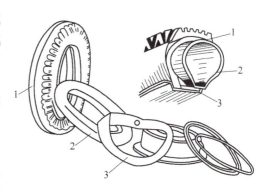

图 11-1　充气轮胎的组成
1—外胎　2—内胎　3—垫带

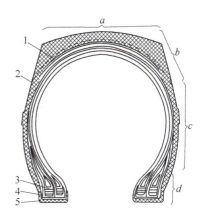

图 11-2　外胎的结构
a—胎冠　b—胎肩　c—胎侧　d—胎圈
1—缓冲层　2—帘布层　3—钢丝圈
4—帘布层包边　5—胎圈包边

一般也刻有各种花纹。

（2）胎侧　胎侧是在胎体帘布层侧壁的薄橡胶层，其作用是保护轮胎侧面帘布层免受损伤。由于胎侧受不到很大的压力，且不与地面接触受不到磨损，故它的厚度较小。

在轮胎滚动过程中，由于胎侧会有较大的拱曲变形，并频繁地承受弯曲和伸缩作用，所以其耐疲劳性能一定要好。此外，胎侧上一般都标注轮胎的规格、厂牌等标志符号，故对其还有一定的美观性要求。

（3）胎体　胎体位于外胎的内侧，是外胎的骨架，由帘布层和缓冲层组成，其作用是承受负荷，保持轮胎外缘尺寸和形状。

帘布层是由若干层帘线用橡胶贴合而成的，一般有多层。帘线的材料有棉线、钢丝、人造丝线、尼龙线等，帘线的排列方式为与胎面中心线垂直或成一定夹角。帘线的排列方式对轮胎的滚动阻力、承载能力等性能影响较大，一般帘线与胎面中心线垂直的排列优于成锐角夹角的排列。另外，帘线的层数也影响轮胎的强度，层数越多轮胎强度越大，但此时轮胎的弹性会降低。

缓冲层（或带束层）位于帘布层与胎冠之间，用胶片和多层挂胶稀帘布制成，故该部位的弹性较大。缓冲层用于普通斜交轮胎，用来分散和降低胎冠部的工作应力。带束层用于子午线轮胎，可以用来约束轮胎变形，提高胎面强度，减小轮胎滚动时的内部蠕动损失。

（4）胎圈　胎圈包括钢丝圈、帘布层包边和胎圈包边等部分。该部位有很高的刚度和强度，主要作用是将轮胎牢牢地固装在轮辋上，并承受外胎与轮辋的各种相互作用力。

2. 内胎

内胎是一个环形橡胶管，橡胶管内充满压缩空气，装入外胎后，使轮胎可保持一定内压，从而获得缓冲性能和承载能力。为此，要求内胎须具有良好的气密性。为使内胎在充气状态下不产生褶皱，内胎的有效尺寸应小于外胎的内壁尺寸。另外，内胎上配装有气门嘴，供轮胎充放气用，常用的金属气门嘴结构如图11-3所示。

3. 垫带

垫带放在内胎与轮辋之间，是一个具有一定形状和断面的环形胶带，其边缘较薄，表面光滑，具有耐热性，上有供内胎气门嘴通过的圆孔。垫带的作用是防止内胎被轮辋及外胎的胎圈擦伤和磨损，并能防止尘土、水侵入胎内。垫带按其结构分为有型式、无型式和平带式三种。

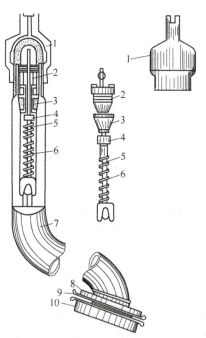

图11-3　金属气门嘴结构

1—盖　2—螺母　3—衬套　4—阀门
5—杆　6—弹簧　7—座筒　8—螺母
9—垫片　10—凸缘

第二节 轮胎的分类

根据不同的依据,轮胎有不同的分类方法。如按用途,汽车轮胎可分为载货汽车轮胎和轿车轮胎,而载货汽车轮胎又根据适用车型不同分为重型载货汽车轮胎、中型载货汽车轮胎和轻型载货汽车轮胎等。按胎体结构,汽车轮胎可分为实心轮胎和充气轮胎,而充气轮胎又可根据不同的分类依据有多种分类方法。由于现代汽车绝大多数采用充气轮胎,下面主要介绍充气轮胎的分类。

一、按轮胎充气压力分类

汽车轮胎按充气压力不同,可分为高压轮胎、低压轮胎、超低压轮胎和调压轮胎四种。

1. 高压轮胎

充气压力为 0.5～0.7MPa 的轮胎为高压轮胎。高压轮胎的滚动阻力小,油耗低,但缓冲性能差,与路面的附着能力低,因此在汽车上很少使用。

2. 低压轮胎

充气压力为 0.15～0.45MPa 的轮胎为低压轮胎。低压轮胎由于具有弹性好、断面宽、与道路接触面积大、壁薄而散热性好等优点,所以被广泛使用。目前,轿车、载货汽车几乎全都采用低压轮胎。

应当指出,目前有些低压轮胎随制造材料发展,其充气压力已被提高,压力值已属高压轮胎范围,但仍将其划归为低压轮胎。其原因是,这些轮胎的工作压力虽然高,但它仍具有同规格低压轮胎的良好缓冲性能,故其仍属低压轮胎。

3. 超低压轮胎

充气压力低于 0.15MPa 的轮胎为超低压轮胎。超低压轮胎的断面宽度比低压轮胎的宽,其与道路的接触面积也比低压轮胎大,所以超低压轮胎在松软路面上的通过能力比较好,非常适合于泥泞路、雪地、沙漠等地带使用。目前,超低压轮胎多用于越野汽车和少数特种汽车上。

4. 调压轮胎

充气压力可根据路面条件不同进行调节的轮胎为调压轮胎。

轮胎的气压变化会改变轮胎与路面的接触面积和压强,也将改变汽车的滚动阻力系数与附着系数,如图11-4～图11-6所示。

由上图可知,轮胎气压可根据路面条件进行适时调节。如在软路面上,可通过降低气压,增大轮胎与路面的接触面积和附着系数,来提高汽车在软路面上的通过性能。当汽车在坚硬路面上行驶时,则可恢复

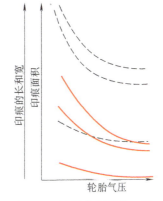

图11-4 轮胎印痕的长、宽、面积和轮胎气压的关系
实线—硬路面
虚线—松软路面

标准气压，以减少阻力和外胎的磨损。因此，调压轮胎的最大优点是能使汽车适应各种道路条件，有效地扩大了汽车的使用范围。

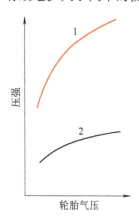

图 11-5　12.00—18 轮胎在路面上的印痕面平均压强随轮胎气压的变化关系
1—硬路面　2—软路面（砂土）

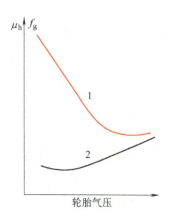

图 11-6　轮胎在松软路面上滚动时，附着系数和滚动阻力系数与轮胎气压的关系
1—附着系数 μ_h　2—滚动阻力系数 f_g

二、按轮胎胎面花纹分类

汽车轮胎按胎面花纹不同，可分为普通花纹轮胎、混合花纹轮胎和越野花纹轮胎三种，如图 11-7 所示。

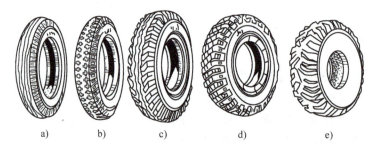

图 11-7　轮胎花纹
a)、b) 普通花纹　c) 混合花纹　d)、e) 越野花纹

1. 普通花纹轮胎

该种轮胎的花纹细而浅，花纹接地面积大，其耐磨性和附着性较好，因而适于硬路面行驶。该种轮胎的花纹有纵向和横向之分，分别如图 11-7a 和图 11-7b 所示。纵向花纹滚动阻力小，方向性好，附着性和防滑性较好，散热良好，适于高速行驶，轿车、货车均可选用；横向花纹耐磨性和抓地性比较好，花纹集中不打滑，抛土性能好，一般只能用于货车。

纵向花纹常见形状有锯齿花、波浪花、弓形花；横向花纹常见形状有烟斗形、八角形、元宝形、羊角形、水龙头形、蛇形等。

2. 混合花纹轮胎

该种轮胎的花纹是介于普通花纹和越野花纹之间的过渡性花纹，兼有两者的特点，中部为菱形，纵向为锯齿形或烟斗形，两边为横向越野花纹，如图 11-7c 所示。混合花纹的轮胎具有良好的抗滑性与抓着力，纵横抓着力几乎相等，可有效避免汽车行驶打滑，一般适用于城市、乡村之间的路面上行驶。现代货车驱动轮多选用此种花纹轮胎。

3. 越野花纹轮胎

该种轮胎的花纹凹部深而粗，如图 11-7d 和图 11-7e 所示，沟槽面积约占总面积的 50%，单位面积所受的压力大，抓着性和抛土性好，不夹石子，散热好，能发挥汽车在恶劣路面的牵引性和通过性，因而适用于矿山、建筑工地、林区等软路面行驶。如用于硬路面上行驶，则花纹磨损会较快。有些越野花纹（如人字形花纹）有行驶方向，使用时应使驱动轮胎面花纹的尖端与旋转方向一致。

三、按轮胎组成结构分类

汽车轮胎按组成结构不同，可分为有内胎轮胎和无内胎轮胎两种。有内胎轮胎的构造及特点上节已经介绍，在此主要介绍无内胎轮胎的构造和特点。

无内胎轮胎在外观上和有内胎轮胎相近，但其组成结构上少了内胎和垫带，而在外胎内壁上多了一层厚度约 2～3mm 的专门用来封气的橡胶密封层，如图 11-8 所示。另外，有的无内胎轮胎还在密封层正对着胎面的下面贴着一层自粘层。自粘层是用未硫化橡胶的特殊混合物制成，具有将刺穿的孔黏合的功效。

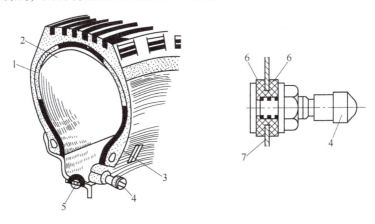

图 11-8 无内胎轮胎

1—橡胶密封层 2—自粘层 3—环形槽纹 4—气门嘴
5—铆钉 6—橡胶密封衬垫 7—轮辋

无内胎轮胎是将压缩空气通过气门嘴直接充入外胎中，为保证外胎与轮辋间的气密性，一般在胎圈外侧做一层橡胶气密层。气密层有的是外形光滑，有的是制成若干道同心的环形槽纹。气门嘴在轮辋上的固定也靠橡胶密封衬垫保证密封。

无内胎轮胎由于少了内胎和垫带，消除了内外胎之间的摩擦生热，并且外胎变形产生的热量又可直接通过轮辋散发，所以其行驶时的温度较低，适用于高速行驶，且使用寿命较长；另外，当轮胎穿孔时，轮胎内壁上的橡胶密封层由于处于压缩状态，所以可将穿刺物紧紧裹住，使轮胎不漏气或漏气缓慢，从而保证行车安全，避免了途中不便。因此，无内胎轮胎近年来在轿车和一些货车上得到了普遍应用。

但无内胎轮胎也有一定的缺点，如制造材料和工艺要求高，途中维修困难，自粘层在炎热季节会软化产生流动而破坏车轮平衡等。

四、按轮胎胎体帘线排列方向分类

汽车轮胎按胎体帘线排列方向不同，可分为普通斜交轮胎和子午线轮胎两种。

汽车轮胎胎体帘线的排列都与轮胎的子午断面成一定角度，这个角度称为胎冠角。胎冠角对轮胎的特性影响很大。如胎冠角增大，将使轮胎的侧向刚性和径向刚性等增大。侧向刚性增大将改善汽车的行驶稳定性；径向刚性增大将降低轮胎的缓冲性能。

1. 普通斜交轮胎

普通斜交轮胎如图11-9所示。其结构特点是胎体帘布层帘线排列方向与轮胎子午断面成一定夹角，帘线是由一侧胎边穿过胎面到另一侧胎边，并且由这种斜置帘线组成的多层（层数通常为偶数）帘布交错叠合，呈斜交方式排列。为了兼顾轮胎的侧向刚性和缓冲性能，一般取胎冠角为50°~52°。

普通斜交轮胎具有噪声小、制造容易、价格便宜等优点。但是，由于其帘布层的斜交排列，给轮胎胎面和胎侧同时增加了强度，所以其弹性较差，只有在适当充气时，才能使驾乘人员感到较为柔软、舒适。除此之外，普通斜交轮胎还有滚动阻力大、油耗高、承载能力较低等缺点。因此，其使用受到了一定限制，目前有被子午线轮胎取代的趋势。

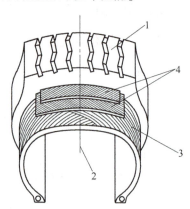

图11-9 普通斜交轮胎

1—胎面 2—轮胎断面中心线 3—帘布层 4—缓冲层

2. 子午线轮胎

子午线轮胎如图11-10所示。其结构特点是胎体帘布层帘线排列方向与轮胎子午断面一致，呈环形排列，帘线也是由一侧胎边穿过胎面到另一侧胎边，同时在圆周方向有一带束层。

胎体帘布层帘线的环形排列，使帘线的强度得到了充分利用，这使得子午线轮胎的帘布层数可比普通斜交轮胎减少40%~50%。同时，由于帘线不是交错排列的，所以帘布层数也可以是奇数。

带束层的采用可防止帘线在圆周方向只靠橡胶联系而难以承担汽车行驶时产生的切向力。带束层一般由强度较高、伸张很小的纤维织物帘布或钢丝帘布制造，能紧紧箍在胎体上，其作用是保证轮胎具有一定的外形尺

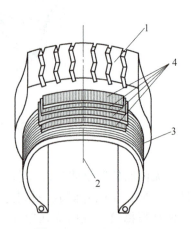

图11-10 子午线轮胎

1—胎面 2—轮胎断面中心线 3—帘布层 4—带束层

寸，承受内压引起的负荷及滚动时所受的冲击力，减少胎面与胎体帘布层所受的负荷等。带束层一般有多层，相邻层帘线呈交叉排列，它们与胎面中心线夹角很小，一般为10°～20°，这就使得帘布层帘线和带束层帘线交叉于三个方向，形成许多密实的三角形网状结构，如图11-11所示。这种结构能有效地阻止胎面向周向和横向伸张与压缩，从而大大提高了胎面的刚度，减少了胎面与路面的滑移，提高了胎面的耐磨性。

子午线轮胎的结构特点，使其比普通斜交轮胎有许多优越性能：

（1）**使用寿命长** 子午线轮胎与普通斜交轮胎的骨架比较如图11-12所示。可见，普通斜交轮胎是由胎体帘线构成轮胎的骨架，从胎冠到胎侧的柔软度是均匀的。而子午线轮胎基本骨架的胎体帘线呈环形排列，层数较少，所以胎侧部分柔软，在径向容易变形，滚动时与地面接触面积增大，对地面的单位压力减小，所以使胎面磨耗小，耐磨性好。子午线轮胎在圆周方

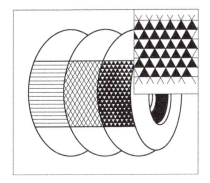

图11-11 子午线轮胎帘布层帘线与带束层帘线组成的三角形结构

向有带束层，从而保证了胎面的刚性较大，这可有效阻止胎面周向和侧向的伸缩，从而减少了胎面与路面的滑移。所以子午线轮胎的使用寿命较长，其行驶里程一般比普通斜交轮胎高50%～100%。

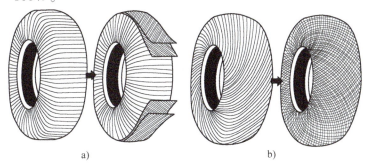

图11-12 子午线轮胎与普通斜交轮胎骨架的区别
a）子午线轮胎 b）普通斜交轮胎

（2）**缓冲性能好** 由于子午线轮胎的胎侧比较软，所以即使在充足气后，两侧壁上也会产生一个特殊的隆起，如图11-13所示，好像总是充气不足。正因为子午线轮胎有径向容易变形这个特点，所以它可以缓和不平路面的冲击，并吸收大部分冲击能量，使汽车具有良好的行驶平顺性和乘坐舒适性，从而延长汽车零部件的使用寿命。

（3）**滚动阻力小** 这是因为胎冠具有较厚而坚硬的缓冲层，轮胎滚动时胎冠变形小，生热低。同时，由于子午线轮胎帘布层数少，层间摩擦力小，所以其滚动阻力比普通斜交轮胎小20%～30%，如图11-14所示。因此，使用子午线轮胎不仅可提高汽车行驶速度，而且还可提高汽车的燃油经济性，一般可降低油耗6%～8%。

（4）**胎温低，散热快** 由于子午线轮胎帘布层数少，且帘布层之间不产生剪切作用，因而它比普通斜交轮胎的散热快，胎温低，适于高速行驶。

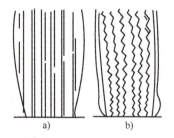

图11-13 子午线轮胎与普通斜交轮胎滚动中的胎壁形状比较

a) 普通斜交轮胎 b) 子午线轮胎

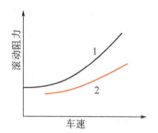

图11-14 子午线轮胎与普通斜交轮胎的滚动阻力比较

1—普通斜交轮胎 2—子午线轮胎

(5) **承载能力大** 由于子午线轮胎的帘线排列与轮胎的主要变形方向一致,因而其帘线强度可得到充分利用,故其承载能力比普通斜交轮胎高。

(6) **附着性能好** 由于子午线轮胎胎体弹性大,使其滚动时与地面接触面积大,且由于其胎面刚度大使得胎面滑移小,所以其附着性能好。

(7) **转向行驶稳定性好** 汽车转向行驶时,轮胎承受侧向力比较大。此时,子午线轮胎的胎侧变形会较大,但胎冠接地面积基本不变;而普通斜交轮胎却是胎侧变形不大,却使整个轮胎倾斜,胎冠接地面积减小,如图11-15所示。所以,子午线轮胎在转向时的稳定性明显好于普通斜交轮胎。

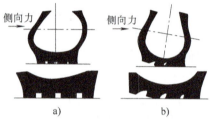

图11-15 子午线轮胎和普通斜交轮胎在承受侧向力时的变形状况比较

a) 子午线轮胎 b) 普通斜交轮胎

(8) **轮胎质量轻** 子午线轮胎帘线层的减少,不仅减少了橡胶材料的消耗,同时使轮胎的重量也得以减轻。

当然,子午线轮胎在具有以上优点的同时,也具有一些缺点。如胎侧薄,变形大,胎侧与胎圈受力比普通斜交轮胎大,因而,胎面与胎侧的过渡区及轮辋附近易产生裂口;胎面噪声大;制造技术要求高,成本高等。

但通过上面的分析,可以看出子午线轮胎的使用性能明显优于普通斜交轮胎。因而,子午线轮胎目前已在各类汽车上得到了广泛使用。

应当指出:由于子午线轮胎的径向弹性、周向滑移与普通斜交轮胎不同,因此,子午线轮胎不能与普通斜交轮胎混装于同一汽车上,更忌混装于同一车桥上。

五、按轮胎胎体帘线材料分类

汽车轮胎按胎体帘线材料不同,可分为棉帘线轮胎、人造丝轮胎、尼龙轮胎和钢丝轮胎等。

在常用轮胎胎体帘线材料中,通常棉帘线价格最便宜,但这种材料强度低,受热时强度降低显著,在温度为120℃时,其强度降低30%~50%。为了提高强度,一般是增加帘布的层数,但这又将导致轮胎质量和滚动阻力系数增大。

人造丝帘线具有较高的物理力学性能,相同强度下,其帘布层厚度可较棉帘布减少25%,且受热时强度降低也比棉帘线小,在120℃温度时,其强度降低10%~20%。另外,人造丝帘布能抵抗轮胎工作时所产生的复杂多变的载荷，其耐久性比棉帘布高60%～70%。但人造丝存在受潮时强度下降较棉帘线大和由于残余变形不能与橡胶很好地结合等缺点。

目前，尼龙帘线材料用得较多。尼龙的强度比人造丝和棉帘线均好，在其帘布层厚度较棉帘布减少40%条件下，其强度为棉帘布的两倍以上。另外，尼龙帘线还有受热和受潮时强度降低都比较小等特点。

钢丝帘线的强度很高，如用多股直径为0.15mm的钢丝捻成的粗为0.86～0.88mm的帘线，其扯断力就高达800N，是棉帘线的10倍。所以，钢丝帘线的采用，可大大减少轮胎帘布层的层数，从而使橡胶材料的消耗减少，轮胎质量减轻。除强度大外，钢丝帘线还具有导热性好、受热和受潮时强度降低比较小等特点。但钢丝帘线与橡胶的结合性能较差，尚需进一步改进。

第三节　轮胎规格与表示方法

一、基本术语

1. 轮胎的主要尺寸

轮胎的主要尺寸包括轮胎外径 D、轮胎内径 d、轮胎断面高度 H、轮胎断面宽度 B、负荷下静半径、轮胎滚动半径等，见图11-16。

（1）**轮胎外径 D**　轮胎外径是指轮胎按规定压力充足气后，在无任何负荷状态下胎面最外表的直径。

（2）**轮胎内径 d**　轮胎内径是指轮胎按规定压力充足气后，在无任何负荷状态下轮胎内圈的直径。轮胎内径一般与配用轮辋的名义直径一致。

（3）**轮胎断面高度 H**　轮胎断面高度是指轮胎按规定压力充足气后，轮胎外径与轮胎内径之差的一半。即

$$H = (D - d)/2$$

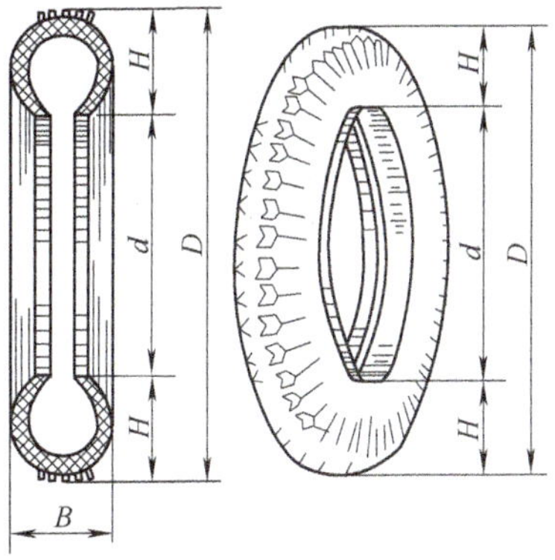

（4）**轮胎断面宽度 B**　轮胎断面宽度是指轮胎按规定压力充足气后，轮胎外侧面间的距离。

图11-16　轮胎的主要尺寸

（5）**负荷下静半径**　负荷下静半径是指轮胎在静止状态下只承受法向负荷作用时，由轮轴中心到支撑平面的垂直距离。

（6）**轮胎滚动半径**　轮胎滚动半径是指车轮旋转与滑移运动的折算半径。计算公式为

$$r = \frac{S}{2\pi n_W}$$

式中，r 为轮胎滚动半径，单位为mm；S 为车轮移动的距离，单位为mm；n_W 为车轮旋转的圈数。

2. 高宽比

轮胎的高宽比是指轮胎断面高度 H 与轮胎断面宽度 B 的比值，以百分数形式表示，

即 H/B (%)。轮胎的高宽比又称扁平率。

轮胎通常根据扁平率划分系列。目前汽车轮胎常见扁平率为 80、75、70、65、60、55、50、45 等,相对应的轮胎系列分别为 80 系列、75 系列、70 系列、65 系列、60 系列、55 系列、50 系列、45 系列等。

轮胎发展的方向是扁平率越来越小,即扁平化。轮胎的扁平率小,说明轮胎的断面高度小,断面宽度大,因而在相同承载能力下,宽断面轮胎较普通轮胎的直径减小,从而可降低整车质心,提高汽车的行驶稳定性。图 11-17 所示为具有相同承载能力的普通轮胎和宽断面轮胎的比较,由图可见,扁平率为 80 的宽断面轮胎比普通轮胎的车轮中心下降了 B 和 A 之差。另外,宽断面轮胎还有接地面积大、接地比压小、磨损小、滚动阻力小、抗侧倾稳定性强等优点,因此宽断面轮胎在高速轿车上得到了广泛的应用。

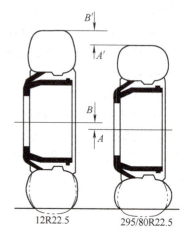

图 11-17 具有相同承载能力的普通轮胎和宽断面轮胎的轴心高度比较

3. 轮胎最高速度

轮胎最高速度是指在规定的路面级别、轮辋名义直径等条件下,在规定持续行驶时间(最长时间为 1h)内,所允许使用的最高速度。

随着现代科技的不断发展,汽车速度在不断提高,为了使轮胎的速度性能与汽车最高速度相匹配,一般需标注轮胎的速度级别,以便能根据最高设计车速正确配装汽车轮胎。有关轮胎的速度级别的表示符号和允许的最高行驶速度见表 11-1。

表 11-1 规定的速度级别符号既适用于轿车轮胎,也适用于货车轮胎,但它们的含义不完全相同。对于轿车轮胎,它是指不允许超过的最高速度;对于货车轮胎,它是指随负荷降低可以超过的参考速度。

表 11-1 轮胎速度级别符号与最高行驶速度

轮胎速度符号	最高行驶速度/km·h⁻¹	轮胎速度符号	最高行驶速度/km·h⁻¹
A1	5	K	110
A2	10	L	120
A3	15	M	130
A4	20	N	140
A5	25	P	150
A6	30	Q	160
A7	35	R	170
A8	40	S	180
B	50	T	190
C	60	U	200
D	65	H	210
E	70	V	240
F	80	W	270
G	90	Y	300
J	100		

对轿车轮胎来说，在限定最高行驶速度的前提下，如选用不同名义直径的轮辋，则轮胎速度级别符号所表示的最高行驶速度也不同，见表11-2。

表11-2　轮胎速度级别符号在不同轮辋名义直径时表示的轿车轮胎最高行驶速度（摘录）

轮胎速度符号	轮胎最高行驶速度/km·h^{-1}		
	轮辋名义直径10in①	轮辋名义直径12in	轮辋名义直径≥13in
P	120	135	150
Q	135	145	160
S	150	165	180
T	165	175	190
H	—	195	210

① 1in = 0.0254m。

对货车轮胎来说，其行驶速度与负荷之间成反比关系。随着车速的降低，轮胎负荷可以适当增加，具体增加范围见表11-3。

表11-3　轮胎行驶速度与负荷变化对应表

速度/km·h^{-1}	负荷变化率（%）			
	微型、轻型载货汽车轮胎		载货汽车轮胎	
	斜交轮胎	子午线轮胎	斜交轮胎	子午线轮胎
40	+15.0	+25.0	+12.5	+15.0
50	+12.5	+20.0	+10.0	+12.0
60	+10.0	+15.0	+7.5	+10.0
70	+7.5	+12.5	+5.0	+7.0
80	+5.0	+10.0	+2.5	+4.0
90	+2.5	+7.5	0	+2.0
100	0	+5.0	0	0
110	0	+2.5	0	0
≥120	0	0	0	0

注：表中的负荷变化是相对于轮胎规格、尺寸、气压与负荷表中规定的负荷能力增加的。

4. 层级

轮胎的层级是描述轮胎负荷能力的相对指数，用PR（即Ply Rating首字母的缩合）表示，主要用于区别尺寸相同但结构和承载能力不同的轮胎。轮胎的层级数并不代表轮胎帘布层的实际层数，而是表示载质量与棉帘线相当的棉帘线的层数。如9.00R20-14PR的全钢子午线轮胎，其实际胎体钢丝帘线只有一层，但它的载质量却相当于14层棉帘线的9.00-20斜交轮胎，所以它的层级数为14PR。

5. 负荷指数

轮胎负荷指数是描述轮胎在最高速度、最大充气压等规定使用条件下负荷能力的参数，以数字表示。轮胎负荷指数目前有280个，从0一直到279，有关情况见表11-4。

表 11-4 轮胎负荷指数与负荷能力对应关系表（摘录）

指数	71	72	73	74	75	76	77	78	79	80
负荷/kg	345	355	365	375	387	400	412	425	437	450
指数	81	82	83	84	85	86	87	88	89	90
负荷/kg	462	475	487	500	515	530	545	560	580	600
指数	91	92	93	94	95	96	97	98	99	100
负荷/kg	615	630	650	670	690	710	730	750	775	800
指数	101	102	103	104	105	106	107	108	109	110
负荷/kg	825	850	875	900	925	950	975	1000	1030	1060
指数	111	112	113	114	115	116	117	118	119	120
负荷/kg	1090	1120	1150	1180	1215	1250	1285	1320	1360	1400
指数	121	122	123	124	125	126	127	128	129	130
负荷/kg	1450	1500	1550	1600	1650	1700	1750	1800	1850	1900
指数	131	132	133	134	135	136	137	138	139	140
负荷/kg	1950	2000	2060	2120	2180	2240	2300	2360	2430	2500

二、我国轮胎规格表示方法

我国轮胎现执行的标准为 GB 9743—2015《轿车轮胎》、GB/T 2978—2014《轿车轮胎规格、尺寸、气压与负荷》、GB 9744—2015《载货汽车轮胎》及 GB/T 2977—2016《载货汽车轮胎规格、尺寸、气压与负荷》等。标准规定了我国汽车轮胎规格表示方法，具体如下：

1. 轿车轮胎规格表示方法

（1）子午线轮胎

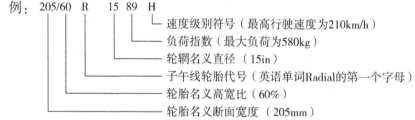

同时，增强型轮胎应增加负荷识别标志"Extraload（或 XL）"或"ReinForced（或 REINF）"；T 型临时使用的备用轮胎应增加规格附加标志"T"，例如：T135/90D16；最高速度超过 240km/h 的轮胎，结构类型代号可用"ZR"代替"R"。

（2）斜交轮胎　斜交轮胎为保留生产的项目，新设计车辆不推荐使用这些规格的轮胎。

2. 载货汽车轮胎规格表示方法

（1）微型载货汽车普通断面斜交轮胎

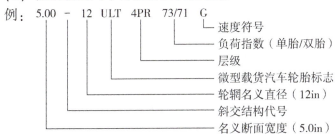

（2）轻型载货汽车普通断面斜交轮胎

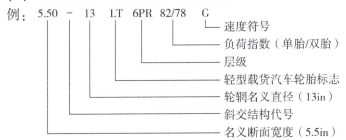

（3）轻型载货汽车普通断面子午线轮胎

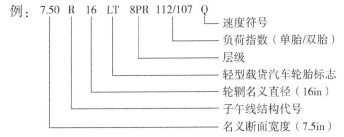

（4）轻型载货汽车公制子午线轮胎

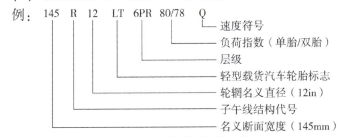

（5）轻型载货汽车公制子午线系列轮胎

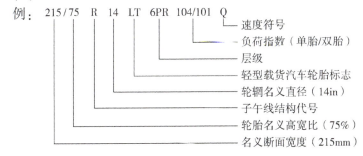

(6) 轻型载货汽车高通过性子午线轮胎

例：31×10.50 R 15 LT 6PR 109 Q

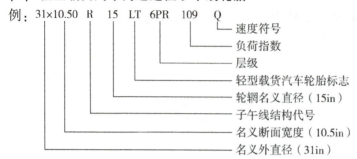

- 速度符号
- 负荷指数
- 层级
- 轻型载货汽车轮胎标志
- 轮辋名义直径（15in）
- 子午线结构代号
- 名义断面宽度（10.5in）
- 名义外直径（31in）

(7) 公路型挂车特种专用 ST 公制轮胎

例：215/75 – 14 ST 4PR 95 Q

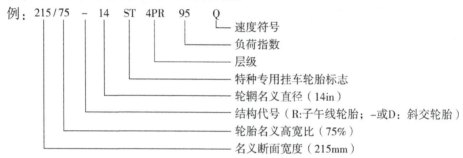

- 速度符号
- 负荷指数
- 层级
- 特种专用挂车轮胎标志
- 轮辋名义直径（14in）
- 结构代号（R:子午线轮胎；–或D:斜交轮胎）
- 轮胎名义高宽比（75%）
- 名义断面宽度（215mm）

(8) 载货汽车普通断面斜交轮胎

例：9.00 – 20 14PR 141/139 G

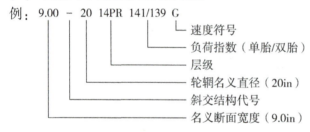

- 速度符号
- 负荷指数（单胎/双胎）
- 层级
- 轮辋名义直径（20in）
- 斜交结构代号
- 名义断面宽度（9.0in）

(9) 载货汽车宽基斜交轮胎

例：18 – 22.5 14PR 156 G

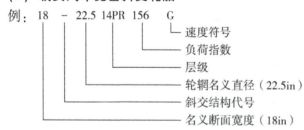

- 速度符号
- 负荷指数
- 层级
- 轮辋名义直径（22.5in）
- 斜交结构代号
- 名义断面宽度（18in）

(10) 载货汽车普通断面子午线轮胎

例：7.50 R 20 8PR 121/119 Q

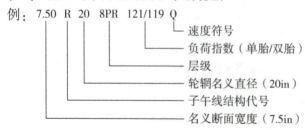

- 速度符号
- 负荷指数（单胎/双胎）
- 层级
- 轮辋名义直径（20in）
- 子午线结构代号
- 名义断面宽度（7.5in）

(11) 载货汽车公制子午线系列轮胎

例: 315／80　R　22.5　18PR　154/151　L

- 速度符号
- 负荷指数（单胎/双胎）
- 层级
- 轮辋名义直径（22.5in）
- 子午线结构代号
- 轮胎名义高宽比（80%）
- 名义断面宽度（315mm）

(12) 载货汽车公有制宽基子午线轮胎

例: 385／65　R　22.5　18PR　158　L
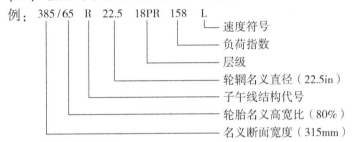
- 速度符号
- 负荷指数
- 层级
- 轮辋名义直径（22.5in）
- 子午线结构代号
- 轮胎名义高宽比（80%）
- 名义断面宽度（315mm）

(13) 房屋汽车轮胎

例: 8　-　14.5　MH　10PR　114　F
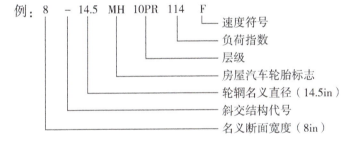
- 速度符号
- 负荷指数
- 层级
- 房屋汽车轮胎标志
- 轮辋名义直径（14.5in）
- 斜交结构代号
- 名义断面宽度（8in）

三、国外轮胎规格表示方法

国外对轮胎规格的表示方法较多，其中以美国、欧洲、ISO（国际标准化组织）的影响最大，下面列举几例。

例1: 美国轿车轮胎规格表示

P　195／75　R　14　92　S
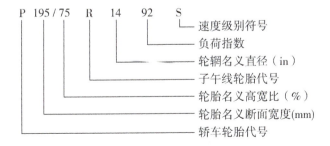
- 速度级别符号
- 负荷指数
- 轮辋名义直径（in）
- 子午线轮胎代号
- 轮胎名义高宽比（%）
- 轮胎名义断面宽度(mm)
- 轿车轮胎代号

例2: 欧洲轿车轮胎规格表示

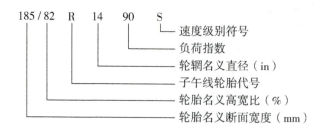

例3：ISO轿车轮胎规格表示

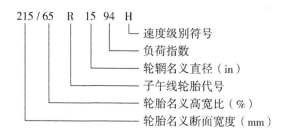

除以上示例之外，国外轮胎规格还有一些其他表示方法，如：

例4：
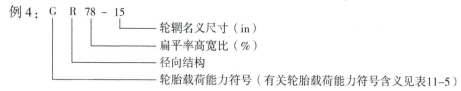

表11-5 轮胎载荷能力级别表

轮胎载荷能力符号	轮胎载荷能力/kN	轮胎载荷能力符号	轮胎载荷能力/kN
V	2.89	P	5.69
W	3.14	G	6.08
Y	3.43	H	6.72
Z	3.68	J	7.01
A	4.02	K	7.21
B	4.36	L	7.45
C	4.71	M	7.04
D	5.00	N	8.34
E	5.30		

例5：
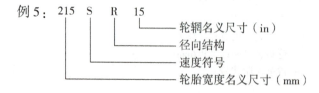

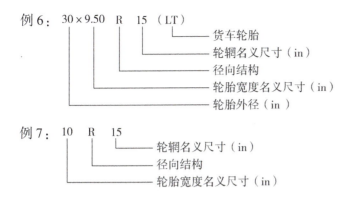

例6： 30×9.50 R 15 （LT）
- LT — 货车轮胎
- 15 — 轮辋名义尺寸（in）
- R — 径向结构
- 9.50 — 轮胎宽度名义尺寸（in）
- 30 — 轮胎外径（in）

例7： 10 R 15
- 15 — 轮辋名义尺寸（in）
- R — 径向结构
- 10 — 轮胎宽度名义尺寸（in）

四、轮胎胎侧标志

一般胎侧有轮胎的标志，规定要求用凸字标识于胎侧醒目位置，内容包括轮胎规格、速度级别符号、负荷能力、标准轮辋、胎面磨耗标志、平衡标志、生产编号等信息。正确识别这些标志对轮胎的选配、使用和保养十分重要，对于保障行车安全和延长轮胎使用寿命具有重要意义。

标准轮辋指与每种规格的轮胎相配用的轮辋。轮辋通常分平式、半深式、深式三种。其型号表示如 6.00T-20、$5\frac{1}{2}J \times 15$ 等所示，其中，前面的数字表示宽度，单位 in；中间的字母表示边缘高度与弧度半径；符号"-"表示平式，"×"表示深式及半深式；最后的数字表示直径，单位 in。

胎面磨耗标志表示轮胎的磨损极限，一旦轮胎磨损达到这一标志位置，则应及时更换轮胎并予以翻新，否则会造成轮胎早期报废，增大使用成本。

平衡标志表示轮胎此处最轻，组装时应正对气门嘴，以保证整个轮胎的平衡性。该标志一般用彩色橡胶制成标记形状，硫化在胎侧上。

生产编号是用一组数字及字母表示轮胎制造年月及数量的标志。如"03N08B6020"表示 2003 年 8 月 B 组生产的第 6020 只轮胎。生产编号可用于识别轮胎的新旧程度及存放时间。

另外，按美国运输部的规定，轿车轮胎上必须有轮胎磨损（Tread-Wear）、温度（Temperature）、牵引力（Traction）等标志，简称为"三T"标志。"三T"标志是由国际权威机构测试和提供的。"磨损标志"衡量轮胎胎面耐磨性能和使用寿命，它的级别以具体的数字表示。"温度标志"衡量轮胎行驶时升温的高低，实际上与轮胎的高速性能有关，分 A、B、C 三级，A 级为特优，B 级为良好，C 级为一般。"牵引力标志"衡量轮胎与地面的附着性能，其分级表示与温度标志相同。

第四节 轮 胎 系 列

一、轿车轮胎系列

目前，我国轿车轮胎系列执行 GB/T 2978—2014《轿车轮胎规格、尺寸、气压与负荷》。它是对 GB/T 2978—2008《轿车轮胎规格、尺寸、气压与负荷》的修订，主要修订之处包括：

1）增加了速度超过 300km/h 的轿车子午线轮胎 "ZR" 识别标识、速度符号的规定。
2）增加了缺气保用轮胎的表示方法。
3）调整了轿车子午线轮胎新胎最大总宽度。
4）调整了带有轮辋保护线的新胎最大总宽度；轿车子午线轮胎新胎最大总宽度增加了增强型轿车子午线轮胎负荷气压表。
5）增加了雪地轮胎的新胎最大外直径和轮胎最大使用外直径的要求；调整了各系列增强型轮胎的基本气压。
6）增加了保留生产的轿车斜交轮胎外缘测量尺寸的气压要求。
7）调整了部分规格标准型负荷指数。
8）增加了轿车子午线轮胎 70、65、60、55、50、45、40、35、30 和 25 系列和 T 型临时使用的备用轿车轮胎。
9）调整了临时使用的 T 型备用轮胎子午线轮胎和斜交轮胎的新胎最大总宽度和新胎最大外直径要求。
10）调整了临时使用的 T 型备用轮胎测量轮胎尺寸的充气压力。
11）删除了部分保留生产的轿车子午线轮胎与和斜交轮胎。
12）调整了部分增强型轿车子午线轮胎负荷能力。

轿车轮胎系列包括的项目见表 11-6。

二、载重汽车轮胎系列

目前，我国载重汽车轮胎系列执行 GB/T 2977—2016《载重汽车轮胎规格、尺寸、气压与负荷》，适用于新的载重汽车用充气轮胎。它是对 GB/T 2977—2008《载重汽车轮胎规格、尺寸、气压与负荷》的修订，主要修订之处包括：

1）调整了部分轮胎规格的尺寸、负荷、气压、允许使用轮辋及气门嘴型号等数据。
2）部分类型轮胎增加了一些规格。
3）部分规格增加了层级。
4）增加了微型载重汽车普通断面子午线轮胎。
5）增加了轻型载重汽车公制子午线轮胎（80 系列、55 系列、50 系列、45 系列、40 系列、35 系列，5°轮辋）。
6）增加了载重汽车公制子午线轮胎（80 系列~95 系列、60 系列、45 系列~55 系列，5°轮辋、15°轮辋）。
7）增加了未包含的新开发规格可参见《中国轮胎轮辋气门嘴标准年鉴》的备注。
8）增加了针对无内胎轻型载重汽车轮胎使用轮辋和相应气门嘴的说明。
9）增加了公路型挂车特种专用 ST 公制轮胎的双胎负荷及最小双胎间距。
10）增加了雪泥花纹轮胎和雪地轮胎的新胎最大外直径和轮胎最大使用外直径可增加 1% 的要求。
11）增加了新胎最大最小外缘尺寸计算及修约规定。

载重汽车轮胎系列包括的项目，见表 11-7。

第十一章 汽车轮胎

表 11-6 轿车轮胎系列包括项目举例

轮胎系列	轮胎规格	负荷指数		测量轮辋	新胎设计尺寸/mm			轮胎最大使用尺寸/mm		静负荷半径/mm	滚动半径/mm	负荷能力/kg		充气压力/kPa		允许使用轮辋
		标准	增强		断面宽度	外直径		总宽度	外直径			标准	增强	标准	增强	
80 系列	135/80R12	68	—	3.50B	133	521		138	529	237	253	315	—	240	—	4.00B, 4.50B
75 系列	165/75R13	81	—	4.50B	165	578		172	588	262	281	462	—	250	—	4.00B, 5.00B
70 系列	135/70R12	654	—	4.00B	138	495		144	503	227	240	290	—	250	—	3.50B, 4.50B
65 系列	275/65R17	115	119	8J	279	790		290	804	356	384	1215	1360	250	290	$7\frac{1}{2}$J, $8\frac{1}{2}$J
60 系列	285/60R18	116	120	$8\frac{1}{2}$J	292	799		304	813	362	388	1250	1400	250	290	8J, 9J
55 系列	165/55R12	68	—	5.00B	170	487		177	494	223	237	315	—	250	—	4.50B, 5.50B
50 系列	295/50R20	—	118	$9\frac{1}{2}$J	309	804		321	816	369	390	—	1320	—	290	9J, 10J
45 系列	305/45R22	—	118	10J	303	833		315	845	386	405	—	1320	—	290	$9\frac{1}{2}$J, $10\frac{1}{2}$J
40 系列	305/40R22	110	114	11J	313	803		326	813	375	390	1060	1180	250	290	$10\frac{1}{2}$J, $11\frac{1}{2}$J
35 系列	305/35R24	—	112	11J	313	824		326	832	388	400	—	1120	—	290	$10\frac{1}{2}$J, $11\frac{1}{2}$J
30 系列	305/30R24	—	107	11J	313	794		326	802	377	386	—	975	—	290	$10\frac{1}{2}$J, $11\frac{1}{2}$J
25 系列	305/25R26	—	103	11J	313	812		326	818	389	394	—	875	—	290	$10\frac{1}{2}$J, $11\frac{1}{2}$J
T 型临时备胎	T135/70*16	100		4T	138	596		152	614	—	267	800		420		—
保留生产的子午线轮胎	155R12	76	80	4.50B	157	550		163	560	248	267	400	450	220	270	4.00B, 5.00B
保留生产的斜交轮胎	6.00-12	6 层级		4.50B	156	574		165	591	266	273	360		210		$4\frac{1}{2}$J, 5J

265

表 11-7 载重汽车轮胎系列包括项目举例

轮胎系列	轮胎规格	层级	负荷指数 单胎	负荷指数 双胎	测量轮辋	新胎设计尺寸/mm 断面宽度	新胎设计尺寸/mm 外直径 公路型	新胎设计尺寸/mm 外直径 牵引型	最大使用尺寸/mm 总宽度	最大使用尺寸/mm 外直径 公路型	最大使用尺寸/mm 外直径 牵引型	静负荷半径/mm	负荷能力/kg 单胎	负荷能力/kg 双胎	充气压力/kPa	最小双胎间隙/mm	允许使用轮辋	气门嘴型号
微型载重汽车普通断面斜交轮胎	4.50-12ULT[①]	4	67	65	3.00B	127	545	—	137	558	—	254	307	290	240	146	3.00D, 3.50B	CF01
轻型载重汽车普通断面斜交轮胎	5.50-13LT[①]	6	82	78	4.00B	160	620	—	173	645	—	295	475	425	320	186	4.50B, 4J, $4\frac{1}{2}$	CF01
轻型载重汽车普通断面子午线轮胎	7.50R16LT[①]	10	116	111	6.00G	215	805	815	230	825	835	375	1250	1090	560	255	5.50F, 6.50H	DC04C
轻型载重汽车公制子午线轮胎（100, 85 系列）	255/85R16LT[①]	10	123	120	7J	255	840	846	270	858	864	387	1550	1400	550	296	$6\frac{1}{2}$J, $7\frac{1}{2}$J	CQ08
轻型载重汽车公制普通断面子午线轮胎	185R13LT[①]	8	99	97	5.50B	189	626	632	200	638	644	291	775	730	450	219	5.00B, $5\frac{1}{2}$J	CQ02
轻型载重汽车公制子午线轮胎（80 系列）	185/80R15LT[①]	6	94	91	5J	184	677	683	195	689	695	316	670	615	350	213	$4\frac{1}{2}$J, $5\frac{1}{2}$J	CQ02
轻型载重汽车公制子午线轮胎（75 系列）	225/75R15LT[①]	8	108	104	6J	223	719	725	236	733	739	335	1000	900	450	259	$6\frac{1}{2}$J, 7J	CQ08
轻型载重汽车公制子午线轮胎（70 系列）	245/70R17LT[①]	10	119	116	7J	248	776	782	263	790	796	362	1360	1250	550	288	$6\frac{1}{2}$J, $7\frac{1}{2}$J, 8J	CQ08
轻型载重汽车公制子午线轮胎（65 系列）	185/65R15LT[①]	6	89	85	$5\frac{1}{2}$J	189	621	627	200	631	637	293	560	515	350	219	5J, 6J	CQ08
轻型载重汽车公制子午线轮胎（60 系列）	225/60R15LT[①]	8	101	98	$6\frac{1}{2}$J	228	651	657	242	661	689	305	825	750	450	264	7J, $7\frac{1}{2}$J	CQ08
轻型载重汽车公制子午线轮胎（55 系列）	285/55R20LT[①]	8	117	114	9J	297	822	828	315	834	840	387	1285	1180	450	345	8.5J, 9.5J	CQ08

第十一章 汽车轮胎

（续）

轮胎系列	轮胎规格	层级	负荷指数 单胎	负荷指数 双胎	测量轮辋	新胎设计尺寸/mm 断面宽度	新胎设计尺寸/mm 外直径 公路型	新胎设计尺寸/mm 外直径 牵引型	最大使用尺寸/mm 总宽度	最大使用尺寸/mm 外直径 公路型	最大使用尺寸/mm 外直径 牵引型	静负荷半径/mm	负荷能力/kg 单胎	负荷能力/kg 双胎	充气压力/kPa	最小双胎间隙/mm	允许使用轮辋	气门嘴型号
轻型载重汽车公制子午线轮胎（50系列）	285/50R20LT[①]	10	119	116	9J	297	794	800	315	806	812	376	1360	1250	550	345	$8\frac{1}{2}$J, $9\frac{1}{2}$J	CQ08
轻型载重汽车公制子午线轮胎（45系列）	295/45R24LT[①]	10	120	117	10J	296	876	882	314	886	892	418	1400	1285	550	343	$9\frac{1}{2}$J, $10\frac{1}{2}$J	CQ08
轻型载重汽车公制子午线轮胎（40系列）	295/40R24LT[①]	10	115	112	12J	296	846	852	314	856	862	405	1215	1120	550	343	$10\frac{1}{2}$J, 11J	CQ08
轻型载重汽车公制子午线轮胎（35系列）	305/35R26LT[①]	10	108	104	11J	313	874	880	332	882	888	421	1000	900	450	363	$10\frac{1}{2}$J, $11\frac{1}{2}$J	CQ08
轻型载重汽车高速过性子午线轮胎	35×12.50R17LT	8	119		10J	318	877	883	343	895	901	405	1360		350	350	$8\frac{1}{2}$J, 9J, 11J	有内胎 CF01, 无内胎 CQ01
公路型挂车特种专用ST公制轮胎	235/85*16ST[①]	6	116	111	$6\frac{1}{2}$J	235	806		249	822		—	1250	1090	350	273	6J, 7J, $7\frac{1}{2}$J	CF01
载重汽车普通断面斜交轮胎	7.00-20[①]	8	117	112	5.5	200	904	920	216	940	955	430	1285	1120	单胎 530 双胎 460	230	6.0, 6.00S	DC06C
载重汽车普通断面斜交轮胎	11-22.5[②]	12	140	135	8.25	279	1054	1073	305	1097	1118	503	2500	2180	单胎 590 双胎 520	318	7.50	DR07

267

(续)

轮胎系列	轮胎规格	层级	负荷指数 单胎	负荷指数 双胎	测量轮辋	新胎设计尺寸/mm 断面宽度	新胎设计尺寸/mm 外直径 公路型	新胎设计尺寸/mm 外直径 牵引型	最大使用尺寸/mm 总宽度	最大使用尺寸/mm 外直径 公路型	最大使用尺寸/mm 外直径 牵引型	静负荷半径/mm	负荷能力/kg 单胎	负荷能力/kg 双胎	充气压力/kPa	最小双胎间隙/mm	允许使用轮辋	气门嘴型号
载重汽车宽基斜交轮胎	18-22.5②	14	156	—	14.00	457	1156	1172	494	1197	1214	549	4000	—	480	—	13.00	CJ04, CJ06
载重汽车普通断面子午线轮胎	7.00R20①	8	117	115	5.5	200	904	915	216	920	931	422	1285	1215	550	236	6.0, 6.00S	DC06C
	8R17.5②	10	118	116	6.00	203	808	—	219	825	—	378	1320	1250	660	231	—	CJ05
载重汽车公制子午线轮胎（80~95系列）	275/80R22.5②	16	147	144	8.25	276	1012	1018	290	1030	1036	473	3075	2800	830	311	7.50	DR07
载重汽车公制子午线轮胎（75系列）	215/75R17.5②	14	125	122	6.00	211	767	773	222	779	785	359	1650	1500	760	237	6.75	DR04
载重汽车公制子午线轮胎（70系列）	225/70R19.5②	12	125	123	6.75	226	811	817	237	823	830	382	1650	1550	660	254	6.00	DR06
载重汽车公制子午线轮胎（65系列）	385/65R22.5②	18	158	—	11.75	389	1072	1078	420	1091	1098	494	4250	—	830	—	12.25	—
载重汽车公制子午线轮胎（60系列）	295/60R22.5②	14	146	143	9.00	292	926	932	307	940	946	436	3000	2725	760	329	9.75	DR08
载重汽车公制子午线轮胎（45~55系列）	265/55R17.5②	18	136	—	8.25	264	737	743	275	749	755	347	2240	—	900	—	—	DR07
多用途载重汽车公制子午线轮胎（70~80系列）	375/70R20MPT①	14	136	—	12.00	377	1034	—	392	1066	—	478	2240	—	350	—	11.00	—
房屋汽车轮胎	7-14.5MH②	8	102	—	6.00MH	185	677	—	206	707	—	—	850	—	480	—	—	CJ05

① 5°轮辋。
② 15°轮辋。

第十一章 汽车轮胎

第五节 轮胎的选择与使用

轮胎是汽车的重要部件，其性能对汽车的动力性、制动性、行驶稳定性、平顺性、越野性和燃料经济性等会产生重要的影响，其寿命也会影响汽车的使用成本。因此，在轮胎使用中，如选用不当或使用不合理，将会明显影响汽车性能或大幅度缩短轮胎使用寿命，这对降低汽车运输成本和确保行车安全非常不利。

为合理使用轮胎，国家于2008年12月1日实施了标准GB/T 9768—2008《轮胎使用与保养规程》等。

一、轮胎的常见损坏形式

汽车轮胎的损坏形式主要有胎面磨损、胎侧受伤、胎体损坏、胎圈撕裂和轮胎爆破等。

1. 胎面磨损

轮胎在使用过程中，由于直接和路面接触，受多种接触力的作用，如驱动力、制动力、侧向力、摩擦力等，因此不可避免地会出现磨损。一般情况下，应要求胎面磨损均匀、缓慢。但在汽车使用过程中，一些不正确的驾驶方法，如汽车转弯速度过快、起步过急、制动过猛、高速行车、不注意选择道路等，都会加快轮胎的磨损。除此之外，若轮胎使用不当或车辆技术状况不良，将使轮胎胎面产生不正常磨损。常见的不正常磨损有胎面中间磨损严重，两边磨损严重，单边磨损严重，胎面出现块状磨损，局部胎面出现快速磨损，胎面出现锯齿状磨损，胎冠割裂或刺伤等。

（1）**轮胎胎面中间磨损严重** 图11-18所示为轮胎胎面中间出现严重磨损。这种现象主要是由轮胎气压过高所致。

适当提高轮胎的充气压力，可以减少轮胎的滚动阻力，提高汽车的燃油经济性。但轮胎的气压高于规定值过多时，不但影响轮胎的减振性能，还会使胎冠的中间部分突出，使轮胎与路面的接触面积减小，因而增加了单位面积上的负荷，这就使得整个胎面的正常磨损转由其中央部分承担，所以胎冠中部的磨耗会加速。行驶一段时间之后就会出现胎肩尚未磨损，胎冠中间部位已被磨平的现象。

此外，如与轮胎相配装的轮辋过窄，使胎圈内收，从而带动胎冠两侧的胎肩提升，使胎冠的中间部位突出，也会造成胎冠的中间部位磨损严重。

图11-18 轮胎胎面中部的磨损

（2）**轮胎两边磨损严重** 图11-19所示为轮胎两边出现严重磨损。这种现象主要是由轮胎气压过低所致。

轮胎气压低于规定值时，轮胎与地面的接触面积会增大，且接触面上的压力不均匀，轮胎产生向里弯曲，使轮胎的两边与地面接触强度增大，使胎面中部负荷减小，胎面边缘负荷急剧增大，有时称这种现象为"桥式效应"。产生"桥式效应"时，会使胎面磨损不均匀，其中部几乎保持不变，而两边部分磨损严重。

另外，轮胎超载时引起的早期损坏与气压过低相似，只是超载时轮胎损坏更为严重。

（3）轮胎单边磨损严重 图 11-20 所示为轮胎单边出现的严重磨损。这种现象主要是由车轮定位参数不对所致。

车轮定位参数中的外倾角大小不适是导致轮胎单边磨损的主要原因。当车轮的外倾角过大时，易使轮胎的外侧胎肩形成早期磨损；外倾角过小时，易使轮胎的内侧胎肩形成早期磨损。这时，就会出现轮胎一侧的花纹还较深，而另一侧的花纹却已被磨平的情况，结果只能是造成轮胎提前报废。

图 11-19　轮胎两边的磨损

（4）轮胎胎面出现块状磨损 图 11-21 所示为轮胎胎面出现严重的块状磨损。这种现象主要是由车轮运转不平衡所致。

图 11-20　轮胎单边的磨损

图 11-21　轮胎胎面的块状磨损图

当车轮高速旋转而不平衡时，会使轮胎胎面的受力不均，有些个别部位受力过大，磨损加快，行驶一段时间后便出现块状磨损。

（5）轮胎局部胎面出现快速磨损 图 11-22 所示为轮胎局部胎面出现快速磨损。这种现象主要是由紧急制动和快速起步所致。

紧急制动和快速起步时，地面对胎面的局部磨损是十分严重的。因为轮胎磨损最严重的部位可能是轮胎爆炸的突破口，所以轮胎的磨损程度不应以轮胎花纹的平均磨损量为准，而应以胎面损害最严重的部位为准。当轮胎局部磨损严重时就必须进行更换，以防发生事故。

图 11-22　轮胎局部胎面的磨损

（6）轮胎胎面出现锯齿状磨损 图 11-23 所示为轮胎胎面出现了锯齿状磨损。这种现象主要是由前轮定位调整不当或前悬架系统位置失常、球头松旷等所致。这时，车轮在正常滚动过程易发生滑动或车轮定位的不断变化，从而导致轮胎出现锯齿状磨损。

（7）胎冠割裂或刺伤 胎冠割伤现象主要是由路上的障碍物所致，如路上的碎石头、铁钉子、钢筋、角铁等各种锋利物都能将胎冠割裂或刺伤。严重时，锋利物能躲过胎冠上的花纹，直接割裂胎冠的胎基，露出胎体帘布层，导致胎冠剥离，以致轮胎早期报废。

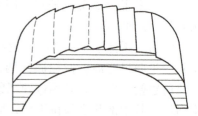

图 11-23　轮胎胎面的锯齿状磨损

2. 胎侧损伤

从轮胎的构造看，胎侧是轮胎中强度最弱的部位，但胎侧却是轮胎中最为突出的部位，所以，胎侧是轮胎结构中最易受伤的部位。胎侧损伤主要包括胎侧擦伤和胎侧起泡。

（1）胎侧擦伤　轮胎胎侧的擦伤多是由于汽车斜行上马路牙所致。当轮胎斜着上较高的马路牙时，其受力部位主要是胎肩和胎侧。当遇有突出的转角，或轮胎与马路牙的角度太小时，往往会造成胎侧擦伤，严重时会挤断胎侧帘布层帘线，使胎侧起泡。

此外，固定路障用的角铁和螺钉、凹凸不平的碎石路面都有可能伤害胎侧。

（2）胎侧起泡　轮胎起泡多是由于胎侧帘线断裂，断裂处的强度降低所致。除了轮胎小角度斜上马路牙时可能会挤断胎侧帘线外，轮胎的质量问题，如制造轮胎时胎侧帘布层衔接处没有衔接好等，都会导致帘线断裂。另外，轮胎在使用过程中，其胎体帘线会出现自然裂纹，随着裂纹的不断扩大，最后内层会完全断裂。

对无内胎轮胎，当其胎圈内侧被某种原因挤裂后，胎内压缩气体就可能从裂口处窜气到胎侧，这也会引起胎侧起泡。

对胎侧已起泡的轮胎原则上不能继续使用，以免在使用过程中随轮胎温度升高、气压增大，而在起泡处发生爆裂，造成严重事故。

3. 胎体损坏

胎体是外胎的骨架，有保持外胎的尺寸和形状的作用。当胎体损坏后，轮胎很快就会报废。胎体损坏的形式主要有帘线断裂、松散和帘布脱层，以及胎体扎伤、刮伤等。

（1）胎体帘线的断裂、松散和帘布脱层　引起胎体帘线断裂的原因较多。除部分轮胎在使用过程中胎体帘线产生自然裂纹并逐步扩大而引起帘线断裂或胎侧部位因某种原因产生强挤压而使帘线断裂外，大部分胎体帘线的断裂是由于轮胎变形而引起的疲劳断裂。轮胎工作时，其挤压变形使胎体内部产生拉伸、压缩应力，在多次拉压应力的作用下引起材料疲劳，强度降低，当应力超过帘线强度时，帘线就会断裂。

另外，轮胎的变形还会使帘布层之间产生切应力，当此切应力超过帘布层与橡胶之间的黏附力时，就会出现帘线松散或帘布层脱离。

在轮胎的使用条件中，工作温度和充气压力对胎体帘线的断裂、松散和帘布脱层等影响最大。

轮胎快速的反复变形，会使材料内部摩擦生热。同时，外胎与内胎间、轮胎与轮辋间以及轮胎与路面间也会因摩擦而产生热量。车速越高，摩擦热越多。这些热量，除去散失的一部分外，另外一部分就积聚起来，使轮胎工作温度升高。高温将使轮胎材料的力学性能下降，从而使轮胎磨损加剧，帘布脱层，帘线松散、断裂，甚至由此而引起胎体爆破等。

轮胎的充气压力过高或过低都会引起胎体的快速损坏。气压过高时，将使胎体的帘线伸张过度，所受应力增大，易引起帘线拉断。气压过低时，轮胎径向变形将增大，胎侧的弯曲变形也增大，使胎侧内壁受压，胎侧外壁受拉，胎体内的帘线产生较大的变形和交变应力。周期性的变形，会加速帘线的疲劳损坏，导致帘线松散和局部脱层。

（2）胎体扎伤、刮伤　胎体扎伤、刮伤主要是由汽车行驶路面凹凸不平或路面上有锋利的异物引起的。当胎体被扎伤、刮伤后，有时不会影响轮胎的继续行驶，但会显著

降低胎体的强度，如果继续高速行驶便会引发一定的危险。

4. 胎圈撕裂

胎圈撕裂主要发生在轮胎往轮辋上安装的过程中。轮胎的内径和轮辋的名义直径应大小一样，以保证轮胎与轮辋的严密配合，这对无内胎轮胎尤为重要。但轮辋的外沿直径一般略大于轮胎的内径，所以在安装轮胎的时候，易将胎圈撕裂。

5. 轮胎爆破

引起轮胎爆破的原因很多，但归根结底都是因轮胎气压和温度升高，轮胎强度下降所致。

使轮胎工作温度升高和轮胎气压增大的主要原因有轮胎的充气压力过大、轮胎的负荷过大、轮胎的行驶速度过高、驾驶方法不当等。

使轮胎强度下降的原因有轮胎橡胶磨损、轮胎的胎体帘线断裂、胎体扎伤等。

轮胎爆破往往引起车辆失去控制甚至翻车，其后果非常严重。因此，一定要合理使用轮胎，防止轮胎早期损坏，以免引发严重的事故。

二、轮胎的选择与合理使用

1. 轮胎的选择

汽车对轮胎的要求是多方面的，各要求间有时还存在相互的矛盾，因此，轮胎的选择不能取决于单一因素，应该针对具体汽车的性能要求和使用特点综合考虑，可重点参考以下几方面：

（1）**轮胎类别** 轮胎类别主要有乘用轮胎、商用轮胎、非公路用轮胎、特种轮胎等。轮胎类别反映轮胎的基本特性，确定轮胎类别是选择轮胎的重要任务，其选择依据是汽车类型和经常使用区域。乘用轮胎主要适于轿车及各类轻型客、货车使用；商用轮胎主要适于货车、大客车等车辆使用；非公路用轮胎主要适于松软路面上行驶的越野车等使用；特种轮胎仅用于特种车辆或特殊环境。

（2）**轮胎胎面花纹** 轮胎胎面花纹对轮胎的滚动阻力、附着能力、耐磨能力及行驶噪声等都有显著的影响。轮胎花纹的形式、品种较多，选用原则是：根据轮胎类型和车辆长期使用路况决定花纹形式，根据季节、天气适时调整或换用。

（3）**胎体结构** 轮胎的胎体结构决定其基本性能。子午线结构因比普通斜交结构具有较多的优良特性，受到普遍推荐。但斜交结构由于技术成熟、造价低廉，其在商用车轮胎结构中仍为主要形式。近年来，子午线结构的发展趋势是低断面化和无内胎化，对新设计的高速、优质汽车都推荐采用这种结构轮胎。

（4）**轮胎材质** 轮胎材质对轮胎的特性也有影响。轮胎材质包括橡胶材质和帘线材料。橡胶材质的成分构成因生产厂家的设备水平和技术能力不同而有所差异，这也使得轮胎的品质有一定差别。帘线材料中钢丝帘线强度大，但生产技术难度大，成本高。尼龙、人造丝等材料来源充足，使用广泛，选用较多。

（5）**轮胎规格与使用气压** 轮胎的规格和使用气压体现轮胎的承载能力。轮胎规格大，使用气压高，则承载能力强，但采用大规格的轮胎会增加使用成本，高的使用气压会降低汽车的附着能力和缓冲性能。因此，选择轮胎时，在满足轴荷要求的前提下，轮胎规格应小型化、轻量化；在满足承载要求的情况下，轮胎使用气压宜低不宜高。

（6）**轮胎的速度特性** 所有轮胎都有适应速度范围，选择轮胎时应注意，尽量选择速度特性好的轮胎。子午线轮胎、无内胎轮胎、扁平化轮胎由于具有发热少、散热快等特点，在速度特性方面有优势，是理想的选择对象。但高速度级别轮胎价格昂贵，且用于低速车辆上也无明显好处，因此，轮胎速度能力选择应与车辆设计车速相适应。

（7）**轮胎的均匀特性** 轮胎的均匀特性集中显示轮胎尺寸、材质和结构的规范程度，综合体现轮胎的制造水平。均匀性不好的轮胎，装车后操纵稳定性差，影响高速行驶的安全性和舒适性。轮胎的均匀性体现在控制指标上，控制指标见表11-8和表11-9。

表11-8 轮胎的几何尺寸均匀性指标

指标 \ 轮胎级别	轿车轮胎	轻型货车轮胎	中、重型货车轮胎
径向跳动/mm	1.0	1.5	2.0
侧向跳动/mm	1.0	1.5	2.0

表11-9 轮胎的力学特性均匀性指标

指标 \ 轮胎级别	S级及以下	T级至H级	H级以上
径向力波动/N	100	80	≤80
侧向力波动/N	80	80	≤60
锥度效应/N	50	50	50
角度效应/N	+	+	+

2. 轮胎的合理使用

轮胎合理使用的目的是降低轮胎的磨损速度，防止出现早期不正常损坏，以延长轮胎的使用寿命，从而保证行车安全和节约费用。

轮胎的合理使用主要包括：保持气压正常，防止轮胎超载，掌握行车速度，控制轮胎温度，合理搭配轮胎，提高驾驶技术，加强轮胎维护，保持车况完好，及时送厂翻修，正确装运与保管，建立轮胎早期损坏类型档案等。

（1）**保持气压正常** 轮胎的充气压力直接影响轮胎的使用寿命和汽车行驶的安全性。

气压低于规定值时，胎体变形会增大，胎侧容易出现裂口，同时产生挠曲运动，导致过度生热，促使橡胶老化，帘布层也会因疲劳而易折断，当遇有障碍受到冲击时，极易爆破。气压过低，还会使轮胎接地面积增大，加速胎肩磨损，如图11-24c所示。气压过低，轮胎的滚动阻力也会加大，增加燃油消耗。试验表明，当汽车前轮的一只轮胎较规

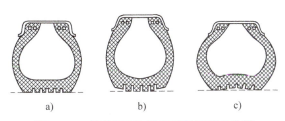

图11-24 轮胎气压与轮胎接地面积的关系
a) 轮胎气压为规定值 b) 轮胎气压高于规定值
c) 轮胎气压低于规定值

定气压值低 49kPa 时，燃油消耗会增加 1.5%；当汽车一侧两个轮胎较规定气压值低 49kPa 时，燃油消耗就增加 2.5%；当汽车各轮胎的气压均较规定气压值低 49kPa 时，则燃油消耗增加 5%；当汽车轮胎的气压低于规定气压值 20%～25% 时，燃油消耗增加 10%，且轮胎寿命缩短 15%。

气压高于规定值时，轮胎接地面积减少，如图 11-24b 所示，进而加速胎冠中部磨损，并使胎冠耐轧性能下降。气压过高，还会使轮胎帘线受到过度的伸张变形，胎体弹性下降，使汽车在行驶中受到的负荷增大，如遇冲击会产生内裂和爆破。

因此，轮胎气压过低或过高，都将加速轮胎的损坏，轮胎使用中应保持正常的气压。正常的轮胎气压与其使用条件有关，使用中应根据轮胎所受的负荷、轮胎的安装位置和轮胎的类型来确定正常的气压。

轮胎制造厂在设计各种规格的轮胎时，都规定了其最大负荷和相应的充气压力，国家标准中对气压与负荷的对应也有明确规定，因此，除非汽车使用说明书另有规定，否则必须按轮胎标准气压充气。表 11-10 和表 11-11 所示为轮胎气压与负荷的对应关系，表 11-12 所示为我国部分汽车厂家规定的轮胎气压。

表 11-10 中型载货汽车轮胎气压与负荷对应关系表（摘编）

负荷指数	气压/kPa 负荷/N	320	350	390	420	460	490	530	560	600	630	670	700	740	770	810
9.00-20 (15°轮辋)	D	1415	1505	1595	1675	1755	1835 (10)	1905	1980	2050 (12)	2120	2190	2255 (14)			
	S			1615	1710	1815	1910	2000	2095 (10)	2175	2255	2340 (12)	2415	2495	2575 (14)	
9.00R20 (15°轮辋)	D	1415	1505	1595	1675	1755	1835 (10)	1905	1980	2050 (12)	2120	2190	2255 (14)			
	S			1615	1710	1815	1910	2000	2095 (10)	2175	2255	2340 (12)	2415	2495	2575 (14)	

注：1. "D" 表示双胎并装时的负荷，系英语单词 "Dual" 的第一个字母；"S" 表示单胎使用时的负荷，系英语单词 "Single" 的第一个字母。
2. 表中括号内的数字表示层级。

表 11-11 标准型轿车子午线轮胎气压与负荷对应关系表（摘编）

负荷指数	气压/kPa 负荷/N	150	160	170	180	190	200	210	220	230	240	250
81		305	325	340	355	370	385	400	415	430	445	462
86		350	370	390	410	425	445	460	480	495	515	530

注：表中充气压力适用于速度级别为 Q 级及其以下者。

第十一章 汽车轮胎

表 11-12　我国部分汽车厂家规定的轮胎气压

汽车型号	轮胎规格	轮胎气压/kPa
解放 CA1092	9.00-20，12 层级	前轮　392 后轮和备胎　480
东风 EQ1092	9.00-20，12 层级或 9.00R20，12 层级	普通轮胎： 　前轮　390 　后轮和备胎　480 子午线轮胎： 　前轮　490 　后轮和备胎　620
切诺基 BJ213	P205/75R15	冷态满载时　207
上海桑塔纳 LX	185/70R 13 86T	满载： 　前轮　190 　后轮　230 　备胎　250
夏利 TJ7100	165/70SR13	186
富康	165/70R 14 81T	前轮　220 后轮　210
奥迪 100	185/70SR14	满载： 　前后轮　200 　备胎　260
捷达 CL	175/70R13T	满载： 　前轮　200 　后轮　260 　备胎　240
红旗 CA7180、7200、 7200E、7220E	185SR14	满载： 　前轮　220 　后轮　200 　备胎　260

保持轮胎气压正常，除按相关规定充气外，还要在使用过程中经常检查。因轮胎气压在使用过程中都会有一定程度的下降，一般每周下降 10～30kPa。轮胎气压的检查用轮胎气压表，常用的手提式轮胎气压表如图 11-25 所示。注意，轮胎气压的检查应在汽车行驶之前而不能在汽车行驶之后。因汽车行驶过程中，随轮胎工作温度升高轮胎气压将增大，致使检查结果不准确。

检查轮胎气压时，若有不足，应及时充气。充气时须注意以下事项：

1) 热胎不能马上充气，需等到散热后再充气。因热胎的空气温度很高，胎内热量均匀，如果往胎内充气，会使轮胎因某个部位温度降低太快而影响材料的力学性能。充入的空气要注意清洁，不能含有水分或油液，以免腐蚀橡胶。

2) 子午线轮胎充气时，由于结构的原因，其接地面积较大，往往误认为充气不足而过多地充气，故须应用标准气压表加以测定。

3) 充气时不应超过规定值过多而后再行放气。因气压过高会引起帘线过分伸张,使其强度降低,影响轮胎的寿命。

(2) 防止轮胎超载 每条轮胎都有它的最大载质量,在使用时要严格按照规定装载。轮胎一旦超载,其变形就会加大,帘线应力也相应地加大,容易造成帘线断裂、松散和帘布脱层,并增加胎肩的磨损。若受到冲击,还有可能引起爆胎。轮胎超载时的损坏和胎压过低时的损坏相似,只是超载时轮胎损坏更严重。轮胎的超载一般是由汽车超载或汽车装载不均衡造成的。

汽车超载不但会引起轮胎的早期损坏,还会使汽车的整体使用寿命缩短,因此应严格禁止汽车超载。

汽车装载不平衡,一般只会引起汽车上的个别轮胎超载。若装载货物的重心靠前,则易造成前轮轮胎超载,导致前轮轮胎磨损加剧,同时还会使转向盘操作困难,影响行车的安全;若装载货物的重心靠后,则易造成后轮轮胎超载,导致后轮轮胎磨损加剧,同时,由于前轮负荷较小,也易使转向盘失去控制,造成行车事故;若装载货物的重心偏向一侧,则易造成这一侧的轮胎超载。为保证汽车装载均衡,要使用正确的装载方法,如图11-26所示。还应将货物固定牢固,避免在汽车运行过程中发生移位。

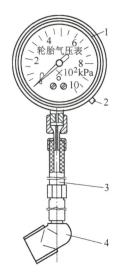

图 11-25 手提式轮胎气压表

1—气压表 2—回位按钮
3—气管组合件 4—气嘴组合件

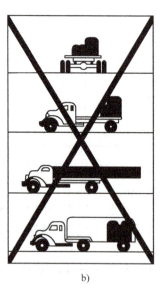

a) b)

图 11-26 载货汽车上物品分布
a) 正确的装载方法 b) 不正确的装载方法

(3) 掌握行车速度 随着汽车行驶速度的提高,轮胎在单位时间内与地面的接触次数也相应增多,轮胎的变形频率、胎体周向和侧向的扭曲变形以及胎体的振动也随之加大，变形产生的热量使轮胎的工作温度和气压迅速升高，橡胶老化加速、帘线层的耐疲劳强度降低。同时，随车速提高，胎体受力增加，易产生帘布层断裂和胎面剥落现象，严重时造成轮胎爆破。因此，控制车速是非常必要的。

（4）控制轮胎温度 轮胎的工作温度对其使用寿命有很大的影响。胎温升高，橡胶老化加速，物理性能降低，产生龟裂，同时还会发生胎体帘布脱层等。

胎温升高主要是由于轮胎在滚动过程中产生变形，摩擦产生的热量不能快速散发而积聚所致。在炎热的夏季，由于外界气温较高，轮胎热量散发困难，从而导致胎温迅速上升。因此，夏季行驶时应增加停歇的次数，如轮胎发热时，应停车休息散热。另外，行车速度快、载荷大、运距长、道路条件恶劣等原因，也会引发胎温上升迅速。

轮胎工作温度的升高将直接导致轮胎工作气压变大。气压过大，将使胎体帘线应力增大，易引起帘线拉断，造成轮胎爆破。因此，轮胎温度较高时，继续行车将非常危险。但此时也决不能采取放气降压继续行车的做法。因为在行车中，轮胎的生热与散热趋于平衡时，轮胎的温度和气压就都不会再升高。如果这时放出一部分空气继续行驶，轮胎温度不仅不会降低，反而还会因胎压降低，变形增大，而使轮胎温度继续升高，并使轮胎气压也继续升高，直至轮胎的生热与散热达到新的平衡点为止，如图11-27所示。但这时轮胎的温度已比原来升高很多，如果再次放气，轮胎的温度还要升得更高。高的胎温会严重影响轮胎的寿命。

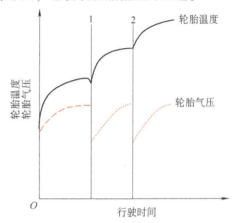

图11-27 行车中轮胎放气对轮胎温度和气压的影响
1、2—轮胎在行驶中的放气点
实线—轮胎温度变化曲线 虚线—轮胎气压变化曲线

此外，轮胎升温后，也不能用泼冷水的办法来降温。若泼水降温，轮胎会因突然冷却造成胎面和胎侧胶层各部分收缩不均匀而发生裂纹，缩短轮胎使用寿命。正确的方法是将汽车停在阴凉处降温。

（5）合理搭配轮胎 不同的车型要求选用不同的轮胎。在同一辆车上应该选用规格、结构、层级和花纹等完全相同的轮胎。至少在同一轴上，必须装用规格、结构、层级和花纹完全相同的轮胎。否则，工作不协调、相互影响，会加速轮胎磨损，缩短使用寿命。

当轮胎磨损到一定程度需要换用新胎时，最好是整车更换或同轴更换。如果条件不允许，可将新胎或质量较好的轮胎装在转向轮上，把旧胎或翻新胎装在其他轮上，以保证行车安全。

对于后轮并装的双胎，应将新旧程度接近的轮胎装在一起。为了避免双胎胎侧接触摩擦，要求二者之间的最小距离，在汽车满载时不能小于2mm。

一般禁止将子午线轮胎与普通斜交轮胎混装在同一辆汽车上，至少不能混装在同一轴上。有向花纹轮胎，必须按照规定的滚动方向安装。人字花纹要安装成人字尖在滚动时先着地，这样可使花纹嵌入地面的能力强，与地面的附着力大，排泥性好，更好地发挥

汽车的通过性和牵引性。

气门嘴应对准外胎上的平衡标记。并装双胎的气门嘴要互成180°安装,并使它们朝向外侧。这样不仅能保证轮胎转动平衡,同时也便于轮胎充气和检查。

轮胎还应按规定的型号规格与轮辋配套。不同型号规格的轮辋,即使直径相同,其轮辋宽度和突缘高度也往往不同。窄胎装宽轮辋,或宽胎装窄轮辋,都会造成轮胎的早期损坏。

(6) 精心驾驶车辆 车辆精心驾驶包括合理运用驾驶技术和选择良好道路行驶,这对轮胎寿命有很大的影响。

在驾驶技术方面,为减少轮胎磨损,应掌握起步平稳、加速均匀、中速行驶、直线前进、减速转向,少用制动等操作要领。

在汽车起步过程中,车轮由静止状态突然转动,轮胎与路面要发生剧烈摩擦,会加剧胎冠磨损。因此无论空车、重车,都要用低速档起步,缓抬离合器踏板,轻踩加速踏板,使车轮平稳转动。行车时,一般要求中速行驶,不可高速。因高速行驶使胎体受力增加,轮胎变形频率加快,导致轮胎工作温度和充气压力上升,容易加速帘布老化和帘线疲劳,大大缩短轮胎寿命。试验表明,轮胎以100km/h速度行驶时的轮胎寿命仅为60km/h速度时的30%,由此可见控制行车速度的必要性。在良好路面上行驶时,应尽量保持直线前进,除会车和避让障碍物外,禁止左右摇摆和急剧转向,以防轮胎和轮辋之间产生横向的切割损伤轮胎。行车转弯应根据弯道情况控制车速,不要高速转弯,否则汽车会产生较大的离心力,除加大轮胎的侧向滑移外,还会使车载货物倾斜,质心偏移一侧,使得单边轮胎超载拖曳,加速磨损。在保证安全的前提下,少用制动器,尤其是尽量避免紧急制动,也是提高轮胎寿命的必要措施。因紧急制动时,车轮由滚动变为拖行,使轮胎局部与路面间产生滑磨,会因过热而造成剧烈磨损。试验表明,一次紧急制动拖行,可磨去花纹0.9mm,相当于正常行驶4000km的磨损量,另外,制动拖行还将造成胎面的不均匀磨损。

选择良好道路行驶,就要求汽车驾驶人要用心观察,尽量躲避路面上可能扎破和划伤轮胎的锋利石头、玻璃、金属和可能腐蚀轮胎的化学遗洒物、油渍等。尽量不靠近道路边石和人行道边行驶,以免刮伤胎侧。行驶在拱度较大的路面时,要尽量居中行驶,减少一侧轮胎负荷增大而使轮胎磨损不均。

(7) 加强轮胎维护 轮胎的维护应结合汽车的维护一并进行,轮胎的维护分级与汽车维护分级相同,也分日常维护、一级维护和二级维护,其维护周期也与汽车规定的维护周期相同。

轮胎的日常维护包括出车前、行车中和收车后的检视。出车前的检视主要是检查轮胎气压是否符合规定,气门嘴是否漏气,气门帽是否齐全,轮胎螺母是否紧固,翼子板、挡泥板等有无碰擦轮胎现象,千斤顶、轮胎螺母套筒扳手等随车工具是否齐全等;行车中的检视主要是结合途中停车、装卸等机会检查轮胎气压和温度是否正常,轮胎螺母有无松动,翼子板、挡泥板等有无碰擦轮胎现象,轮胎花纹中是否夹石,胎面和胎侧有无不正常的磨损和损伤等;收车后的检视主要是检查轮胎有无漏气现象,轮胎花纹中是否夹石,轮胎螺母有无松动,车辆技术状况是否造成轮胎的不正常磨损,以及停车场是否干净,有无油污、冰雪等。

第十一章 汽车轮胎

轮胎的一级维护作业包括紧固轮胎螺母，检查气门嘴是否漏气，气门帽是否齐全；挖出夹石和花纹中的石子、杂物；检查轮胎磨损情况，如有不正常磨损、变形等现象，应查明原因，并予以排除；检查轮胎搭配和轮辋、挡圈等是否正常；检查轮胎气压，并按汽车规定补足气压；检查轮胎与其他机件有无碰刮现象，如有，应予以排除；如单边磨损严重，应进行一次轮胎换位。

轮胎的二级维护作业除执行一级维护的作业外，还应包括：拆卸轮胎，按轮胎标准测量胎面花纹磨耗、周长及断面宽的变化；对轮胎进行解体检查，如发现故障，应予以排除；对解体轮胎进行装合、充气；对轮胎进行动平衡；对轮胎进行换位。

轮胎换位是对受负荷、驱动形式和道路条件的影响而使磨损部位和磨损程度不同的汽车各轮胎进行的位置调换，目的是避免同一条轮胎上的偏磨现象，使全车轮胎磨损均匀，进而延长轮胎的使用寿命。轮胎换位的方法有循环换位法、交叉换位法等。循环换位法的特点是经过一次轮胎位置更换，不能使所有轮胎从汽车一侧换到另一侧；交叉换位法的特点是经过一次轮胎位置更换，就能使所有轮胎从汽车的一侧完全换到另一侧。根据GB/T 9768—2008《轮胎使用与保养规程》规定，轮胎换位的方法如图11-28～图11-36所示。

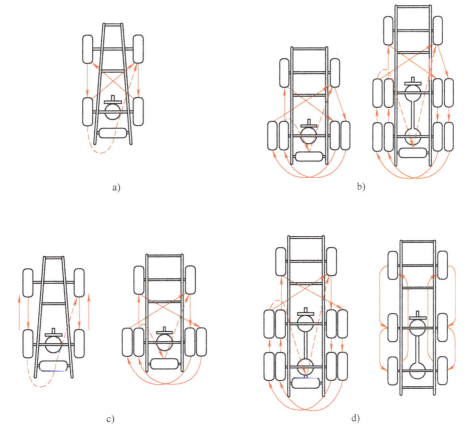

图11-28 交叉换位图

a）轿车，无向胎面花纹 b）载货汽车，无向胎面花纹 c）轿车，定向胎面花纹 d）载货汽车，定向胎面花纹

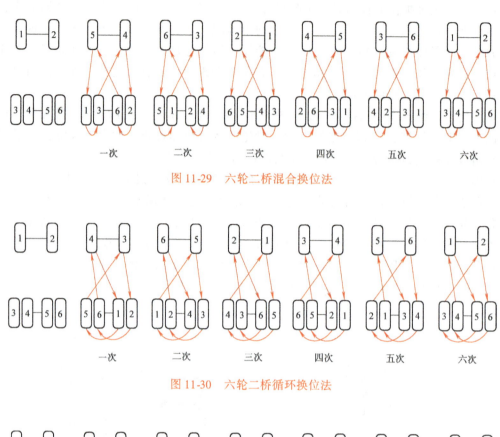

图 11-29　六轮二桥混合换位法

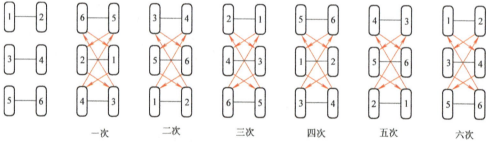

图 11-30　六轮二桥循环换位法

图 11-31　六轮三桥交叉换位法

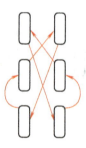

图 11-32　六轮三桥混合换位法

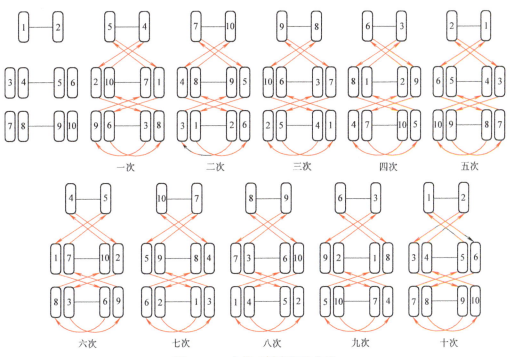

图 11-33 十轮三桥交叉换位法

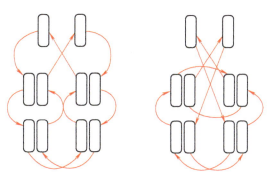

图 11-34 十轮三桥混合换位法

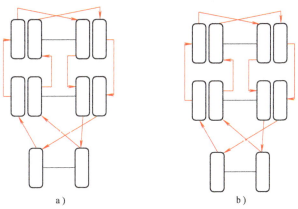

图 11-35 十轮三桥循环换位法（大循环）
a）从外到内，从内到外　b）从内到外，从外到内

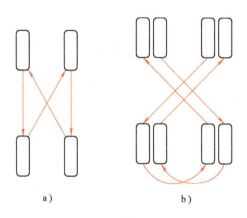

图 11-36　挂车轮胎换位法

轮胎换位过程中应注意以下事项：

1）轮胎能够进行换位的条件是全车轮胎具有相同的规格、结构和花纹。

2）可根据具体情况选择换位方法，但一经选定，就应该坚持进行，中途不准改变，这样才能收到较好的效果。

3）轿车子午线轮胎和载货汽车子午线轮胎一般是每行驶 12000～15000km 进行一次换位并检测平衡，轿车斜交轮胎和载货汽车斜交轮胎一般是每行驶 8000～10000km 进行一次换位并检测平衡。但如果发现有明显的偏磨，可提前进行。

4）轮胎换位过程中对花纹有方向性的轮胎不能改变旋转方向。

5）轮胎换位过程中子午线轮胎的旋转方向始终不变。

6）轮胎换位后，应按所换位置的规定重新调整轮胎气压。

（8）保持车况完好　保持车况完好，尤其是底盘机件的技术状况良好，是防止轮胎早期损坏的有效措施。其中，前轮前束和外倾角的大小是否合适，轮毂轴承的间隙调整是否适当，车轮是否平衡，钢板弹簧的挠度是否一致，车轮总成的横向摆动量和径向跳动量是否符合要求，轮毂油封和液压制动轮缸是否漏油，行车制动器调整是否良好等车辆技术状况参数对轮胎寿命影响较大，在汽车维护作业中要特别注意。

（9）及时送厂翻新　轮胎的翻新是将胎面花纹已经磨损严重而胎体尚好的轮胎，在可能范围内进行翻修，使其行驶里程接近或等于新胎的一种轮胎再制造技术。

一条轮胎的花纹磨耗到极限尺寸时，其消耗费用仅占整条轮胎经济价值的 30%。在胎体完好的情况下，进行轮胎翻修所消耗的原材料和费用，一般仅占新胎的 15%～30%，这样，在恢复了旧胎使用性能的情况下，又能充分利用旧胎的价值。所以，轮胎翻新是节约橡胶原料和降低汽车使用成本的重要措施。

轮胎在使用过程中，要注意保护胎体，同时要掌握翻新时机。当花纹磨耗到极限尺寸时，切不可再继续使用，而要及时送厂翻新。

我国 GB 7037—2007《载货汽车翻新轮胎》和 GB 14646—2007《轿车翻新轮胎》两个标准，分别对载货汽车轮胎和轿车轮胎的翻新质量作了规定。

（10）**正确装运与保管** 轮胎装运时，要注意防晒、防淋、防腐蚀等。长途运输需竖立放置，内胎如无包装，需适量充气后放在外胎内。

轮胎保管时，库房应清洁干燥，温度和湿度要适宜，避免阳光直射。外胎或成套轮胎应立放，严禁平置或堆叠。内胎如需单独存放，应适当充气，悬挂在托架上，不得折叠堆置。

（11）**建立轮胎早期损坏类型档案** 对已损坏的轮胎逐条进行鉴定，确定损坏类型，分析损坏原因，提出处理意见，以杜绝或减少类似情况的发生。

参考文献

[1] 戴汝泉. 汽车运行材料 [M]. 2版. 北京：机械工业出版社，2011.
[2] 王毓民. 汽车润滑油及其应用 [M]. 北京：人民交通出版社，1994.
[3] 张滨友. 汽车燃料和润滑剂 [M]. 北京：北京理工大学出版社，2003.
[4] 孙济美. 天然气和液化石油气汽车 [M]. 北京：北京理工大学出版社，1999.
[5] 熊云，等. 油品应用及管理 [M]. 北京：中国石化出版社，2004.
[6] 蔡凤田，等. 汽车节能与环保实用技术 [M]. 北京：人民交通出版社，1999.
[7] 陈中一. 汽车运行材料 [M]. 北京：人民交通出版社，1998.
[8] 孙凤英，等. 汽车运行材料 [M]. 北京：人民交通出版社，1999.
[9] 郎全栋，等. 汽车运行材料 [M]. 北京：人民交通出版社，2002.
[10] 戴汝泉. 汽车运行性能 [M]. 2版. 北京：国防工业出版社，2010.
[11] 高延龄. 汽车运用工程 [M]. 北京：人民交通出版社，1999.